효과적인
문제행동 지도를 위한

유아생활지도

권정윤 · 안혜준 · 송승민 · 권희경 공저

**Effective Guidance for Behavior
Problems of Young Children**

학지사

아동학대가 사회적 문제로 대두되면서 2015년에 제정된 「아동학대처벌법」은 유아의 행동을 지도하는 방식에 많은 변화를 가져왔다. 영유아의 인권을 존중하면서 생활 전반을 지도하는 방법에 대해 좀 더 관심을 가지게 된 것이다. 하지만 현장의 교사들은 아동학대 예방을 위해 어떠한 지도 방법을 사용해야 하는지 혼란스러워하였고, 유아 지도의 어려움을 호소하기도 했으며, 기존 생활지도 방식의 사용 여부와 관련된 질문도 이어졌다.

이 책은 이러한 변화에 대응하고, 효과적으로 유아의 행동을 지도하기 위한 이론과 실제 사례를 토대로 한 지도 방법을 소개하여 현장 교사 및 예비 교사가 생활지도를 배우고 실행하는 데 도움이 될 수 있기를 바라는 마음에서 집필되었다. 저자들은 그간 『유아생활지도』로 대학과 대학원에서 수업을 해 오면서 보완이 필요한 부분과 새롭게 추가할 부분에 대한 충분한 의견을 나누었고, 이러한 논의를 바탕으로 『효과적인 문제행동 지도를 위한 유아생활지도』라는 제목으로 새롭게 책을 출간하게 되었다.

이론적으로는, 긍정적이고 예방이 강조되는 생활지도의 특성을 소개하였고, 피라미드 모델 등 최근의 이론도 제시하였다. 교사의 감정다루기에 대한 내용을 포함하여 유아의 행동을 지도하면서 교사 자신의 감정을 먼저 다루고 이해하여 보다 성숙한 교사의 정서를 형성하는 데 도움이 되는 내용을 넣었고, 아동학대 예방을 위한 생활지도의 방향을 추가하여 최근의 아동학대 현황과 이를 방지하기 위한 생활지도의 구체적인 방법도 제시하였다. 이와 연계하여 행동지도 방법에서는 아동학대 예방차원에서 실행 가능한 문제행동 지도 방법을 소개하였고, 구체적으로 명시화하여 실제 사용할 수 있는 방법들을 한눈에 볼 수 있도록 하였다. 생활지도의 실제 부분에서는 최근의 유아들에게서 나타나는 문제행동과 현장에서 나타난 사례 그리고 이를 지도하는 방법들을 구체적으로 제시하였다.

이 책은 유아교육 전공자를 위한 대학 및 대학원 교재로 사용할 수 있으며, 유아교육기관의 교사들이 유아생활지도를 할 때 지침서로 활용할 수 있다.

이 책은 총 2부로 구성되어 있다. 제1부에서는 유아생활지도에 대한 개념을 이해하고 유아를 정확하게 관찰하여 유아를 이해하는 시각을 새롭게 형성하는 데 도움을 주고자 유아의 행동을 이해하는 방법과 관점을 소개하였다. 유아교육기관에서 교사가 주로 사용하는 방법을 중심으로 행동수정 기법의 개념과 적용 방법을 설명하며, 궁극적으로 유아가 자신의 행동을 조절할 수 있도록 행동의 결과를 경험하는 방법을 통해 유아의 행동을 지도하는 생활지도 전략을 제시하였다. 또한 유아의 발달 특성을 이해하고 유아의 행동을 관찰하고 평가하는 방법을 제시하여 효과적인 생활지도를 위한 기초 자료로 사용할 수 있게 하였다. 그리고 유아생활지도에서 가정과의 연계는 지도 효과를 유지하고 성공적인 결과를 가져오는 필수 요건이므로 가정과 연계하는 방법에 대해서도 다룬다. 제2부에서는 기본생활습관과 관련된 유아의 문제행동, 사회성과 관련된 유아의 문제행동, 정서와 관련된 유아의 문제행동의 실제 사례를 소개하고 이를 지도하는 방법을 제시하였다.

저자들은 다양한 행동 양상을 보이는 어린이들을 편견 없이 바라보며 이들이 발달의 과정 안에 있다는 것을 인식하고 기다려 주는 성숙한 교사와 부모가 되는 것이 중요하다는 데 한목소리를 내었다.

이 책을 출간할 수 있도록 기다려 주시고 배려해 주신 학지사의 김진환 사장님과 관계자분들의 노고에 감사드린다. 끝으로 오늘도 눈에 띄는 변화가 없는 것 같아 보이지만 변화의 싹을 틔우기 위해 지속적으로 유아의 행동을 관찰하고 지도하는 교육 및 보육 현장의 교사들에게 아낌없는 응원을 보낸다.

2021년 3월
저자 일동

차례

PART **2**
실제편 유아생활지도의 실제

PART **1**

이론편

유아생활지도를 위한
이론적 접근

유아생활지도의 이해

유아교육기관에서 나타날 수 있는 유아의 행동은 다양하다. 유아의 다양한 행동 중 적절하지 못한 행동은 교사나 부모의 지도가 필요하다. 이 장에서는 이러한 유아의 행동을 지도하는 유아생활지도의 개념과 내용을 알아보고, 유아생활지도의 궁극적 목표에 대해 논의해 본다. 또한 유아의 행동을 지도하기 위해 유아의 행동에 대한 교사의 관점에 대해 알아보고, 유아의 행동을 지도하는 긍정적인 생활지도의 원리와 개념에 대해 살펴보고자 한다.

1. 유아생활지도의 개념 및 이해

1) 유아생활지도의 개념

유아생활지도는 유아의 전반적인 생활을 지도하는 의미로 넓게 정의할 수 있으며, 좁게는 주로 문제가 되는 유아의 행동에 대한 집중적인 지도를 의미한다. 생활지도의 중심 개념은 이끌다, 안내하다(guide)의 개념이며, 생활지도에는 학생이 여러 생활의 과제들을 수행해 가도록 교사가 적절히 지도한다는 의미를 포함한다.

생활지도의 개념을 파악하려면 먼저 '생활지도'라는 용어의 의미를 아는 것이 필요하다. 과거에는 생활지도가 주로 훈육(discipline)의 의미로 사용되었다. 훈육은 교수(instruction), 훈련(training) 등과 동일하게 'disciplina'를 어원으로 가지며 말로 지시하거나 가르치는 것을 의미한다(Morrison, 1991). 그러나 오랜 기간 서구의 학교교육에서는 엄격한 처벌을 훈육이라는 명목으로 사용해 오면서 훈육의 원래 의미가 변질되어 온 문제점이 있다(Gartrell, 1997). 특히 1980년대 미국의 초등교육에서는 학업과 훈육에 압력을 가하는 분위기가 조성되면서 '복종 지향적인' 훈육체계를 갖추게 되고 이를 학령기 교육뿐 아니라 취학 전 교육에까지 널리 사용되게 되었다(Gartrell, 1987; Hitz, 1988). 따라서 유아교육자들은 유아들에게 복종을 강요하는 처벌적인 훈육에서 벗어나 유아를 지도하는 접근법을 사용해야 한다고 하였으며 성인 중심의 훈육보다는 유아가 스스로 자신의 행동을 통제하도록 하는 자율적인 자기통제에 중심을 둔 훈육을 해야 한다고 하였다. 이러한 맥락에서 '생활지도'라는 용어를 '훈육'보다 많이 사용하게 되었고, 성인의 힘을 강조하는 부정적인 의미의 훈육에서 유아를 중심으로 지도하는 **긍정적인 의미의 생활지도**로 변화하였다.

학령기 아동을 대상으로 하는 생활지도는 주로 학생들이 학교 내외의 생활에서 어떤 문제나 위기 사태에 대면하게 되었을 때 야기되는 부적응의 문제를 자기 스스로 해결해 나갈 수 있도록 도와주는 과정을 의미한다. 그에 비해 유아를 위한 생활지도는 가정에서만 생활하던 유아가 유아교육기관이나 친구관계 형성에서 경험하게 되는 부적응 현상이나 어려움과 같은 유아만의 위기의식을 느끼게 될 때, 문제의 발생을 감소시키기 위해 교사와 부모가 적절하게 반응함으로써 발달에 적합한 반응적인 교육을 하는 것을 말한다.

생활지도(guidance)는 긍정적인 용어로, 유아가 건강하고 생산적인 민주사회 시민의 역할을 하는 데 필요한 사회·정서적 기술들을 가르치고 긍정적인 행동을 하도록 돕는 것이다. **민주시민으로서 필요한 삶의 기술**에는 타인과 자기 자신을 존중하기, 집단에서 함께 작업하기, 언어를 사용하여 문제해결하기, 자신의 요구를 수용 가능한 방법으로 표현하기, 올바른 방법으로 의사 결정하기 등이 있다(Wittmer & Honig, 1994).

요약하면, 유아를 위한 생활지도는 유아가 다른 사람과 건강하게 관계를 형성하고, 자신의 요구를 수용될 수 있는 방법으로 표현하며, 자율적인 의사결정을 통해 문제를 해결할 수 있는 기술을 사용하여 궁극적으로 유아 스스로 자신의 문제를 해결하도록 지도하는 과정을 의미한다.

2) 생활지도에 대한 이해

훈육이라는 용어는 학교와 가정에서 광범위하게 사용한다. 따라서 훈육에 익숙한 교사들이 생활지도의 정확한 개념을 이해하기 위해서는 무엇이 생활지도인가에 대해 이해하는 것과 더불어 생활지도가 아닌 것을 이해한다면 생활지도의 개념이 보다 명확해질 수 있다. Gartrell(1997)은 생활지도에 대한 다섯 가지 오해를 지적하며 생활지도의 개념을 소개하였다.

첫째, 생활지도는 문제에 대해 단순히 반응하는 것만을 의미하지 않는다.

유아의 연령이나 발달 단계 혹은 욕구에 적절하지 않은 교육을 할 때 많은 문제가 발생한다. 이때 교사는 유아의 짧은 주의집중력과 유아의 흥미 수준에 맞는 활동을 계획하는 등의 교육의 실제를 변화시키는 노력을 통해서 문제가 되는 행동을 하려는 유아의 욕구를 감소시키고자 한다. 유아에게 적합하게끔 교실 환경을 개선하고 교육 프로그램의 다양한 요소를 변화시키는 것 역시 이와 같은 행동을 하려는 유아의 욕구를 감소시키고자 하는 교사의 노력이다. 이러한 적극적인 노력으로 유아의 문제를 예방할 수 있으므로, 교사는 유아의 문제에 단순히 반응하는 것이 아니라 적극적으로 유아의 생활 전반에 걸쳐 지도해야 한다.

둘째, 생활지도는 그 자체가 교육이다.

생활지도는 모든 유아들이 교육 활동을 통해 성공적인 학습을 하도록 돕는 것이다. 따라서 생활지도 프로그램은 일반적인 교과 활동처럼 유아를 가르치는 것은 아니지만 유아가 사회적 기술을 학습하는 중요한 교육 기회를 제공하므로 그 자체가 교육적이다. Katz는 교사가 관계(relationships)를 3R[1]보다 먼저 강조하고 가르치는 데에 생활지도의 중요성이 있다고 하였다(Kantrowitz & Wingert, 1989에서 재인용). 특히 긍정적인 관계 형성에 중요한 사회적 기술을 배우는 것은 유아가 타인과 관계를 맺는 방법을 배울 때 반드시 필요하다(Wittmer & Honig, 1994).

셋째, 생활지도는 모든 상황에 적용할 수 있다.

몇몇 교사는 어떤 특정한 상황에서만 생활지도를 하고 그 외의 상황에서는 처벌이 따르는 훈육을 사용해야 한다고 생각한다. 그러나 비처벌적인 생활지도 기법은 모든 상황에 필요하고 일단 학습되면 효과적이다(Carlsson-Paige & Levin, 1992; Reynolds, 1996). 교사는 문제가 되는 행동을 하려는 유아의 욕구를 감소시키고 유아가 자신의 문제를 해결하기 위해 말을 하도록 도와주어 처벌의 사용을 줄일 수 있다. 생활지도는 예방부터 갈등 해결, 위기 중재, 장기적인 관리 책략까지 광범위한 방법들을 포함한다.

넷째, 생활지도는 유아를 존중하면서 행동을 지도하는 것이다.

생활지도를 하는 교사는 유아의 행동에만 직접적으로 반응하고 유아의 인격은 존중한다(Ginnot, 1972). 교사는 유아에게 창피나 면박을 주어 유아의 감정에 상처를 주는 식의 지도를 하지 않도록 하며 유아에게 단호하면서도 친절하게 반응해야 한다. 생활지도의 목표는 유아가 스스로 해결할 수 없는 문제를 갖고 있는 것에 대해 벌을 주는 것이 아니라 유아가 스스로 문제를 해결하도록 가르치는 것에 있다. 따라서 **생활지도의 목표**는 결국 민주시민을 위한 목표와 연결되는데, 즉 유아가 타

---

1) 읽기, 쓰기, 수학[reading, 'riting (writing), and 'rithmetic (arithmetic)]

인과 잘 지내는 능력, 말로 문제를 해결하는 능력, 강한 감정을 수용될 수 있는 방법으로 표현하는 능력을 기르도록 하는 것이다. 생활지도는 단지 유아에게 규칙을 지키도록 하는 것 이상의 의미를 지니며, 유아가 삶을 살아가는 데 필요한 기술을 적극적으로 가르치는 것이다(Wittmer & Honig, 1994).

다섯째, 생활지도는 교사와 부모의 긴밀한 연계와 협력으로 이루어진다.

생활지도는 19세기 이래 유아에게 민감한 교육적 실제의 한 부분으로서 발달에 적합하고 문화적으로 반응적인 교육을 지향하는 운동의 일부다. 생활지도는 교사와 팀티칭을 하는 교사, 함께 일하는 동료 교사 및 긍정적인 교사-부모 관계에 의해 많은 부분이 좌우된다. 따라서 생활지도는 워크숍이나 문서화된 프로그램 이상의 것을 의미하는 것으로, 교사의 사려 깊은 헌신, 교사들의 팀워크, 그리고 부모와 지역사회와의 협력이 포함된다.

생활지도를 실행하는 교사의 특징

생활지도를 실행하는 교사는 어떠한 특징을 보일까? 혹은 생활지도를 실천하는 교사를 관찰한다면 어떠한 결과가 나타날까? 이러한 질문에 대하여 Gartrell(1997)은 생활지도를 하는 학급에서는 유아와 성인 모두가 환영을 받는다고 느끼며, 생활지도의 여섯 가지 중요한 실제를 실천하는 교사의 특성은 다음과 같다고 제시하였다.

첫째, 교사는 사회적 기술이 배우기에 복잡하므로 이를 충분히 학습하려면 성인기까지 시간이 걸린다는 것을 알고 있다.

유아는 사회적 기술을 배우는 과정에서 성인들처럼 실수를 하기도 한다. 이러한 이유로 유아의 실수를 잘못된 행동으로 간주해 온 전통적인 관점에서 벗어나서 실수 행동으로 생각해야 한다고 주장하는 학자(Gartrell, 1995)도 있다. 그러나 유아가 의도적이거나 반복해서 부적절한 행동을 한다면 단순히 실수로 한 행동으로 이해하기는 어렵다. 그럼에도 불구하고 이러한 관점을 가지고 있는 교사는 유아의 긍정적인 잠재력을 믿고, 유아가 사회적 상황에 대한 경험 부족과 타인에게 미치는 영향에 대한 이해 부족 및 충족되지 않은 자신의 신체적 또는 정서적 욕구 때문에 실수로 이러한 행동을 하는 것을 이해한다. 따라서 교사는 "우리 모두는 실수를 할 수 있지만 실수로부터 배울 필요가 있다."라는 태도를 갖는다.

교사는 유아가 심각한 문제행동을 하게 될 경우에도 유아가 나빠서가 아니라 자신의 힘으로 해결할 수 없는 어려운 문제를 가지고 있는 것이라는 관점을 가지면서 포괄적인 접근법으로 문제를 해결하려 한다. 즉, 문제를 이해하고, 위기 상황을 줄이기 위해 교육 프로그램을 수정하며, 일관적이면서 비처벌적으로 중재하고, 부모, 교사 및 다른 전문가들과 팀을 이루어 협력하고, 장기적인 계획을 세우고 실행하며 감독한다.

둘째, 교사는 문제가 되는 행동에 대한 유아의 욕구를 감소시킨다.

유아에게 지나치게 어렵거나 쉬운 교육 프로그램을 제공하는 것은 유아가 문제행동을 하게 되는 원인 중 하나가 될 수 있다. 교사는 유아가 기다리지 않고 활동을 할 수 있도록 충분한 교구와 활동을 제공하고, 유아 수준에 맞는 활동을 선택할 수 있도록 한다. 교육 프로그램 운영에서 유아의 발달, 학습방법, 가정환경을 우선적으로 고려할 때 유아는 긍정적으로 참여하고 문제가 되는 행동을 하려는 욕구가 줄어든다.

셋째, 교사는 긍정적인 교사-유아 간의 관계를 형성한다.

교사는 유아와 개별적인 긍정적인 관계를 형성하기 위해 노력하지만 유아가 당황하거나 불필요하게 경쟁심을 느끼지 않도록 유아를 한 명씩 불러내어 공개적으로 칭찬하거나 비난하는 일을 하지 않는다. 대신 개별 유아에게는 개인적으로 피드백을 주고, 학급에서는 집단에 초점을 맞춰 격려해 준다(Hitz & Driscoll, 1988). 교사는 모든 유아가 학급에 잘 적응하고 소속감을 갖도록 노력한다.

교사는 유아에게 개인의 특성과 상황이 서로 다른 것이 당연하고 그러한 점이 인정되어야 하며, 그것으로부터 배워야 함을 가르친다. 교사는 자신이 학급의 또래들에게 받아들여진다고 느끼는 유아일수록 문제행동에 대한 욕구를 더 적게 가진다는 것을 알고 있다.

넷째, 교사는 해결 지향적인 중재 방법을 사용한다.

교사는 문제가 평화적으로 해결될 수 있는 환경을 만든다(Levin, 1994). 교사는 갈등 관리의 모델이 되고 이를 가르치면서 중재한다. 교사는 처음에 높은 수준의 중재를 하고 계속해서 유아가 스스로 협상하도록 격려한다. 교사는 유아를 공개적으로 당황하게 만들지 않고 신체적인 제한을 사용하지 않는다. 문제를 중재한 후 교사는 유아가 평정을 되찾고 타인의 감정을 이해하며 좀 더 수용 가능한 행동들을 배우고 자신의 행동을 수정하여 다른 유아나 집단과 타협하는 사회적 기술을 사용하도록 돕는다.

다섯째, 교사는 부모와 협력 관계를 맺는다.

교사는 부모와 교사가 서로 협력할 때 유아가 문제행동을 덜 하게 된다는 것을 인식한다. 동시에 교사는 부모 역할을 하는 것이 어려운 일이고, 많은 부모가 개인적 · 문화적 이유 때문에 교사를 만나는 것을 불편하게 느낀다는 것을 이해한다(Gestwicki, 2004). 교사는 심각하게 문제가 되는 유아 행동의 발생을 감소시키기 위해 가정통신문, 전화, 방문, 모임, 협의회 등을 통해 부모와 협력 관계를 형성한다.

여섯째, 교사는 학급 내 성인들과의 팀 체제를 활용한다.

교사는 유아와 관련된 모든 상황을 혼자서 처리할 수 있다고 생각하는 것이 잘못된 것임을 안다. 교사는 학급 내 다른 교사들과 팀을 형성하고 협력하여 계획을 세우고 실행하기 위해 부모 및 다른 교사들과 회의를 한다. 협력적 지원은 유아가 심각한 문제를 극복하고 자존감과 자기통제력을 획득하며 사회적 기술을 발달시키도록 도와줄 수 있다.

3) 유아생활지도의 변천

(1) 19세기

생활지도를 실제로 담당하는 교사들은 발달의 역동적 과정속에서 명확히 나타나는 유아의 긍정적인 잠재력에 대해 신념을 가지고 있다(Greenberg, 1988). 이러한 역동적인 아동관은 유아생활지도에 근간을 이루며 19세기부터 시작되었다. 19세기 유럽의 교육자인 Pestalozzi, Froebel 등은 유아의 역동적인 본성에 대한 견해를 바탕으로 많은 부분에서 기본적인 교육 개혁을 시작하였다(Osborn, 1980).

Froebel은 유아의 타고난 충동이 창조적 활동을 통해 조화롭게 발달될 수 있도록 하기 위해 교육의 목적을 전적으로 생활지도에 두었다. 그는 유아의 본성을 근본적으로 선하다고 보고 유아가 저지르는 잘못은 때때로 교육에 대한 부정적인 경험에서 비롯된다고 믿었다(Lilley, 1967).

Montessori는 유아가 교육과정에서 능동적인 주체로서 스스로 책임감을 가지고 자기훈육을 학습할 수 있어야 한다고 보았다. 그녀는 유아의 발달을 고려하지 못한 전통적인 학교교육을 거부하고 체계적인 보상과 벌에 의해 규칙을 지키게 하는 강의 중심의 교수 실제를 비판하였다(Montessori, 1964). Dewey도 교육과정에 따라 훈육 방법에 차이가 있어야 한다고 강조하면서 기존의 훈육에 대한 전반적인 개념의 변화를 촉구했다(Dewey, 1969).

(2) 1950~1960년대

1950년대의 유아교육자인 Hymes Jr.와 Read는 영국과 미국에서 시작된 유아원(nursery school) 운동에 영향을 주었다. Read는 유아가 이해할 수 있는 일관된 한계가 유아에게 필요하다고 하였고, 자신의 저서인 『유아원(Early Childhood Programs: Human Relations and learnings)』에서 유아의 자기통제를 격려하기 위한 권위의 사용에 대해 피력하였다.

> 우리의 목표는 건전한 통제 유형인 자기통제다. 그러나 건강한 자기통제는 안정되고 성숙한 자아가 있을 때 가능하다. 우리의 책임은 유아가 성장하는 동안 책임 있는 성인에 의해 유지되는 안전한 한계를 유아에게 제공함으로써 유아가 성숙하도록 돕는 것이다([1950] 1993, p. 233).

한편, Hymes는 유아 행동의 원인을 이해하는 것이 중요하다고 강조하였고 문제의 원인이 유아에게만 있는 것이 아니라 유아에게 발달적으로 적절하지 못한 기대를 하는 프로그램에 있다고 주장하였다. 즉, Hymes와 Read는 교사가 유아의 발달 수준에 맞는 행동에 대한 기대치를 설정할 것을 강조한 것이다. 따라서 이들은 아동 중심적인 교육관을 가지고 유아가 자기통제력을 가지도록 외부의 프로그램이나 교육적인 지도 방법을 수정하는 것이 생활지도의 기본이라고 생각하였다.

이후 심리학자인 Dreikurs와 Ginott은 교육학자들과 더불어 생활지도의 개념을 향상시켰다. Dreikurs는 Adler의 성격발달이론을 Adler 사후 지속적으로 발달시킨 학자로서, 유아 행동의 기능적인 면을 분석하여 유아가 '행동의 잘못된 목표'를 설정하여 역기능적인 행동을 하게 된다고 주장하였다. Ginott(1972)은 아동 중심적인 생활지도를 역설하면서 유아가 바르게 느낄 때 바르게 생각할 수 있다고 하여 생활지도에 있어서 인지와 정서적인 측면을 강조하였다.

(3) 1980년대

1980년대에는 생활지도가 유아교육기관에서 중요해진 반면, 초등학교에서는 학업과 훈육에 대한 새로운 동향이 나타나게 되었다(Gartrell, 1997). 초등교육에서 학습의 기본을 강조하게 되면서 유아가 다음 단계의 학습이 가능하도록 유아들을 준비시키는 경향이 나타나게 되었고, 이는 현재까지도 이어지고 있다. 이 시기는 학업(academic) 중심의 교실과 복종 지향적인 훈육체계가 팽배해져서 모든 수준의 공교육에서 사용되었고 심지어 유아교육기관에서도 널리 사용되었다(Gartrell, 1987; Hitz, 1988). 이러한 생활지도의 변화에 대하여 Curwin과 Mendler(1988)는 교육의 목적이 학생들이 자기 자신에 대해 책임을 지고 자신의 역할을 충분히 하도록 가르치는 것이지만 공교육에서 복종 지향의 훈육을 채택한 것은 이러한 교육 목표와 모순되는 것이라고 비판하였다.

(4) 1990년대 이후

1990년대의 유아교육은 전미유아교육협회(NAEYC)가 주축이 되어 유아의 발달에 중점을 두고 발달에 적합한 유아교육을 실시하는 입장을 지지하는 견해가 강하였다. '발달에 적합한 유아교육의 실제'에서 유아교사들은 유아의 발달 수준에 대한 이해를 기초로 하여 각 유아의 발달 수준에 적합한 반응적인 상호작용을 하도록 제시하였다(Bredekamp & Copple, 1997). 즉, '발달에 적합한 유아교육의 실제'에서는 교사의 적합한 지도 방법과 부적절한 지도 방법의 실제를 제시하여 '발달에 적합한 생활지도'를 옹호하였다.

> 교사는 유아에게 긍정적인 생활지도 기법들을 사용함으로써 유아에게 사회적 기술, 자기통제, 자기조절의 발달을 촉진시킨다. 즉, 교사는 기대되는 행동의 모델이 되고, 기대되는 행동을 하도록 격려해 주며, 유아에게 좀 더 수용 가능한 행동을 하도록 방향을 재설정해 주고, 행동의 한계를 분명히 정해 주며, 수용될 수 없고 해를 끼치는 행동의 결과를 강조하기 위해 중재 방법을 적용한다. 교사는 유아의 발달 능력을 존중한다. 교사는 유아의 사소한 위반 행위에 전부 반응할 필요가 없다는 것을 인식하고 있기 때문에 인내심을 갖게 된다(Bredekamp & Copple, 1997, p. 129).

전미유아교육협회의 지부인 미네소타유아교육협회(MnAEYC)에서는 이러한 발달에 적합한 생활지도를 발표하여 유아에게 사용할 수 있는 생활지도의 원리를 설명하고 있다. 발달에 적합한 생활지도는 교사가 처벌적인 훈육을 사용하지 않고 유아의 발달 수준에 맞춘 생활지도 방법을 사용하도록 하였다.

(5) 최근의 생활지도 방향

2000년대 이후 생활지도의 방향은 **긍정적 생활지도로의 변화**다. 이는 훈육의 용어 정의와 사용에 대한 학자들의 재정의와 유아를 중심으로 하는 훈육 및 생활지도로 변화된 관점을 나타낸다. 훈육은 종종 처벌을 포함하여 이해되고 사용되는 경우가 있어서 유아교육자들과 학자들에 의해 비판이 제기되었다(MnAEYC, 1991; Reynolds, 1996). 하지만 Marion(1999)과 같은 학자들은 훈육이 반드시 처벌을 의미하는 것이 아니며 중립적인 용어로 이해되어야 한다고 하였다. 과거에 사용하던 훈육은 용어가 가지는 부정성 때문에 긍정적인 방법을 사용하는 훈육으로 부정적인 의미에서 탈피하도록 하는 방향으로 변화되었다(Nelsen, Erwin, & Duffy, 2007). 따라서 최근에는 '**긍정적 훈육**(positive discipline)' 또는 '**긍정적 생활지도**(positive guidance for children's behavior)'로 유아의 행동을 지도하고 훈육하는 방향이 제안되었다. 이는 부모나 교사들이 체벌이나 벌주기가 아닌 유아를 존중하고 긍정적인 행동을 기대하고 목표를 설정하여 긍정적인 방식으로 훈육과 생활지도를 하는 방법을 의미한다.

2. 유아생활지도의 목표

　유아생활지도는 유아가 자신의 행동과 충동을 조절할 수 있는 자기통제력을 갖도록 지도하여 결국 책임감 있는 성인으로 자라도록 도와주는 과정이다. 유아의 생활을 지도할 때 부모나 교사들은 자신이 원하는 방향으로 지도의 목표를 설정하기 마련이다. 주로 성인들은 바람직한 행동을 하며 성인에게 순종적인 유아로 자라나도록 지도하려는 경향이 있다. 그러나 연구자들은, 현대사회의 유아들이 과거 성인의 말에 거의 무조건적으로 복종하던 유아들처럼 행동하지 않는다고 한다. 이렇게 반항적인 유아들이 많다고 여기는 이유는 과거에 비해 유아들이 순종과 복종의 모델을 관찰할 기회가 적어졌으며 책임감과 동기부여를 배울 기회가 점점 줄어들고 있기 때문이다(Nelsen, 1987). 따라서 유아생활지도의 목표는 유아들이 단순히 순종하는 유아로 성장하는 것보다는 현대사회에서 자신에게 주어진 역할을 제대로 수행해 낼 수 있도록 하는 데에 초점을 두어야 한다. 이에 따라 유아생활지도의 **장기적인 목표**를 설정하면 다음과 같다(Fields & Boesser, 1994).

　첫째, 유아가 **긍정적인 자아감**을 갖고 성장하도록 돕는다.

　유아는 자신을 인식하기 시작하면서 자신의 가치에 대해 평가하게 되는데, 자신을 평가하는 유아의 능력은 타인이 보내는 자신에 대한 전반적인 가치를 지각하고 내면화된 기준이나 기대와 비교하여 발달한다(Harter, 1996). 자아존중감은 자신에 대한 가치, 유능성, 통제의 세 가지 차원으로 구성된다(Curry & Johnson, 1990; Marion, 1991). 이는 자신뿐 아니라 타인으로부터 가치를 인정받고 존중받으며, 자신이 상황을 조절할 수 있도록 허용될 때 키워진다. 이러한 긍정적인 자아감은 유아가 자신의 삶에서 의미 있는 사람인 가족, 교사, 다른 유아들과 상호작용할 때 그들의 수용과 거부의 반응과 함께 발달한다. 특히 교사가 하는 말은 유아의 자기인식을 형성하는 주요한 요인이다(Marion, 1999). 따라서 교사는 긍정적인 말을 사용하여 유아를 존중하는 방식으로 유아를 지도하여 유아가 긍정적인 자아감을 형성하도록 지원해야 한다.

둘째, 유아가 **자기통제력**을 갖고 성장하도록 돕는다.

자기통제력은 유아가 세상에서 일어나는 일들과 사건에 영향을 미칠 수 있다고 느끼는 정도를 일컫는다. 자신의 행동을 조절하는 능력은 한 번에 성취되는 것이 아니며 유아기 동안 '외부'에서 '내부'로 이어지는 발달 과정에서 점차로 나타난다(Marion, 1999). 즉, 행동을 조절하고 통제하기 위해 다른 사람에게 의존하는 것에서 스스로 자기조절을 더 잘하게 되는 방향으로 발달한다. 유아는 다른 사람들로부터 직접적인 지도, 관찰, 강화, 처벌과 귀인을 통해서 사회의 규칙들을 배우면서 자기통제력을 발달시킨다(Berreth & Berman, 1997). 취학 전 유아는 부모나 긍정적인 관계의 성인에게 주로 영향을 받는다(Turiel, 1998). 따라서 교사는 유아가 자신의 행동이 다른 사람에게 어떻게 영향을 미치는지에 대해 알도록 설명하면서 행동을 제한하여 유아가 자신의 행동을 스스로 통제하도록 도와주어야 한다.

셋째, 유아가 **도덕적 자율성**을 갖도록 돕는다.

유아는 다른 사람의 관점을 고려하여 스스로 도덕적 판단과 결정을 내리는 도덕적 자율성을 획득하여야 한다. 도덕적 자율성이 발달되기 위해서는 유아의 인지적 성숙과 함께 사회적 경험이 중요한 역할을 한다. 유아는 또래와 사이좋게 놀고, 공동의 목표를 달성하기 위해서 다른 사람의 관점을 이해해야 하며, 갈등이 있을 때에는 어떻게 해야 서로 이익이 되는 방식으로 해결할 수 있는지를 배우는 또래와의 상호작용을 경험하게 된다. 따라서 부모나 교사 중심의 벌과 보상을 통한 행동제재 보다는 유아 스스로 다른 사람과의 상호작용을 통해 도덕적 가치를 구성해 나갈 수 있도록 지도해야 한다.

3. 유아 행동에 대한 교사의 관점

교사는 잘 가르치도록 교육과 훈련을 받아 왔기 때문에 항상 유아의 여러 가지 행동을 지도하려는 경향을 보인다. 학자들은 유아를 잘 가르치는 것과 더불어 유아교사에게 필요한 자질로서 인내하는 자세와 유아를 이해하고 수용하며 존중하는 자세를 들었다(강문희, 정정옥, 이경희, 윤애희, 류진희, 2002; 박은혜, 2009). 아직 언어 표현력이 부족하고 자신의 욕구에 따라 행동하는 유아들을 지도할 때, 교사는 지도 방향과는 다른 결과가 나타나거나 여러 가지 방법을 사용하여도 유아의 행동이 개선되지 않을 때 좌절감을 느낄 수 있다. 이러한 좌절감은 교사의 자아존중감에 영향을 주게 되어 교사로서의 역할에 갈등을 느끼고 회의감이 들게 하기도 한다(염지숙, 이명순, 조형숙, 김현주, 2008).

교사의 덕목으로 제시된 참을성 또는 인내심을 문제행동을 지도하는 교사의 바람직한 속성으로 수용하는 것에 대해 생각해 볼 필요가 있다. 인내심의 사전적 의미는 "괴로움이나 어려움을 참고 견디는 마음"이다. 따라서 이러한 관점에서는 인내심을 교사가 유아의 역기능적인 행동과 상호작용할 때 나타나는 어려움을 잘 참고 견디는 자질로 해석할 수 있다. 이는 개별 유아에 대한 교사의 적극적인 이해를 나타내기보다는 유아의 다양한 행동을 부정적인 관점으로 바라보고 지도하는 과정에서의 어려움을 '조용히 참는' 것을 의미할 수 있기 때문이다(Weber, 1987). 이 장에서 다음에 제시하는 긍정적인 생활지도에서는 이러한 **인내심보다는 유아의 행동을 이해하려고 노력**하는 교사의 태도를 더욱 강조한다(Gartrell, 2004). 즉, 긍정적인 생활지도는 유아의 행동을 '잘못된 또는 나쁜' 행동으로 생각하고 지도하면서 동시에 인내하려고 노력하는 교사의 역할에서, 유아의 특정 행동을 **발달 수준에 적합하지만 '문제가 되는 행동'으로 인식하고 이를 이해**하려고 노력하는 교사의 역할로, 교사의 관점을 변화하도록 제안하고 있다.

유아의 행동을 이해하려고 하는 교사들은 유아의 행동을 발달에 적합한 것으로 수용할 뿐 아니라 유아를 반항하는 아이로 생각하지 않는다. 교사가 유아의 행동과 관계된 특정 상황을 어떻게 지각하느냐에 따라 그 상황에서 인내심이 필요할 수도 있고 그렇지 않을 수도 있다. 만일 교사가 자신의 인내심에 의존하게 되면 유아의 새로운 행동과 새로운 상황에 부딪힐 때마다 자신의 인내심의 한계를 경험하게 될 것이고, 이것이 결국 교사의 부적절한 지도 방법으로 이어질 수도 있다. 그러나 교사가 유아의 행동을 유아의 발달 수준에 맞추어 이해한다면 교사는 참을성의 한계까지 가지 않아도 될 것이다(Weber, 1987).

또한 인내심에 의존하는 교사는 유아와 부정적인 관계를 형성하기 쉽고, 이는 유아의 행동에 대해 강력하게 대처하고 통제하려는 결과를 가져올 수 있다. 유아의 행동을 통제하려는 것은 유아와의 상호작용에서 힘겨루기 상황이 나타날 때 교사가 주로 사용하는 전략의 하나로서, 결국 힘겨루기를 사용하는 교실에서 유아는 패자임을 경험하게 된다. 따라서 인내심은 유아를 존중하지 않는다는 의미로 해석될 수 있는데, 그 이유는 인내를 하는 사람이 상대보다 어느 정도 우월하다는 생각을 갖기 때문이다(Weber, 1987).

유아를 독특한 개체로 인정하고 개인차를 존중하는 교실을 만들고자 하는 교사는 유아의 역기능적인 행동을 지도하는 과정에서 시간적으로 효율적이지 못할 수도 있다. 흔히 교사들은 다른 유아들을 지도하고 교육 활동을 진행하느라 시간이 없어서 문제 상황을 일으키는 유아의 욕구를 이해하고 아이의 말을 주의 깊게 경청하거나 수용하면서 반응할 시간이 없다고 말한다(염지숙 외, 2008). 그러나 교사가 유아의 자연스러운 발달 과정에 대한 깊은 믿음을 보여 주고 유아의 욕구가 무엇인지 이해하려 하고, 유아와 상호작용할 시간을 충분히 가진다면 유아를 좀 더 이해하게 되며 모든 유아의 가치를 인정하게 된다. 이러한 과정 속에서 교사는 유아를 있는 그대로 받아들이게 되므로 교사의 많은 힘과 노력을 유아와 대치하면서 싸우는 데 쏟는 대신에 효율적인 방법을 찾고 적용하는 데 사용하게 된다. 그러므로 교사가 성숙하고 건강한 성격을 갖는 것은 매우 중요하다.

인간은 자신의 욕구를 만족시키기 위해 행동한다(Maslow, 1954). 따라서 교실에서 교육 활동을 성공적으로 수행하려는 교사의 욕구와 유아의 욕구 사이에는 거리가 있을 수 있다. 이러한 상황에서 교사는 유아의 발달적 특성인 자기중심성을 이해하고 유아가 자신의 욕구를 충족시키는 동시에 적합한 교육적인 목표를 달성할 수 있는 교수 방법을 실행하는 것이 필요하다.

4. 긍정적 생활지도

1) 긍정적 생활지도의 전략

생활지도(guidance)는 유아가 수용될 수 있는 방법으로 자신의 감정과 욕구를 표현하고 조절하는 방법을 배우도록 돕는 것이다. 교사나 부모는 유아에게 안내자 역할을 하면서 유아가 적절한 행동을 하도록 도와주어야 한다. 따라서 교사나 부모는 유아의 발달 수준을 정확하게 인식하고 각 시기에 유아가 나타낼 수 있는 발달적 특징을 이해하여 유아의 역기능적인 행동을 지도하는 것이 필요하다. 이러한 관점을 취하는 것이 발달에 적합한 생활지도이며(MnAEYC, 2002), 이는 동시에 긍정적인 생활지도를 의미한다.

'발달에 적합한 유아교육의 실제'에서는 긍정적인 생활지도의 전략을 제시하였는데, 이는 유아가 민주적인 생활기술을 익히도록 하는 것이다.

• 유아에게 이해될 수 있는 기대와 일과를 설정한다.

- 모델링이나 기대되는 행동을 격려한다.
- 수용될 수 있는 행동으로 재지시한다.
- 분명한 제한을 설정하도록 한다.
- 협력하기, 도와주기, 협상하기, 상호 관련된 문제를 해결하기 위해 다른 사람과 이야기하기와 같은 사회적인 기술을 익힐 기회를 제공하고 격려하도록 한다.

2) 긍정적 생활지도의 원리

생활지도의 궁극적인 목적은 유아가 자신의 행동에 대한 자기통제력을 길러서 사회적으로 유능한 사람으로 자라나도록 하는 데 있다. 긍정적인 생활지도에서는 성인과 유아 간의 상호 존중과 공동 책임에 기초한 협력의 방법이 권위적인 처벌보다 훨씬 더 효과적이라고 본다. 따라서 성인은 긍정적인 생활지도의 특징인 **부드러우면서도 단호한 태도로**, 유아에게 **책임 있는 자유 안에서 제한된 선택**을 하도록 해야 한다. 또한 유아가 모두를 배려하고 존중하는 범위 내에서 자신의 행동을 선택하도록 격려받게 한다. 긍정적인 생활지도는 상호 존중과 협력을 바탕으로 하기 때문에 유아가 자기조절, 책임감, 협동심, 문제해결 기술을 배우는 데 효과적인 접근 방법이다.

긍정적 생활지도와 훈육의 차이

생활지도와 전통적인 지도 방식인 훈육의 차이는 다음과 같다. 훈육이 주로 유아의 특정한 행동을 잘못된 것이라고 지적하고 공개적으로 혼을 내어 그 행동을 하지 않도록 하는 방법을 사용한다면, 생활지도는 유아의 특정한 행동을 잘못된 행동(misbehavior)이나 나쁜 행동이 아닌 지도가 필요한 문제가 되는 행동으로 이해하고 그렇게 행동한 이유를 파악해서 유아가 다음에는 다른 방식으로 행동할 수 있는 대안을 찾아보도록 적극적으로 지도하는 방법이다. 결국 이 두 가지 방법의 차이는, 교사가 유아의 문제행동을 이해하는 관점과 지도 전략에서 크게 다르다고 할 수 있다. 교사가 처벌을 선택할 것인지, 아니면 사회적으로 수용될 수 있는 방법으로 문제를 해결하도록 대안을 제시하여 지도하는 방법을 선택할 것인지는 교사의 교육철학과 평소의 교육신념에 따라서도 영향을 받을 것이다.

요약하면, **긍정적인 생활지도와 훈육의 차이점**은 두 가지 측면으로 정리할 수 있다.

첫째, 유아나 성인 모두 수치심을 느끼지 않는다는 것이다.

엄격한 통제적인 훈육은 주로 처벌을 사용하게 되어 유아에게 수치심을 느끼게 하고, 허용적인 훈육은 성인이 수치감을 느끼게 된다. 그렇지만 긍정적인 생활지도는 유아와 성인 간의 상호 존중과 협동을 기반으로 하여 부드럽지만 단호한 방법으로 유아의 행동을 지도하는 것이다.

둘째, 긍정적인 생활지도는 유아에게 자기조절능력과 책임감을 가르친다는 데 있다.

지나치게 통제적인 훈육은 유아의 행동에 대해 끊임없이 성인의 책임을 강조한다. 긍정적인 생활지도는 유아에게 책임감과 협동심이 발달하도록 하는 동시에 장기적으로 유아가 긍정적인 행동을 하도록 하는 데 그 목표를 두고 있다.

3) 긍정적 생활지도의 방법

긍정적인 생활지도를 하는 교사는 다음과 같은 태도와 방법으로 유아를 지도한다(Nelsen, 2006).

첫째, 부드러우면서도 단호하게 유아를 대한다.

유아를 지도할 때 교사나 부모의 부드러운 태도는 유아를 배려하고 있음을 나타낸다. 단호한 태도는 유아의 행동에 대해 지도가 필요한 점과 상호 존중을 드러내 준다. 부드러우면서도 단호한 태도란 성인의 화나는 감정없이 유아에게 중간 톤의 목소리로 말하고 부드럽게 행동하는 것을 말한다.

일반적으로 통제적인 교사의 태도는 부드러움보다는 엄격함이 느껴지고 자유방임적인 태도는 단호하지 못한 느낌을 준다. 따라서 부드러우면서도 단호한 태도는 긍정적인 생활지도에서 핵심적인 요소라고 할 수 있다. 그러나 우리는 교육을 받으면서 학급교사나 부모로부터 꾸중을 듣고 혼이 날 때 부드러운 태도를 유지한 성인을 경험하기 어려웠다. 그렇기 때문에 부드러우면서도 단호한 태도가 어떤 것인지 잘 모를 수 있다. 사실, 성인이 화가 났을 때 자신의 화를 참으면서 유아나 학생을 부드럽게 지도하는 것은 참으로 어려운 일이다. 그러나 긍정적인 생활지도에서는 진정으로 유아가 자신의 행동을 절제하기를 원한다면 성인들 또한 자신의 행동을 절제하는 법을 배울 필요가 있다고 역설한다.

긍정적인 생활지도에서 말하는 부드러운 태도는 자유방임적인 태도를 의미하는 것이 아니라 유아와 성인 모두를 배려해 주는 태도를 말한다. 즉, 유아의 감정을 인정해 주고 성인과 유아 모두를 존중해 주는 것이다. 이에 대한 자세한 설명은 긍정적인 의사소통을 다룬 5장을 참고하기 바란다.

단호함이란 처벌이나 훈계, 꾸지람 같은 통제적인 의사소통 방식을 사용하는 것이 아니라 문제가 되는 상황을 다루기 전에 성인이 합리적으로 생각할 수 있도록 마음을 진정시킨 후 중립적인 어투로 말하고 질문을 하는 것을 의미한다. 규칙이나 행동의 제한을 정할 때, 유아가 참여하게 되면 함께 정한 규칙을 자발적으로 따르려는 경향을 보인다. 부드럽지만 단호한 말은 부정적인 언어를 사용하지 않으면서도 유아의 협력을 이끌어 내는 기능을 한다.

둘째, 유아가 소속감과 자존감을 느끼도록 도와준다.

Dreikurs는 유아가 최우선적으로 소속감과 자존감을 갖기 위한 행동의 목표를 세운다고 했다. 또래와 가정 안에서 소속감을 느끼지 못하거나 자존감을 발달시키지 못한 유아들은 부적절한 행동을 하면서 이러한 감정을 느끼기 위해 노력할 수 있다. 만일 교사나 부모가 이러한 목적을 가지고 행동한 유아에게 처벌적인 지도만 사용한다면 유아는 소속감이나 자존감을 발달시키는 데 거의 도움을 받지 못하게 된다. 그러나 긍정적인 생활지도는 유아가 소속감과 자존감을 느끼도록 도와준다.

셋째, 통제적인 훈육 방법의 부정적 영향을 이해하고 대안적인 방법으로 지도한다.

긍정적인 생활지도와 달리 통제적인 훈육에서 사용되는 처벌은 유아의 부적절한 행동을 빠른 시간에 중단시킬 수는 있지만 장기적으로는 유아에게 부정적인 영향을 미친다. 유아는 처벌을 받을 때 수치심과 공포심, 자존감의 상실을 경험하기 때문에 반항을 하기도 한다. 따라서 긍정적인 생활지도에서는 부정적인 지도 방법의 대안으로서 사용할 수 있는 방법들을 제안하고 있다.

넷째, 유아의 인격 형성에 필요한 삶의 능력을 가르친다.

유아는 성인으로부터 부정적인 기술을 습득하는 대신 긍정적인 기술을 배움으로써 인격 형성에 필요한 삶의 능력을 배울 수 있다. 이러한 삶의 능력은 개인마다 다를 수 있지만 일반적으로 타인에 대한 배려, 문제해결능력, 정직, 자제력, 긍정적인 자아개념, 책임감, 협력, 개방적인 의사소통능력 등이다. 이러한 능력들은 유아가 상호 존중, 협력, 해결 방법에 중점을 둔 긍정적인 생활지도를 경험할 때 발달할 수 있다.

02
유아의 문제행동에 대한 새로운 시각 형성

이 장에서는 유아의 문제행동을 새로운 관점에서 바라볼 수 있도록 전통적인 훈육과 긍정적인 생활지도의 차이점에 대해 논의하고자 한다. 유아의 문제행동을 정의하는 데 있어 교사 자기반성을 통해 자신에 대한 이해가 선행되어야 하며, 유아가 권리를 가진 주체적 존재임을 인정해야 한다. 유아의 권리 존중을 토대로 한 관계 형성은 매우 중요하다. 유아의 권리를 충분히 이해하고, 유아를 능동적 존재로 인정하여 주도성을 인정하는 교사와의 관계에서 유아는 안정감을 느끼고, 교사로부터 자신이 관심받고 있다는 느낌을 갖게 될 것이다.

1. 전통적인 훈육과 긍정적 생활지도의 차이점

두 명의 유아가 하나의 장난감 자동차를 서로 갖고 놀겠다고 싸우는 상황에서 교사의 반응은 다양할 것이다. 어떤 교사는 "너희 둘 다 이 장난감 때문에 사이좋게 놀지 못하고 싸우니까 선생님이 이 자동차는 치워 놓겠어요. 자, 이제 다른 장난감을 갖고 노세요." 하고 일방적인 개입을 할 것이다. 또 다른 교사는 "문제가 생겼구나. 여기 자동차가 한 대뿐인데 너희 둘 다 갖고 놀고 싶어 하네. 이 문제를 어떻게 해결하면 좋을지 말해 볼 수 있겠니?" 하고 질문하면서 유아들의 반응을 살펴볼 것이다. 두 유아의 입장을 모두 들어 본 교사는 한 유아가 그 자동차를 먼저 갖고 놀고 있었으며, 다른 유아도 그 장난감을 갖고 놀고 싶어 하는 상황을 유아들이 판단할 수 있도록 코칭해 주었다. 그런 다음 교사는 두 번째 유아가 '아무도 사용하고 있지 않은, 새 자동차'를 찾아서 놀 수 있도록 도와주었다(Gartrell, 1995).

이 예에서 일방적인 개입을 한 첫 번째 교사는 전통적인 학급의 훈육 방식에 따라 문제를 해결하기 위해 교사 자신이 주도하여 문제를 해결하는 방식으로 반응한 것이고, 두 번째 교사는 생활지도의 주요한 기술인 갈등 해결법을 사용한 것이다.

전통적인 훈육 방식은 많은 유아교사가 사용하고 있지만 사실상 비처벌적 교사 개입과 처벌 사이에서 구별되지 않고 있다. **처벌**은 어떤 행동을 줄이거나 없애기 위해 부정적인 자극을 사용하는 것이다. 그것은 유아에게 가치 있는 어떤 것을 빼앗거나 유아의 권리를 상실하게 한다. 유아의 놀이시간을 제한하거나 교실 한 구석에서 혼자 있게 하는 것(타임아웃)이 일반적으로 자주 사용되는 처벌이다. 유아는 놀이할 수 있는 권리를 상실하고, 타임아웃의 경우에는 같은 반 유아들의 놀림을 받게 된다. 극단적 형태의 처벌에는 체벌(예: 찰싹 때리기), 조롱, 소외시키기, 음식, 휴식, 의복과 같은 기본적인 욕구에 제한 두기가 있다(White & Coleman, 2000). 유아를 때리고, 무시하거나 모욕하고, 간식이나 식사를 억지로 먹이거나 뺏고, 화장실이나 복도에 남겨 두거나, 더러운 옷을 그대로 입게 방치하는 등의 심한 처벌은 신체적·정서적 학대다. 이는 교사의 지시에 유아가 순응하도록 하기 위해 가해지는 행동이며, 유아의 발달에 적합하지 않고 합리적이지 않다(신혜원, 김송이, 이윤선, 2019).

성인들이 처벌이 효과적이라고 착각하는 이유는 처벌이 단기적인 효과가 있기 때문이다. 유아들은 대체로 벌을 받는 동안에는 문제행동을 하지 않는다. 그러나 벌은 장기적 효과가 거의 없다. 유아들은 무의식 중에 많은 결정을 내리는데, 벌을 받은 아이들은 긍정적인 행동을 해야겠다는 결정을 내리지 않는다. 벌을 받은 아이는 보통 다음 네 가지 R 중 하나를 선택한다(Nelson & Erwin, 2002).

★처벌이 가져오는 네 가지 R

1. 원망(Resentment): "불공평해."
2. 반항(Rebellion): "나한테 강요하지 마세요. 내가 하고 싶은 대로 할 거야."
3. 복수(Revenge): "나를 아프게 했으니 나도 아프게 할 거야."
4. 후퇴(Retreat): ① 면피: "다음엔 걸리지 말아야지." ② 자존감 하락: "나는 나쁜 아이야."

처벌을 받은 유아는 자존감이 낮아지고 배움의 즐거움이 감소하며 자신과 타인에 대해 부정적인 감정을 갖게 되므로, 처벌은 발달적으로 적합하지 못한 교육의 실제다(Bredkamp, 1987: Gartrell, 1995에서 재인용). 만약 유아가 자아존중감이 낮아지고, 자신에 대해 부정적으로 생각하고 타인에 대해서 분노하고 놀이에서 소외된 느낌을 갖게 된다면 이는 교사가 유아에게 훈육의 형식으로 처벌을 하고 있음을 인식해야 한다. 훈육이 처벌이 될 때 유아는 아무것도 배우지 못하고, 이는 생활지도라고 할 수 없다. **생활지도**는 유아의 발달에 초점이 맞추어져 있어야 하고 유아의 자아존중감을 향상시켜 주는 것이어야 한다. 바람직하지 않은 행동을 단지 멈추게 하는 것이 아니라 유아가 책임 있는 행동을 하도록 영유아를 돕는 것에 초점이 맞춰져야 하는 것이다(신혜원 외, 2019). 또한 교사가 유아의 행동을 일방적으로 결정하고 보상과 벌로 그 행동을 강화하면 유아는 교사가 주는 보상과 벌에 의존하게 되어 유아 내면의 자발적인 힘은 기를 수 없다(서울특별시 육아종합지원센터, 2015).

유아의 문제행동에 대한 두 접근의 차이는 전통적인 훈육이 유아의 부적절한 행동에 대해 공개적인 비판을 함으로써 잘못을 지적하는 것에 반해 생활지도는 유아에게 긍정적인 대안을 가르쳐 준다는 데에 있다. 또한 전통적 훈육은 유아가 해결할 수 없는 문제에 대한 처벌을 하지만 생활지도는 유아가 사회적으로 수용될 수 있는 방법으로 문제를 해결하도록 돕는다는 차이점이 있다(Gartrell, 1995).

유아는 성인에 비해 미성숙한 존재이기 때문에 교사인 내가 우월한 입장에서 주도권을 갖고 이끌어야 한다는 생각을 갖는 경우가 많다. 그러나 유아가 능동적인 존재이고 세상을 배우고 관계를 형성할 때 주도적으로 탐색하고, 스스로 문제를 해결할 수 있는 존재임을 인식하는 교사라면 유아 스스로 행동을 조절할 수 있도록 지원하는 역할에 더 충실할 것이다(서울특별시 육아종합지원센터, 2015).

2. 교사와 유아의 관계 다시 보기

유아교육기관은 유아가 최초로 접하는 학교 환경으로 또래관계, 하루 일과에 대한 이해 등을 통해 새로운 환경에 적응하게 된다. 이러한 새로운 환경은 유아에게 큰 스트레스로 작용하게 되며, 실제로 유아는 새로운 환경에 적응하는 동안 부적응 행동, 신체적 공격성 같은 적응상의 어려움을 겪는다. 또한 유아교육기관의 여러 상황은 유아에게 긴장과 불안을 유발하게 된다(조맹숙, 김선희, 2011). 유아교육기관에서의 긍정적인 관계는 유아의 적응을 촉진하지만, 갈등적인 관계는 심리적 불안감을 수반하기도 하고 문제행동을 유발할 가능성이 높기 때문에 교사는 유아와 긍정적인 관계를 형성하기 위해 노력하는 것이 필요하다. 교사와 유아의 긍정적인 관계는 유아에게 미치는 영향이 크다. 교사가 유아와 긍정적인 관계를 형성할 때 유아의 사회적·정서적·지적 발달이 촉진된다. 긍정적 관계는 타인에게 관심이 많으며, 우호적이고 친밀하게 교류하며, 상대방에게 민감하게 반응하고, 비교적 자유롭게 감정을 표현하는 특성이 있다. 모든 유아는 자신을 애정으로 대하고 안정감, 양육, 수용적인 상호작용을 제공하는 친밀하고 믿을 수 있는 관계의 맥락에서 성장한다. 유아는 자신을 존중하고 따뜻한 돌봄을 실천하는 교사를 모델로 하여 자신의 감정과 행동을 이해하고 통제하는 방법을 배우고, 다른 사람의 입장에서 바라보고 그들의 감정을 이해하는 배려에 대해 배우게 된다. 신뢰, 이해, 돌봄에 기초한 긍정적인 유아-교사 관계는 유아 간의 협동을 촉진하고 문제행동을 감소시키며, 따뜻하고 개방적인 유아-교사 관계를 경험한 유아들의 경우 상급학교에 진학해서 문제를 일으키는 경우가 상대적으로 적었다(Huffman, Mehlinger, & Kerivan, 2000).

유아와 긍정적인 관계를 유지하기 위해서 교사는 유아의 흥미, 관심, 가정 배경, 문화적 환경에 대해 이해하고 있어야 한다. 유아에 대한 정보를 공유함으로써 교사는 유아가 선호하는 놀이를 제공하고, 유아와 의미 있고 적절한 대화를 나눌 수 있다. 정보 공유는 일방적이 아니라 상호적이어야 하기에 교사 자신의 관심사, 흥미, 문화적 환경에 대해 유아와 함께 나누어야 한다(Joseph & Strain, 2002).

유아와 교사의 관계에 유아의 문제행동이 개입하게 되면 어려움이 따른다. 교사가 유아를 바라보는 시선이 왜곡될 수 있고 문제행동을 보이는 유아와는 관계 형성이 쉽지 않다. 이전에 문제행동을 보였던 유아는 특히 교사와 긍정적 관계를 형성하는 데 있어 어려움을 경험한다. 따라서 교사들은 관계 형성을 위한 집중적인 노력을 기울일 필요가 있다. 가장 쉽고도 적극적인 관계 형성 방법은 하루 일과를 통한 유아와의 의식적인 언어적·비언어적 상호작용이다. 문제행동을 보여 부모나 교사에게 일상적으로 비난의 말을 들어 온 유아는 교사와의 긍정적인 상호작용에 목말라 있다고 해도 과언이 아닐 것이다. 유아기의 경험은 이 시기의 행동에 국한되는 것이 아니라 이후의 행동과 매우 밀접한 관련을 가지고 있다. 따라서 교사와 유아의 긍정적인 관계 형성이 유아의 문제행동을 해결하는 원동력이 된다는 것을 명확하게 이해하는 것이 좋다.

긍정적 유아-교사 관계 형성에 적합한 비유는 **관계의 돼지저금통**이다. 교사가 긍정적인 관계 형성을 위한 전략을 사용하는 것은 유아의 돼지저금통에 저금을 하는 것과 같다. 반대로 교사가 유아에게 요구하고 잔소리하고 비판하는 것은 관계의 돼지저금통에서 인출을 하는 것과 같다. 문제행동을 자주 보여 교사의 잔소리, 비판,

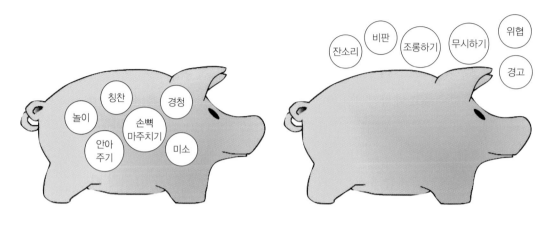

[그림 2-1] 관계의 저금통에 저축하기　　　　　[그림 2-2] 관계의 저금통에서 인출하기

조롱, 무시, 위협, 경고에 지속적으로 노출된 유아의 경우에는 관계의 돼지저금통에 저축을 하지 못해 마이너스가 될 수도 있다.

　학급 내 개별 유아와 상호작용을 할 때 스스로 '내가 **저금통에 저축을 하고 있는 것일까, 아니면 인출을 하고 있는 것일까?**'를 생각해 보아야 한다.

　[그림 2-1]과 [그림 2-2]는 관계의 돼지저금통에서 저축과 인출의 예시를 보여 준다.

　유아기부터 긍정적인 관계를 경험하는 것은 긍정적인 대인관계 형성에 밑거름이 될 수 있다. 특히 유아들은 만 4세가 되어 점차 타인과 상호 교류하기 시작하는 과정에서 협동, 경쟁, 갈등, 관용, 사회적 인정에 대한 욕구, 공감적 이해 등이 나타나는 발달 특성을 보인다. 따라서 유아교사들은 이러한 발달 특성 중 경쟁이나 갈등보다는 협동과 배려, 관용 등 긍정적 발달 특성의 형성을 도움으로써 유아들이 점차 서로 돕고 배려하는 협동적 관계를 이해하도록 해야 한다(신현경, 2007).

　유아와 긍정적인 관계를 형성하게 되면 교실 분위기가 조화로워지며 유아의 자아존중감, 자신감, 안정감도 높아진다. 유아는 보호받고 있다는 느낌을 가지게 되고, 성공적인 경험을 할 수 있게 된다. 자신이 이러한 돌봄을 받고 있음을 느낄 때 문제행동을 덜 하게 된다. 유아와 교사가 긍정적인 관계를 형성하기 위해 고려해야 할 요인을 구체적으로 제시하면 다음과 같다.

1) 교사와 유아의 애착관계

교사와 유아의 애착관계는 유아의 문제행동과 밀접한 관련이 있다. 유아는 거부당하거나 사랑받지 못한다고 느낄 때 부적절한 행동을 보인다. 유아는 사랑받고 있다고 느낄 때 교사와 안정적인 애착관계를 형성한다. 이러한 안정적인 애착은 상대방에 대한 신뢰감을 형성하는 데 필수적인 요소다(National Institute of Child Health and Human Development Early Child Care Research Network, 2008). 교사와 유아가 안정적인 애착관계를 형성하지 못할 때, 유아는 유아교육기관에 잘 적응하지 못하고, 사회성이 발달되지 않으며, 활동 수행을 제대로 하지 못한다.

교사와 안정적인 애착관계를 형성한 유아는 학업 성취도가 높고, 교사가 특별히 시간을 할애하지 않아도 문제행동을 일으키지 않으며, 자기 일을 스스로 알아서 한다. 또한 또래관계도 원만하여 과제를 수행할 때 아이디어를 교환하고 친구를 도와주는 등 협동심을 발휘하며 별다른 문제행동을 보이지 않는다.

교사와 유아의 관계가 갈등이 있고 친밀감이 적은 경우, 유아는 불안감과 위축행동을 보이며, 공격성, 과잉행동과 같은 문제행동을 보인다. 유아와 교사의 관계가 부정적일 경우 유아의 문제행동이 지속적으로 나타나고 문제가 심각해지기도 한다(Myers & Pianta, 2008). 모든 유아는 교사의 사랑과 관심을 충분히 받아야 한다(Murray, Murray, & Waas, 2008). 교사와 유아의 안정적인 애착관계는 유아의 문제행동을 예방하는 가장 좋은 방법 중 하나다. 안정적인 애착 형성을 위해서 교사가 할 수 있는 부분은 다음과 같다.

- 유아에게 관심 표현하기: 등원 시 반갑게 맞아주고, 함께 놀고, 안아 주고, 손잡아 주고, 식사 시간이나 놀이 시간에 대화하며 유아에게 관심을 보여 준다.
- 유아가 결석했을 경우: 교사가 얼마나 유아를 기다리고 있는지 알게 함으로써

유아는 교사가 자신을 얼마나 염려하고 사랑하고 있는지를 알게 된다.

• 유아의 어려움에 대해 대화하기: 유아가 어려움이나 부정적 정서를 표현할 때 교사가 함께 이야기 나누고, 수용해 주는 과정에서 신뢰감을 형성하게 되고 이를 통해 유아와 긍정적인 관계를 형성한다.

• 유아와 함께 교사의 삶을 나누기: 교사가 개인적인 생활을 유아와 함께 나눌 때 유아는 다른 사람과 관계를 형성하는 기회를 가지게 된다. 교사의 가족이나 반려견 사진을 유아에게 보여 주기, 주말 지낸 이야기 나누기, 유아의 경험과 비슷한 교사의 경험 나누기 등 교사의 생활을 유아와 공유하는 것이 좋다.

2) 유아의 권리 존중

유아교사인 나는 유아의 존재에 대해 어떻게 생각하고 있나요?

- 유아는 매우 특별한 존재, 무엇과도 바꿀 수 없는 귀한 가치가 있는 존재다.
- 유아는 스스로 권리를 행사할 수 있는 주체적 존재이고, 그 권리는 존중 받아야 한다.
- 유아기는 자기이해 능력 및 타인과 주변 환경에 대한 관심과 호기심을 발달시켜 나아가는 시기로서 인간에 대한 존엄성의 이해와 타인에 대한 존중을 학습하는 결정적 시기라고 생각한다.

(서울특별시 육아종합지원센터, 2015)

과거 영유아는 불완전하고 미성숙한 존재이기 때문에 성인의 보호와 지도가 필요한 존재로 인식되었으나 **유엔 아동권리협약**에서는 영유아는 권리의 주체자로서 그 권리가 보장되어야 하고 보호되어야 함을 명시하고 있다. 유엔아동권리위원회는 일반논평 7번 '영유아기의 아동권리 이행'에서 영유아를 위한 권리 이행과 영유아와 관련된 전문가 교육의 중요성을 명시했다(국가인권위원회, 2006). 유아기는 자신에 대한 이해와 자신을 둘러싼 주변에 대한 이해가 확장되는 시기로 인간에 대한 존엄성의 이해와 타인에 대한 존중을 배우는 결정적 시기다(김숙자, 김현정, 2008). 부모나 교사로부터 존중받은 경험이 없는 유아는 다른 사람을 존중할 수 없다. 즉, 교사가 유아를 존중할 때 유아도 교사를 존중하게 된다. 일부 교사는 유아로부터 존중을 받아야 한다고 생각을 하면서도 교사가 먼저 유아를 존중해야 한다고는 생각하지 않는다. 그러나 유아가 존중을 배우기 위해서는 반드시 어른이 먼저 모범을 보이고 본보기가 되어 가르쳐야 한다. 유아는 자신을 존중하는 교사의 행동을 보면서 자신이 존중 받고 있음을 알게 되고, 이런 존중에 대한 학습과 이해를 바탕으로 다른 유아를 존중하게 되고 교사도 존중하게 된다. 다른 사람의 필요와 권리를 존중해야 함을 배우는 것은 매우 중요하다. 다른 사람과 잘 지내는 것은 사회의 기본적인 도덕적 가치이며, 이는 다른 사람을 존중하는 법을 배우는 것에서부터 시작된다. 교사와 유아의 상호작용은 유아에 대한 교육적 효과에 영향을 미치며 유아의 전반적인 성장과 발달에 도움을 준다. 또한 유아의 전인발달에 영향을 미쳐 유아가 독립적으로 문제를 해결하고 유능하게 반응하도록 돕는 요인이 된다(이은하, 고은경, 2007). 교사의 상호작용 유형은 유아의 문제행동과 밀접한 관련이 있다. 교사가 유아를 존중하는 태도로 상호작용을 할 때 유아의 불안행동과 공격성이 줄어든다. 교사의 반응적 상호작용은 유아의 산만한 행동을 감소시키며, 교사의 존중적 상호작용은 놀이 소외와 같은 유아의 놀이행동 문제를 감소시킨다고 밝히고 있다(김영미, 신민희, 한혜원, 2010).

교사는 유아의 4대 권리를 숙지하고, 유아를 대해야 한다. 유엔 아동권리협약에서 밝히고 있는 4대 권리는 다음의 그림과 같다.

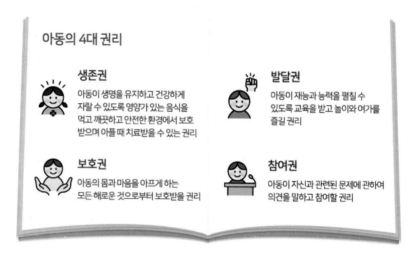

출처: https://campaign.happybean.naver.com/childvoice2018

또한 교사는 영유아 권리에 대한 감수성을 발휘하여 권리 존중을 위한 노력을 해야 한다. 권리에 대한 감수성이란 교사가 유아의 일상생활에서 경험하게 되는 발달, 갈등, 책임, 선택, 참여와 관련된 어려움을 유아의 입장에서 민감하게 이해하고, 도와주는 능력이다. 예를 들어, 이름이 붙은 자리에서 점심을 먹던 유아가 다른 자리에서 먹고 싶어 할 때 유아가 스스로 선택할 수 있는 자기결정권을 가진 존재임을 인식하고 유아가 자유롭게 어떤 자리를 선택할지를 결정하는 기회를 제공하는 것은 아동권리협약에서 말하는 발달권 및 참여권의 의미를 유아교육현장에 적용해 보는 예가 될 수 있을 것이다. 어렵다고 해서 쉽게 유아의 선택권을 제한하기보다는 서툴고, 소란스러운 상황을 보완해 나가는 것이 필요하다. 활동성이 강한 유아들이 같이 앉아 심한 장난을 쳐서 안전상 문제가 발생할 우려가 발생한다면 교사가 그 사이에 앉아 식사를 함으로써 상황을 안전하게 유도할 수 있을 것이다(서울특별시 육아종합지원센터, 2015).

★**서로 존중하는 대화 나누기**

• 교사는 유아의 논리를 이해하기 어려울 때가 있다. 유아는 어떻게 다른 사람과 타협하고 타인의 의견을 받아들이게 되는지 잘 알지 못하기 때문이다.

• 교사와 유아의 상호 존중적 상호작용은 유아의 입장에서 이야기를 들어 주는 것이며 유아의 생각이 무엇인지 솔직하게 물어보는 것이다.

★**유아의 욕구를 존중하기**

• 교사는 유아의 정서적 · 지적 · 신체적 욕구를 채워 줌으로써 유아에 대한 존중을 보여 주어야 한다. 어떤 유아는 새로운 환경에 잘 적응하기 위해 집에서 가지고 놀던 장난감 인형이 필요할 수 있다. 비록 유아교육기관에 집에서 사용하던 장난감을 가지고 올 수 없다 하더라도 개개 유아의 상황을 고려하여 융통성 있는 대처를 하는 것이 좋다.

• 유아가 스스로 선택할 수 있는 기회를 주어야 한다. 교사가 선택권을 더 많이 가지면 가질수록 문제행동을 일으키는 유아가 더 많아진다. 의사결정 과정에 유아가 참여할 수 있는 기회가 많으면 교실 내에서 일어날 수 있는 문제 상황이 줄어든다.

3) 정서적 지지

정서적으로 안정된 환경에서 생활하는 것은 유아의 정서 발달에 매우 중요하다. 유아가 감정을 자유롭게 표현할 수 있는 기회를 가지는 것은 정서적 지지를 경험하는 순간이다. 이러한 경험을 통해 유아는 바람직한 행동을 하게 된다. 유아가 존중받지 못한다고 느낄 때 문제행동은 늘어난다(Wilson, Pianta, & Stuhlman, 2007). 유아는 자존심이 손상되는 경험을 했을 때에도 바람직하지 않은 행동을 하게 된다. 유아가 존중받는 느낌을 받으면 교실에서의 문제행동은 줄어들게 되고 원활한 상호작용이 이루어진다.

유아들이 유아교육기관에서 보내는 시간이 길어지면서 유아의 입장에서 누군가와 따뜻함을 공유하며 정서적 지지를 받는 것은 매우 중요한 일이다. 교사와 온정적인 관계를 경험한 유아는 자신에 대한 긍정적 자아개념 형성을 통해 다른 사람을 존중하는 태도를 갖고 정서적 지지를 해 줄 수 있을 것이다.

유아에게 의견과 느낌을 표현할 수 있는 기회가 충분히 제공되어야 하고, 이는 앞에서 언급한 영유아의 권리 중 하나인 참여권의 보장임을 잊어서는 안 된다. 교사는 유아의 욕구에 민감하게 반응하고 정서적으로 안정감을 제공해야 한다. 교사는 유아 입장에서 상황을 이해하려는 노력을 기울여야 하고 다음의 방법으로 따뜻함을 제공할 수 있다(서울특별시 육아종합지원센터, 2015).

- 편안함을 느낄 수 있는 환경과 분위기 조성하기
- 영유아의 입장에서 상황 바라보고 이해하기
- 감정적으로 안정감 주기
- 유아의 욕구에 민감하게 반응하기
- 영유아의 발달단계에 대한 이해를 토대로 부적절한 기대 갖지 않기
- 교사의 표정, 몸짓, 목소리의 억양이 부정적이지 않은지 확인하기

4) 명확한 지침

유아의 문제행동을 줄이기 위해 가장 중요한 것은 유아교육기관에서 허용되는 행동에 대해 유아가 명확하게 이해하는 것이다. 유아의 문제행동에 대해 교사가 긍정적인 태도를 보여 줄 경우, 유아는 자신의 행동에 대해 혼란을 느낄 수 있다. 유아의 경우 허용되는 행동과 허용되지 않는 행동에 대한 경험이 충분하지 않다. 그러므로 이러한 행동에 대한 명확한 지침을 제공하는 것이 중요하다. 교실에서 허용되는 행동에 대한 규칙을 정하는 활동은 매우 유익하다. 예를 들어, 함께 놀이하면서 안전을 위해 지켜야 하는 규칙이 있을 때 교사가 일방적으로 정하고 지키라고 말하기보다 유아가 규칙의 필요성을 느끼면서 적절한 규칙을 만들어 보도록 제안

할 수 있다. '다른 친구들에게 방해가 되지 않으려면 어떻게 하면 좋을까?' '교실에서 던지면서 놀면 다른 친구들과 부딪힐 수 있으니 어떻게 하면 좋을까?'와 같은 질문으로 유아들끼리 규칙을 정하게 지원해 줄 수 있다. 유아들 스스로 이러한 규칙을 정할 경우 그것을 지키려고 더 많이 노력하게 되며, 이를 통해 유아의 문제행동이 줄어들게 된다. 교사는 다양한 교실활동을 통해 유아들에게 이러한 규칙을 설명해 주는 것이 좋다. 가능하면 자주 교실 규칙에 대해 유아들과 함께 이야기할 필요가 있다. 교실에서의 규칙이 정해졌다고 해서 모든 유아가 그것을 잘 지키는 것은 아니다. 이럴 경우 교사는 유아와 이야기 나누기 시간에 규칙을 잘 지키기 위한 방법에 대해 의논하는 것이 좋다.

★교실에서의 규칙을 효율적으로 활용하는 방안

• 유아와 함께 지속적으로 이야기 나누기 시간에 교실 규칙에 대해 이야기하기

• 교실 규칙에 대한 유아들의 생각과 감정을 이야기하는 시간 가지기

• 교실 규칙을 잘 지킬 수 있는 방법에 대해 유아와 함께 이야기하기

• 교실 규칙이 학급 운영에 긍정적인 효과가 있는지에 대해 유아와 생각을 공유하기

• 규칙을 수정하고자 할 때 어떻게 할 것인가에 대해 이야기하기

• 편안한 분위기에서 교실의 규칙에 대해 이야기하도록 하기

---

3. 교사 자신을 이해하기

1) 문제행동을 보이는 유아와의 상호작용에 영향을 주는 요소 이해

　Kaiser와 Rasminsky(2003)는 문제행동을 보이는 유아에 대한 이해 이전에 필요한 것이 바로 교사 자신에 대한 이해라고 주장한다. 그 이유는 교사가 유아의 행동

을 어떻게 바라보는가는 바로 교사 자신이 어떤 사람인지에 달려 있기 때문이다. 교사가 인식을 할 수도 있고 못할 수도 있으나, 교직에 대한 모든 것(교사가 유아에게 어떻게 반응하는가, 교실 배치를 어떻게 하는가, 일과를 어떻게 계획하는가, 어떤 활동을 선택하며 이를 어떻게 제시하는가, 유아 발달과 이론에 대한 신념까지)은 교사가 가진 기질, 감정, 경험, 신념, 가치, 문화와 같은 교사의 개인적 측면의 영향을 받는다. "교사는 유아의 행동을 인식하고 선택하고 해석하는 사람이다."(Ayers, 1989)라는 말처럼, 교사 자신에 대해 이해하는 것은 유아를 있는 그대로, 왜곡 없이 바라보게 해 준다. 그렇기 때문에 나는 어떤 사람인가, 나에게 중요한 것은 무엇인가, 교직을 선택한 이유는 무엇이었을까, 유아교육에 대한 나의 철학은 무엇인가, 내가 가르치는 아이들이 어떻게 성장했으면 좋겠는가 등에 대해 생각해 보는 것은 매우 중요하다.

교사가 자신의 내면을 바라보아야 하는 또 다른 이유는 유아의 문제행동에 직면했을 때 교사가 흥분하지 않고 침착함을 유지하는 것이 매우 중요하기 때문이다. 그렇지 못해서 교사가 스트레스를 받고 화를 낸다면 이성적으로 생각하고 행동할 수 없을 것이다. 교사가 자신에 대해 아는 것이 모든 문제를 다 해결해 주지는 않지만 자신에 대한 감정을 수용하고 그에 대해 이야기하고 자신에 대해 솔직해질 수 있도록 할 것이며, 유아와 유아의 환경에 대해 명료하게 보고 감정이입을 할 수 있도록 만들어 줄 것이다. 교사가 자신에 대해 더 잘 알게 될 때 새로운 가능성, 새로운 시각, 자신과 유아들을 위한 새로운 선택을 할 수 있는 가능성의 문이 열리는 것이다(Kaiser & Rasminsky, 2003).

문제행동을 보이는 유아와의 상호작용에 영향을 주는 요소를 하나씩 살펴보면 다음과 같다. 첫째, 유아-교사 간의 관계 형성에 장애가 되는 **교사의 감정**이다. 유아의 문제행동은 두려움, 분노, 죄책감, 좌절, 비난과 같은 교사의 강한 부정적 감정을 야기한다. 처음에 이런 감정은 유아가 다치면 어쩌나 하는 두려움, 교사가 계획했던 활동을 수행할 수 없음에서 오는 좌절감, 유아의 행동을 통제하고 다룰 수 없음에 대한 불안과 같은 '현재의 상황'에 기인한다. 그런 다음에는 더 오래된 감정이 개입하게 된다. 예를 들면, 생각 없이 행동하는 유아나 거짓말하는 유아와 같이 교사가 개인적으로 특히 더 싫어하는 부분 때문에 일어나는 감정일 수도 있고, 교사가 초등학생 때 경험했던 따돌림을 떠올리게 하는 행동을 보고 잊었던 나쁜 기억이 떠오르면서 야기되는 감정일 수도 있다. 이런 오래된 교사의 감정은 반응을 강하게 만들기도 하고 전혀 반응할 수 없을 정도로 무감각하게 하기도 한다.

둘째, 과거의 경험 역시 교사가 유아에게 보이는 반응에 영향을 미치기도 한다. 교사는 깨닫지 못하지만 어머니가 가장 좋아하시던 그릇을 떨어뜨려 깨뜨렸을 때 어머니가 하셨던 "어쩜 그렇게 바보 같니!"라는 비판적 언어를 쓰게 될 수도 있다. 또는 교사가 유치원에 다녔을 때 담임교사가 바깥놀이 시간이 끝나고 교실로 들어오라고 했을 때 이를 거부하자 자신의 손을 잡아끌고 교실로 들어갔던 예를 따라서 할 수도 있다. "우리가 배웠던 방식대로 가르치고 우리가 훈육받았던 방식대로 훈육하게 된다."(Rogers & Freiberg, 1994)라는 말처럼 교사의 과거 경험이 유아와의 상호작용 방식에 큰 영향을 미치게 되는 것이다.

유아의 문제행동에 대한 대처에는 교사 자신의 기질도 작용하게 되는데, 교사가 모든 유아가 말할 기회를 가졌는지 확인하면서 차분히 수업을 진행하는 스타일이라면 활동적인 유아는 스스로 자극을 추구하면서 교사와 충돌할 수 있다. 만약 교사가 민감하고 반응이 강한 스타일이라면 어떤 유아들은 교사의 존재에 깜짝깜짝 놀라면서 예측할 수 없는 방향으로 반응하기도 할 것이다.

셋째, 교사가 가진 가치와 신념체계도 유아와의 상호작용에 큰 영향을 준다. 교사의 가치관도 교사가 자라 온 환경과 문화의 일부이기에 교사가 인식하지 못할 수 있다. 교사가 믿는 바람직한 유아의 모습이 성인의 명령에 순종하는 것이라면 교사가 시킨 활동을 왜 해야 하는지 묻는 유아에 대해서는 기분이 상할 수도 있다.

이처럼 교사의 감정, 과거의 경험, 기질, 가치와 신념체계는 교사가 유아를 바라보는 방식에 영향을 미치고, 유아에 대한 기대를 왜곡하기도 하고, 궁극적으로는 유아가 유아 자신을 바라보는 것과 행동하는 방식에 영향을 미치게 된다. 그러나 다행스럽게도 이런 장애들은 뛰어넘을 수 있다. '나 자신은 누구인가?' '내가 믿는 것은 무엇인가?'에 대한 질문을 스스로에게 던지면서 진지하게 생각해 보는 시간을 가진 후에는 이런 장애를 극복하거나 변화시킬 수 있다.

2) 자기반성을 통한 자기이해

　교사교육에서 반성적 행위는 Dewey(1960)가 교사의 행동을 변화시키는 의도적 사고의 방법으로 반성을 제시한 데에 그 뿌리를 두고 있다. 교사교육에서 반성적 사고는 "교사가 자신의 교육 실제와 교육이 행해지는 맥락을 분석할 수 있도록 하고 자신의 교수행위에서 한발 물러서서 상황을 평가하고 미래 행동에 책임을 질 수 있는 교사로의 발전을 지지하는 것이다."(Calderhead, 1992, p. 141) 즉, 반성적 실행이 교사교육에서 일반화되어 있지만, 그 목표는 "반성에 대한 표준화된 규정을 내리는 것이 아니라 반성에 대한 진정성 있는 경험을 창조해서 개인적으로 내면화된 반성적 교육 실제로 전이하고자 함이다."(Shoffner, 2008, p. 123) Schön(1983)은 반성을 통한 실천적 활동이 교사의 전문성을 향상할 수 있는 방법이라고 제안하였다. 교사가 단순히 지식의 전달자나 기술자가 아닌 전문가로 인정받기 위해서는 가르치는 일에 대한 이론적 지식뿐만 아니라 현장에서의 실천적 지식을 가져야 하며, 이러한 실천적 지식의 형성을 위해서는 반성을 통한 실천이 필요하다고 주장하였다. 반성적 실천가로서의 교사는 **자기반성**(self-reflection)을 통해 교사 스스로 자신의 행동을 개선해 나가는 내재적 접근을 강조한 것이다. Shoffner(2008)는 반성적 사고를 통해 교사들이 개인적 신념, 가정, 교수-학습에 대한 태도를 교육의 정치·문화적 맥락에 견주어 점검해 볼 수 있는 기회를 갖게 된다고 했다. Dewey(1960)는 자기반성을 통해 개방성, 전인성, 책임성이라는 세 가지 태도를 배양할 수 있다고 했다.

- 개방성: 한 측면만을 보는 것이 아니라 어떤 근원에서 나온 사실이든지 주의해서 보고, 우리에게 중요한 믿음이라도 잘못된 바가 있을 것이라고 믿고, 가능성 있는 대안에 충분한 관심을 기울이려는 적극적 욕구

- 전인성: 나 자신을 어떤 일에 완전히 빠뜨리려는 자발성
- 책임성: 신념과 일치한다면 변화의 결과를 고려하고 앞으로 나아가려는 자발성

　교사의 자기반성을 도울 수 있는 방법에는 **저널 쓰기**가 있다. 교사의 감정을 구체적으로 반성하는 저널의 예는 5장에 소개되어 있다. 저널 쓰기를 통해 교사는 특정한 상황으로 되돌아가서 상황의 단편적인 조각들을 맞춰 보고 글쓰기를 위해 생각을 모으는 과정에서 자기인식이 증진될 수밖에 없다. 기록을 할 때에는 교사 개인의 성향과 상황에 따라 노트에 직접 손으로 기록할 수도 있고, 컴퓨터로 타이핑해서 기록할 수도 있고, 소형 녹음기나 핸드폰에 목소리를 남기는 방법을 사용할 수도 있다. 하루 일과 중 일어났던 기억할 만한 사건을 기록하거나, 특정 유아에 집중할 수도 있다. 아니면 유아의 문제행동 하나에 집중하여 기록할 수도 있다. 교실 내에 교사의 손이 잘 닿을 수 있는 곳에 노트나 작은 수첩을 비치해 두면 놓치지 않고 기록을 진행할 수 있을 것이다. 하루 중 정해진 시간에 저널 쓰기를 하게 되면 건너뛰는 일 없이 충실하게 글쓰기를 할 수 있다.

　자기반성 저널을 다른 사람과 공유하기 싫어하는 교사가 있는 반면, 어떤 교사들은 저널 쓰기 과정에서 일어나는 궁금증, 경험, 감정을 동료들과 공유하고 지원받기를 원하기도 한다. 일정한 날짜를 정해서 교사들이 함께 모여 저널을 공유하거나 이메일을 통해 생각과 경험을 나눌 수 있다. 이런 과정에서 주의할 점은 문제에만 집중하는 경향을 버리고 긍정적이며 성공적인 경험의 공유에도 시간을 할애해야 한다는 것이다. 긍정적인 강화는 유아에게만 필요한 것이 아니라 교사에게도 필요하기 때문이다.

자기반성 저널의 예

출근해서부터 기분이 상했는데 오늘따라 아이들은 어쩜 이렇게 방방 떠 있는지······. 아이들 소리가 너무 시끄러워서 머리가 울릴 지경이었다. 내가 아무 말도 없이 교실을 둘러보아도 아이들은 내 존재를 인식하지 못하는 듯 계속 큰 목소리로 떠들어 댔다. 그렇게 한 3분 정도 흘렀을 때 한두 명씩 아이들이 조용해지는 것이 느껴졌다. 나는 아이들을 쳐다보면서 내가 어떻게 이야기를 해 줘야 하는지에 대해 생각했다. 고민 끝에 나는 아이들에게 선생님인 내 기분이 어떤 상태인지, 아이들이 어떻게 해 주었으면 좋겠는지에 대해 말해 주기로 결정했다. "토끼반, 선생님은 지금 머리가 너무 아파. 왜냐하면 토끼반 친구들이 지금 너무 큰 소리로 말을 하기 때문이야. 선생님이 오늘 아침에는 기분이 좋지 않아. 그런데 토끼반 친구들이 떠들어서 머리가 더 아파. 그래서 선생님은 토끼반 친구들의 도움이 필요해. 오늘은 조금만 더 조용히 놀이를 해 줄 수 있을까? 그러면 선생님은 머리도 안 아프고 기분도 좋아질 수 있을 것 같은데, 도와주겠니?"라고 말하였다. 그러자 아이들은 그렇게 하겠다고 하였고, 아이들끼리 작은 목소리로 놀이를 하였다. 그러다가도 한두 명씩 큰 목소리가 나면 서로 주의를 주며 놀이를 계속하는 것을 볼 수 있었다. 아이들의 모습을 보고 두통약도 먹고 나니 두통도 한결 나아지고 기분도 나아졌다. 나는 아이들과 이야기 나누기 시간에 토끼반 친구들 덕분에 기분도 나아지고, 머리 아픈 것도 나아졌다고 이야기했다. 그러면서 토끼반 친구들이 도와줘서 너무 고맙다고도 했다. 아이들은 서로 대단한 일을 한 듯 어깨를 으쓱거렸다.

그런 일이 있고 난 오후에 아이들이 다투는 모습을 보게 되었다. 그러다가 한 아이가 "너희들이 옆에서 시끄럽게 싸우니까 내가 놀이를 할 수 없잖아. 너희가 좀 조용히 말로 하면 안 되겠니? 나 너무 시끄러워서 머리가 아파. 나 좀 도와줄래?"라고 하는 것이 아닌가. 어느새 나의 모습을 따라 하는 이 녀석들, 어쩌면 되나······.

교사로서 좋은 모델링이 되기 위해 나는 오늘도 나 자신을 반성하는 시간을 가지게 되었다. 원장님한테 화난 것을 아이들에게 푼 것은 아닌지 하는 생각에 미안하기도 했지만, 아이들에게 교사가 도움을 요청할 수도 있다는 것을 알 수 있게 해 주고, 아이들도 그들이 교사를 도울 수 있다는 것을 알 수 있게 해 준 소중한 시간이었다고 생각한다.

3) 개인적 편견 확인하기

팀의 교사는 팀이 자신을 쫓아다니면서 "선생님! 선생님!" 하고 징징대는 것을 매우 싫어했다. 가끔씩 팀이 콧구멍을 후벼서 코딱지를 동그랗게 만들 때마다 진저리 치기도 했다. 어느 날 이 교사는 모래와 가는 체, 중간 체, 굵은 체를 가져와 유아들에게 탐색해 보도록 했다. 팀을 포함한 유아들을 소집단으로 관찰하면서 기록을 했는데, "이것 봐! 체에 있는 구멍이 더 크니까 모래가 더 빨리 내려오네." 하고 말한 팀의 말도 이 기록에 포함되어 있었다. 교사는 자신이 수강하는 수업시간에 관찰 기록을 크게 읽으면서 공유했는데, 다른 사람들이 팀의 발견에 관심을 보일 때까지도 팀이 그렇게 말한 것을 무시하고 있었다. 교사가 팀에 대해 가진 선입견이 팀의 성취를 보지 못하도록 한 것이다(Balaban, 1995).

유아의 행동에 적절히 반응하기 위해서 교사는 자신의 편견에 초점을 두어야 한다. 유아에 대해 가지는 선입관에는 어떤 것이 있으며 유아들의 성, 외모, 가정환경에 근거한 특정 행동에 대한 기대가 있는지를 파악해야 한다.

유아교사가 전통적 훈육 방식에서 벗어나 유아의 학습환경을 긍정적으로 만들고 유아들이 그 안에서 성공적인 상호작용과 학습 경험을 할 수 있도록 조력하려면 일상적으로 사용하는 용어와 실제를 점검해 보고 평가할 필요가 있다. 흔히 사용하는 문제행동 또는 잘못된 행동(misbehavior)이라는 말은 의도성을 갖고 잘못을 저지르는 행동을 뜻하며, 유아가 그 잘못된 행동에 대해서 훈육을 받거나 처벌을 받아야 함을 암시한다. 즉, 유아들이 하는 버릇없는 행동, 나쁜 행동, 못된 행동은 창피를 주어 좋은 방향으로 이끌어야 한다고 생각하지만 결과는 그 반대일 수도 있다. 경험이 부족하고 발달 과정에 있는 유아는 부정적인 낙인을 내면화하여 그에 따라 행동할 수도 있다는 것이다(Gartrell, 1995). 전미유아교육협회(NAEYC)에서는 잘못된 행동이라는 용어 사용을 지양하고 **실수 행동**이라는 용어를 사용함으로써 행동에 대해 유아가 잘못 생각하거나 실수한 것으로 여기며 유아에 대한 도덕적 판단이 아닌 문제해결과 교사로서의 리더십을 발휘할 것을 제안한다.

현명한 교사는 문제행동을 보이는 유아를 '나쁜 유아'라고 섣부른 판단을 내릴 것이 아니라 그 행동이 나타나게 된 원인을 파악해야 한다. 유아는 생활환경의 변화에서 오는 스트레스를 느끼고 있을 수도 있고, 교육 활동에 필요한 소근육의 발달이 더디게 진행되어 또래보다 뒤처지는 것이라고 생각할 수도 있다.

교사들이 생활지도 대상이 되는 유아의 문제행동에 대해 어떻게 정의하고 인식하는가에 따라서 문제행동에 대한 대처 방법은 달라질 수 있다. 양정은(2013)은 초임교사의 유아 문제행동지도에 관한 실행연구에서 연구 시작 전 먼저 유아의 어떤 행동을 문제행동으로 정의하는가에 대한 질문에 교사가 구체적으로 생각해 본 적이 없으며 교사 자신이 생각했던 '부적절한' 행동의 정의가 주관적이고 편협할 수 있음을 인식하게 되었다고 하였다. 유아의 특정 행동을 문제행동으로 정의하기 이전에 유아의 연령별 발달 상황과 함께 유아의 개별적 특성, 또래 관계, 사회문화적 경험 등을 종합적으로 파악하여 더 신중한 시각으로 접근해야 함을 깨달은 후 중요한 변화가 일어났음을 밝혔다.

> 실행연구 초기의 유아 문제행동에 대해서는 부정적이고, 교사의 역할에 대해서는 소극적이었던 태도와는 달리, 연구 참여자는 연구에 적극적으로 참여하는 과정을 거치면서 '유아의 문제행동은 교사로 인해 충분히 바뀔 수 있다.'라는 긍정적인 인식을 갖게 되었다. (중략) 실제로 문제를 가진 유아라기보다 교사 자신을 힘들게 하는 유아를 부정적으로 인식하지는 않았는지 생각해 볼 수 있었다. 함께 구체적 사례에 대해 이야기 나누다 보니, 자신이 문제행동을 보인다고 생각했던 유아의 대부분이 외부의 시선으로부터 교사를 난처하게 하거나 힘들게 하는 유아들이었음을 점차 깨닫게 되었다(양정은, 2013, p. 444).

교사가 갖게 되는 개인적 편견은 유아의 또래관계에도 영향을 미치게 된다. 교사가 유아에게 내리는 평가가 유아에 대한 또래들의 평가에도 전이되어 유아는 또 다른 형태의 편견을 경험하게 되는 것이다.

어떤 유아교사는 자신을 가르쳤던 교사나 부모가 사용한 방법을 그대로 쓰기도 하고, 또 어떤 유아교사는 그에 대한 반작용으로 완전히 다른 유형의 생활지도 방법을 사용하기도 한다. 따라서 교사는 다음의 생활지도와 관련된 반성적 과제를 통해 개인적 경험을 먼저 검토해 볼 필요가 있다(White & Coleman, 2000).

> 교사 자신의 유아기를 회상해 본다. 당신의 잘못된 행동에 대해 부모님, 교사가 사용했던 훈육 방법은 무엇이었는지 설명해 보라. 부모님과 교사의 방법에서 차이점과 공통점은 무엇이었나? 이 훈육 방법에 대한 당신의 반응은 어떠했나? 당신의 유아기 경험이 생활지도와 관련된 당신의 신념에 어떠한 영향을 미쳤나에 관해 동료 교사와 이야기 나누어 본다.

King과 Janson(2009)은 가상의 시나리오를 통해 유아의 문제행동을 바로잡고자 한 교사의 의도하지 않은 행동이 왜 정서적 학대가 되는가에 대한 주장을 제기했다. 행동이 느려서 이야기 나누기 시간에 항상 늦는 유아에 대해 교사는 "너는 정말 느림보구나. 너 때문에 제시간에 모일 수가 없고, 어쩌면 오늘 바깥놀이를 할 수가 없을 수도 있겠어. 이 아이에게 하고 싶은 말이 있는 친구 있니?" 하고 또래의 부정적인 평가를 부추긴다.

전미유아교육협회의 윤리규약(NAEYC Code of Ethical Conduct)에서는 유아에게 어떤 형태의 위해를 가해서는 안 됨을 분명히 밝히고 있다. 실제로 유아교사들은 부인할지 몰라도 교실 내에서는 훈육을 빙자해서 유아들에 대한 여러 형태의 정서적·신체적 학대가 일어나고 있다. 가상의 시나리오에서 등장하는 행동이 느린 유아에 대한 교사의 반응은 유아들 앞에서 모욕 주기, 놀리기로 나타난다. 교사의 의도는 훈육이었을지 모르지만, 그 결과로 유아의 자아존중감은 매우 손상되었을 것이다. 의도성은 없을지라도 위해적 요소가 있는 교사의 행동을 인식하고 명명하고, 동료 교사의 정서적 학대를 묵인하지 말고 기관 차원에서 정서적 학대에 대처해야 한다.

03
유아의 발달적 특성

유아기의 발달적 특성을 이해하는 것은 이 시기에 일어나는 여러 가지 다양한 문제행동을 해결하는 데 필수적인 사항이다. 또한 문제행동의 발달적 측면을 이해함으로써 유아를 대상으로 이루어지는 생활지도의 효율성도 높아진다. 유아생활지도는 유아가 일상생활에서 당면하는 여러 문제를 스스로 해결하는 능력을 기르고 가능성을 최대한 발휘하도록 하여 유아가 자아를 실현할 수 있도록 돕는 것에 초점을 맞출 필요가 있다. 이 장에서는 유아의 문제행동과 관련 있는 인지적·사회적 발달 특성을 중심으로 살펴본다.

1. 유아의 인지적 특성

1) 대상영속성 개념

　　대상영속성(object permanence) 개념은 영아기부터 발달하기 시작하며 자신과 주변 세계가 물리적으로 독립된 존재라는 사실을 인지하게 되면 획득된다. 대상영속성 개념은 물체가 보이지 않거나 소리가 들리지 않거나 만질 수 없다 하더라도 그 물체가 여전히 존재한다는 것을 아는 것이다. 대상영속성이 발달하지 않은 7개월에서 8개월 사이의 영아는 눈에 보였던 물체가 보이지 않아도 전혀 찾으려고 애쓰지 않는다. 이는 보이지 않는 것은 영원히 사라진 것으로 생각하기 때문에 나타나는 현상이다. 따라서 영아는 보이지 않는 것을 찾으려는 시도를 전혀 하지 않는다. 대상영속성 개념의 출현은 8개월에서 12개월 사이에 시작되며, 이 시기의 영아들은 물체를 숨기는 장면을 보게 되면 그 물건을 찾을 수 있다. 12개월에서 18개월경 영아는 보는 앞에서 물건의 위치를 이동하여 여러 곳에 숨겨도 찾아낼 수 있다. 대

대상영속성 개념이 발달되지 않은 영아(부채가 없어졌지만 찾으려고 하지 않고 개의치 않는다)

〈표 3-1〉 **대상영속성 개념 발달 단계**

단계	개념
1단계(0~1개월)	대상영속성이 발달하지 않아 눈앞에 보이지 않는 대상이 존재한다는 개념이 없다.
2단계(1~4개월)	대상영속성의 기본 형태가 발달한다. 한번 보거나 만져 본 대상에 대해서는 다시 보고 만질 수 있다는 기대감이 나타나기 시작한다.
3단계(4~8개월)	대상영속성 개념이 형성되기 시작하여 사라진 대상물을 찾는 행동을 보인다. 그러나 한계가 있어 살짝 감추어진 물체는 찾지만 완전히 사라진 물체는 찾지 않는다
4단계(8~12개월)	물체가 사라진 지점에서 없어진 물체를 적극적으로 찾는다. 물체를 감추는 과정을 보고서도 그 물체를 보았던 그 이전 장소에서 찾으려 한다.
5단계(12~18개월)	물체를 여기저기 옮기면서 숨겨도 찾을 수 있다. 아이가 보는 앞에서 장난감을 이리저리 숨겨도 장난감을 찾을 수 있다. 이는 영아가 사라진 물체에 대해 오랫동안 생각을 하고 있다는 것을 의미한다.

출처: 정영숙, 김영희, 박범혁(2001), p. 126.

상영속성 개념은 18개월이 지나면 거의 완성되어 물건의 위치가 움직인 것을 보지 않고도 사물이 있을 것이라고 예상되는 장소에서 찾는 행동을 한다. 이는 영아가 물건의 형상을 마음속으로 그릴 수 있는 표상적 사고가 시작되었음을 보여 주는 행동이다. 대상영속성 개념이 발달하는 단계를 살펴보면 〈표 3-1〉과 같다.

2) 자기중심적 사고

자기중심적 사고는 유아기 인지 발달의 두드러진 현상이다. 자기중심적 사고를 하는 유아는 세상의 모든 사물이나 사건을 자신의 입장에서만 보고 판단하며 다른 사람의 입장을 고려하지 않는다. 남들도 자기처럼 생각한다고 믿기 때문에 타인의 관점이나 감정을 이해하지 못하고 논리적 사고를 할 수 없다. 자기중심적 사고는 유아가 이기적이거나 일부러 다른 사람의 입장을 배려하지 않는 것이 아니라 단지 다

[그림 3-1] 세 산의 실험

출처: Piaget & Inhelder (1956).

른 사람의 관점을 이해하지 못하는 것이다. 유아가 자기중심적 사고를 한다는 것을
보여 준 Piaget와 Inhelder(1956)는 **세 산의 실험**(three mountains experiment)을 통해
유아의 인지적 특성을 밝혔다([그림 3-1] 참조). 크기와 위치가 다른 세 개의 산 모
형을 탁자 위에 두고 의자에 아이를 앉히고 맞은편 의자에는 인형을 앉힌다. 유아
에게 맞은편에 앉은 인형이 보는 세 산의 그림 카드를 골라 보라고 하면 유아는 자
기가 앉은 자리에서 본 산 그림 배치도를 선택한다. 이를 통해 유아가 다른 사람의
관점을 이해할 수 있는 능력이 발달되지 않았음을 알 수 있다. 이러한 자기중심적
사고는 7세 이후에 조망수용능력이 생기면 사라지게 된다.

3) 물활론적 사고

물활론적 사고는 이 세상에 존재하는 모든 물체에 생명이 있다고 믿는 유아기 사고
의 특징이다. 무생물도 사람처럼 숨 쉬고 아프고 자란다고 믿어 생물과 무생물의 차

이를 구별하지 못한다. 예를 들면, 꽃을 꺾으면 꽃이 아
프다고 생각하고, 달이 자기를 따라오는 것은 달이 살아
있기 때문이라고 믿는다. 물활론적 사고는 2세 초반에 가
장 많이 나타나며 4~5세가 되면 감소하기 시작한다. 물
활론적 사고는 4단계로 진행되며 유아기에는 1, 2단계까
지 진행된다(정옥분, 2002에서 재인용).

물활론적 사고(인형을 아기라 생각하고
돌보는 2세 영아)

- 1단계: 사람에게 영향을 주는 모든 사물은 살아 있
  다고 생각한다.
- 2단계: 움직이는 것은 살아 있고 움직이지 않는 것
  은 죽었다고 생각한다.
- 3단계: 움직이는 것 가운데서도 스스로 움직이는 것은 살아 있다고 생각한다.
- 4단계: 생물학적 생명관에 근거해서 생물과 무생물의 개념을 파악하게 된다.

4) 보존개념

보존개념은 물체의 외형이 바뀐다 하여도 그 속성이 바뀌지 않고 그대로 남아 있
다는 것을 이해하는 능력이다(〈표 3-2〉 참조). 유아기에는 보존개념이 획득되지 않
는데, 이는 다음과 같은 네 가지 이유로 인한 것이다.

〈표 3-2〉 보존개념 실험

보존개념	처음 제시	변형 후 제시
수	두 줄의 바둑알을 같은 간격으로 제시하였을 경우 ○○○○○○ ○○○○○○	두 줄의 바둑알을 다른 간격으로 제시하였을 경우 ○　○　○　○　○　○ 　○○○○○○

길이	두 개의 막대를 평행으로 같은 위치에 제시하였을 경우	두 개의 막대를 평행으로 엇갈려 제시하였을 경우
양	크기가 같은 두 컵에 담긴 물의 양	모양이 다른 두 컵에 담긴 물의 양

(1) 중심화 현상(centration)

중심화 현상은 사물이나 사건을 볼 때 두 개 이상의 차원을 동시에 고려하지 못하고 한 차원에만 주의를 집중하는 현상이다. 양 보존개념 실험에서는 유아가 보는 앞에서 모양이 같은 두 개의 컵에 같은 양의 물을 붓는다. 그리고 유아에게 어느 컵의 물의 양이 더 많은지 질문을 하면 두 컵의 물의 양이 같다고 대답한다. 그러나 한 컵의 물을 밑면이 넓고 길이가 짧은 컵에 옮겨 담은 후 어느 컵의 물의 양이 더 많은지 물으면 유아는 밑면이 좁고 길이가 긴 컵에 담긴 물이 더 많다고 대답한다. 이는 사물을 볼 때 한 가지 차원만을 고려하는 중심화로 인해 일어나는 현상이다.

(2) 지각적 특성에 근거한 직관적 사고(perception bound)

직관적 사고는 사물이 가지고 있는 지각적 외형에 따라 판단이 달라진다. 양 보존개념 실험을 할 때 유아의 눈에는 밑면이 넓고 길이가 짧은 컵의 물이 밑면이 좁고 길이가 긴 컵의 물보다 적게 보인다. 따라서 유아는 그 컵의 물의 양이 적을 것이라 생각한다. 눈으로 볼 때 물의 양이 적어 보이기 때문에 물의 양에는 변화가 없다는 사실을 생각하지 못하게 되고, 이러한 이유로 유아기에는 보존개념이 발달되지 못한다.

보존개념 실험 1_ 수의 보존개념 검사를 하고 있는 유아   보존개념 실험 2_ 양의 보존개념 검사를 하고 있는 유아

(3) 상태의 변화를 고려하지 못하는 현상(states rather than transformation)

이것은 **물체의 처음 상태와 나중 상태**가 아무런 관계가 없다고 생각하는 현상이다. 즉, 유아가 양 보존개념 실험에서 똑같은 양의 물을 이 컵에서 다른 컵으로 옮겨 놓았다는 것을 전혀 고려하지 못하는 현상을 의미한다. 이 현상으로 인해 유아기에는 보존개념이 발달하지 못한다.

(4) 비가역성(irreversibility)

가역성은 어떤 변화가 일어났을 때 그것을 그 이전 상태로 되돌릴 수 있다는 것을 이해하는 것이다. 그러나 전조작기 유아는 가역성을 이해할 수 없다. 즉, 문제를 해결할 때 순서적으로 사고를 했다 하더라도 거꾸로 되돌아가서 사고할 수 있는 능력을 획득하지 못한 것이다. 그래서 유아는 양 보존개념 실험에서 물을 처음 컵에 다시 부으면 물의 양이 똑같다는 사실을 이해하지 못한다.

5) 조망수용능력

조망수용능력은 타인의 감정, 생각, 관점 등을 추론할 수 있는 능력이다. 유아기에는 다른 사람의 위치에서 보는 공간적 시각을 추론할 수 있는 능력, 타인의 감정을 추론하는 능력, 타인의 사고과정이나 행동의 원인을 추론하고 이해하는 인지적 조망수용능력을 점차적으로 획득하게 된다. 조망수용능력은 연령이 많아질수록 높아지며, 여아가 남아보다 높다(조성례, 2001). 또한 감정과 관련된 조망수용능력은 상황이 복잡할수록 낮아지는데, 이는 복합적인 감정을 조망하기가 어렵기 때문이다. 기쁨이나 슬픔과 관련된 감정조망 수용능력은 높으나 분노와 관련된 감정조망 수용능력은 낮다(이종화, 1993).

2. 유아의 사회적 특징

1) 애착

영아기에는 다른 사람과의 **애착관계**를 형성하는 것이 매우 중요한 과업이다. 이 시기에 형성된 애착은 영아기 이후의 인지, 정서, 사회성 발달에 중요한 영향을 미친다. 애착이라는 말은 친숙한 사람과의 강력한 정서적 유대를 말하는 것으로, 6개월 이후 자기의 기본적 욕구를 해결해 주고 자극을 주는 친숙한 사람에게 애착을 형성하게 된다. 영아의 애착 형성과정을 밝히고자 하였던 Harlow는 **애착실험**을 통해 애착과 관련된 중요한 사실을 규명하였다.

1959년에 Harlow와 Zimmerman은 원숭이를 대상으로 실험 연구를 수행하였다. 새끼 원숭이를 먹이가 나오지 않는 헝겊으로 된 어미와 먹이가 나오는 철사로 된 어미 원숭이 두 모형에서 길렀다. 철사어미와 헝겊어미에게 우유병을 부착해서 반은 철사어미가 수유를 하고 나머지 반은 헝겊어미가 수유를 하였다. 그 결과, 새끼 원숭이들은 어떤 어미에게서 수유를 받았든 상관없이 모두 헝겊어미와 애착을 형성하는 것을 관찰하였다. 또한 공포 상황에서 헝겊어미에게 달려가고, 헝겊어미와 더 깊은 애착관계를 형성하였다. 이를 통해 애착 형성은 생리적 요구인 수유가 충

족된다고 형성되는 것이 아니며 신체적 접촉에 의해 애
착이 결정된다고 결론지었다. 영아가 수유를 하지 않는
아버지, 형제자매, 조부모와 애착관계를 형성하는 현상
도 이러한 사실을 증명해 준다. 또한 아이들이 장난감,
담요, 베개 같은 물건에 애착을 형성하는 것을 보아도 애
착 형성에서 신체적 접촉이 중요한 조건이라는 것을 알
수 있다.

영아와 엄마의 **애착 형성과정**을 연구한 Bowlby(1969)
는 인간이 본능적으로 생존하기 위해서 애착관계를 형성
한다고 보았다. 신생아는 선천적으로 성인에게 신호를
보내는 능력을 가지고 태어나며 이 신호가 성인으로부터

Harlow 실험에 사용된 헝겊어머와 철사어미
출처: Harlow & Zimmerman (1959).

양육 및 사회적 반응을 이끌어 낸다는 것이다. 아이는 위험한 상황에 처했을 때 부
모를 가까이 있게 함으로써 위험으로부터 보호받는다는 것이다. 이러한 연구들은
애착관계가 생물학적 본능이며 사회적 관계 형성에 매우 중요한 변인임을 보여 준
다. 애착관계가 잘 형성된 아이들은 부모와 격리되거나 낯선 상황에 잘 적응하고,
이는 이후의 사회성 발달에 긍정적인 영향을 미치게 된다.

(1) 애착의 발달 단계

Bowlby(1969)는 애착의 발달 단계를 전 애착 단계, 애착 형성 단계, 완전한 애착
단계, 호혜적 관계의 형성 단계로 구분하였다.

① 전 애착 단계(출생 후에서 6주까지)

잡기, 미소, 울음, 응시하기와 같은 타고난 본능적 신호를 통해 영아와 양육자 간
의 친밀한 관계가 형성된다. 엄마 목소리나 냄새 등을 인식하지만 애착관계가 형성
된 단계는 아니다.

② 애착 형성 단계(생후 6주에서 8개월까지)

친숙한 사람과 친숙하지 않은 사람에 대한 반응이 구별되기 시작한다. 영아는 부모와의 상호작용을 통해 안정감을 느끼고, 자신의 행동이 주변 환경에 영향을 미치는 것을 알게 되어 부모에 대한 신뢰감을 형성하기 시작한다. 부모와 격리되는 상황이 생겨도 반항하거나 거부하지 않는다.

③ 완전한 애착 단계(6, 8개월에서 18개월까지)

친숙한 사람과 애착관계가 형성된다. 애착관계가 형성된 사람과의 분리불안이 나타난다. 주로 6개월부터 나타나기 시작하고, 15개월이 되면 최고조에 달한다. 매달리기, 따라다니기 등과 같은 신체적 애착을 표현한다. 애착 대상을 **안전기저**(a secure base)로 삼아 사물을 탐색하거나, 주변 환경을 탐색할 때 정서적 지원을 받고자 한다.

④ 호혜적 관계의 형성 단계(18개월에서 2세까지)

부모와 헤어지는 상황에서 협상하기 시작하고 무조건 매달리지 않게 된다. 2세 말이 되면 의사소통 능력과 표상능력이 발달함으로써 부모가 돌아올 것이라는 것을 이해하게 되고 **분리반항**(separation protest)이 줄어들기 시작한다. 영아는 부모와 애정적 관계를 형성함으로써 부모가 없는 동안 애정적 관계를 안전기저로 이용한다. 이 시기에 형성된 애착관계는 이후의 성격 발달에 중요한 요소가 된다. 초기 양육자와 질 좋은 애착관계를 형성한 경우에는 이후에 아이가 부모와 분리되는 스트레스 상황에서 부모가 돌아올 것이라는 기대감이 높다. 반면 부모와 안정적 애착을 형성하지 못할 경우 부모가 돌아올 것이라는 확신은 낮아진다.

(2) 애착의 유형

Ainsworth(1989)는 1~2세 영아의 **애착관계의 질**(quality of attachment)을 관찰하기 위하여 **낯선 상황 실험**(strange situation)을 실시하였다. 낯선 상황 실험은 일련의 간

〈표 3-3〉 낯선 상황 실험

내용	관찰행동
1. 연구자가 부모와 영아에게 놀이실을 보여 준 후 놀이실을 떠난다.	
2. 부모가 앉아 있는 동안 영아는 놀잇감을 가지고 논다.	부모는 안전기저
3. 낯선 사람이 들어와서 자리에 앉아 부모와 얘기한다.	낯선 사람에 대한 반응
4. 부모가 방을 떠난다. 낯선 사람이 영아에게 반응하고 울 경우에 달랜다.	분리불안
5. 부모가 다시 돌아와 영아를 반긴다. 낯선 사람이 방을 떠난다.	재회했을 때의 반응
6. 부모가 방을 떠난다.	
7. 낯선 사람이 방에 들어와서 달랜다.	낯선 사람이 달랬을 때 달래지는지
8. 부모가 돌아온다. 영아를 반긴다. 놀잇감을 가지고 놀게 한다.	재회했을 때의 반응

단한 분리와 재결합의 과정을 통해 영아와 애착 대상의 애착관계 안정성을 측정한 것이다. 이러한 관찰을 통해 영아와 부모의 애착 유형이 구분된다. 낯선 상황 실험은 〈표 3-3〉에 제시되어 있다.

① 안정 애착(a secure attachment)

부모를 안전기저로 활용한다. 부모와 떨어졌을 때 울 수도 있고 울지 않을 수도 있다. 부모가 돌아왔을 때 능동적으로 부모에게 다가가고 금방 울음을 그친다. 실험 대상 영아의 65%가 이 유형에 속한다.

② 회피 애착(an avoidment attachment)

부모가 있어도 부모에게 무관심하다. 부모와 떨어져도 스트레스를 받지 않는다. 낯선 사람에게도 부모에게 하는 것과 같은 반응을 보인다. 부모가 다시 돌아왔을 때 부모를 피하거나 부모에게 서서히 다가간다. 부모가 안아도 껴안지 않는다. 실험 대상 영아의 20%가 이 유형에 속한다.

③ 저항 애착(a resistant attachment)

부모와 분리되는 상황에서 떨어지지 않으려고 한다. 주변을 탐색하지 않는다. 부모가 돌아왔을 때 분노를 나타내거나 저항하는 행동, 차거나 미는 행동을 보인다. 부모가 안아 주어도 계속해서 울거나 쉽게 달래어지지 않는다. 실험 대상 영아들의 10~15%가 이 유형에 속한다.

엄마에게 떨어지지 않으려고 하는 영아

④ 혼란 애착(disorganized/disoriented attachment)

애착이 전혀 형성되지 않는다. 부모가 돌아왔을 때 혼란스러운 행동을 보인다. 부모가 안을 때 먼 곳을 쳐다본다든지 우울한 표정으로 바라본다. 대부분은 나른한 얼굴 표정으로 일관성 없는 이야기를 하고, 진정되었다가 갑자기 울기도 한다. 놀라는 표정을 보이고 이상한 행동을 한다. 실험 대상 영아들의 5~10%가 이 유형에 속한다.

(3) 애착 안정성

부모와의 안정적 애착은 영아의 이후 발달에 상당히 중요한 영향을 미친다. 대부분의 중산층 가정의 영아들은 부모와 안정적 애착관계를 형성하지만 가정환경의 스트레스가 높고 사회적 지원이 부족한 저소득층 가정의 영아들은 불안정한 애착관계를 형성하는 경향이 있다. 또한 부모가 극단적으로 부정적인 양육 태도를 가지고 있는 경우에는 애착이 형성되지 않는 현상을 보인다. 애착이 형성되지 않은 유형의 영아는 정서적 자기통제감이 심하게 손상되고 혼란스러운 행동을 지속적으로 보이게 되는데, 이러한 경향은 아동 중기에 이르기까지 비슷한 양상을 보인다.

(4) 애착 안정성에 영향을 미치는 요인

① 애착의 기회

3~12개월 사이에 시설이 좋지 않은 영아원에서 자란 아기들을 관찰했을 때 엄마와 분리되기 전에는 밝고 명랑한 성격을 보였으나 엄마와 분리된 후에는 주변 환경을 탐색하지 않고 체중 저하 현상이 있었으며 수면장애를 일으켰다. 엄마를 대신해 줄 양육자가 없는 경우에 우울한 성격이 지속되며 애착을 형성할 기회를 상실하여 영아기 이후에 정서장애를 겪기도 한다.

② 양육의 질

영아의 욕구에 적절히 반응하고 일관성 있는 태도로 양육에 참여하는 부모의 민감한 양육 태도는 영아가 안정적인 애착관계를 형성하도록 도와준다. 반면 신체적 접촉이 부족한 경우, 영아를 함부로 다루는 경우, 부정적이거나 거부하는 반응을 보일 경우 불안정한 애착관계를 형성하게 된다. 또한 영아와 양육자 간의 상호작용은 호혜적 관계 속에서 출발하는 것이므로, 영아와 부모 간의 상호작용이 일치하는 경우 안정적인 애착관계를 형성하게 된다.

③ 영아 개인의 특성

애착은 두 사람 간의 관계 속에서 형성되는 것이므로 영아의 개인적 특성이 부모와의 애착관계 형성에 영향을 미친다. 조숙아로 태어났는지, 출생 시의 상태가 어떠했는지, 영아가 질병이 있는지 등의 신체적 상태가 애착 형성에 영향을 미친다. 또한 영아의 기질도 애착에 영향을 미치는 요소다. 까다로운 기질, 순한 기질, 늦되는 기질이 부모의 반응을 다르게 이끌어 내기 때문에 애착관계도 서로 다른 양상을 나타내게 된다. 이러한 영아의 특성은 애착관계 형성에 영향을 미치는 요소이기는 하나, 부모가 민감한 양육 태도로 양육한다면 안정적 애착관계를 맺을 확률이 높아진다.

④ 부모의 영아기 애착관계

부모가 되었을 때 자신의 어린 시절의 애착관계가 자녀와의 애착관계 형성에 영향을 미친다. 부모가 영아기에 좋은 애착관계를 형성했을 경우에는 자녀와도 긍정적 애착관계를 형성하지만, 자신의 부모와 부정적 애착관계를 형성했을 경우에는 자녀와 애착관계를 잘 형성하지 못한다. 그러나 애착관계를 설명할 때 부모의 인간관계, 성격, 삶에 대한 만족도와 같은 다른 여러 요인의 영향도 고려해야 한다.

부모와 안정적 애착이 형성된 유아

⑤ 기타 요인

부모와 자녀 간의 애착관계를 올바르게 이해하기 위해서는 개인이 속한 사회 속에서 일어날 수 있는 다양한 조건을 동시에 고려할 필요가 있다. 부모와 영아 개개인의 신체적 · 인지적 · 사회적 · 정서적 특성, 부부관계, 가족이 외적 환경으로부터 받는 스트레스 원인, 사회적 지원체계의 유무, 부모의 애착에 대한 태도나 생각, 부모 이외에 자녀를 양육해 줄 수 있는 기관의 유무 등이 애착관계에 영향을 미칠 수 있다.

2) 기질

기질은 한 개인의 행동양식과 정서적 반응 유형을 의미하는 것으로 감정 표현, 활동성 정도, 주의집중력, 자아통제감 등의 양상과 강도가 개인마다 다르다. 기질은 타고난 것으로 유전의 영향을 많이 받는다. 따라서 태어나면서부터 어떤 아이는 잘 웃고 순한 반면 어떤 아이는 잘 울고 예민한 반응을 보인다. 기질은 유아기, 아동기, 성인기까지도 지속되는 특성을 가지고 있으며 성인이 된 후에 가지게 되는 성격과 매우 밀접한 관계를 가지고 있다.

(1) 기질의 유형

- 순한 기질: 순한 기질의 영아는 이 시기에 쉽게 일상적인 규칙을 세울 수 있다. 명랑하고 새로운 경험에 쉽게 적응한다. 40% 정도의 영아가 순한 기질을 가진다.
- 까다로운 기질: 일상생활 중에 일어나는 불규칙적이고 새로운 경험에 대해 빨리 적응하지 못하며 부정적이고 긴장된 반응을 한다. 10% 정도의 영아가 까다로운 기질을 가진다.
- 늦되는 기질(15%): 자극에 대한 반응이 느리다. 부정적인 감정을 많이 표현하며 새로운 경험에 대해 적응하는 속도가 느리다. 15% 정도의 영아가 늦되는 기질을 가진다.

35%의 영아들은 어떠한 기질 유형에 속하지 않으며 세 가지 기질이 혼합된 형태를 보인다. 까다로운 기질의 영아는 아동기에 공격적 또는 분노의 감정을 내면적으로 가지게 된다. 늦되는 기질의 영아는 많은 문제가 나타나지는 않지만 지나친 공포감을 보이거나 행동이 느리고 활동 범위가 매우 제한적인 경향을 보인다.

(2) 기질의 안정성
어린 시절의 기질이 성인이 되었을 때 그대로 유지되느냐 그렇지 않느냐는 아직까지 명확히 밝혀지지 않았다. 억제적 성향을 가졌거나 반대로 비억제적 성향을 가진 아주 극단의 경우에는 대부분 어릴 때의 기질이 그대로 남아 있는 경우가 드물다. 기질이 안정적이지 못한 이유는 기질 자체가 나이가 들면서 변화해 가기 때문이다. 유전적 요소와 환경은 기질의 안정성에 영향을 미친다. 일란성 쌍생아와 이란성 쌍생아의 기질을 비교해 볼 때 일란성 쌍생아의 기질이 더 비슷한 것을 보면 기질과 유전적 요소의 관련성을 알 수 있다.

　기질과 환경 간의 관련성은 다음과 같다. 첫째, 문화권마다 자녀 양육에 대한 가치나 관습이 다르다. 이러한 신념의 차이로 인해 양육 실제가 달라지고, 이는 영아들 간의 기질의 차이를 유발하는 원인이 된다. 이런 이유로 각 문화권마다 영아들 간에 기질의 차이가 나타난다. 둘째, 성 정체성에 대한 부모의 신념이 자녀 양육에 영향을 미치고 이로 인해 영아의 기질이 달라진다. 셋째, 형제관계가 기질의 차이를 유발하는 경우다. 실제로는 굉장히 까다로운 기질의 아이임에도 불구하고 첫아이가 더 까다로운 경우 둘째 아이는 덜 까다롭게 여기게 된다. 이것이 부모와 자녀 간 상호작용에 영향을 미치게 되어 영아의 기질이 달라지는 경우가 있다.

3) 정서의 분화

　영아기에는 기본적인 정서가 발달한다. 행복, 흥미, 놀람, 공포, 분노, 슬픔, 혐오감과 같은 정서 반응을 보이기 시작하며 자신이 좋아하는 것에는 관심을 보이고 좋지 않은 것은 싫은 반응을 보인다. 영아들은 대부분 자기 감정을 표현할 수 있는 방법이 제한적이다. 따라서 부모는 아이의 얼굴 표정 등을 통해 감정 상태를 확인하는 것이 필요하다.

(1) 기쁨
　영아는 새로운 기술을 습득하게 되면 행복감을 미소를 통해 나타낸다. 이러한 미소는 양육자와의 애정적인 상호작용을 촉진한다. 우는 아이보다는 많이 웃는 아

기쁨을 표현하는 유아

이가 부모와 더 긍정적인 상호작용을 하게 된다. 대부분의 영아는 생후 6~10주가 되면 사회적 미소를 짓기 시작하고, 3개월이 되면 사람과 상호작용할 때 웃음을 짓고 부모가 놀아 주면 더 자주 웃는다. 1세쯤에는 낯선 사람에 대한 낯가림이 시작되어 친숙한 사람과 있을 때 더 잘 웃는다.

(2) 슬픔

영아기에는 주로 고통스러울 때, 자기가 가지고 있던 물건을 빼앗길 때, 이별을 경험할 때 슬픔을 표현한다. 특히 친숙한 사람과 이별할 때는 극단적인 슬픔이 유발될 수 있다. 또한 부모와의 상호작용이 깨졌을 때 울음을 통해 슬픔을 표현한다. 그러나 슬픔을 표현하는 것은 분노를 표현하는 것보다 흔하지 않다. 3개월에서 7개월 사이의 영아는 얼굴 표정을 바꾸거나 목소리를 변화시키거나 몸을 뒤척이는 것과 같은 행동을 통해 부모의 관심을 끌고, 부모가 반응해 주지 않으면 울음을 보이기도 한다. 유아기에는 슬픈 감정을 좀 더 적극적으로 표현한다.

슬픔을 표현하는 유아

(3) 분노

영아기의 분노는 다양한 상황에서 표현된다. 배가 고플 때, 갑작스럽게 체온이 변할 때, 주사를 맞아 아플 때, 지나치게 과도한 자극이 있거나 아무런 자극이 없을 때 분노를 표현한다. 4개월에서 2세까지는 분노를 표출하는 빈도가 많아지고 강도가 높아지며 여러 상황에서 분노를 표현한다. 나이가 들면서 분노가 증가하는 이유는 영아의 인지 발달과 신체 발달이 이루어지기 때문이다. 영아기에는 의도적인 행동(intentional behavior)을 할 수 있게 되고, 영아는 자기 행동을 스스로 조절하려고 한다. 이때 행동을 방해하는 사람이 누구인지 파악하고 방해를 하는 사람에게 분노를 표시하게 된다.

(4) 불안

8개월 이후에 공포감이 서서히 나타나기 시작하고 낯선 사람에 대한 공포감을 낯가림을 통해 표현한다. **낯가림**(stranger anxiety)은 영아의 기질, 과거의 경험, 주변 상황과 연관이 있다. 영아는 낯선 사람이 낯선 장소에서 자기를 안아 올리거나 할 때 심하게 낯을 가리지만, 부모가 옆에 있다면 낯선 사람이 서서히 접근할 경우 낯

분노감을 표출하는 영아

떼쓰는 유아

을 덜 가리는 것을 관찰할 수 있다.

(5) 사회적 참조

불확실한 상황에서 신뢰하는 사람을 통해 감정적 단서를 찾아 감정을 표현하는 것을 **사회적 참조**(social reflecting)라고 한다. 영아의 감정 표현은 다른 사람의 감정적 표현을 해석하는 능력과 관련이 있으며, 다른 사람의 감정을 이해하는 것은 자발적인 과정으로 자연스럽게 일어난다. 7~10개월경의 영아들은 얼굴 표정과 일치하는 목소리를 낼 수 있게 된다. 그리고 주의집중 능력이 증가하면서 영아들은 정서적 표현이 가지는 의미를 이해한다. 또한 이 시기의 영아는 부모의 정서적 반응을 보면서 자신이 처한 상황이 위험한지 혹은 안전한지를 파악하고자 노력한다. 따라서 부모의 정서적 표현은 영아에게 영향을 미친다. 사회적 참조를 통해 영아는 간접적인 경험을 하게 되고 상황이나 사건에 대해 자신의 판단과 다른 사람의 판단을 비교해 볼 수 있게 된다. 2세가 되면 영아는 다른 사람의 감정이 자신과 다르다는 것을 알고 인정하기 시작한다.

4) 사회성의 분화

(1) 자의식의 출현

2세경이 되면 부끄러움, 당혹감, 죄의식, 시기심, 자부심 같은 자의식이 발달한다. 부끄러움, 당혹감과 같은 부정적 감정은 눈을 내리깔거나 고개를 숙이거나 숨는 행동 등을 통해 나타난다. 자부심은 자신의 행위에 대한 긍정적 감정으로 웃거나 자랑스러운 표정을 짓는 행동으로 나타난다. 이러한 **자의식**(self-conscious)은 영유아의 성취도와 도덕적 행위에서 중요한 역할을 한다. 부모가 민감한 양육 태도를 보일 때 긍정적 자의식이 발달한다. 자의식에 대한 성인의 태도는 문화권에 따라 다르다. 미국인은 개인적 성취에 대해 자부심을 갖도록 양육하는 반면, 인도인은 개인적 성취에 대해 부끄럽고 당혹스러워하는 양육 태도를 보인다. 또한 일본인은 타인에게 실수를 범했을 때 부끄러움을 느끼게 하는 양육 태도를 보인다. 문화권에 따라 동일한 자의식이 긍정적으로 여겨지기도 하고 부정적으로 여겨지기도 한다.

(2) 자아통제감

자아통제감(self-regulation)은 감정을 통제해서 목표를 달성하도록 하는 정서 반응으로 자율성 발달, 인지 발달, 사회적 기술 연마에 도움을 준다. 자아통제감은 부모

무서움을 참으면서 자기 감정을 통제하고 있는 유아

가 영아의 감정을 조절하도록 도와주거나 민감한 양육 태도를 유지할 때, 영아가 사회적으로 용인되는 감정을 표현하도록 도와줄 때 발달한다. 2세경까지 자아통제감이 제대로 발달되지 않을 경우 적응에 문제가 생긴다. 18개월경에는 '행복해, 사랑해요, 놀랐어요, 무서워' 등의 말이 빠르게 증가한다. 2세까지는 언어 발달이 빠르게 이루어지면서 자기표현력이 증가하여 감정을 더 잘 표현하게 된다. 대부분의 부모는 남아가 불행한 감정을 표현하는 것에 대해 여아보다 더 엄격한 양육 태도를 보이고, 이로 인해 남아보다는 여아가 감정 표현을 더 잘하게 된다.

(3) 자아개념

① 자아개념의 형성

유아기에는 자기 자신이 누구인지에 대한 태도와 가치를 형성하게 된다. 이 시기의 유아는 자신을 자기 이름, 외모, 자신의 소유물과 같은 매우 구체적인 것을 통해 정의한다(Harter, 1998). 자신이 좋아하는 것과 싫어하는 것을 매우 구체적으로 표현할 수 있으며, 이는 타인의 감정을 이해하고 있다는 증거가 된다. 자아개념이 매우 강한 유아는 물건에 대한 소유욕이 다른 아이보다 강하다. 그러나 이러한 소유욕은 자기만 많이 갖고 싶은 이기심은 아니다. 오히려 자신과 다른 사람 간의 경

계를 명확히 구분하고자 하는 자아
개념이 발달됨으로써 나타나는 자연
스러운 현상이라고 이해해야 한다.

　자아개념이 발달하면서 유아는 점
차적으로 장난감을 양보하고 친구와
함께 게임을 하며 놀이를 통해 발생
하는 문제를 해결해 간다(Brownell,
1990). 부모는 유아의 소유욕을 자아
개념의 형성으로 인해 나타나는 자

자아개념이 형성되어 놀이 상황의 문제를 해결하고 있는 유아

연스러운 과정으로 인식하고, 자녀가 또래관계를 잘 형성해 나갈 수 있도록 도와주
어야 한다. 유아가 소유욕을 나타낼 때 야단을 치거나 무조건 나누어 가지도록 강
요하기보다는 먼저 이해해 주고 순서를 정해 주어 양보할 수 있도록 유도해 가는
것이 바람직하다.

　② 의도성에 대한 이해

　유아기에는 **의도적인 행동**과 **우연에 의한 행동**을 구별할 수
있게 된다. 대부분의 유아는 우유를 엎지르거나 장난을 치
다가 꾸중을 듣게 되면 일부러 그런 것이 아니라고 변명을
한다. 2세에서 3세 사이의 유아는 다른 사람의 행동이 의도
성(intentions)이 있었는지 아닌지 구분할 수 있게 되고, 3세
경의 유아는 다른 사람이 말한 뒤 그대로 행동하면 그 행
동이 의도적으로 이루어졌다는 것을 안다. 4세경의 유아는
의도적인 행동이 마음으로부터 나온 것임을 구별할 수 있
다. 따라서 원하는 결과는 의도적으로도 이루어질 수도 있
고 우연찮게 이루어질 수도 있다는 것을 이해한다. 5세경
의 유아는 자기가 하고 있는 일에 다른 사람이 관심을 가지

긍정적 자아존중감을 형성한 유아

고 있는지 여부를 이해하고 어떤 행동이 긍정적인 결과 또는 부정적인 결과를 가져올지도 안다.

(4) 자아존중감

자아존중감은 자신의 존재에 대한 견해다. 자아개념이 자신에 대한 인지적 측면이라면, 자아존중감은 감정적 측면이다. 자아존중감은 유아의 자아 발달에 있어서 매우 중요한 요소로 정서적 경험, 유아기 이후의 행동, 정신건강에 영향을 미친다. 4세경에는 유치원에서 필요한 것을 잘 배우거나, 어려운 일을 성취하려고 도전하거나, 친구를 사귀거나, 다른 사람에게 친절하게 대하는 행동 등을 통해 자아존중감을 발달시킨다. 대개 유아기에는 자신의 능력을 매우 높게 평가하는 경향이 있으며 과제의 난이도를 과소평가하는 경향이 있다(Harter, 1990, 1998). 자아존중감이 높은 유아는 유아기에 성취해야 할 과업을 달성하는 데 별로 어려움을 겪지 않는다. 따라서 이 시기에는 사고와 행동이 미숙한 유아를 무시하거나 다그치기보다 유아의 의견을 존중해 주고 격려해 주는 것이 바람직하다. 유아의 행동에 대한 부모의 긍정적인 반응은 유아의 높은 자아존중감 형성과 관련이 있다.

(5) 자의식(self-conscious emotion)

영아기에 형성되기 시작하는 부끄러움, 당혹감, 죄의식, 시기심, 자부심 등과 같은 **자의식**은 유아기에 접어들면서 더욱 발달한다. 이 시기에는 다른 사람의 칭찬이나 꾸중에 매우 민감하게 반응한다. 자의식의 발달은 자신에 대한 평가가 긍정적이냐 혹은 부정적이냐에 영향을 받게 된다(Lewis, 1995). 부모가 유아의 행동이나 일에 대해 잘했다 못했다와 같은 가치판단의 말을 자주 하는 것은 바람직한 자의식 형성에 부정적인 영향을 미친다. 즉, 가치판단의 말을 많이 들은 유아는 어떤 일에 실패했을 경우에 매우 부끄러워하고 성공했을 경우에는 매우 자랑스러워한다. 반면에 부모가 일을 달성해 가는 방법에 대해 제안하거나 언어적 상호작용을 할 경우에는 일의 성공과 실패에 크게 영향을 받지 않는다.

유아기에 지나치게 수치심을 갖게 되면 우울증, 공격성, 죄의식과 같은 부정적인 자의식을 가지게 된다. 부모는 지나치게 가치 지향적인 말보다는 유아가 과업을 어떻게 수행할 것인가에 더 중점을 둔 대화를 하는 것이 좋다.

(6) 자기조절력

유아기에는 감정 표현을 조절할 수 있는 능력이 생기기 시작한다. 3세경에는 사람들이 자신의 감정을 그대로 표현하지 않고 숨길 수 있다는 것을 이해한다. 유아는 성장해 가면서 대부분의 사람이 행복감이나 기쁨과 같은 긍정적인 감정을 표현하는 것은 너그럽게 받아 주지만 슬픔, 분노, 혐오감과 같은 부정적인 감정을 표현하는 것에는 부정적인 반응을 보인다는 것을 안다. 그러나 유아에게는 주변 상황에 따라 자신의 감정 표현을 조절하는 것이 서툴고 힘겨운 과업 중 하나다.

유아기의 **자기조절력**은 유아의 기질이 어떤가에 영향을 받는다. 자신에 대해 매우 부정적인 표현을 하는 것을 경험한 유아는 자신의 감정을 잘 조절하지 못하며, 주의가 산만하고 다른 사람에게 짜증을 잘 부리며, 또래관계를 형성하는 데 어려움을 느낀다. 또한 이런 유아는 친구가 없거나 친구를 사귀지 못하는 경우가 많다(양진희, 2013).

유아는 사람들이 진짜로 느끼는 정서와 표현하는 정서를 구별하지 못한다. 이는 유아가 사물의 실제 모습과 겉으로 보이는 모습의 차이를 이해하지 못하기 때문이다. 그래서 어떤 사람이 슬픈 상황에서 겉으로는 기쁜 표정을 짓고 있거나, 혹은 기쁜 상황에서 기쁜 표정을 짓지 않으면 혼란을 느낀다(Friend & Davis, 1993).

04

유아생활지도를 위한 환경

유아생활지도는 유아가 일상생활에서 당면하는 여러 문제를 스스로 해결하는 능력을 기르고 가능성을 최대한 발휘하도록 하여 유아가 자아를 실현할 수 있도록 돕는다. 그러므로 유아의 자율성을 촉진하고 문제행동을 미연에 방지하는 환경을 잘 조성할 필요가 있다. 이 장에서의 유아 문제행동과 관련 있는 **일반적인 물리적 환경**과 문제행동과 발생과 직접적인 관련이 있는 **규칙적인 일과 계획 수립, 전이 활동, 지시제공하기, 교실규칙과 기대 행동 가르치기, 피드백과 격려, 건강과 위생 및 안전**에 대해 살펴본다.

1. 높은 질의 지원적인 교실 환경의 중요성

유아의 문제행동을 예방하기 위한 높은 질의 지원적인 교실 환경을 구성하는 방법은 매우 중요하다. 왜냐하면 유아의 행동은 물리적 환경이 어떻게 구성되어 있는가에 따라 많은 영향을 받기 때문이다. 유아를 둘러싼 물리적 환경은 유아의 학습에 대한 동기 및 행복감, 유아의 행동과 학습 태도에 영향을 미친다. 또한 유아의 학습능력은 교실 환경을 유아가 어떻게 생각하고 있는지, 어떤 느낌을 가지고 있는지와 밀접한 관련성을 가진다(Greenman, 2005). 문제행동을 예방하기 위해서는 **높은 질의 지원적 교실 환경**을 구성하는 것이 필요하다. Fox와 그의 동료들(2003)은 유아의 문제행동을 예방하기 위한 구체적인 지도방안을 사회적 지원을 위한 피라미드 모델을 통해 제시하고 있다. 모든 유아를 대상으로 하는 보편적 증진(universal promotion)은 양육적이고 반응적인 관계 형성, 높은 질의 지원적 교실 환경이 포함된다. 생애초기부터 이러한 환경을 경험하게 될 때 건강한 삶을 영유할 수 있는 기초가 형성되어 문제행동은 줄어든다고 강조하고 있다(신혜원, 김송이, 이윤선, 2019; Fox, Dunlap, Hemmeter, Joseph, & Strain, 2003).

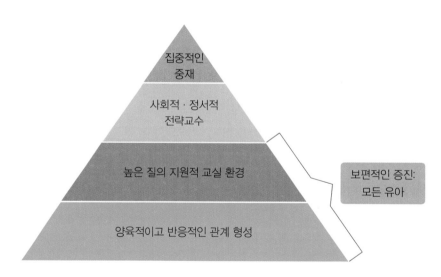

[그림 4-1] 문제행동 지도를 위한 사회적 지원 피라미드 모델

출처: Fox et al. (2003).

1) 일반적인 물리적 환경

교실 환경의 물리적인 환경을 구성할 때는 유아의 문제행동을 예방하고 유아에게 심리적인 안정감을 제공하는 방법이 무엇인지를 고려할 필요가 있다. 가능하면 너무 넓은 공간이나 장애물 및 위험요소를 최소화하는 것이 좋다. 또한 시각적·환경적 단서를 제공하여 유아들이 교실 내에서 무엇을 어떻게 해야 하는지 알도록 해야 한다(Fox et al., 2003). 영유아의 행동은 물리적 환경이 어떻게 구성되어 있는가에 따라 영향을 받는다. 즉, 물리적 환경은 영유아의 학습에 대한 동기 및 행복감, 영유아의 행동, 학습태도에 영향을 미친다. 또한 영유아의 학습능력은 교실 환경에 대해 영유아가 어떤 생각을 하는지, 어떤 느낌을 가지고 있는지와 밀접한 관련성을 가진다(Greenman, 2005). 교실의 물리적 환경의 구성에 따라 갈등 상황이 조장될 수도 있고 협동심과 자아존중감이 더 높아질 수도 있다. 즉, 교실의 물리적 환경은 유아의 **독립심**과 **책임감**을 높일 수 있도록 구성할 필요가 있으며, 유아의 일상생활 습관 형성을 돕고 다른 사람과 협동할 수 있도록 구성할 때 유아의 문제행동은 예방될 것이다.

높은 질의 지원적 교실 환경

★ 문제행동 예방을 위한 교실의 물리적 환경 구성 시 고려해야 할 사항

• 너무 넓게 트인 장소가 생기지 않게끔 유아들이 교실 내에서 뛰어다니지 않도록 공간을 적절히 구성한다.

• 신체적 장애가 있는 유아가 교실을 안전하게 이동할 수 있도록 장애물을 제거한다.

• 대집단, 소집단, 개별 활동을 편안하게 진행할 수 있도록 공간을 구성한다.

• 유아의 연령과 발달 수준에 적합한 영역과 흥미 영역을 구성한다.

• 흥미 영역은 주기적으로 바꾸어 준다.

• 활동의 종류를 미리 계획하여 제시한다(예: 개별 활동/소집단 활동, 아동 중심 활동/교사 중심 활동, 동적인 활동/정적인 활동).

• 영역을 배치할 때 적합한 시설물들이 있는지 고려한다(예: 컴퓨터 영역의 경우는 전기 콘센트 사용이 편리한 곳에 배치).

• 흥미 영역에 다양한 자료를 제시한다.

• 유아가 스스로 정리할 수 있는 기회를 제공한다.

• 사람의 이동으로 유아의 활동이 방해 받지않게 하여 유아가 집중하여 활동할 수 있도록 영역을 구성한다.

• 유아의 사적 생활을 보호할 수 있는 개인 사물함과 같은 공간을 마련한다.

---

(1) 대집단 활동 공간

대부분의 유아교육기관에는 대집단 활동을 할 수 있는 공간이 마련되어 있다. 대집단 활동을 위한 공간은 주로 교실 중앙, 게시판, 스크린 앞 등에 위치하는 경우가 많다. 대집단 활동을 하면서 교사는 게시판이나 스크린 등을 활용하며 시각적인 자료를 제시할 수 있다. 이 영역은 때때로 블록 영역으로 활용하거나 동극을 할 수 있는 공간으로 활용하기도 한다.

한 영역을 다용도로 활용할 경우 유아들이 혼란을 느끼지 않도록 하는 것이 필요하다. 예를 들어, 블록 영역에서 대집단 게임 활동이나 동화 듣기 활동을 진행할 때

대집단 활동이 진행 중인 교실

교사는 **일관성 있는 지침**을 제공하는 것이 좋다. 게임 활동을 할 때는 블록을 만질 수 있고 동화 듣기를 할 때는 블록을 만지지 못하게 하면 유아는 혼란을 느끼게 된다. 이로 인해 교사와 갈등관계가 형성되기도 한다. 교실 공간이 여유가 없어 대집단 활동 영역을 여러 다양한 영역에서 활용할 경우에는 커튼이나 칸막이 등을 활용하여 공간을 구분하는 것이 좋다(Maxwell, 2007).

(2) 소집단 활동 공간

소집단 활동은 대집단 활동 중심의 교육을 보완하고 유아의 능력차를 최소화하면서 교수 활동을 전개하는 효율적인 집단 구성이다. 이러한 소집단 활동에서는 교사와 유아가 서로 대화와 질문을 많이 할 수 있다. 또한 소집단 활동을 통해 유아는 또래와 상호작용할 기회를 많이 가진다. 한편 교사는 유아를 더 잘 관찰할 수 있다. 이로써 교사는 개별 유아의 학습 내용 및 사회 · 정서적 욕구 등을 평가할 수 있는 기회를 가지게 되어 개별 유아에 대한 배려가 가능해진다(한유미, 2003).

소집단 활동은 참여하는 유아의 수가 적어 요리 활동, 과학 활동 등을 할 때 효율적이다. 또한 소집단 활동은 교사가 유아와 상호작용할 수 있는 기회가 많기 때문에 문제행동을 해결할 수 있는 기회가 더 많다. 소집단 활동 공간에는 활동에 필요

소집단 활동 공간(이야기 나누기)

소집단 활동 공간(요리활동)

소집단 활동 공간(자유놀이)

소집단 활동 공간(미술활동)

한 다양한 자료를 비치할 수 있는 교구장, 탁자, 정리장, 사물함 등을 배치한다. 이러한 공간 조성은 유아의 **협동 학습**을 위해 필수적이다.

(3) 개별 활동 공간

유아교육기관에서 머무는 시간이 많아질수록 유아는 **피곤함과 스트레스**를 많이 경험한다. 유아가 피곤하고 지칠 경우 교사의 요구나 교실에서의 규율을 지키는 것이 힘들어진다. 유아가 문제행동을 일으키거나, 칭얼대는 경우에는 개별 활동 공간에서 시간을 보낼 수 있도록 배려하는 것이 좋다. 유아의 경우 대집단 활동 시간이 길 경우에는 문제행동이 더 많아진다. 따라서 유아의 발달적 특성 및 개인적 특성을 고려하여 활동 시간을 조절하는 것이 좋다. 유아에게 대집단 활동에 참여할 것인지 혹은 개별 활동 공간에 머무를 것인지를 선택할 수 있는 **자율권**을 주는 것이 좋다(Maxwell, 2007). 개개 유아의 **사적인 생활**을 보장해 주는 개별 활동 공간은 유아의 긍정적 정서 발달과 밀접한 관련성을 가지고 있다.

★개별 활동 활용 시 고려해야 할 사항

• 포근하고 안락함을 느낄 수 있는 공간을 마련하기

• 쿠션, 담요, 책, 책을 볼 수 있는 작은 램프, 장난감, 가족사진, 거울 등을 비치하기

• 활동에 집중하지 못하는 유아는 쉴 수 있도록 허용하기

• 유아가 정서적으로 편안하고 안정감을 느낄 수 있도록 배려하기

개별 활동 공간

(4) 흥미 영역의 구성

교실 내의 흥미 영역은 극놀이 영역, 미술 영역, 블록 영역, 조작 영역, 언어 영역, 수·과학 영역, 컴퓨터 영역, 음률 영역 등 다양하게 구성된다. 흥미 영역은 유아의 **다양한 학습**을 촉진하는 매우 중요한 공간이다. 흥미 영역의 배치는 **발견학습**, **교과의 통합**, **유아의 자율성**과 매우 밀접한 관련을 가지고 있다. 흥미 영역의 배치가 유아의 발견학습을 도모하지 않고, 교과의 통합을 유도하지 않으며, 유아의 자율성을 보장하지 않을 때 문제행동을 일으키는 원인이 된다(Maxwell, 2007).

흥미 영역을 구성할 때 유아 간 **상호작용**이나 **동선**을 고려하지 않을 경우 문제가 발생한다. 예를 들어, 미술 영역과 세면대가 멀리 떨어져 있을 경우 손을 씻으러 가던 유아가 다른 유아를 만질 수도 있으며 이로 인해 유아 간에 다툼이 일어날 수 있다. 또한 흥미 영역이 너무 복잡할 경우에는 활동에 참여하려고 하는 유아가 많아 문제가 발생할 수 있다. 따라서 교사는 흥미 영역을 구성할 때 여러 가지 다양한 상황을 고려해야 하며, 공간 구성이 유아의 흥미, 욕구, 학습동기 등 다양한 특성을 고려했는지 수시로 점검하고 유아의 문제행동을 줄이기 위해 **흥미 영역의 배치**를 수정하는 것이 좋다.

블록 영역

역할 영역(소꿉놀이 영역)

작업 영역

과학 영역

책읽기 영역

미술 영역

★흥미 영역 구성 시 고려해야 할 사항

• 흥미 영역의 공간 구성은 융통성이 있으면서 독립적인 느낌을 주어 놀이에 집중하도록 하고 부적응 행동을 예방한다.

• 흥미 영역의 공간을 충분히 확보하고 개방하여 유아가 쉽게 움직일 수 있게 하고 서로의 놀이를 존중할 수 있도록 한다.

- 흥미 영역의 이동 동선을 알려 주어 또래의 놀이를 방해하지 않고 문제행동이 발생하지 않도록 한다
- 유아의 발달적 특성과 욕구, 흥미, 개인차를 고려하여 안전하게 구성한다.
- 각 흥미 영역마다 다양한 재료를 구비하여 유아의 놀이를 촉진한다.
- 선반, 서랍장, 자료의 배치 시 유아들의 접근이 용이하도록 높이와 너비를 조절한다.
- 책상, 의자, 교구장 등은 마감 처리를 하여 유아들의 안전한 생활을 도모한다.
- 활동에 따라 교구장과 책상의 배치를 달리하여 같은 공간에서도 필요시 다양한 연출이 가능하게 한다.
- 흥미 영역 활동의 소음 정도에 따라 서로 방해가 되지 않도록 한다. 바닥, 천장 등 방음 설비를 하거나 소음이 있는 영역과 조용한 영역을 분리한다.
- 블록 영역과 극놀이 영역을 인접하게 구성하여 유아가 극놀이를 할 때 블록을 사용하도록 한다.
- 과학 영역은 물 · 모래놀이 영역 가까이에 두어 탐색 활동이 일어나도록 한다.
- 수 활동 및 과학 활동을 할 때 두 영역의 교구 및 도구를 쉽게 사용할 수 있도록 수 영역과 과학 영역을 가까이 배치한다.
- 쓰기 영역과 컴퓨터 영역을 인접하게 배치하여 쓰기 자료를 쉽게 보관하도록 한다.

(신혜원 외, 2019; 이윤경 외, 2008).

(5) 교실의 색과 조명을 통해 정서적 안정감을 주는 환경 제공

유아들이 장시간 생활하는 교실의 색깔은 유아들에게 직접적 또는 간접적으로 영향을 미친다. 따라서 유아에게 **심리적 안정감**을 제공하고 **정서적으로 안정된 분위기**를 느낄 수 있도록 따뜻한 계열의 색이나 파스텔 톤의 색깔로 벽과 천장을 구성할 수 있다(신혜원 외, 2019에서 재인용). 또한 교실 내의 장난감, 옷, 책, 가구와 같은 일상용품뿐 아니라 교실, 놀이터, 복도 등도 유아가 안정감과 편안함을 느낄 수 있는 색을 활용하는 것이 좋다(정여주, 2009).

특히 색에 민감하게 반응하는 연령대인 유아기에 여러 가지 색상을 접하면 호기심, 상상력, 창의력 증진과 두뇌 발달, 정서적 안정 등에 도움이 된다. 푸른색이나

녹색 빛의 벽지나 조명은 유아에게 정서적으로 안정감을 준다. 입체적인 디자인과 다양한 색상으로 장식된 디자인 조명을 설치하여 유아의 감성을 일깨워 주는 것이 좋다. 창의력을 높이고 싶을 때는 감각신경을 자극하는 파스텔 색을 사용하는 것이 좋다. 교실의 조명은 심리적·정서적으로 안정감을 느끼도록 너무 환하지 않게 낮은 조명을 사용하고 방 전체에 빛이 퍼지지 않도록 구성하면 유아의 공격적인 행동이 감소한다(신혜원 외, 2019에서 재인용).

2. 높은 질의 지원적 교실 환경 실제

1) 규칙적인 일과 계획 수립

유아들은 하루일과가 어떻게 진행될지에 대해 예측이 가능할 때 **불안감**이 줄어든다. 하루 일과가 정해진 순서대로 운영될 때 유아는 **심리적인 편안함**을 느끼게 되고 문제행동이 줄어 든다(Strain & Hemmeter, 1997). 즉, 규칙적인 하루 일과를 통해 유아는 자신이 어떤 놀이를 하게 되고 어떻게 행동해야 하는지를 쉽게 예측하게 되며 이를 통해 유아의 능동성은 높아지고 교사는 지시를 최소화할 수 있게 된다(신혜원 외, 2019). 교사는 하루 일과를 계획하는 과정에 유아가 적극적으로 참여할 수 있는 기회를 제공하고 하루 일과 시간표를 익힐 수 있도록 일관성 있는 지도를 진행하는 것이 좋다. 조직화되지 않은 시간표로 인해 일관성이 부족한 일과가 지속되고 활동과 활동 사이에 너무 자주 전이가 일어나게 될 때 문제행동이 발생하게 된다(Harms, Clifford, & Cryer, 2005).

일과 시간표를 계획할 때에는 유아의 흥미, 능력, 선호도를 고려하고 개인 유아의 일과를 반영하여 융통성 있는 일과를 계획하는 것이 가장 바람직하다. 대집단 활동이나 소집단 활동을 통해 일과 시간표에 대한 지속적인 설명을 진행하고 다양한 환경 단서를 제시하여 하루 일과가 어떻게 진행되는지를 유아가 이해할 수 있는 기회를 제공할 필요가 있다.

　하루 일과 시간표를 유아의 눈높이에 맞추어 교실 벽에 붙여 두는 것이 좋다. 유아들이 이해하기 쉬운 그림을 활용하여 구성할 수 있고 유아들과 함께 꾸미기 활동을 진행할 수 있다. 하루 일과는 정적 활동/동적 활동, 대집단 활동/소집단 활동, 교사주도 활동/유아주도 활동이 균형 있게 계획되도록 배치한다. 현장학습이나 운동회 등과 같은 특별 행사가 진행되거나 비가 와서 바깥놀이를 진행하지 못하는 경우에는 유아들에게 미리 이야기하여 당황하지 않도록 배려하는 것이 필요하다.

　손씻기, 화장실 가기, 양치질하기, 식사하기 등과 같은 일상적으로 이루어지는 일과를 어떻게 진행하는지에 대해서는 지속적인 연습을 통해 유아가 익숙해질 수 있는 기회를 제공한다(Oshikanlu, 2006). 하루 일과가 일관성 있게 지속될 때 유아

하루 일과 시간표 예시

식사순서 예시

양치질하기 순서 예시

는 심리적으로 안정감을 느끼게 된다. 이를 통해 유아는 교실에서 무엇을 지속적으로 할 수 있는지, 어떻게 과업을 진행해야 하는지를 이해한다. 이러한 상황을 통해 유아가 교사의 지시를 기다리거나 의존하는 경향은 줄어들고 독립성은 높아진다.

2) 전이 활동

하루 일과가 진행될 때 전이 활동이 지나치게 많을 경우 유아의 문제행동은 증가한다. 교사는 하루 일과를 계획할 때 전이 횟수를 최소화하여 유아가 활동과 활동 사이에 기다려야 하는 시간이 길어지지 않도록 하는 것이 중요하다. 다음에 무슨 일이 있을지에 대해 매시간 안내함으로써 다음 활동을 예측할 수 있도록 하는 것이 필요하다. 문제행동을 예방할 수 있는 전이 활동 전략은 다음과 같다(Fox et al., 2003: Hemmeter, Fox, & Snyder, 2013에서 재인용).

- 교사는 전이 활동이 있다는 것을 유아들에게 미리 예고한다. 전이 활동이 시작되기 1분 전에는 전이가 진행된다는 것을 사전에 이야기한다.
- 교사는 유아에게 전이의 단계와 기대가 무엇인지에 대해 **명시적**으로 설명한다. 즉, 전이 시간 동안에 무엇을 해야 하는지를 이야기해야 한다. 예를 들어, "밖에 나가기 전에 사물함에 가서 겉옷을 꺼내 입자." 혹은 "흥미영역으로 이동할 거야. 선생님이 이름을 부르면 너는 가서 매트를 치워 줄래?"라고 이야기한다. 전이 시간이 끝나면 어디로 가야 하는지 그리고 무엇을 해야 할지 개별 유아에게 알려 주어야 한다. 왜냐하면 명확하게 말하지 않을 경우 유아는 두려움과 불확실함을 느끼기 때문이다.
- 교사는 전이와 관련된 다양한 **전이 전략**을 사용하는 것이 효과적이다. 예를 들어, 전등 껐다 켜기, 언어적으로 말하기, 노래 부르기, 게임, 동작, 혹은 다른 신호나 단서 등이 포함될 수 있다.
- 교사는 전이 활동에 잘 참여하는 유아에게 긍정적이고 행동을 묘사하는 피드

백을 제공하는 것이 필요하다. 예를 들어, '○○는 간식을 먹은 후에 그릇을 스스로 정리했구나.'라고 **긍정적인 피드백**을 하는 것이 좋다.

- 전이 활동 시간에 교사는 유아에게 개별적인 교수를 제공할 수 있다. 어떤 유아에게는 전이가 시작되기 전에 다른 유아들에게 적용하는 지시와는 다른 방식으로 개별 교수를 제공한다. 추가적인 교수, 촉구, 제스처, 시각적 자료 혹은 언어적·신체적 지원을 통해 개별 교수를 제공할 수 있다. 좀 더 개별적인 지원이 필요한 유아에게는 시각적 그림을 제공하거나 다른 영역으로 이동하도록 안내하기 위해 살짝 등을 두드리는 등의 부드러운 신체적 접촉을 제공할 수 있다.
- 다른 유아들과 달리 전이 활동에 대한 적응이나 변화에 잘 적응하지 못하거나 느리게 적응하는 유아에게는 더 많은 시간을 제공할 필요가 있다.
- 정리할 놀잇감이 많은 유아의 경우는 정리를 다른 유아보다 먼저 시작하게 하여 전체 집단과 같은 시간에 마칠 수 있도록 한다.
- 어떤 유아들은 전이 시간 동안 수행할 수 있는 과제가 주어졌을 때 더 잘 수행하는 경우가 있으므로 이를 활용한다. 예를 들어, 장난감을 정리한 후 교실 문 앞에 서기, 문 잡아 주기, 원장 선생님께 편지 전해 주기 등을 활용할 수 있다.

3) 지시 제공하기

유아가 교사의 지시를 이해하고 이에 따라 적절하게 반응할 수 있어야 한다. 유아에게 지시를 할 경우에는 명확하게 지시해야 하며, 이럴 경우 유아는 적절하게 반응할 수 있다. 교사가 바람직하고 명확한 지시를 제공하는 방법은 다음과 같다.

- 단순하고, 짧고, 특별한 지시를 사용한다. 유아의 연령에 따라 지시의 길이와 개수에는 차이가 있을 수 있지만 가능하면 한 번에 서너 가지 지시문을 넘지 않도록 하고 구체적이고 직접적으로 지시한다.

- 교사는 긍정적인 지시를 사용한다. 즉, 무엇을 하지 말아야 한다는 지시보다는 무엇을 해야 하는지에 대해 이야기한다. '친구 사물함에 가방을 넣으면 안 된다.'라고 부정적인 지시를 하기보다는 '자기 사물함에 가방을 넣자.'라고 이야기하는 것이 바람직하다.

- 교사는 지시를 잘 수행한 유아에게는 칭찬을 하는 것이 바람직하다. 단순히 '잘했다'고 말하기보다는 '○○와 △△는 서로 도와가면서 그림책을 잘 정리해 주었구나.'라는 긍정적인 칭찬을 할 필요가 있다

- 교사는 활동을 하기 전에 유아가 어떤 준비를 해야 하는지를 미리 지시하는 것이 좋다. 가령, 요리 활동 시작 전에 교사는 '과일을 칼로 썰기 전에 앞치마를 입어야 한다. 그리고 손을 씻은 후에 과일을 만져야 한다.'라는 지시를 제공한다.

- 교사는 활동에 흥미를 보이지 않고, 참여하지 않으며, 과제를 수행하지 않는 유아가 활동에 참여하도록 재지시를 하는 것이 좋다. 예를 들어, 유아가 블록 영역에서 놀겠다고 계획하였으나 블록 영역으로 가지 않고 교실을 배회할 경우 교사는 유아가 본인이 계획한 놀이영역에서 놀도록 재지시한다.

- 교사는 유아가 지시를 이해하고 있는지 확인할 필요가 있다. 소집단 활동을 하거나 자유놀이를 할 때 '○○아, 놀던 자료를 정리한 후 무엇을 할 거야?'라고 물어볼 수 있다.

- 교사는 지시를 할 때 더 많은 도움이나 지원이 필요한 유아에게는 개별적으로 지시를 제공할 수 있다. 더 많은 도움이나 지원이 필요한 유아에게 그렇지 않은 유아에게 말한 것과 똑같은 지시를 반복해서 이야기하는 것은 도움이 되지 않는다. 따라서 지시를 좀 더 세분화하여 제공하고 몸짓을 추가하여 제공하여 개별적인 지원을 제공한다.

4) 교실 규칙과 기대 행동 가르치기

유아에게 교실 규칙과 기대 행동을 가르치는 것은 교실 내의 **질서를 유지하기** 위해 필요하다. 또한 유아가 교실에서 **자기통제, 자율성, 주도성**을 발달시킬 수 있는 바람직한 기회를 제공한다(Wastson & Battistich, 2006). 유아가 왜 교실에서 규칙이 필요한지를 이해하게 되면, 교사의 기대가 무엇인지도 이해하게 되고 이를 통해 문제행동도 예방이 가능하다.

담임교사를 포함하여 교실 내의 여러 교사가 함께 **일관성 있게 규칙을 적용**하게 되면 유아는 교실 규칙을 잘 지키게 된다. 또한 가족구성원들에게도 교실의 규칙과 기대를 알려 주어 교사와 가족 간의 긍정적 관계를 형성할 필요가 있다. 이러한 긍정적 관계는 유아가 문제행동을 보일 때 서로 협력하여 해결할 수 있는 기회를 제공한다. 좀 더 구체적으로 교실 규칙과 기대 행동을 가르치는 전략을 살펴보면 다음과 같다.

(1) 규칙 정하기

교사는 대집단 활동 시간에 유아와 함께 교실이나 활동에 대한 규칙을 정할 수 있다. 교사가 유아의 제안을 종이에 적어서 붙일 수도 있고 유아가 직접 규칙을 쓸 수도 있다. 규칙을 정한 후에는 교실의 벽면이나 교구장에 붙여 두어 유아들이 잘 볼 수 있도록 한다. 교실 규칙은 유아들과 의논하여 중간에 변경할 수 있다. 유아가 교실 규칙을 정할 때 그 과정에 참여하는 것은 규칙에 대한 유아의 이해를 돕고 내적 통제력을 증진시킬 수 있다. 규칙 개발을 위한 원칙은 다음과 같다(유수옥, 2018).

교실에서 지켜야 하는 약속

- 긍정적인 용어로 규칙 기술하기
- 최소한의 규칙 수 유지하기
- 다양한 상황을 고려한 규칙 만들기
- 규칙이 연령에 적합한지 확인하기
- 유아들에게 규칙 가르치기
- 규칙에 따른 행동의 예 제시하기
- 규칙을 일관성 있게 실시하기

(2) 정확하게 진술된 규칙 제시하기

규칙을 제시할 경우에는 교사가 가치 있다고 생각하고 유아가 수용할 수 있는 정확한 행동을 분명하게 제시하는 것이 바람직하다. 교사가 다양한 해석이 가능한 용어를 사용하면 유아는 혼란을 느끼게 된다. 예를 들어, '잘 행동해라' '얌전하게 행동해라' '착하게 행동해라'라는 말은 사람마다 다른 의미를 가질 수 있다. 즉, 교사와 유아가 서로 다르게 이러한 일반적인 표현을 해석할 수 있다. 따라서 교실에서 규칙을 제시할 경우에는 '교실에서 조용히 하기'와 같은 구체적인 말을 사용해야 한다. 또한 규칙은 긍정적으로 표현하는 것이 좋다. '큰 소리로 말하지 않는다.'라고 표현하기보다는 '작은 목소리로 말한다.'라고 하는 것이 더 바람직하다. '친구에

유아들과 함께 정한 책읽기 영역 약속

유아들과 함께 정한 책읽기 영역 약속

게 소리 지르지 않는다.'보다는 '친구에게 친절하게 대한다.'라는 긍정적인 규칙을
정하는 것이 필요하다.

(3) 규칙 가르치기

교사와 유아가 함께 규칙을 정했다면, 유아가 교실 규칙을 잘 활용하도록 체계적
으로 지도하는 것이 좋다. 교사는 대집단 또는 소집단 활동을 할 때 규칙에 대해 가
르칠 수 있다. 예를 들어, 손인형 활용, 동영상 보기, 역할극하기, 시범 보이기, 교
실 토론하기 등을 통해 유아들과 함께 규칙을 어떻게 지킬 것인지를 이야기할 수
있다. 또한 규칙을 지키지 않았을 때 어떻게 할 것인지에 대해서도 토론할 수 있다.
그리고 규칙 배우는 속도가 유아마다 다를 수 있으므로 유아의 발달 상태를 고려하
여 적용하는 것이 좋다. 즉, 어떤 유아에게는 좀 더 많은 시간을 주고 기다려 줄 필
요가 있다.

(4) 기대 행동 가르치기

교실 규칙이 교실에 적합한 행동이라면 기대 행동은 사람들이 행동하기를 원하
는 일반적인 방법이다. 기대 행동은 모든 유아와 교사에게 적용된다. 기대 행동의
예는 서로 존중하기, 친구와 함께 놀기, 공손하기, 책임감 있기, 솔직하기, 친절하
기, 규칙 잘 지키기 등이다. 기대 행동은 문제행동이 일어나지 않도록 하기 위한 것
으로 유아에게 무엇을 요구할 것인지에 대해 초점을 맞추어 행동을 지도하는 것이
다. 유아가 친구와 놀고 싶을 때 친구를 건드리거나 때리는 행동을 하는 경우 교사
는 이에 대한 기대 행동(예: '○○아, 친구랑 놀고 싶을 때는 △△아 나랑 같이 놀자.'라고
말해야 한단다.)을 말함으로써 문제행동을 줄일 수 있다. 교사가 유아의 기대 행동
을 가르칠 수 있는 방법을 제시하면 다음과 같다.

• 기대 행동을 말할 때에는 긍정적으로 서술된 제한된 수의 교실의 기대 행동이
나 규칙을 벽에 붙이는 것이 좋으며 시각적 표상(사진 또는 그림)을 함께 제시

한다.

- 대집단 활동과 소집단 활동에서, 그리고 개별 유아에게 벽에 게시된 기대 행동이나 규칙을 자주 이야기하여 유아들이 잊지 않도록 한다.

- 교사는 적절한 기대 행동을 하는 유아에게 긍정적으로 상호작용한다. 예를 들어, '○○가 친구와 잘 놀면서 친구가 놀잇감을 잘 찾도록 도와주었지?' 혹은 '○○는 규칙을 아주 잘 지키는구나!'라고 이야기해 준다.

- 교사는 교실 벽에 붙어 있는 기대 행동이나 규칙의 중요성에 대해 유아들과 함께 토론을 진행할 수 있다. 예를 들어, '○○가 친구와 놀잇감을 함께 사용하지 않으면 어떻게 될까?' '친구와 놀잇감을 함께 쓰지 않겠다고 하면, 친구 기분은 어떨까?' '놀잇감을 친구와 함께 사용했을 때 기분은 어땠니?' '왜 친구들과 함께 놀잇감을 사용해야 할까?'라는 질문을 하면서 유아와 상호작용한다. 이때 교사는 긍정적인 어조로 유아들과 이야기를 나누는 것이 바람직하며 부정적이거나 비난하는 말을 사용하지 않는 것이 필요하다.

5) 피드백과 격려

유아의 학습에 있어서 교사나 또래의 상호작용은 매우 중요하다. 유아가 주도하는 활동, 협동 학습, 그리고 교사주도의 수업을 진행할 때 적절한 **피드백**과 **격려**를 하는 것이 좋다. 유아의 학습을 촉진하기 위해 교사는 다양한 교수전략을 활용하는 것이 좋다. 유아에 대한 교사의 언어적·비언어적 태도를 통해 교실의 분위기가 형성된다. 따라서 교사가 유아에 대해 긍정적이고 유아의 자율성을 보장하는 태도를 보일 때 유아의 문제행동은 줄어든다.

★효율적 피드백과 격려를 위한 방법

• 유아의 활동을 관찰하고 도와주는 역할을 수행하기

• 애정과 관심을 가지고 유아의 모든 행동을 관찰하고 반응해 주어 유아가 자신과 주변에 대해 배울 수 있도록 도와주기

• 유아가 자연스럽게 자신의 감정과 느낌을 표현하도록 하기

• 유아의 언어, 요구, 감정에 대해 민감하게 반응하기

• 유아의 반응을 격려하기

• 유아가 이해하지 못하는 사실과 경험을 설명해 주기

• 유아의 가능성에 대해 기대를 가지기

유아들의 활동을 지지하고 격려하고 있는 교사

6) 건강과 위생 및 안전

유아의 건강과 위생을 배려하는 것은 기본적으로 중요한 사항이다. 유아기에는 특히 손 씻기가 매우 중요하다. 식사하기 전, 화장실에 다녀온 후, 바깥놀이 후, 콧물·기침·재채기를 한 후에 손을 씻도록 격려하는 것이 좋다. 교사도 유아와 마찬

가지로 자주 손을 씻는 것이 좋다.

식사는 정해진 시간 내에 먹기를 강요하거나, 먹기 싫은 음식을 일방적으로 강요하여 문제가 생기지 않도록 지도할 필요가 있다. 자유로운 간식 시간을 제공하거나, 신체활동 이후에 음식을 제공하여 즐겁게 음식을 섭취하도록 하는 것이 좋다. 견과류나 팝콘과 같은 음식은 제한하는 것이 좋으며 당분, 염분, 지방, 식품첨가제, 화학 성분이 적게 들어간 음식을 제공하는 것이 좋다.

실내외를 막론하고 유아들이 활동하는 모든 장소에서 안전은 최우선으로 고려

식사시간

건강과 위생을 위한 손 씻기

해야 할 요소다. 유아가 활동하는 모든 장소에 위험한 요소는 없는지 파악하고 관리하여야 한다. 특히 놀잇감에 의한 상해가 발생하지 않도록 세심한 배려가 필요하다. 실외놀이를 할 때 자유로운 분위기 속에서 놀이하되, 위험에 무방비하게 노출되지 않도록 교사가 늘 함께 있는 것이 좋다.

05

감정다루기를 통한 긍정적인 의사소통

이 장에서는 교사와 유아의 부정적 감정을 적절히 다루는 방법과 유아와 교사 간의 긍정적인 관계 형성을 위한 의사소통 방법에 대해 알아보고자 한다. 우선 생활지도에 있어서 수반되는 교사와 유아의 감정을 어떻게 다루고, 적절한 대처 방법은 무엇인지에 대한 논의를 통해 유아의 감정을 코칭할 수 있도록 할 것이다. 또한 유아와의 관계 형성에 부정적인 언어적 환경과 긍정적인 언어적 환경의 특징과 내용에 대해 알아보고, 유아와의 대화를 촉진하는 교사의 태도와 구체적인 대화 방법에 대해 학습할 수 있다.

1. 교사의 감정다루기

모든 직업 수행에는 직업 특성에 따른 희로애락이 있지만 유아교육 현장에서 교사가 되어 유아를 가르치는 데에는 언제나 감정적 소모와 정서적 차원의 개입이 따른다. 유치원 및 어린이집 교사는 발달적으로 미분화되어 있는 시기인 0~5세 영유아를 담당하여 교수자, 보호자, 양육자의 역할을 하게 된다. 이에 유아교사는 초·중등교사와 달리 어린 연령의 영유아를 가르치고 돌봄에 수반되는 육체적·정신적 피로감과 어린 자녀를 기관에 맡기는 부모와의 관계, 업무 특성상 직무 스트레스, 정서적 소진 등이 많은 직업으로 인식되고 있다(강은진, 김정숙, 김승진, 안혜준, 2016). 교사의 정서에 대한 연구에서는 정서가 교사의 삶과 불가분의 관계임을 강조한다(Zembylas, 2004). 달리 말하자면, 유아를 가르치는 일은 강도 높은 **정서노동**이다(Hochschild, 1983). 정서노동이라는 용어는 근로자가 직무를 잘 수행하기 위해서 표현해야만 하는 적절한 감정의 정도와 연관되어 있다. 정서노동의 강도가 높은 직업을 가진 사람은 높은 이직률을 보이는데, 유아교사는 고위험 직업군에 속한다(Jackson, Schwab, & Schuler, 1986). 초보 교사는 특히 정서노동의 위험에 취약하며, 많은 교사가 유아의 정서적 문제행동이 다루기 힘들어서 현장을 떠나기도 한다(Tye & O'Brien, 2002).

유아교사는 개인적 문제로 인해 감정의 변화를 경험하기도 하고, 교실 내 유아와의 상호작용에서 스트레스를 경험하기도 하며, 교사의 감정 변화를 가져오는 일상적인 사건을 겪기도 한다. 유아교사는 유아들과 보내는 일과 시간에 발생하는 계획하지 않았던 일들과 최악의 상황에도 재빨리 대처해야 한다. 교실에서 자신의 감정을 적절히 조절하고 통제할 수 있다는 것은 효과적이고 성공적인 교사 역할 수행에 있어서 중요한 요소다. 예상치 못한 어려운 상황에 대처하는 능력은 어쩌면 교사가 가진 다른 능력과 달리 도전적인 것이라고 할 수 있다. 교사가 이런 다양한 도전에 적절히 대처할 필요성은 점점 더 증가하고 있다. 교사가 경험하는 수많은 스트레스가 직업 특성상 자연스럽고 정상적이라는 전제하에 유아교사는 직무에서 일상적으로 발생하는 스트레스에 대처하고 예상치 못한 어려운 순간을 잘 헤쳐 나가 계속 가르칠 수 있는 메커니즘을 갖고 유아들에게 긍정적인 역할 모델이 되어야 한다(안혜준, 2010). 교사가 자신의 감정을 수용할 수 있고, 통제 가능하며, 표현할 수 있음을 직접적이면서도 비공격적인 방식으로 유아에게 보여 주는 것은 중요하다. 또한 교사가 유아의 강렬한 감정을 두려워하지 않으며 그에 대해 처벌하거나 위협하거나 무시하지 않는다는 것을 보여 줄 필요가 있다(Kaiser & Rasminsky, 2003).

1) 교사의 분노 조절하기

분노감정은 자신의 욕구나 목표를 달성하고자 하는 행동이 방해받거나 격심한 스트레스 유발 사건에 당면할 때 경험하게 되는 불쾌한 정서적 생리적 반응을 말한다(홍경자, 2009). 분노는 낯선 사람보다 밀접한 관계에서 더 자주 경험하게 되는데 상호작용이 빈번하고 서로의 생활에 깊이 관여되어 있을 때 분노 감정이 더 많이 발생할 가능성이 높기 때문이다(서울특별시 육아종합지원센터, 2015).

유아교사가 감정 조절이 특별히 더 힘들 때는 유아의 문제행동을 대할 때다. 유아는 교사의 부정적 정서 표현을 인식하고 그에 영향을 받게 된다. 교사가 유아에게 분노를 너무 강하게 표현하면 유아는 그에 압도되고 죄의식을 갖게 된다. 교사는 절대 화를 내서는 안 되며 감정을 통제할 수 있어야 한다고 권고되지만, 한 명의 교사가 여러 명의 유아를 보살펴야 하는 유치원이나 어린이집 교실의 분주한 일상 속에서 유아를 지도하다 보면 교사 자신도 모르게 감정 조절을 하지 못하고 유아에게 화를 내는 경우가 있다. 유아는 이런 상황에서 자신들이 위축됨을 느끼고, 슬프고, 죄책감을 느끼고, 부끄럽고, 상처받는다고 답했다. 유치원 교사가 분노나 짜증을 표현했을 때, 유아들은 교사의 요구를 따르기보다는 정서적 동요를 표현했다. 영유아가 선호하는 교사에 대한 연구에서 영유아는 화내지 않고 친절하게 대해 주는 선생님이 좋으며, 심지어 선생님이 화만 내지 않는다면 어린이집에서 마음껏 지낼 수 있다고 응답한 유아도 있었다.

유아교사는 다른 직업에 비해 더욱 막중한 직업윤리를 가질 수밖에 없다. 순간의 화를 참지 못하고 아이를 밀치거나 살짝 올린 손이 CCTV에 찍혀 뉴스에 등장하기도 하니 교사의 행동은 그 사회적 파장이 매우 크다. 아직 신체적 · 정신적인 미숙함 때문에 교사에게 전적으로 의존할 수밖에 없는 유아를 존중하기 위해서는 교사의 감정을 잘 파악하고 관찰하며 조절할지 못한다면 매우 불행한 일을 겪게 될 수도 있다(이영미, 이인용, 이진우, 2017).

교사의 분노 조절을 위한 첫 번째 단계는 **교사 자신을 이해하기다**(서울특별시육아종합지원센터, 2015). 분노는 현재 문제에 원인이 있을 수도 있지만 과거의 상처나 미충족된 욕구가 숨겨져 있는 경우도 있기 때문이다. 따라서 교사는 먼저 과거의 나로부터 원인을 찾아보는 과정이 필요하다. 혹시 나의 과거 경험에서 비롯된 상처가 유아를 대하는 행동이나 태도에 영향을 미치지 않나 반성적으로 돌아볼 필요가 있다.

두 번째 단계는 **화가 나는 상황에 대해 객관적으로 인식하고 바라보기다.**

- 우리 반 아이들은 너무 시끄럽다.
- 우리 반 아이들은 너무 자주 운다.
- 꼭 여러 명이 한꺼번에 몰려 요구한다.
- 놀이를 마친 후 정리를 안 한다.
- 놀잇감을 공유하지 못해 갈등이 자주 생긴다.

이러한 상황에서 교사가 화가 난다면 스스로 질문을 던져 볼 필요가 있다. 이런 행동이 영유아의 발달 수준을 고려했을 때 동일 연령 또래들에게 보일 수 있는 전형적인 행동인지를 파악해 본다. 문제행동이라고 여겨지는 행동 중 영유아의 발달을 고려하면 지극히 정상적 행동이지만, 행동의 결과로만 파악해서 예민하게 반응할 수도 있기 때문이다. 이러한 행동이 유아의 발달 특성상 자연스럽게 일어날 수 있는 일이라고 생각할 때 교사가 유아를 대하는 태도와 감정에 변화가 올 수 있다. 한 교사가 식사시간에 교실의 소음 수준이 너무 높아서 지속적으로 유아들에게 "조용히 하세요."를 반복해서 이야기하고, 그래도 시끄러운 유아들에게 화를 냈는데 우연히 식사시간을 동영상으로 찍어 다른 교사들에게 공유했을 때 "어머, 선생님 유아들이 식사시간에 이 정도로 조용하다니 놀라운데요? 저희 반은 정말 시끄러운 수준이에요."라는 반응을 듣고 충격을 받은 경험이 있었다고 한다. 만 3세 연령 교실에서 일상적으로 일어날 수 있는 행동이라고 보는 것과 '교사의 지시를 따르지 않은 문제행동'이라고 보는 것은 교사의 감정에 큰 차이를 가져올 것이다.

　두 번째 단계에서 유아를 긍정적 시각에서 바라볼 필요가 있다. 화가 나는 상황에서 교사가 유아가 일부러 의도성을 갖고 한 행동이라고 볼 때와 실수로 한 행동이라고 볼 때 교사의 감정은 다르기 때문이다. 즉, 동일한 상황에서 교사가 어떤 시각으로 유아를 바라보느냐에 따라 긍정적 결과가 나타날 수도 있고, 부정적 결과가 나타날 수도 있다. 긍정적인 생각과 시각으로 화가 나는 상황을 바라본다면 화가 나는 마음을 누그러뜨리기가 좀 더 쉬울 것이다.

　또한 교사가 유아의 행동에 대해 화난 목소리로 반응을 했다면 교사는 그런 행동이 누구에게 초점이 맞춰진 것이었나 살펴볼 필요가 있다. 화가 난 교사 자신을 객관화해서 '내가 아이들에게 지금 화를 내는 것이 정당한가?' '아침에 동료 교사와 있었던 불쾌한 감정을 아이들에게 표현하고 있는 것은 아닌가?' 등 나를 화나게 한 원인에 대해 객관적으로 파악해 볼 필요가 있다. 많은 경우 유아에게 초점을 두는 것이 아니라 교사의 감정이 우선시되어 분노가 표현된다. 유아가 한 행동의 결과로 인해 교사의 감정이 상하고 이를 표출한 것이다. 따라서 교사는 '내가 왜 화가 났는가?' 하고 자신을 돌아볼 필요가 있다. 생활지도를 할 때 교사 자신의 감정이 아니라 유아를 위하여 그렇게 행동한다고 하는 자기합리화는 위험하기 때문이다(서울특별시 육아종합지원센터, 2015).

　분노 조절의 마지막 단계는 몇 가지 전략이 필요하다. 화가 나서 소리를 지르고 싶을 때 '마음속으로 열까지 세기' '심호흡하기'는 **교사의 감정 조절을 돕고 자제력을 기르는 실제적인 방법**이다. 교사는 분노의 감정이 올라올 때 먼저 멈추고 자신의 신체감각과 느낌을 통제하는 것이 중요하다. 분노의 호르몬은 잠시 후면 누그러지기 때문에 눈을 감거나, 물을 마시거나, 자리에 앉아 심호흡을 하는 등 자신만의 방법으로 화를 잠재운 후 유아와 대화를 나눈다. 그래도 흥분상태가 가라앉지 않는다면 동료 교사에게 도움을 구하고 다른 공간에 잠시 머무르는 것도 좋다. 조용하고 다른 사람에게 방해받지 않는 공간을 찾아 화가 나는 상황을 피하는 것도 분노 조절의 좋은 방법이 된다. 이때 화가 나는 상황 대신 교사가 좋아하는 것을 생각해 볼 수도 있다. 즐거웠던 추억이나 앞으로 갈 여행에 대해 생각해 보기, 좋아하는 사진이나 글귀를 꺼내 읽거나, 잠시 밖에 나가 하늘을 보고 여유를 찾다 보면 몸과 마음이 분노에서 놓여날 수 있다(서울특별시 육아종합지원센터, 2015).

유아들에게 큰 소리로 윽박지르고 인상 쓰는 교사로 자신을 길들이면 이런 행동을 고치기가 어렵다(곽현주, 2007). 교사는 자신의 분노 감정을 적절하게 해소할 수 있는 방법을 모색해 보아야 한다(서울특별시 육아종합지원센터, 2015). 동료교사들끼리 서로를 지원할 수 있는 **긍정적 학습공동체** 또는 협력문화를 조성할 수 있다면 같은 배를 타고 있다는 공동의 관심사에 대한 공감만으로도 직업적, 사회적 고립감을 줄일 수 있다(Rogers, 2012).

분노 감정을 적절히 해소하는 방법 중 하나로 매일 자신의 감정에 대한 저널을 기록하는 것이 좋다. 하루 일과를 반성하면서 '오늘 하루 나의 감정 표현은 유아와 나의 관계에 어떤 영향을 주었을까?'를 기록하는 것이다. 다음은 두 유치원 교사가 실제 자신의 정서 표현에 대한 반성적 저널을 기록한 것이다.

반성적 저널–교사 A

오늘은 화를 내지 않겠노라고 다짐하고 유아들에게 말하기 전에 심호흡도 몇 번 해 보지만 결국 항상 늦게까지 남아 있는 몇 명의 유아에게 밥을 늦게 먹는 것 때문에 화를 내고 만다. 점심시간 '한 시간'이 어쩌면 길 수도 있고 유아들에게는 짧을 수도 있는 시간이라는 생각을 하여 이해해 주고 되도록 빨리 먹을 수 있도록 칭찬도 아끼지 않는다. 하지만 나의 마음도 몰라 주고 밥을 입에 물고만 있는 유아를 보면 곤두선 신경을 자제하지 못하고, 오늘도 "동생 반에 가서 다시 배워 와야겠다."라고 하며 유아에게 상처가 될 수 있는 말과 함께 화를 내고 말았다. 수업이 끝나고 저널을 쓰는 평가 시간, 내가 오늘 아이들에게 어떤 말을 했는지, 화를 내진 않았는지 생각해 본다. 이 작은 아이들이 밥을 늦게 먹는다는 것이 단지 유치원의 일과 스케줄 때문에 교사인 나에게 혼이 날 이유는 되지 않는다고 생각한다.

내 파트너 선생님은 욱할 때가 많다. 그리고 자기 기분에 따라 그날 유아를 대하는 말투가 달라지기도 한다. 유아가 잘못을 했을 경우에 가차 없이 큰 소리가 나온다. 처음에는 내가 너무 놀라서 심장이 두근거리기까지 했다. 내가 혼나는 것 같고 내가 뭘 잘못하나 하는 생각이 들도록 유아들에게 큰 소리로 호되게 야단친다. 그것이 잘못한 것에만 그러면 어느 정도 명분이 서련만 본인 기분에 따라 그러니 정말 유아들과 나는 그때마다 깜짝깜짝 놀란다. 그래서 우리 반 유아들은 선생님의 눈치를 많이 보는 것같이 느껴진다. 그렇게 반년 이상 같이 생활하다 보니 어느 날 나도 우리 반 유아들에게 똑같이 소리치고 있는 나의 모습을 보고 깜짝 놀랐다. 정말 처음에는 안 그랬는데 매일 보고 듣는 것이 있어서인지 나도 모르게 우리 아이들에게 큰 소리를 치거나 별일 아닌 일에 유아를 무섭게 대하는 나의 모습을 보고 그날 집에 가서 정말 반성했다. 그리고 그 생각을 하면서 우리 유아들에게 정말 미안해졌다. 그래서 요즘은 유아들에게 그런 행동을 보이지 않으려고 의식하며 노력하고 있다. 그런데 정말 처음으로 돌아가는 것이 이렇게 힘든 것인지 몰랐다. 의식하며 노력하는데도 가끔씩 욱할 때가 있다.

2) 교사의 스트레스 다루기

스트레스는 심리적 혹은 신체적으로 감당하기 어려운 상황에 처했을 때 느끼는 불안과 위협의 감정이다(Lazarus, 1993). 유아교사는 유아의 연령이 낮기 때문에 교사 노동의 양이 많고, 업무 특성상 유아, 동료 교사, 학부모 등 다양한 사람과 지속적으로 상호작용을 하기 때문에 스트레스 상황에 자주 놓이게 된다. 유아교육기관에서 유아교사의 스트레스가 높으면 교사의 정신건강이 나빠지고, 직무에 관한 만족감이 떨어져서 교육의 질을 떨어뜨리는 결정적 요인으로 작용하게 된다(최효정, 석은조, 2013). 연구에 따르면 실제 스트레스 상황에 지속적으로 노출된 교사는 유아지도에 어려움을 느끼고 교육에도 소홀해지며 인성지도에도 부정적 감정이 나

〈표 5-1〉 스트레스 자가진단 체크리스트

스트레스

각 문항을 자세히 읽어 보시고, 자신의 상태를 가장 잘 나타내는 문항을 선택하여 주십시오.

Q	1. 쉽게 짜증이 나고 기분의 변동이 심하다.
A	○ 전혀 그렇지 않다. ○ 약간 그렇다. ○ 대체로 그렇다 ○ 매우 그렇다
Q	2. 피부가 거칠고 각종 피부 질환이 심해졌다.
A	○ 전혀 그렇지 않다. ○ 약간 그렇다. ○ 대체로 그렇다 ○ 매우 그렇다
Q	3. 온몸의 근육이 긴장되고 여기저기 쑤신다.
A	○ 전혀 그렇지 않다. ○ 약간 그렇다. ○ 대체로 그렇다 ○ 매우 그렇다
Q	4. 잠을 잘 못 들거나 깊은 잠을 못 자고 자주 잠에서 깬다.
A	○ 전혀 그렇지 않다. ○ 약간 그렇다. ○ 대체로 그렇다 ○ 매우 그렇다
Q	5. 매사에 자신감이 없고 자기비하를 많이 한다.
A	○ 전혀 그렇지 않다. ○ 약간 그렇다. ○ 대체로 그렇다 ○ 매우 그렇다
Q	6. 별다른 이유 없이 불안·초조하다.
A	○ 전혀 그렇지 않다. ○ 약간 그렇다. ○ 대체로 그렇다 ○ 매우 그렇다
Q	7. 쉽게 피로감을 느낀다.
A	○ 전혀 그렇지 않다. ○ 약간 그렇다. ○ 대체로 그렇다 ○ 매우 그렇다
Q	8. 매사에 집중이 잘 안 되고 일(학습)의 능률이 떨어진다.
A	○ 전혀 그렇지 않다. ○ 약간 그렇다. ○ 대체로 그렇다 ○ 매우 그렇다
Q	9. 식욕이 없어 잘 안 먹거나 갑자기 폭식을 한다.
A	○ 전혀 그렇지 않다. ○ 약간 그렇다. ○ 대체로 그렇다 ○ 매우 그렇다
Q	10. 기억력이 나빠져 잘 잊어버린다.
A	○ 전혀 그렇지 않다. ○ 약간 그렇다. ○ 대체로 그렇다 ○ 매우 그렇다

출처: 강남구 정신보건센터. http://www.gangnam.go.kr/office/smilegn/contents/smilegn_stress/1/view.do?mid=smilegn_stress

타나게 되어 유아교육의 질에도 영향을 미칠 수 있다(유현숙, 2013).

그러나 적당한 스트레스는 적절한 긴장감을 주어 몸과 마음에 활력을 주고 업무 수행능력을 증진시킬 수 있다. 도전정신을 발휘할 때 도전에 성공함으로써 희열감을 느낄 때 긍정적 스트레스가 발생한다(Rosers, 1992). 피할 수 없는 스트레스는 적절하게 관리하고 대처할 필요가 있다. 앞 〈표 5-1〉의 스트레스 자가진단 체크리스트를 통해 평소 내가 받는 스트레스의 수준을 알아보자.

스트레스 관리를 위해서 교사는 스스로의 능력을 있는 그대로 수용해서 자신이 해결 가능한 일과 할 수 없는 일을 구분한다. 하지 못했던 일에 대한 아쉬움이 있더라도 해결하지 못하는 일에 에너지를 쏟으며 스트레스 받지 말고 마음을 다스리는 연습이 필요하다. 혼자 해결할 수 없는 일을 끌어안고 스트레스 받기보다는 다른 교사들에게 도움을 요청하고, 다음에 그 도움에 보답하기 위해서 지원을 해 준다면 스트레스 상황에서 자유로워질 수 있을 것이다.

★교사의 시간관리법

1. 해야 할 일과 그 일을 하기 위해 필요한 시간을 적어 보세요.

2. 해야 할 일의 가치를 판단(중요하고, 급한 일)하여 순위를 매겨 보세요.

해야 할 일	필요한 시간	우선순위

3. 해야 할 일 가운데 중요하고 급한 일부터 처리하세요.

4. 시간을 효과적으로 사용할 수 있는 방법을 찾아보세요.

  -동시에 할 수 있는 일 찾기(예: 낮잠지도 하면서 일지 작성하기)

  -영유아, 부모와 함께 할 수 있는 일 찾기

  -동료교사와 업무 분담하기

  -다른 교사의 지원을 받아 할 수 있는 일은 함께 진행하기

서울특별시 육아종합지원센터(2015).

또한 **시간 관리**를 효율적으로 하는 것도 스트레스 관리에 매우 중요하다. 가장 중요한 것이 무엇인지 질문함으로써 업무의 우선순위를 매겨 본다.

교사가 행복해야 유아가 행복할 수 있다는 생각을 갖고 적극적으로 스트레스 관리를 할 필요가 있다. 행복한 교사가 되기 위한 십계명을 숙지하고 교사의 행복을 먼저 돌봄으로써 유아를 더 행복한 마음으로 가르칠 수 있을 것이다.

★행복한 교사 십계명

1. 내가 행복해야 아이들도 행복하다.

2. 아이들을 믿고 이해하며 사랑하자.

3. 나를 믿고 사랑하는 교사가 되자.

4. 마음을 내려놓고 여유 있는 교사가 되자.

5. 나는 아이를 변화시킬 수 있는 사람이라고 생각하자.

6. 긍정적인 마음을 갖자.

7. 건강을 잘 챙기자.

8. 자주 웃자.

9. 수업을 연구하자.

10. 동료와 함께 나누자.

출처: 김현수(2013).

---

2. 유아의 감정다루기

감정에 중점을 둔 부부, 부모-자녀 관계 연구의 권위자인 미국 워싱턴 주립대학교의 John Gottman 교수는 자녀의 감정 표현에 대한 부모의 반응을 축소 전환형 부모, 억압형 부모, 방임형 부모, 감정 코칭형 부모로 나누어 설명하고 있다. 이를 유아교사에 적용하여 설명해 보면 다음과 같다(Gottman & 남은영, 2007; Gottman, 최성애, 조벽, 2011).

　　축소 전환형 교사　　유아의 감정을 무시하거나 대수롭지 않게 여긴다. 유아의 부정적 감정 표현이 불편해서 유아의 관심을 다른 곳으로 돌린다. 기쁨, 행복, 즐거움과 같은 감정은 좋은 감정이고, 두려움, 분노, 우울, 외로움과 같은 감정은 나쁜 감정이라고 여겨 살아가는 데 전혀 도움을 주지 않는다고 생각한다.

　　억압형 교사　　축소 전환형 교사와 유사하지만, 유아가 부정적 감정을 드러내는 것을 더 엄하게 비판하고 질책한다. 유아의 감정보다는 행동에 초점을 두고, 유아가 울 때 왜 우는지 감정을 읽어 주기보다는 협박을 하거나 꾸짖고 벌을 주기도 한다. 부정적 감정이 나약하고 나쁜 성격에서 나온다고 생각해 혼을 내서라도 없애 주고 올바른 행동을 가르쳐야 한다고 생각한다.

　　방임형 교사　　유아의 감정을 인정하고 공감하고, 좋은 감정과 나쁜 감정으로 구분하지도 않고 모든 감정을 허용한다. 감정을 분출하면 모든 것이 해결된다고 믿고 부정적 감정을 공감하고 위로하지만, 유아의 감정을 처리하고 문제를 해결하는 데에는 관심을 두지 않아 행동을 바람직한 방향으로 이끌거나 한계를 제시하지 못한다.

　　감정 코칭형 교사　　유아의 감정을 모두 받아 주되, 행동에는 분명한 한계를 둔다. 감정을 좋은 감정과 나쁜 감정으로 구분하지 않고 삶의 자연스러운 부분으로 수용한다. 유아가 감정을 표현할 때 감정 변화를 놓치지 않고, 유아가 울거나 떼를 쓰는 동안 옆에 함께 있되 유아의 관심을 다른 곳으로 돌리려고 하지 않는다. 감정 코칭형 교사는 부정적인 감정을 표현하는 유아를 쉽게 혼내지 않는다.

　　부모로부터 감정 코칭을 받은 유아들은 집중력이 높고, 자기주도학습 능력이 우수해 학업 성취도가 높으며, 심리적 면역력이 강하고 또래관계가 원만하다는 연구 결과가 나와 있다. 이처럼 정서적·심리적 안정감을 주는 감정 코칭의 과정은 대체로 5단계로 진행된다(Gottman et al., 2011).

1) 1단계: 유아의 감정을 인식하기

성인인 교사가 유아의 느낌을 느끼기 위해서는 교사가 먼저 자신의 감정을 인식한 다음 유아의 감정을 인식해야 한다. 감정 인식이란 자신이 어떤 감정을 느끼고 있음을 깨닫고, 그때의 감정이 무엇인지 구분하며, 그에 덧붙여 다른 사람이 느끼는 감정을 민감하게 살피는 것이다. 교사가 자신의 감정이 고조되는 단계를 의식하는 것 역시 도움이 된다. 교사 자신이 너무 화가 나서 사고가 흐려진다고 판단되면 감정이 격해진 그 상황에서 잠시 물러나 감정이 어느 정도 가라앉은 후 대화를 시도해야 한다. 유아가 특정한 감정을 갖는 데에는 유아 나름의 그럴 만한 이유가 있다는 점을 반드시 기억해 두어야 한다. 유아가 작은 감정을 보일 때 재빨리 알아차려서 감정이 격해지는 것을 막아야 한다. 또한 행동 속에 숨어 있는 감정을 놓치지 말아야 한다. 드러나는 행동만 보면 그 안에 숨어 있는 감정을 읽을 수 없고, 감정을 읽어 주지 못하면 행동은 더욱더 격해지는 악순환으로 이어질 수 있다. 감정을 인식하기 어려울 때는 지금 기분이 어떤지 개방형 질문으로 물어본다. 유아는 감정의 이유를 정확히 말하지 못할 수도 있다. 그럴 때는 기분을 날씨나 그림으로 그려 보게 하는 방법도 있다.

2) 2단계: 감정적 순간을 친밀감 조성과 교육의 기회로 삼기

유아가 부정적 감정을 경험하게 되는 순간은 교사가 유아와 공감대 및 친밀감을 형성하며 감정을 적절히 다스리는 법을 가르칠 수 있는 좋은 기회다. 유아는 화나고 슬프고 무서울 때 성인을 가장 필요로 한다. 마음이 편하지 않은 유아를 위로하고 공감할 수 있는 능력을 갖추는 것은 그 어느 때보다도 우리가 '교사답다'고 느낄 수 있게 해 준다. 어떤 교사들은 유아의 부정적 감정이 저절로 사라지기를 바라면서 무시하지만 이렇게 감정이 사라지는 경우는 드물다. 오히려 유아가 자신의 감정을 말하고, 이름을 붙이고, 교사의 이해를 받았다고 느껴야 부정적 감정이 사라진다.

3) 3단계: 유아의 감정을 공감하고 경청하기

유아의 감정을 공감하려면 "선생님은 네가 말하지 않아도 네 기분을 다 알아."라는 식으로 접근해서는 안 되고, 유아 스스로 자기 감정을 들여다보고 말할 수 있도록 해야 한다. 이 단계는 감정 코칭 4단계 중 거의 대부분을 차지하며, 그것을 어떻게 진행했느냐에 따라 감정 코칭의 성패가 좌우된다. Gottman 등(2011)은 교사가 이 단계에서 감정을 나쁜 감정과 좋은 감정으로 구분하지 말고 유아의 감정을 있는 그대로 공감해 주어야 한다고 강조한다. 교사가 유아의 눈높이에서 긴장을 푼 상태로 유아에게 집중할 때, 유아는 교사가 자신에게 열중하는 모습을 보면서, 교사가 자신을 걱정하는 것을 진심으로 받아들이게 되고 그 문제에 대해 교사가 자신과 이야기 나누고 싶어 한다는 것을 알게 된다. '왜?'라는 이성적 사고를 요구하는 질문보다는 '무엇'과 '어떻게'를 사용한 대화를 하는 것이 좋다. 유아의 감정을 정확하게 이해하고 공감할 수 있는 반영법을 사용해서 "아, 속상했구나." "화가 많이 났구나."라고 말한다면, 유아는 마음을 연 상태에서 축소나 과장 없이 있는 그대로의 감정 표현을 할 수 있다.

4) 4단계: 유아가 자기 감정을 표현하도록 도와주기

Gottman 박사 등(2011)은 유아가 감정을 경험했을 때 그것에 이름을 붙이도록 하는 일을 '감정이라는 문에 손잡이를 만들어 주는 것'에 비유한다. 즉, 손잡이가 있으면 감정의 문을 열고 닫기가 편해진다는 말이다. 유아 스스로 자기 감정을 표현할 단어를 찾고, 그것을 사용해서 감정을 정의하도록 한다면, 유아는 무섭고 불편한 감정을 정의 내릴 수 있고 그것을 감정의 일부분으로 받아들일 수 있다. 화, 슬픔, 두려움 등은 모든 사람이 겪는 감정이자 누구나 다스릴 수 있는 감정이라는 사실을 알게 되는 것이다. 어떤 감정을 경험할 때 그에 대해 이야기하면 우뇌가 감지한 감정을 언어와 논리를 담당하는 좌뇌와 연결하게 되어 결과적으로 유아가 집중하고 진정하는 데 도움을 줄 수 있다. 가능하다면 유아 스스로 자신의 감정을 말로 표현할 수 있도록 도와주는 것이 바람직하다.

5) 5단계: 유아가 스스로 문제를 해결하도록 이끌면서 행동에 한계 정해 주기

(1) 한계 정하기

욕구 불만인 유아는 친구를 때리는 등 공격성을 보이거나 장난감을 던지거나 욕을 하는 등 부적절한 방법으로 감정을 표출한다. 이 경우 교사는 그 '나쁜' 행동 뒤에 감춰진 감정부터 공감해 주고 행동에 한계를 정해 주어야 한다. "친구가 네가 먼저 갖고 놀고 있던 장난감을 빼앗아서 화가 났구나. 나라도 화가 났을 거야. 하지만 친구를 그렇게 아프게 때리는 것은 잘못이야. 친구를 때리지 않고 네 감정을 표현할 다른 방법은 없었을까?"라는 식으로 대안을 찾아볼 것을 제시할 수 있다. 자신의 감정이 문제가 아니라 '타인에게 피해를 주는' 행동이 문제가 됨을 유아가 이해하는 것이 중요하다. 유아의 모든 감정과 바람은 받아 주되, 행동을 모두 받아 줘서는 안 된다. 이와 같이 행동에 한계를 정하는 것은 부모와 교사의 몫이다.

유아가 어떤 상황에 대해 느끼는 특정한 감정 자체를 바꾸기는 어렵다. 슬퍼하거나 화난 유아에게 "그렇게 바보같이 울지 마! 뚝 안 할래!" 하는 것이 그 감정을 없어지게 만들지는 않는다. 유아에게 어떻게 느껴야 하는지 가르친다면 유아는 자신의 느낌을 믿지 않게 되고, 그 결과 자아존중감의 상실이 초래될 뿐이다. 이와는 달리 유아가 느낀 감정에 대해 그럴 만하다고 얘기해 주면서 보다 나은 방법으로 표현할 수 있다고 유아에게 말해 준다면 유아의 인성은 상처받지 않는다.

(2) 목표 확인하기

한계를 분명히 정한 다음, 유아가 원하는 목표를 확인하려면 직면한 문제와 관련해서 무엇을 하고 싶은지 유아에게 묻는다. 직면한 문제에 따라 때로는 해결책이 보이지 않는 경우도 있다. 하지만 키우던 강아지가 죽었거나, 가장 좋아하는 친구가 외국으로 이사를 가 버렸거나, 연극에서 정말 하고 싶었던 역할을 맡지 못했다거나 하는 경우에는 슬픈 감정을 위로받는 것이 목표가 될 수도 있다. 멀리 이사 간 친구이지만 서로 연락을 유지할 수 있는 방법을 찾아보거나 강아지를 오래 기억할 수 있는 방법을 찾아보는 것도 목표가 될 수 있다.

(3) 해결책 모색하기

다음은 유아와 함께 문제를 해결하기 위한 방법을 찾아보는 단계다. 대안적인 해결책을 여러 개 내놓기 힘든 어린 유아의 경우 교사의 생각이 큰 도움을 줄 수 있다. 하지만 교사가 섣불리 유아보다 앞서 전적으로 해결책을 제시하지 않는 것이 중요하다. 유아가 스스로 다양한 해결 방법을 찾도록 질문만 하고 유아를 격려해 주는 것이 좋다. 역할놀이나 상상놀이로 대안적 해결책을 제시할 수도 있다. 좀 더 큰 유아들의 경우는 교사와 유아가 머리를 맞대고 생각해 낼 수 있는 모든 선택사항을 내놓아 본다. 교사가 유아가 내놓은 의견을 모두 적는 모습을 통해 유아는 교사가 자신의 생각을 중요하게 여긴다는 점을 알 수 있다.

(4) 제안된 해결책을 함께 검토하기

'할 수 있을까?' '그 방법이 성공할까?' '좋은 방법일까?' 이런 연습을 통해 유아가 어떤 행동에 제약이 필요한지 스스로 살필 기회를 얻고 해결책의 성공 가능성, 실현 가능성, 효과 등을 생각해 볼 수 있게 질문하면 유아는 다시 한번 고민하는 시간을 갖게 된다. 이런 대화를 통해 교사는 유아에게 유아가 속한 사회의 가치관에 대해 설명할 수 있다.

(5) 유아 스스로 해결책을 선택하도록 돕기

교사는 유아가 옳은 결정을 내리도록 하고 싶겠지만 유아는 실수를 통해서도 교훈을 얻는다는 사실을 기억해야 한다. 유아를 믿지 못하면 감정 코칭은 실패할 수밖에 없다. 유아가 스스로 해결책을 선택할 수 있으려면 유아를 믿어 주는 것이 중요하다. 일단 유아가 방법을 선택하면 유아가 그다음에 취해야 할 구체적인 계획을 세우도록 이끈다.

감정 인식을 높이기 위해 무엇부터 해야 할까

1. 감정을 인식하는 능력에는 자신과 타인에 대한 세심한 관찰이 필수적이다. 목소리 톤, 얼굴 표정, 단어 선택, 신체언어에 관심을 기울이라. 교실 내 유아의 행동과 교사 자신의 행동의 뉘앙스를 보다 더 잘 인식하도록 동료 교사와 조력하라. 이를 위해서 교사는 다른 동료 교사와 역할극을 해 보거나 보다 구체적인 행동의 예를 보여 주는 사진이나 비디오에 대해 토론할 수 있을 것이다.

2. 매일 혼자 또는 동료 교사와 함께 그날 잘된 것과 더 잘했어야 하는 사항에 대해 반성해 보는 시간을 갖는다. 예를 들면, 유아들의 부정적인 반응이나 어떤 상황에서 부적절한 정서적 반응에 대해 반성해 보는 것이다. 이 상황에서 배운 것은 무엇인가? 이런 상황이 재발했을 때 어떻게 할 수 있을까? 교실에 있는 다른 성인들과 공유할 수 있는 신호를 생각해 내서 부적절한 정서적 반응이 일어나려고 할 때 분위기를 전환하여 부정적인 감정이 고양되어 교실 전체에 영향을 미치지 않도록 할 수 있다.

3. 다른 교실을 방문해서 교사들이 어떻게 유아들에게 반응하고 동료 교사에게 반응하는지 관찰해 본다. 교사들이 어떻게 긍정적으로 그리고 부정적으로 반응하는지에 대해 기록한다. 내 교실에서의 활동에 대한 반성을 할 때 참고 자료로 활용한다.

3. 긍정적 관계 형성을 위한 교사의 언어환경 조성

1) 관계 형성에 부정적인 언어환경

부정적인 언어환경은 유아가 스스로를 가치 없고 무능한 존재라고 느끼게 하며 더나아가 교사와의 긍정적 관계 형성을 방해한다. 부정적인 언어환경은 유아에게 무관심하고 무례하며 유아를 존중하지 않는 성인의 태도를 그대로 전달하게 되고, 교실이 유아의 관심이나 생각이 아닌 교사의 말에 좌우된다는 것을 보여 주게 된다. 따라서 유아는 자신의 생각과 관심이 존중받을 만한 가치가 없다는 것을 깨닫고 부적절하고 혼란스러운 감정을 갖게 되기도 한다(Kostelink, Whiren, Soderman, Stein, & Gregory, 2009). 유아가 이런 부정적인 언어환경에 노출되어 반복적으로 이런 상호작용을 경험하게 되면 자아존중감이 심각하게 손상될 것이다. 교사가 의도하지 않았더라도 다른 유아들 앞에서 모욕 주기, 놀리기와 같은 정서적 학대가 훈육이라는 명목하에 행해지고 있다. 이런 위해적 요소가 있는 교사의 행동을 인식하고, 동료 교사의 정서적 학대를 묵인하지 말고 유아교육기관 차원에서 대처해야 한다(King & Janson, 2009). 유아교사가 무의식적으로 하기 쉬운 부정적인 언어 유형 및 행동은 다음과 같다.

(1) 명령하기

상호 소통이 아닌 일방향의 명령은 유아가 갖고 있는 욕구를 억제시켜 버리는 결과를 가져온다. 유아와 함께 대화를 나누는 것이 아니라 유아를 통제하기 위해 지시를 내릴 때 유아는 자신이 무능하고 아무것도 통제할 수 없다고 느낄 수 있다. 교사의 명령에 대항할 수 없어 순응하는 유아도 있겠지만, 교사의 일방적 지시에 저항을 하는 유아도 있을 것이다. Ginott(1965)는 교사를 비롯한 성인이 유아들에게 대장처럼 말하거나 무례하게 말하는 방식으로 친구에게 말하지 않음을 지적하며,

유아에게 말할 때도 일방적 명령과 지시하기가 아닌 성인을 대할 때와 같은 존중감
을 표현해야 한다고 강조했다.

(2) 비난과 잔소리

사람은 누구나 듣기 불쾌한 소리에 귀를 기울이고 싶지 않다. 불쾌한 사안에 등
을 돌리는 것은 자연스러운 방어기제 같은 것이다. 유아도 이런 속성을 갖고 있는
데, 많은 교사는 자신이 계속 잔소리를 함에도 불구하고 유아들이 귀를 기울이지
않을 때 당황한다. 교사는 가르침의 형태로 유아의 잘못을 지적하고 교정하기 위해
잔소리를 하지만, 그럼에도 유아의 행동이 달라지지 않는다면 그 가르치는 방법은
분명 효과가 없는 것이다. 유아도 성인처럼 누군가가 자신이 얼마나 잘못 행동했는
지 지적하는 것을 듣고 싶어 하지 않는다. 또한 대부분의 사람은 자신이 어떻게 행
동해야 한다고 말하는 것을 들을 때 불쾌해진다. 유아가 교사의 말에 귀 기울이도
록 하고 싶다면, 유아 역시 사람임을 기억하고 유아에게 비난과 잔소리를 하지 말
아야 한다.

(3) 경고나 위협

유아에게 불안이나 공포감을 전해 주는 대화의 유형인 경고나 위협은 유아의 문
제행동을 더욱 심화시킬 수 있다(김충기, 장선철, 2006). "너 또 한 번만 더 우유를 쏟
으면 동생 반으로 보낼 거야!"라는 경고는 유아 입장에서 할 수 있는 것보다는 할
수 없는 것, 어려워하는 것을 강조하게 되고, 유아의 부적응 행동만 더욱 심화시키
는 악영향을 미치게 된다. 경고나 위협은 유아와 교사의 대화를 가로막으며 유아와
교사의 신뢰관계 형성에 부정적인 영향을 미친다.

Kostelnik 등(2009)은 대화를 중단시키는 유아와 교사의 행동을 〈표 5-2〉와 같
이 제시했다.

〈표 5-2〉 대화를 중단시키는 유아와 교사의 행동

유아의 행동	교사의 행동	유아의 해석
1. 주제에서 벗어났거나 관련성 없는 말하기 예 울새의 둥지를 발견했을 때 "나 아침에 달걀 먹었어요." 하고 반응함	• 유아의 대화 단서를 놓침 • 교사는 유아의 말을 무시하거나 "멋지구나."와 같이 아무렇게나 응답함	선생님은 내 생각이나 나에게 관심이 없구나.
2. 타인과 생각을 공유하려는 욕구가 강해서 언어를 부적절하게 사용하기(문법적 오류, 단어 생략, 발음 오류) 예 "디스크를 아주 조심해서 둘었지만 손에서 떨어졌어요."	• 문법 교정하기 • 유아의 말에 끼어들거나 잘못된 언어 표현을 고칠 것을 강요함(정확한 표현을 반복하거나, 단어를 다시 정확히 발음해 줌) 예 네 말은 "디스크를 조심해서 들었다는 말이지? 들었다고 말해 봐."	선생님은 내 말을 듣지 않아. 내 생각은 재미없나 봐. 내가 말한 것을 좋아하지 않을 거야. 나는 바르게 말하지 못해. 다음엔 말하지 말아야지.
3. 생각이나 이야기를 공유하려고 흥분해서 사실을 틀리게 말함 예 마이클 조던은 틀림없이 우리 엄마가 만든 파이를 좋아할 거야. 파이 맛을 보려고 TV에서 튀어나올 거야.	• 사실을 말하고 의견을 제시하기 • 이야기나 대화 자체를 즐기기보다는 사실을 교정함 예 사람은 TV 속에서 밖으로 나올 수 없지.	선생님은 내 이야기나 나한테 관심이 없어. 선생님한테 말할 때는 틀려서는 안 돼. 틀릴 수도 있으니 선생님한테는 말하지 않는 게 좋겠어.
4. 문제를 가지고 교사에게 다가옴 예 선생님! 원재가 제 도시락을 가져갔어요.	• 조언하기 • 교사는 문제를 해결하고 싶지만 유아가 문제해결을 하도록 도움을 받을 수 없다면, 문제의 근원은 표면으로 드러나지 않고 유아는 교사의 해결책을 좋아하지 않을 수도 있음 예 원재야, 도시락 도로 돌려줘라.	선생님은 진짜 문제가 무엇인지 모르지만 별로 듣고 싶지 않은 것 같아. 유아는 더 이상 문제에 대해 자세히 설명하지 않고 가능한 해결 방법을 탐색하지 않을 것이다.
5. 유아가 많은 질문을 받음	• 부적절한 질문하기 • 너무 많은 질문이나 부적절할 때 하는 질문은 대화를 종결시킴 • 교사의 손에 통제권이 존재 • 일방적인 대화가 계속됨	선생님은 내 생각에는 정말 관심이 없구나. 선생님만 말하고 싶어 해. 아니면 내가 말하고 싶지 않은 것만 물어보서. 선생님은 내 대답을 진짜 듣고 싶은 게 아니라 그냥 말하고 싶어 할 뿐이지.

출처: Kostelink et al. (2009).

2) 관계 형성에 긍정적인 언어환경

효율적인 교수-학습이 이루어지기 위해서는 교사가 유아와 애정과 신뢰에 기초한 관계를 형성해야 한다. 언어환경은 주어진 환경 내에서 발생하는 모든 언어적 상호작용을 포함하며 말과 침묵을 이루는 모든 요소(말의 내용, 말의 양, 말하는 방법, 말하는 사람, 듣는 사람)가 포함된다. 교사가 하는 말은 유아의 자기인식, 사회적 유능성에 주요한 영향을 미치기 때문에 환경에서 언어는 매우 중요한 요소다. 즉, 교사가 하는 말에 따라 유아의 자아존중감이 향상되기도 하고 낮아지기도 하며, 유아가 자신감을 갖게 되기도 하고 위축되기도 한다. 가시적인 물리적 환경이 아무리 매력적으로 훌륭하게 조성되었다고 해도 비가시적인 교사의 말이 유아를 존중하지 않고 무례하며 빈정거린다면 유아의 발달에 좋지 못한 결과를 가져올 것이다. 따라서 교사는 보다 친밀하고 따뜻한 관계를 형성하는 언어적 환경을 구성해야 하는데, 효율적인 경청하기, 나-전달법의 사용, 칭찬이 아닌 격려, 행동 반영, 효과적인 질문하기 등이 긍정적인 언어환경 구성에 도움을 줄 수 있다.

(1) 효율적인 경청하기

유아가 성인의 말을 경청하지 않은 이유 중 하나는 성인이 유아의 말을 귀담아듣지 않기 때문일 수도 있다. 교사는 유아의 문제에 반응할 때 그것이 유아의 사소한 염려 때문이라고 생각하거나 유아를 화나게 만들 수 있다고 생각해서 진지하게 문제를 듣지 않고 무시하고 넘어가기도 한다. 교사는 너무 바빠서 자신이 유아의 말을 경청하고 있지 않다는 것을 깨닫지 못할 수도 있고, 어쩌면 유아의 말에 귀 기울이고 있다고 믿고 있으나 실제 행동은 반대로 할 수도 있다. 성급한 충고로 유아들의 문제를 해결하려 시도하는 것도 유아의 말을 진지하게 듣지 않는 것이다 (Fields, Perry, & Fields, 2010).

효율적인 경청의 방해 요인 중 하나는 듣기보다는 말하기에 더 집중하는 것이다. 가끔 교사는 자신이 생각하는 것을 유아들에게 전달하기 바빠서 유아가 말하는 것을 듣지 않는다. 유아가 일으킨 문제에 대해 유아들에게 어떻게 해야 하는지를 가르치는 것이 자신들의 일이라고 생각하기 때문이다. 어떤 교사는 자신의 도덕적 관점에서 유아들이 해야 할 것에 대해 말하는 반면, 어떤 교사는 단순히 교사의 명령에 복종하기를 바라기도 한다. 일부 교사는 사실을 논리적으로 알려 주는 경향이 있다. 이런 방법 중 어느 것도 유아가 교사의 말을 경청하게 만들거나 문제에 대한 해결 방법을 찾아내는 유아의 능력을 존중하지 않는다. 교사는 유아의 말을 잘 들어 줌으로써 잘 듣는 방법에 대해 가르칠 수 있다. 또한 유아의 말에 귀 기울이고 무슨 생각을 하는지를 알아냄으로써 많은 것을 배울 수 있다. 다른 무엇보다도 교사는 유아의 말을 경청할 만큼 유아에게 관심이 많다는 것을 보여 줌으로써 유아들과 긍정적인 관계를 유지할 수 있다. Fields 등(2010)은 **수동적 경청과 반영적 경청**의 특징과 차이점을 다음과 같이 설명한다.

① 수동적 경청
- 유아가 말하는 동안 교사는 말을 하지 않는다.
- '그래?' '그렇구나.'와 같은 최소한의 반응을 보이며 유아의 말에 조용히 주의를 기울인다.
- '너는 그것에 대해 어떻게 생각하니?' '그에 대해 말하고 싶니?'와 같은 질문을 던진다.

② 반영적 경청
- 들은 것을 유아에게 되돌려 반영해 줌으로써 정확한 의사소통을 할 수 있다.
- 유아의 관점에서 문제를 듣고, 성급한 판단을 내리지 않고 유아가 생각하는 것이 무엇인지 알아내려고 노력한다.
- 교사는 들은 바를 교사의 말로 재진술함으로써 교사가 상황을 이해하고 있음을 확인시켜 준다(예: "민지야, 너는 지우가 네가 놀고 있던 인형을 가져갔다고 말하는 것이구나.").

- 유아의 감정을 재진술하고 확인해 주어 교사가 관심을 가지고 있음을 보여 준다(예: "그래서 민지가 속상했구나.").

(2) 나-전달법의 사용

나-전달법(I-message)은 유아의 문제행동을 지적하면서 유아에게 변하라고 명령하기보다는 교사를 주어로 하여 교사의 생각이나 감정 상태를 표현함으로써 유아를 존중할 수 있는 표현법이다. 나-전달법의 장점은 유아를 비난하지 않고도 교사가 그러한 생각과 느낌을 가지게 된 책임이 유아에게 있음을 나타낼 수 있다는 점이다. 유아는 교사에게 자신의 도움이 필요하다는 것을 깨닫게 되어 방어적이 되지 않고 스스로 책임감을 느껴 자신의 행동을 변화시키고자 하는 의지를 갖게 된다.

〈표 5-3〉 **나-전달법 연습(I-Message Worksheet)**

나는 이렇게 느낀단다: _____

_____

(교사의 감정에 대해 매우 구체적으로 쓴다. 한 단어 이상의 감정을 표현하는 단어를 써도 좋다.)

네가 이렇게 했을 때: _____

_____

(유아의 행동에 대해서 구체적으로 기록한다.)

왜냐하면: _____

_____

(왜 교사가 그렇게 느꼈다고 생각하는지에 대해 기록한다.)

이제 이 세 부분을 합쳐 한 문장으로 작성해 본다: _____

_____

출처: http://pbskids.org.

즉, 나-전달법은 유아의 행동이 교사에게 방해가 될 때 "네가 한 행동이 나에게 어떤 영향을 주고 있단다."라고 교사의 상황을 솔직하게 알려 주는 방법으로, 유아의 행동을 수용할 수 없을 때 수용할 수 있는 행동으로 바꾸도록 도움을 청하는 말이다. 예를 들면, 교실에서 주어진 활동을 하지 않고 배회하는 유아를 보고 교사가 "진우야! 너는 지금 뭘 해야 하니? 그렇게 돌아다니면 어떡하니?"라는 너-전달법을 사용했을 때, 유아는 '선생님은 나를 혼내시는구나.' '선생님은 내가 잘못하고 있다고 야단을 치시는구나.' 하는 생각을 하여 꾸중에 대한 변명을 하게 되거나 혹은 죄의식이나 수치심 등의 부정적 감정을 느낄 수 있다. 이 예를 나-전달법으로 바꾸어 "진우야, 선생님은 진우가 그렇게 돌아다니고 있으니 다른 친구들과 부딪힐까 봐 걱정이 되는구나."라고 표현을 한다면, 진우는 '선생님이 나를 걱정해 주시는구나.' 또는 '선생님은 나에게 관심이 있구나.' 등의 긍정적인 감정을 경험하게 될 것이다. 나-전달법을 통한 자기노출은 유아-교사 관계를 나쁘게 하지 않고 상대방

〈표 5-4〉 나-전달법과 너-전달법의 차이점

구분	나-전달법	너-전달법
표현 방식	상황 + 결과 + 느낌	지시, 평가, 비꼬기, 비난, 경고의 표현
책임 소재	느낌의 책임을 자신에게 돌림	느낌의 책임을 유아에게 돌림
전달 해석	걱정하는 마음이 그대로 전달됨	걱정하고 염려하는 마음을 미워함, 비난, 비판, 질책으로 받아들임
효과	• 느낌의 책임을 자신에게 돌림 • 청자에 대해 부정적인 평가를 하지 않기 때문에 방어나 부적응이 일어날 가능성이 적음 • 관계를 저해하지 않음 • 청자로 하여금 자성적인 태도와 변화하려는 의지를 높일 가능성이 높음	• 죄의식을 갖게 하거나 자존심을 상하게 함 • 배려를 받지 못하고 무시당한다는 생각을 갖게 하기 쉬움 • 반항심, 공격성, 방어를 야기하여 자성적인 태도가 형성되기 어렵고 행동 변화를 거부하도록 함
관계 구조	수평적 만남	수직적 만남

출처: 정용부, 고영인, 신경일(1998).

의 행동이나 태도 변화를 유도하는 매우 유익한 의사소통 방식이다.

나−전달법의 구성 요소에는 다음의 세 가지가 포함되어야 한다.

- 유아의 수용할 수 없는 행동에 대한 비난 없는 서술
- 그 행동이 교사에게 미치는 구체적인 영향
- 유아의 행동이나 구체적인 영향에 대한 교사의 감정이나 느낌

(3) 칭찬이 아닌 격려

Gartrell(2001)은 칭찬이 공개적으로는 유아의 성취 결과를 지적하지만 암묵적으로는 유아들의 노력을 상대적으로 비교하는 반면, 격려는 유아의 지속적인 노력 과정을 인정하는 것이며 본질적으로 평가적 비교를 하지 않는다는 면에서 칭찬과 구별된다고 했다. "이 그림 멋지다."라는 식의 구체적이지 못하고 두루뭉술한 칭찬은 대화를 단절시키는 경향이 있다. 특히 유아가 자기가 그린 그림이 멋지다고 스스로 평가하는 경우에는 교사가 한 '멋지다'는 평가에 대해 할 말이 별로 없게 되어 버린다. 반면 사려 깊은 격려는 교사와 유아 간에 긍정적 대화를 진행할 수 있게 한다. 교사가 자신의 작품에 대해 충분히 집중했다는 점을 유아가 고마워한다는 면에서 긍정적이다.

격려는 공개적 격려와 사적 격려로 나눌 수 있다. 공개적 격려는 개인을 집어내는 것이 아니라 집단 전체의 노력을 인정하는 것이다. "너희가 모두 열심히 해서 우리 교실에 멋진 그림을 걸 수 있게 되었단다." "우와~ 오늘 모두 바르게 앉아 있구나."처럼 공개적 격려는 집단 전체를 향해 주어지며, 한 반의 모든 구성원에게 공동체의식을 심어 준다. 사적 격려는 조용히 개인을 향한 것으로, 해당 유아는 교사가 자신에게만 격려를 해 줌을 알게 된다. 교사가 개별 유아에게 "잘했어."라고 쉽게 말하는 이유는 다른 할 말을 찾는 것보다 더 용이하기 때문이다. 교사는 '잘한다, 못한다, 맞다, 틀리다'와 같은 표현을 사용할 때 매우 신중해야 한다. 잘하는 유아에게 잘한다고 칭찬하는 것이 잘하지 못하는 대다수 아이에게는 편애의 증거가

되기 때문이다. 즉, 보상 차원에서 한 교사의 말이 결과적으로는 처벌이 될 수도 있다. 우리 사회가 결과만을 놓고 잘했다 못했다 평가하는 데 익숙하고, 노력과 과정에 대해 격려하는 데에는 인색한 편이다. 결과가 아닌 과정을 견디고 노력한 것을 격려하는 일은 교실에서 민주주의를 확대하고 실천하는 방안이다(김현수, 2013).

　공개적 격려처럼 효과적인 사적 격려의 요령은 세밀한 부분을 구체적으로 찾아

〈표 5-5〉 효과적인 칭찬과 비효과적인 칭찬

효과적인 칭찬	비효과적인 칭찬
유아를 인정하기 "이 그림은 여러 가지 색깔을 사용했구나."	유아를 평가하기 "그림을 예쁘게 그렸구나."
구체적으로 칭찬하기 "이 그림 열심히 그렸네." "무엇을 그릴지 아주 오래 생각했구나."	일반적으로 칭찬하기 "잘했어." "괜찮네."
유아가 과거에 한 성취와 현재의 발전을 비교하기 "오늘 쓴 이야기 속에는 전에 쓰지 않았던 단어 두 개가 들어 있구나."	유아를 다른 유아들과 비교하기 "네가 쓴 이야기가 제일 재미있다."
유아의 행동을 유아가 경험한 즐거움 및 만족감과 연결하기 "책 세 권을 읽었네. 책을 그렇게 많이 읽고 나니 기분이 좋아 보이는구나."	유아의 행동을 외적 보상과 연결시키기 "책 세 권을 읽었네. 상자에서 스티커 한 개를 꺼내 가렴."
유아가 이룬 성취가 유아의 노력과 능력 때문이었다고 인정하기 "공을 열심히 쫓아가 잘 잡았구나."	유아가 이룬 성취가 단지 운이 좋았다거나 과제가 쉬운 탓이었다고 돌리기 "운 좋게 잘 잡았구나."
사려 깊은 내용의 칭찬	되는 대로 즉각적인 내용과 톤의 칭찬
자연스러운 목소리 톤의 칭찬	가성이나 감정 표현이 드러나지 않는 톤의 칭찬
각 유아와 개별 상황에 맞춰 개별화된 칭찬	늘 똑같은 칭찬
유아의 작업에 방해가 되지 않는 칭찬	유아의 집중이나 작업을 중단시키고 방해가 되는 칭찬

출처: Kostelink et al. (2009).

내어 격려하는 것이다. Kostelink 등(2009)은 효과적인 칭찬과 비효과적인 칭찬을 〈표 5-5〉와 같이 비교했다.

(4) 행동 반영

행동 반영은 유아의 어떤 행동 측면이나 유아에 대한 비판단적인 진술이다. 교사가 유아를 관찰한 후 유아의 특성이나 활동에 대해 말하는 것으로, 교사의 의견이나 평가를 표현하는 것이 아니라 유아를 중심으로 해서 교사가 관찰한 것을 정확히 말하는 것이다. 만약 두 유아가 벽에 그림을 그리고 있는 것을 교사가 본 상황에서 교사가 어떤 의견이나 평가를 포함하지 않고 단지 "너희 둘이 함께 그림을 그리고 있구나." 또는 "너희가 벽화를 함께 그리는 방법을 찾아냈구나. 함께 그리면서도 각자 맡은 부분이 있네." 하는 식으로 유아의 행동을 있는 그대로 말해 주는 것이다. Kostelink 등(2009)은 행동 반영이 교사가 유아들에게 관심을 보여 주고 유아들의 세계를 이야기하는 강력한 방법이라고 강조하며 행동 반영의 이점을 다음과 같이 설명했다.

- 유아는 자신의 일상적 행동이 교사의 주목을 받을 만큼 중요하며, 교사의 주의를 끌기 위해 극단적인 행동을 할 필요가 없음을 알게 된다.
- 행동 반영은 행동의 평가가 아니기 때문에 유아의 관심에 위협감을 느끼지 않는다.
- 유아가 하고 있는 행동을 기술해 주면 유아가 단어의 의미를 배울 수 있어서 수용언어 기술을 향상할 수 있다.
- 교사가 행동 반영을 해 줄 때 비계설정이 되어 개념도 확장시킬 수 있다.
- 유아를 자세하게 관찰하여 얻는 정보는 상호작용을 좋게 만든다.

구체적인 행동 반영의 기술은 다음과 같다.

① 적절한 행동 반영의 사용

유아를 주의 깊게 관찰한 후, 유아에게 중요해 보이는 특징이나 행동을 선정하고 그에 대해 말해 준다. 여기에서 주의해야 할 점은 언제나 교사의 관점이 아닌 유아의 관점에 집중해야 한다는 것이다. 예를 들면, 혼자서 신발 끈을 묶고 있는 소현이에게 적절한 행동 반영은 "왼쪽 신발을 신고 있구나." "신발 끈을 묶는 방법을 잘 알고 있네." "할머니가 사 주셨다는 새 신발이구나."와 같은 유아의 관점에서의 진술이다. 반면 "빨리 좀 했으면 좋겠어." "소현이가 신발 끈을 스스로 묶어서 선생님이 기쁘구나." "서두르지 않으면 우리 늦겠어."와 같이 교사의 관점에서의 말은 행동 반영이 될 수 없다.

② 진술문으로 표현

행동 반영은 질문 형식이 아닌 단순한 진술문이 되어야 한다. 질문은 유아가 대답을 해야 한다는 것을 의미하지만, 반영은 그렇지 않다. 행동 반영의 목표는 유아에게 대답을 해야 한다는 압박감을 느끼지 않게 하면서도 유아에 대한 교사의 관심을 보여 주는 것이다.

③ 유아에게 직접적으로 반영

교사가 행동 반영을 하고 있는 대상이 유아임을 분명히 알 수 있도록 행동 반영 문장에 꼭 '너' 또는 유아의 이름을 넣어 준다. 유아는 교사가 자신의 행동이나 특징을 언급하였음을 알 수 있고, 이는 보다 친근하고 개인적인 수준의 행동 반영이 된다.

④ 서술적인 어휘 사용

행동 반영에 부사, 형용사, 특정 사물의 이름을 사용하는 것은 반영을 유아에게 더 의미 있고 가치 있게 한다. 유아의 맥락적 학습은 교사가 "네가 선반 위에 이것을 두었구나."라고 했을 때보다 "네가 가장 넓은 선반 위에 이 연필을 두었구나."라고 할 때 더 긍정적으로 향상된다.

⑤ 무비판적인 행동 반영

교사는 느낀 것이 아니라 본 것만을 객관적으로 반영해야 한다. 행동 반영에서는 교사의 평가가 좋은지 나쁜지가 중요한 것이 아니며, 교사의 주관적 의견이 표현되는 것이 아니다. 따라서 "여러 가지 색을 사용해서 그림을 그리고 있네."와 같은 말은 행동 반영이지만 "그림 잘 그렸네." 또는 "회색을 너무 많이 썼구나."와 같은 말은 행동 반영이 아니다. 후자는 교사의 관점에서 내리는 평가이기 때문이다.

(5) 효과적인 질문하기

교사가 던지는 적절한 질문은 유아와의 대화를 촉진할 수 있지만 잘못된 질문법은 대화를 단절시킬 수 있다. 교사가 사용하는 질문의 종류에 따라 유아의 대답은 달라진다. 따라서 유아에게 질문을 할 때는 대화를 유도하고, 대화에 동화되도록 격려하는 개방형 질문으로 언어적 상호작용을 촉진할 수 있다. 개방형 질문은 폭 좁은 답안이나 하나의 정답이 정해진 것이 아니라 유아의 생각, 견해, 감정을 표현하도록 한다. 폭이 좁고 한정된 대답을 요구할 때에는 폐쇄형 질문도 필요하지만 폐쇄형 질문은 전형적으로 대화를 종료시킨다. 교사는 유아가 좋아한다고 판단되는 주제에 대한 관심을 보여 주기 위해 "너는 초록색을 좋아하니?" 같은 폐쇄형 질문을 하지만, 일단 "예." "아니요."로 답변을 하고 나면 유아는 더 이상 말할 것을 찾지 못하게 된다. 개방형 질문과 폐쇄형 질문은 각각 사용하기에 적절한 때가 있으며 어떤 질문 형태가 어떤 상황에 더 유용할지는 질문의 목적을 고려해야 한다. 예를 들면, 유아가 반응할 수 있는 시간을 충분하게 줄 수 없는 바쁜 시간에 개방형 질문을 써서 유아가 대답하는 중간에 "알았어." "그랬구나." 하고 쫓기듯 응답하는 것은 바람직하지 못하다. 또한 개방형 질문은 대집단의 유아들과 함께 있을 때보다 자유선택 활동이나 소집단 활동, 전이 시간에 사용하는 것이 더 좋다.

Kostelink 등(2009)이 제시한 **폐쇄형 질문**과 **개방형 질문**의 특징과 예시는 〈표 5-6〉에 제시되어 있다.

〈표 5-6〉 폐쇄형 질문과 개방형 질문의 특징과 질문의 예시

	폐쇄형 질문	개방형 질문
특징	• 유아에게 비언어적 반응이나 한두 마디로 된 대답을 하게 함 • 정답과 틀린 답이 정해져 있는 경향 • 교사는 이미 답을 알고 있음 • '빨리' 답변해야 함 • 사실과 사고의 유사함에 초점을 둠 • 정보를 요구함 • 이름 대기와 분류하기에 초점을 둠 • 유아의 기억을 회상하게 함	• 유아에게 여러 단어나 여러 구로 반응하도록 촉진함 • 하나 이상의 정답이 있음 • 교사는 유아의 답변이 무엇인지 모름 • 유아가 생각할 시간, 생각을 모아 정리할 시간을 허용함 • 유아의 아이디어와 사고의 독창성에 초점을 둠 • 유아가 논리적으로 생각해 보게 함 • 사고와 문제해결에 초점을 둠 • 유아가 상상력을 발휘하게 함
질문의 예시	• 이건 무슨 모양이니? 　→ 사각형이요. • 소를 몇 마리 보았어? 　→ 못 보았어요. • 너는 어느 동네에 사니? 　→ 상현동이요. • 기분이 어때? 　→ 좋아요. • 오늘 누구랑 유치원에 왔어? 　→ 엄마랑요. • 네 가방은 어디에 있니? 　→ 집에요. • 이게 무엇인지 알아? 　→ 네.	• 다음에 무슨 일이 일어날 것 같아? • 우리가 할 수 있는 다른 일로 무엇이 있을까? • 네 생각은 무엇이니? • 너 어떻게 이렇게 했어? • 만약 ~한다면 어떻게 될까? • ~에 대해 어떻게 생각하니?

출처: Kostelink et al. (2009).

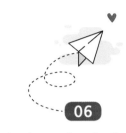

06

문제행동의 이해 및 유형

"모든 문제행동은 무언가를 이야기하고 있으며, 교사의 도전은 행동이 전하는 메시지를 해석하는 것이다."(Donnellan, Mirenda, Mesaros, & Fassbender, 1984)

유아는 협동, 갈등 해결, 격한 감정의 적절한 표현 등의 복합적인 생활기술을 배우는 과정에서 우리 모두와 마찬가지로 실수나 잘못을 저지른다(Gartrell, 1987). 어떤 행동을 문제행동으로 보느냐 하는 것은 민감한 부분으로서 개인의 시각에 따라 달라질 수 있다. 이 장에서는 문제행동을 이해하기 위해 문제행동의 개념과 정의에 대한 다양한 시각을 살펴보고 문제행동의 원인에 대해 살펴본다. 또한 문제행동의 유형을 범주에 따라 나누어 알아본다.

1. 문제행동의 이해

유아는 또래, 부모와 같은 인적 환경이나 가정, 유아교육기관, 놀이터 등의 물리적 환경 속에서 다양하게 상호작용한다. 유아는 매일 다양한 정서를 경험하면서 자신을 표현하고 다른 사람의 감정을 이해하게 되는데, 이러한 경험은 유아가 일생 동안 다른 사람들과 적극적으로 관계를 맺으며 살아가고 사회적인 상호작용을 하는 데 필요하다.

유아의 행동은 각 문화의 적합한 기준에 의해 평가되며, 유아는 사회·문화적으로 수용되고 적절한 행동으로 여겨지는 행동과 부적절한 행동으로 평가되는 행동 양식 모두를 습득하게 된다. 대부분의 유아는 성인의 기대를 따르려고 하지만(Berk, 2000), 때때로 규칙을 따르지 않거나 다른 또래들에게 공격적인 행동을 하거나 성인의 요구에 불응하는 행동을 하기도 한다. 연구에 의하면 실제로 친구를 밀고, 때리고, 장난감을 던지고, 놀리거나, 거의 말하려 하지 않고, 혼자서만 놀려고 하는 등 유아기의 문제가 되거나 성인들을 성가시게 하는 행동(annoying behavior)은 정상적인 발달 과정의 유아들에게서 관찰된다(Campbell, 1990).

유아의 행동은 그 양상이 다양하기 때문에 다양한 용어로 불린다. 즉, 성인이나 또래에 의해 부정적인 행동으로 평가되는 행동은 **다루기 힘든 행동**(challenging behavior), 역기능적인 행동(dysfunctional behavior), 부적절한 행동(inappropriate behavior), 잘못된 행동(misbehavior), 문제행동(behavior problem, problematic behavior) 등으로 불린다.

Kaiser와 Rasminsky(2007)는 다양한 용어로 사용되는 다루기 힘든 행동의 명칭을 〈표 6-1〉과 같이 소개하였다.

〈표 6-1〉 다양하게 불리는 유아의 다루기 힘든 행동

• High maintenance(까다로운)	• At risk(위험한)
• Oppositional(반항적인)	• Antisocial(반사회적)
• Disruptive(방해하는)	• Noncompliant(불순종적인)
• High needs(요구가 많은)	• Aggressive(공격적인)
• Mean(심술궂은)	• Bad(나쁜)
• Violent(폭력적인)	• A problem(문제)
• Out of control(통제가 안 되는)	• Impulsive(충동적인)
• Attention seeking(관심 끌기)	• Hard to manage(다루기 어려운)
• Spirited(기백이 넘치는)	• Willful(고집 센, 제멋대로의)

출처: Kaiser & Rasminsky (2007).

1) 문제행동 이해의 방향

(1) 문제행동의 기능적인 측면의 이해

문제행동을 정의 내리는 것은 문제행동으로 생각될 수 있는 행동들을 단순히 열거하는 것 이상의 작업이다. 예를 들어, 소리 지르기, 다른 사람을 때리기, 도망치기, 욕하기 등의 행동을 열거하다 보면 끝도 없이 나열할 수 있지만 열거한 행동들에 대해 모든 사람이 동의하기는 어려울 것이다. 따라서 문제행동을 이해하고 판단하는 데는 세심한 주의가 요구된다.

유아의 행동을 판단하고 이해하기 위해서는 유아의 행동 **형태**(form)와 **기능**(function)적인 측면을 동시에 고려하는 것이 필요하다(Doss & Reichle, 1991). 유아의 행동 형태는 욕하기, 침 뱉기, 장난감 망가뜨리기 등 외적으로 관찰되는 행동의 양상을 말하며, 유아의 행동은 한 가지 형태로 나타나거나(예: 때리기) 순차적으로 여러 가지 형태(예: 때리고 욕하고 꼬집기)가 함께 나타나기도 한다.

유아 행동의 기능은 유아가 그 행동을 하거나 지속적으로 행동하게 되는 원인을 나타내는 것으로서, 학자들은 행동의 기능을 크게 네 가지 범주인 획득, 회피, 감각자극 중심, 고통 경감으로 나눈다(Iwata, Dorsey, Slifer, Bauman, & Richman,

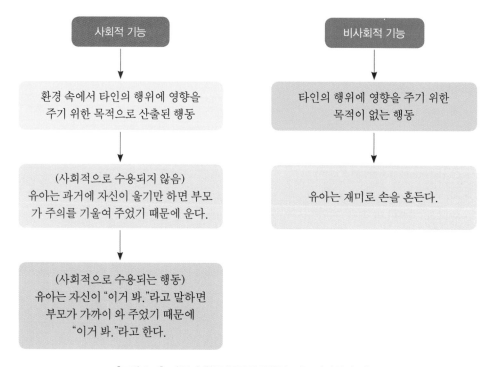

[그림 6-1] 다루기 힘든 행동의 사회적 또는 비사회적 기능

1982/1994). 전자의 두 가지 범주인 **획득**과 **회피**는 사회적 동기를 가진 행동이며, 다른 사람의 행동과 관계된 유아의 행동을 의미한다. 후자의 두 가지 범주인 감각자극 중심, 고통 경감은 비사회적 동기를 가진 행동이며, 다른 사람의 행동에 영향을 주지 않거나 다른 사람과 관계가 없는 행동을 말한다([그림 6-1] 참조).

첫째, 획득은 주변 사람들의 관심 끌기 및 접근 범주의 행동으로서, 개인이 원하는 것을 얻기 위해 발생한다. 이는 주변 사람들의 관심을 끌기 위한 행동, 사물이나 활동 또는 사람에 접근하는 행동을 의미한다. 진호가 교구를 바닥에 던지는 행동을 할 때마다 교사의 주의를 받게 되는 일이나, 희준이가 자신이 싫어하는 음식을 뱉는 행동을 해서 엄마가 그 음식을 치우게 되는 경우가 이러한 행동의 예다. 앞에서 제시한 행동의 사례는 유아의 문제행동의 형태와 행동의 결과는 다르지만 결국 유아의 행동이 다른 사람의 행동에 영향을 주는 행동이라는 공통점이 있다.

어떤 결과를 얻기 위한 목적을 가진 유아 행동의 예는 다음의 사례에서 볼 수 있다.

> 지원이는 이야기 나누기 시간에 의자에 앉아서 의자를 흔든다. 지원이가 의자를
> 흔들 때마다 선생님은 "지원아, 의자 흔들지 말고 똑바로 앉아요."라고 말한다.

지원이가 의자를 흔드는 행동은 교사의 관심을 끌고자 하는 목적을 가지고 있을 수 있으며, 지원이는 교사의 반응을 통해 관심을 끌고 싶을 때 어떻게 해야 하는지 학습하게 되었다.

둘째, 회피 또는 도피 범주의 행동은 유아가 싫어하는 것을 피하려고 할 때 발생한다. 사람은 너무 어렵거나 지루하고 재미없는 과제를 피하려는 경향이 있다. 어떤 상황이나 결과를 피하고자 하는 목적을 가진 행동의 예는 이야기 나누기 시간 동안 쉽게 관찰되는 유아의 행동에서 찾을 수 있다.

> 진호는 이야기 나누기 시간에 희진이를 꼬집어서 타임아웃을 받게 되어 교실 구석에 있는 '생각하는 의자'에 앉아 있게 되었다. 다음 날 이야기 나누기 시간에 진호는 다시 다른 남자아이를 꼬집어서 타임아웃을 받게 되었고, 이야기 나누기에 참여하지 않아도 되었다.

진호는 이야기 나누기 시간이 지루하고 재미없어서 피하려는 목적으로 옆 친구를 꼬집어서 타임아웃을 받음으로써 자연스럽게 원하지 않는 활동으로부터 피할 수 있었다.

셋째, 감각자극 중심 범주의 행동은 유아 자신의 내적인 자극을 얻으려고 하거나 즐거운 피드백을 받기 위해서 발생한다. 동화를 들으면서 몸을 앞뒤로 흔드는 행동은 몸을 흔드는 것이 좋아서 하는 행동일 수 있다.

넷째, 고통 경감 범주의 행동은 고통을 피하려는 목적을 가지고 나타날 수 있어서 의학적인 중재가 필요하다. 유아가 귀가 아파서 손바닥으로 귀를 치는 행동이

〈표 6-2〉 다루기 힘든 행동의 예와 가능한 기능

형태	가능한 기능
울기	• 관심 끌기 • 특정한 활동을 하지 않기 위해 또는 피하기 위해 • 몸이 아픈 것을 나타내기
물건 던지기	• 화나 좌절감을 나타내기 • 물건이 내는 소리를 들어 보기 위해
때리기	• 관심 끌기 • 무엇인가를 하지 않기 위해 또는 피하기 위해

출처: Kostelink, Whiren, Sodeman, Stein, & Gregory (2009).

그 예로, 유아는 다른 사람의 반응이나 행동이 없어도 이러한 행동을 지속할 수 있다. 고통 경감의 행동은 앞서 제시한 다른 세 가지 기능의 행동보다 자주 발생하지 않는다.

이처럼 하나의 행동이 한 가지 기능만 가지는 것이 아니라 동일한 행동이 한 가지 이상의 기능을 가질 수도 있다(〈표 6-2〉 참조).

2) 문제행동의 정의

(1) 일반적인 정의

문제행동의 정의는 Achenbach와 Edelbrock(1983)의 정의가 가장 보편적으로 사용되는데, 갈등이 표출되는 방향에 따라 행동을 사회적으로 방해가 되는 겉으로 표출된 **외현화 문제행동**(externalizing problem)과 정서적·사회적으로 위축된 **내재화 문제행동**(internalizing problem)으로 나눈다. 외현화 문제행동은 사회관계 속에서 갈등이 밖으로 표출되는 행동으로서 공격성, 과잉행동, 도벽, 거짓말, 다른 사람을 못살게 구는 행동을 말한다. 내재화 문제행동은 갈등이 안으로 잠재되어 있어서 밖에서는 관찰이 어려운 행동으로서 외로움, 위축, 불안, 우울증, 두려움 등의 정서적 문제행동을 의미한다(Achenbach & Edelbrock, 1983; Achenbach & McConaughy, 1987).

문제행동은 사회, 정서발달에서 역기능적인 행동이다. 즉, 유아의 문제행동은 유아의 발달과 연령에 기초해 볼 때 일반적으로 기대되는 행동에서 벗어난 부적절하거나 부적응 행동이라고 할 수 있다. 이러한 행동은 교사나 부모가 지도와 양육을 하는 데 어려움을 초래하는 행동이다. 일반 유아들도 특정 시기에는 **발달에는 적합하지만 다루기 힘든 행동**(성인이 지도와 양육을 하는 데 도전을 주는 행동)을 하기도 하지만 시간이 지나면 감소하는 특성이 있다. 그러나 문제행동의 경우에는 부적절하거나 부적응적인 행동이 다양한 측면에서 나타나고 지속되며, 경우에 따라서는 양상이 심해지기도 한다.

(2) 유아의 발달 및 학습 관점에서의 정의

유아는 자기통제력이 발달되기 전에 자신의 욕구와 감정에 따라 충동적으로 행동하기도 하는데, 충동성은 유아의 발달적인 특성 중 하나로 유아가 실수로 행동하게 되는 원인이 된다. 그러나 유아의 문제가 되는 행동 모두를 유아가 충동적으로 또는 실수로 하는 행동으로 보기는 어렵기 때문에 주의가 필요하다. 유아의 문제행동을 정의하는 데에는 유아의 발달적 특성을 이해하고 유아의 행동을 성인 중심이 아닌 유아 중심에서 평가하는 관점이 필요하다.

첫째, 유아의 문제행동에 대한 **유아 중심의 정의**에서는 유아 행동의 적절성 여부를 평가하기 위해서 유아의 발달 및 능력의 수준, 동기, 그리고 장기적인 유아의 안녕에 초점을 둔다. 이러한 관점에서 문제행동으로 정의되는 행동들은 다음과 같다(Miller, 2002).

- 타인의 권리를 부당하게 침해하는 행동
- 유아 자신이나 다른 누군가에게 손상을 줄 수 있는 행동
- 사물이나 생명체를 난폭하게 다루는 행동

따라서 이러한 문제행동의 정의에 따르면 '불친절하게 하는 행동, 안전하지 못한 행동, 부주의한 태도로 하는 행동' 등이 유아의 문제행동으로 여겨지는 것들이다.

둘째, 학자에 따라서는 유아의 문제행동을 **다루기 힘든 행동**(challenging behavior) 으로 정의하기도 한다(Doss & Reichle, 1991; Kaiser & Rasminsky, 2007; Risley, 1996). 이들은 문제행동의 용어를 사용하기보다는 좀 더 긍정적인 관점에서 행동을 바라 보고 **중립적인 용어**를 사용할 것을 주장한다. 이와 같은 관점에서 문제행동은 성인 이 지도하고 양육하기에 도전이 되고 다루기 힘든 행동일 뿐, 그 행동 자체에 대해 부정적인 평가를 내리는 것을 유보하는 것이다.

Doss와 Reichle(1991)의 정의

유아의 행동이 유아 자신 또는 다른 사람을 다치게 하거나, 환경 훼손의 결과를 초래하거나, 유아가 새로운 기술을 배우는 것을 방해하거나, 해당 유아가 사회적으 로 고립되는 결과를 초래하는 행동은 모두 다루기 힘든 행동으로 정의될 수 있다 고 하였다. 이러한 행동이 대부분의 유아에게서 자주 관찰되는 것은 아니지만, 어 떤 유아에게는 빈번하게 심한 형태로 관찰되기도 한다(Neilsen, Olive, Donovan, & McEvoy, 1999).

Kaiser와 Rasminsky(2007)의 정의

• 유아의 학습, 발달 및 놀이를 방해하는 행동
• 그 유아, 다른 유아들 또는 성인들에게 위험한 행동
• 유아기 이후 사회적인 문제 또는 학업 실패로 이어질 수 있는 행동

이러한 다루기 힘든 행동은 생애 초기에 나타나는 발달에 적합한 행동으로 인식 되기는 하지만 유아가 성장함에 따라 사회적으로 수용되는 방식으로 자신의 욕구 를 표현하는 것을 학습하게 되면서 감소하는 양상을 보인다. 그러나 오히려 성장과 함께 증가되는 경우도 있는데, 유아가 어려운 문제를 가지고 있거나 다루기 힘든

행동만이 자신의 상황을 해결하는 가장 좋은 해결책이라고 인식하고 경험하게 되는 것이 그러한 경우다(Kaiser & Rasminsky, 2007). 다루기 힘든 행동의 유형에는 공격적 행동, 반사회적 행동, 파괴적 행동, 어지럽히는 행동과 극심하게 소심한 행동이 포함된다.

(3) 문제행동 정의와 관련하여 고려할 점

유아의 문제행동의 정의와 관련하여 다음의 사항들을 생각해 보아야 한다.

첫째, 문제행동을 정의하기 위해서는 **유아의 행동과 그에 반응하는 사회적인 맥락을 고려**해야 한다(Owens & Shaw, 2003; Sameroff, Gutman, & Peck, 2003).

유아의 문제행동과 관련된 요인들에 대해서 Campbell(2002)은 [그림 6-2]와 같이 유아의 특성(예: 기질, 애착의 안정성), 양육행동(예: 양육행동의 민감성, 양육기술), 가족환경(예: 결혼관계, 협력적인 양육환경), 사회적 맥락(예: 사회적 지지, 고용)의 요

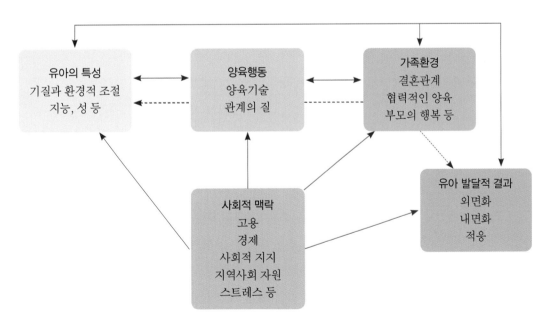

[그림 6-2] 유아기 문제 발달의 상호작용적 요인 모델

출처: Campbell (2002).

인이 유아의 문제 발달에 상호작용하여 영향을 준다고 제시하였다.

둘째, 유아의 문제행동을 정의하고 명명하는 문제에서는 유아를 둘러싼 환경과 주변의 성인 및 또래 친구들의 **기대와 상호작용이 고려**되어야 한다.

유아의 문제행동을 다양하게 정의할 수 있는 것은 유아의 문제행동의 스펙트럼이 크고 관찰 가능한 행동 및 유아의 정서가 포함되기 때문이기도 하다. 유아의 문제행동을 정의하고 판별하는 것은 객관적인 행동 관찰을 중심으로 진행한다 하더라도 그 과정에서 주관적인 관점이 개입될 수밖에 없다. 이소현과 박은혜(2003)도 정서 및 행동 장애를 판별하는 작업이 객관적인 관찰을 근거로 한 매우 주관적인 절차라고 하였다. 이는 유아의 행동에 대한 평가와 판별 작업은 전술한 성인의 기대 수준과 관점을 반영하여 그 행동이 정상적인 발달 범주에서 벗어난 것인지를 결정하기 때문이다. 즉, 부모나 교사가 유아의 행동을 **어떠한 관점에서 이해하고 행동의 문제로 판단하고 있는가**에 관한 것을 고려해 보아야 한다.

만일 성인이 유아의 행동에 대해 기대 수준을 높게 설정하거나 성인 중심의 권위적인 통제 방법의 사용이 익숙하다면, 성인의 말을 잘 따르지 않는 유아의 행동에 대하여 '말을 듣지 않는 것은 문제가 있다. 아이들은 부모나 교사의 말을 잘 들어야 한다.'라고 생각하여 그 행동을 부정적인 시각으로 볼 수 있다. 이러한 부모나 교사는 유아의 행동을 잘못된 행동 또는 문제행동으로 명명하고 지도하려 할 것이다.

이렇게 유아의 문제행동에 대한 교사나 부모의 성인 중심의 정의는 성인에게 미치는 유아의 행동의 결과나 영향에 초점을 둔다. 유아의 행동에 대한 평가는 성인의 관심 정도뿐 아니라 성인의 정서 상태와 분위기에 유아의 행동이 미치는 영향이 얼마나 심각한가에 따라 달라진다(Miller, 2002). 따라서 성인 중심의 관점에서 유아의 바람직한 행동이란 성인에게 편하고 성인을 화나게 하지 않으며 난처하게 만들지 않는 행동으로 생각될 수 있다. 유아가 화장실 변기에 휴지를 가득 넣고 휘저으며 노는 행동이나 소파에서 펄쩍펄쩍 뛰는 행동 등은 이러한 관점에서 본다면 못된 장난(naughtiness)으로 여겨질 수 있다.

한편, 똑같은 행동에 대하여 '어린 유아들은 자신의 행동의 한계를 알아보기 위해서 그러한 행동을 하는 거야. 혹은 실수로 그랬을 수도 있어. 아니면 무엇인가 유아의 욕구가 충족되지 않아서 그런 행동을 하는 것일지도 몰라.' 하고 생각하는 입장에서는 유아의 행동을 이해하고 도와주려는 지도 방법을 사용하게 된다. 이러한 관점을 가진 부모나 교사는 실수 행동 또는 다루기 힘든 행동 등의 중립적인 태도를 나타내는 용어를 사용하여 유아의 행동을 명명하고 지도하게 된다.

  이렇게 유아의 특정한 행동을 어떻게 명명하느냐에는 그 행동을 이해하고 바라

  『세 문화 속의 유아교육기관(Preschool in Three Cultures)』에서는 일본의 코마즈다니 유치원에 다니는 한 남자아이가 친구들을 때리고 장난감을 던지는 행동에 대한 일본, 중국, 미국의 교사들의 다양한 관점을 소개하고 있다.

  먼저, 일본의 교사는 그 남아의 공격적인 행동을 대부분 무시하였는데, 일본에서는 또래들과의 상호작용을 통해서 유아가 적절한 행동을 학습하는 것이 가장 좋은 방법이라고 여기기 때문이라고 했다. 또한 일본의 교육자들은 남자 유아가 친구들과 싸우는 행동은 그 나이 또래 남자아이들에게서 나타나는 일반적인 행동이며, 유아가 폭넓은 감정을 경험하고 의견의 불일치를 해결하는 등의 다양한 전략을 연습하게 하는 기회를 제공하는 것으로 생각하였다. 일본 교사는 대부분 유아들의 갈등이나 문제 상황에 대한 최선의 지도 방법은 문제에 맞서지 않고 다정하면서도 감정적으로 중립적인 자세를 취하는 것이라고 하였다.

  공격적인 행동에 대해 중국 교사는 일본 교사와는 전혀 다른 관점을 취한다. 중국에서는 유아교육기관에서 유아의 행동을 제한하고 통제하는 것이 교사의 책임으로 생각되고 있다. 또한 유아의 버릇을 잘 들여서 훌륭한 시민이 될 수 있도록 사회화하기 위해서 질서와 규격화를 강조한다.

  한편 공격적인 행동에 대한 미국 교사의 관점은 언어를 사용하여 문제를 해결하는 데 초점을 두는 것이다. 교사는 유아와 함께 문제 상황과 관련된 유아의 욕구와 규칙에 대하여 이야기를 나누며 조금씩 갈등을 해결해 나갈 수 있도록 하는 방법을 취한다(Tobin, Wu, & Davidson, 1989).

보는 성인의 관점이 중요하게 작용한다. 따라서 문제행동을 명명할 때는 '정말 그러한가?'라고 질문을 하면서 그 행동이 문제가 되는 행동인지에 대하여 진지하게 생각해 보아야 한다.

셋째, 유아의 문제행동을 정의하는 과정은 특정 유아가 문제행동아로 낙인찍히는 **낙인 효과**와 관련되어 있기 때문에 부모나 교사는 문제행동을 정의할 때 유아의 행동과 유아를 따로 떼어 판단하여야 한다. 즉, 유아의 문제행동에 대해 그 유아가 문제가 있기 때문에 그 행동을 한다고 이해하는 것은 바람직하지 못하다.

여기서 다시 주의해야 할 점은 교사나 부모가 섣불리 문제행동이라고 단정하지 말아야 한다는 점이다. 교사나 부모가 한번 '문제아'로 낙인을 찍으면 해당 유아가 하는 많은 행동을 부정적인 시각으로 바라보게 되며, 결국 문제행동만 일삼는 문제아로 생각하게 되어 그 유아와의 관계가 악화될 위험이 있다. 자아개념의 형성 시기에 있는 유아는 교사의 부정적인 낙인을 내면화하여 교사가 명명한 그대로 반응하는 경향이 있기 때문에(Ginott, 1975), 이러한 낙인은 유아의 자아정체감 및 자아존중감에 부정적인 영향을 줄 수 있다.

또한 교사가 유아의 특정한 행동을 지도하기 어렵고 계속적으로 지도하려는 시도에도 불구하고 실패로 끝나게 되면, '저 아이는 문제아이기 때문에 나의 어떠한 시도도 효과가 없다.'라고 생각하며 유아에게 적합한 지도 방법을 찾으려 하지 않을 위험도 있다. 따라서 부모나 교사는 유아의 특정한 행동에 대해서 중립적인 시각으로 행동 자체만을 평가하여 유아가 행동을 변화시킬 수 있도록 적절한 지원을 제공하는 방향으로 사고의 전환을 해야 한다.

넷째, 문제행동을 판단할 때는 **객관적인 기준에 따라 판단**하여야 한다.

문제행동을 평가하고 진단하기 위해서는 특정 행동이 나타나는 빈도(frequency), 행동의 강도(intensity) 및 지속성(duration)을 기준으로 관찰 기록을 통해 측정하고(Campbell, 2002; Miltenberger, 2009), 표준화된 문제행동 척도를 사용하여 교사나 부모 모두를 대상으로 다각적인 방법으로 평가하는 것이 필요하다. 또한 유아의 문제행동이 문제행동의 범주에 속하는 특성을 보이는지, 일시적인 스트레스나 환경의 변화로 초래된 것은 아닌지, 교육기관 이외에 가정이나 다른 환경에서도 동일한 행동이 나타나며 교사 이외의 다른 성인에 의해 유사하게 관찰이 되는지, 그리고 유아의 문제가 되는 행동이 유아의 발달에 부정적인 영향을 주는지에 기초하여 평가할 필요가 있다(Campbell, 2002). 기초적인 평가 결과 의학적인 치료와 개입을 필요로 하는 문제행동을 가진 경우는 소아정신과의 상담과 진단이 요구된다.

다섯째, 정상적인 발달 과정에서 나타나는 '**발달에는 적합하지만 다루기 힘든 행동**'과 '**문제행동**'은 **그 양상이 유사하여** 정확하게 구분하기 위해서는 주의가 필요하다.

일반적인 유아의 25~50% 정도가 부모의 요구나 지시를 따르지 않는다는 연구 결과와 같이(Gordon & Schroeder, 2002), 불복종하거나 부모의 말을 듣지 않는 행동, 자신의 뜻대로 되지 않을 때 떼를 쓰는 행동은 정상적인 유아의 행동 범주에 속하며 유아의 자아개념이 성립되고 독립심을 표현하려는 단계에서 자주 나타난다(Campbell, 1995). 유아가 자아 표출과 함께 자신의 의사를 막무가내로 표시할 때 부모는 미운 짓을 하는 아이로 느낄 수 있을 것이며, 부모나 교사는 지도에 어려움을 경험하게 된다. 교사나 부모가 지도하기에 도전적인 것으로 여겨지는 일부 행동(challenging behavior)은 연령과 발달에 적합한 행동이지만 교사나 부모가 지도하기 어렵게 느껴질 수도 있다. 이러한 행동들은 연령이 증가함에 따라 감소한다. 예를 들어, 2세 영아는 가만히 앉아 있지 않을 수 있고, 4세 유아는 종종 흥분을 참지 못하고 차례를 기다릴 수 없다. 이러한 행동은 연령과 발달에는 적합하지만 다루기 어려운 행동이기에 문제로 보지 않아야 한다. 왜냐하면 유아기에는 자신이 원하는 것을 상대방이 이해하고 받아들일 수 있는 방법으로 표현하는 것에 익숙하지 않고 이를 배우는 시기이기 때문이다. 그러나 유아가 지속적으로 발달과 연령에 적합하다고 볼 수 없는 문제행동을 한다면 지도가 필요하다. 예를 들어, 말로 자신의 요구를 충분히 표현할 수 있음에도 불구하고 3세 유아가 좋아하는 장난감과 교구를 얻기 위해 매번 공격적인 행동을 하는 것과 4세 유아가 교사의 관심을 끌기 위해 매번 계속 울거나 징징거린다면 이는 연령과 발달에 적합한 행동이라 볼 수 없다.

연구에 의하면, 정상적인 발달을 보이는 영유아의 경우 만 2세에 외현적인 문제행동이 정점에 다다르고 연령이 증가함에 따라 감소된다(Hartup, 1974; Tremblay, 2000). 유아의 정상적인 발달 과정에서 나타나는 여러 가지 문제행동은 유아가 환경과 상호작용하면서 경험하는 정서적·심리적인 문제들의 발현으로 여겨진다. 정상적으로 발달하는 유아가 보이는 문제행동은 시간이 흐르면서 사라지는 것이 일반적이기는 하지만, 10~15%의 유아의 경우 이러한 문제행동들이 경미한 수준에서 중간 수준의 문제행동으로 발전하기도 하며 또 다른 부정적인 결과를 초래하기도 한다(Campbell, 2002; Cummings, Ianotti, & Zahn-Waxler, 1989). Lutz, Fantusso 와 McDermott(2002)은 저소득층 유아의 10~15%가 문제행동을 가지고 있는 것으로 보고하였다.

우리나라의 경우 대단위 표집 대상을 가지고 유아의 문제행동의 진단 및 특성에 대해 연구한 것이 부족한 편이다. 이러한 연구 결과를 살펴보면, 황혜정, 윤명희, 강성빈, 성낙운, 황혜신(2002)의 연구에서는 3~7세 유아의 4.5%가 심각한 문제행동 수준을 보이고 있는 것으로 나타났다. 또한 우리나라 유아 842명을 대상으로 실시한 횡단적 역학 연구에서는 우리나라 3~5세 유아의 3~4% 정도가 문제행동이 있는 것으로 조사되어 전문적인 중재 및 개입이 필요한 것으로 나타났다(이경숙, 신의진, 전연진, 박진아, 2004). 초등학생을 대상으로 한 연구 결과에서는 연구 대상 아동의 10% 정도가 문제행동을 보이고 있는 것으로 보고되었다(오경자, 이혜련, 홍강의, 하은혜, 1991).

2. 문제행동의 원인

유아가 문제행동을 보이는 것은 여러 가지 원인이 있을 수 있다. 하나의 문제행동에는 단 한 가지의 원인이 있는 것이 아니라 **몇 가지 원인이 복합적으로 작용**하고 있을 수 있다. 따라서 행동의 원인을 파악하는 것은 어떠한 생활지도의 방법을 사용할지 결정하기 위해 필수적이다.

여러 학자가 유아 문제행동의 기본적인 이유에 대하여 설명하고 있는데, 그중 Kostelnik, Whiren, Soderman, Stein과 Gregory(2002)는 유아가 다음과 같은 이유나 상황에서 다루기 힘든 행동을 하게 된다고 했다.

- 어떤 규칙이 있는지, 그리고 그것을 어떻게 따라야 하는지 잘 모른다.
- 자신의 행동이 부적절하다는 것을 알고 있지만, 그 대신에 어떻게 행동할지 모른다.
- 유아가 그 규칙을 실제로 따를 수 없다.
- 충동적인 행동을 통제하기 어렵다.
- 어떻게 해야 성인의 인정을 받는지에 대해 잘못 알고 있다.
- 유아 주변의 중요한 성인이나 형제, 또래가 교사가 인정하는 것과 반대되는 행동을 지지한다.
- 유아가 규칙을 부당하다고 생각한다.
- 수용되지 않는 행동을 해도 성인이 간과했고, 그래서 규칙을 따르건 따르지 않건 별 차이가 없다고 생각하게 되었다.
- 사회적 상황의 실제적인 한계와 부모나 교사가 이 경계를 계속 유지할 것인지를 시험해 보고 싶다.

한편, Miller(2002)는 문제행동의 원인을 성인의 부적절한 기대, 유아의 성인의 기대에 대한 잘못된 이해, 자기통제력의 부족, 지루함, 피로와 불편, 인정에 대한 욕구, 낙담, 좌절 및 반항에서 찾고 있다.

문제행동이 나타나는 이유와 원인을 찾고자 교사 및 성인은 노력한다. 원인을 알기 위해 유용한 방법 중 하나는 유아가 좀 더 적절한 방식으로 행동하려면 어떤 부분을 보완해 주면 좋을지 관찰이나 질문을 통해 찾아보는 것이다. 〈표 6-3〉을 통해 효과적인 행동지도를 위해 유아의 문제행동의 원인에 대해 생각해 보는 시간을 가져보자.

〈표 6-3〉 문제가 되는 행동의 원인 찾아보기

1. 환경이 유아의 요구를 충족시키고 있는가?
   ✓ 충분히 움직일 수 있는가?
   ✓ 충분한 개인적 공간이 있는가?
   ✓ 충분한 공간이 있는가?
   ✓ 충분한 자료가 있는가?

2. 프로그램이 유아의 요구를 충족시키고 있는가?
   ✓ 적절한 도전이 되는가?
   ✓ 개인적 흥미를 유발하는가?
   ✓ 의미 있는 내용인가?

3. 행동 기대가 유아의 연령에 적합한가?
   ✓ 발달적으로 적합한가?
   ✓ 문화적으로 적합한가?
   ✓ 기질적으로 적합한가?

4. 충족되지 못한 신체적 욕구가 있는가?
   ✓ 배가 고픈가?
   ✓ 피곤한가?

5. 충족되지 못한 정서적 욕구가 있는가?
   ✓ 우정?
   ✓ 신뢰?
   ✓ 자존감?
   ✓ 개인적 힘?
   ✓ 관심?

6. 갖추고 있지 못한 사회적 기술이 있는가?
   ✓ 조망수용능력은 어떠한가?
   ✓ 놀이에 참여하는 기술은 어떠한가?

7. 의사소통 기술에 도움이 필요한가?
  ✓ 나-전달법?
  ✓ 협상?

8. 유아의 행동이 부적절한 역할모델의 결과인가?
  ✓ 미디어의 영향을 받은 행동인가?
  ✓ 어른의 영향인가?
  ✓ 또래의 영향인가?

9. 어떤 행동이 왜 중요한지 이해하고 있는가?
  ✓ 결과에 따른 경험이 없는가?

10. 자신의 욕구를 충족시키는 부적절한 방법을 배웠는가?
  ✓ 부적절한 행동을 하고 관심을 받은 경험이 있는가?

출처: Fields, Meritt, & Fields (2018).

3. 문제행동에 영향을 주는 요인

유전과 환경 요인 중 어느 요인이 유아의 문제행동에 더 영향을 미치는지에 대해 논의되어 왔다. 그러나 현재는 이 두 가지 요인이 인간 발달의 여러 측면에 불가분의 관계로 영향을 주는 것과 같이 **문제행동에도 두 요인 모두 중요하게 작용**하는 것으로 이해되고 있다(Kaiser & Rasminsky, 2007).

여기에서는 유아의 문제행동에 영향을 주는 요인을 크게 유아의 생득적인 측면인 **생물학적인 위험 요인**과 **물리적 환경**에서 초래할 수 있는 **위험 요인**의 두 가지로 나누어 자세히 알아보기로 한다.

1) 생물학적 위험 요인

생물학적 위험 요인이란 인간이 생물학적으로 갖고 태어난 선천적인 요인을 의미한다. 인간 행동의 많은 부분은 유전적으로 결정되어 있고, 유전적인 결정인자는 학습에도 영향을 미친다(Thomas, 1985).

(1) 기질

기질은 환경적 자극에 대한 정서 반응의 질과 강도에서 안정적으로 나타나는 개인차를 의미한다(Goldsmith, 1987). 따라서 기질의 정의에는 활동 수준, 사회성, 과민성과 같은 특성이 포함된다. 기질을 형성하는 심리적 특성은 성인기 성격의 모체가 된다는 믿음을 갖고 기질 연구자들은 영아 및 유아의 기질 차이에 대해 연구해 왔다. 기질 연구자들은 기질이 타고난 것으로 유전의 영향을 많이 받으며(Goldsmith & Campos, 1986; Plomin et al., 1993), 중간 정도의 안정성을 보인다고 보고하였다(Worobey & Lewis, 1989).

기질의 구성 특성에 관한 연구는 학자마다 다른 견해를 보였지만, 최근에는 다섯 가지 구성 요소인 활동 수준, 접근/긍정적 정서성, 억제, 부정적 정서성, 지구력/끈기에 대하여 일치된 견해를 보였다(Ahadi & Rothbart, 1994; Belsky, Hsieh, & Crnic, 1996; Kagan, 1994).

유아의 행동문제와 관련된 기질에 대한 대부분의 연구는 영아의 까다로움(level of difficulty)과 행동 억제(level of inhibition)를 중심으로 수행되어 왔다(Vasta, Haith, & Miller, 1995).

첫째, Thomas와 Chess가 구분한 기질 유형 세 가지 중 까다로운 유형은 수유, 배설, 수면 등의 생리적 주기가 불규칙하여 예측하기 어렵고, 새로운 자극이나 경험에 대하여 부정적이고 회피적인 반응을 하고, 강한 정서와 부정적인 정서를 자주 보이고, 환경 변화에 대한 적응이 느리다. Thomas, Chess와 Birch(1968)의 종단 연구에 참여한 영아 중 '까다로운 영아'들이 다른 영아들보다 아동기에 더 많은 행동

문제를 나타내었다고 보고되었지만, 그 대상 유아들이 성인이 되었을 때에는 까다로움을 보이지 않았다는 것도 밝혀졌다(Thomas & Chess, 1984). 그리하여 까다로운 기질의 유아들이 반드시 아동기나 성인기에 행동문제를 보인다고 할 수는 없다.

하지만 행동문제와 관련된 위험 요인으로서의 기질에서 중요한 것은 유아가 어떤 유형의 기질을 가지고 있느냐보다는 유아의 기질에 적합한 부모의 양육행동이며 자녀의 기질을 제대로 파악하여 부모와 자녀 간에 조화로운 관계를 형성하고 궁극적으로 유아의 발달에 도움이 되도록 해야 한다는 것이다.

둘째, 기질과 관련이 있는 것으로 여겨지는 행동 억제는 낯선 사람, 낯선 상황, 새로운 물체에 대해 두려워하거나 회피 반응을 보이는 것을 말하는 것으로, 수줍음 또는 소심함과 유사하다(Kagan, 1994). 까다로운 기질의 영아와 마찬가지로 행동 억제를 보이는 영아 역시 유아기 이후 행동문제가 나타날 위험이 있다(Kagan, 1997; Rubin & Asendorpf, 1993). 그러나 최근 연구에서는 극도로 수줍어하고 소심한 유아들이 특정 훈육에 노출되었을 때, 보다 빠르고 보다 강하게 양심의 발달이 이루어지는 것으로 나타나서(Kochanska, 1997; Kochanska, Murray, & Coy, 1997), 행동 억제에는 긍정적인 측면도 있음을 보여 주고 있다.

(2) 성별

유아의 행동문제에서 성차는 특히 공격적인 행동을 중심으로 연구되었다. 연구 결과, 일반적으로 남아가 여아보다 신체적 공격과 언어적 공격을 많이 하는 것으로 나타났다(Maccoby & Jacklin, 1974; Offord & Lopman, 1996). 남아는 여아보다 서로 때리고 치는 등의 거친(rough-and-tumble) 놀이를 더 많이 하며 공격적인 행동을 더 많이 수용하는 경향이 있다(김민정, 도현심, 2001). 그러나 여아의 공격적인 행동에 대한 연구 결과들은 여아가 간접적인 공격성을 많이 보이며(Offord & Lopman, 1996; Tremblay et al., 1996), 신체적인 공격성도 점차 증가하는 양상이 나타난다고 하였다(Pepler & Slaby, 1994).

한편, 북미 문화에서는 부모가 남녀 유아 모두 공격적인 행동을 하지 않도록 지도하고 있고(Pepler & Slaby, 1994), 정상적인 가정에서는 남아와 여아 모두 비슷한 수준의 공격적인 행동을 하는 것으로 보고되었다(Gulbenkian & Foundation, 1995).

(3) 언어 또는 인지 장애

뇌 기능과 관련된 문제들, 즉 언어, 기억, 주의력 문제들은 행동에 문제가 나타나는 유아들에게서 쉽게 관찰된다(Reiss & Roth, 1993).

① 언어

행동에 문제를 보이는 유아 중 50% 정도는 언어지체를 경험하고 있는 것으로 나타났다(Campbell, 1990). 반사회적 행동을 하는 유아에게서 많이 관찰되는 언어적인 부족 현상은 언어 사용과 관련된 유아의 기억, 듣기, 말하기, 읽기, 쓰기 및 문제해결 능력에 영향을 미친다(Moffitt, 1997). 특히 문제해결에 있어서 언어 사용에 어려움을 겪는 유아는 자신의 요구나 감정을 언어로 표현하는 것이 어렵기 때문에 부정적인 수단인 손이나 발 등의 신체를 사용하여 문제를 해결하려 할 수 있다. 이러한 경우 교사는 유아를 지도하는 데 어려움을 경험하게 되어 유아와의 부정적인 상호작용의 가능성이 커진다. 따라서 유아가 문제행동을 보이는 것이 언어 능력의 부족에 따른 것이라면 행동지도와 더불어 언어치료의 도움을 제공해야 한다. 이러한 신경심리학적인 문제들은 약한 인지장애 또는 언어 또는 운동 지체로 불리기도 하는데, 파악하기 힘들어서 주로 기질적인 문제로 여겨진다(Kazdin, 1995; Moffitt, 1997).

② 감각기관의 문제

감각기관의 손상은 유아가 외부의 정보를 구별하는 능력에 영향을 주어 정확한 인식을 어렵게 한다. 운동신경의 협응력 부족, 자극에 대한 과민성, 주의 산만, 과잉행동 등과 같은 어려움은 유아의 문제행동과 관련이 있을 수 있다(Ayres, 1979). 어떤 유아들은 감각기관의 손상으로 외부의 감각적인 자극을 잘 느끼지 못하는 반면, 다른 유아들은 자극에 매우 민감하고 특정 자극에 강한 선호를 보이기도 해서 과잉 자극체계를 가지고 있는 것으로 보인다(Greene, 1998).

감각 정보의 장애는 유아가 또래 및 성인과 상호작용하는 데 제한을 주기 때문에 다른 사람과의 관계에서 긍정적인 반응을 이끌어 내기 어렵고, 때로는 유아가 좌절 감을 느끼게 되어 분노를 표현하는 결과를 가져올 수 있다.

(4) 주의력결핍 과잉행동장애(ADHD)

주의력결핍 과잉행동장애(attention deficit hyper activity disorder: ADHD)는 주의가 매우 산만하여 잠시도 가만히 있지 못하는 행동과 매우 흥분하여 행동의 정도가 과 한 상태 모두가 관찰될 때 사용되는 용어다. ADHD는 일반적인 유아가 보이는 충 동적이고 산만한 행동이 아니라 그 정도가 평균 이상일 경우 진단을 받게 되는데, 유아가 실수로 이러한 행동을 하거나 정서적으로 문제가 있어서 나타나는 것이 아 니라 전두엽의 이상으로 인해 자신의 행동을 조절하지 못하는 병 또는 장애로 이해 해야 한다. 최근 학자들(Sengupta et al., 2012)은 ADHD 환자들의 유전자를 분석해 서 노르에피네프린이라는 신경전달물질을 담당하는 유전자에 이상이 있다는 사실 을 밝혀냈다.

행동문제를 보이는 유아는 종종 ADHD로 진단을 받기도 한다. 많은 교사가 학급 에서 통제가 어렵고 주의가 산만한 유아 또는 학생들에 대해 과잉행동 또는 주의력 결핍장애로 판단을 내리고 특수한 치료를 받도록 하는 경우가 증가하고 있어 비판 이 일고 있다(Essa, 1988). 정상적인 발달 과정에서 유아들은 어느 정도 부주의한 행 동과 과잉행동을 보이기도 한다. 그러나 유아의 발달을 정확하게 인식하지 못하는 교사나 성인들이 상대적으로 짧은 유아의 주의집중 시간을 문제 삼고 쉽게 ADHD 로 진단 내리는 것이 문제점으로 지적된다.

2) 환경적 위험 요인

유아는 가정, 유아교육기관, 놀이터, 또래집단, 종교집단, 지역사회 등의 다양한 맥락 속에서 상호작용을 하면서 발달하게 된다. 이러한 환경들은 유아에게 다양한 방식으로 영향을 미치게 되므로 유아의 행동 발달에 영향을 주는 환경적 위험 요인의 유형과 이들이 어떠한 영향을 미치는지를 살펴보아야 한다.

(1) 가족 및 부모의 훈육 방식

세계 어느 곳에서나 가족은 유아의 신체적 욕구를 충족해 주고 유아를 양육하고 사회화하는 일차적인 책임을 진다(Goldsmith, 1999). 특히 부모의 양육행동이나 훈육 방식은 유아의 발달에 많은 영향을 미친다.

부모의 양육에 대한 연구들에서 확인된 바와 같이, 부모는 유아의 사회화 과정에서 가장 중요한 역할을 한다(Campbell, Shaw, & Gilliom, 2000; Deater-Deckard, 2000; Fagot, 1997). 그러므로 부모가 인지하는 부모 역할에 대한 자신감인 양육효능감은 유아의 발달 및 유아의 행동 적응과 관련 있는 변인이며(Bor & Sanders, 2004), 부모의 양육 실제와 관련성이 높다고 보고되고 있다(Coleman & Karraker, 2003).

부모의 양육효능감이 유아의 발달에 미치는 영향에 대한 연구 결과에서는 양육효능감이 높은 부모일수록 유아가 덜 감정적으로 대응하며 좀 더 사회적인 행동을 하는 것으로 나타났다(Coleman & Karraker, 2000). 문제행동과의 관계에서는 양육효능감이 낮은 부모의 유아가 어지럽히고 소란스럽게 하는 행동의 수준이 높았으며(Bor & Sanders, 2004), 문제행동을 많이 하는 것으로 나타났다(Gross & Tucker, 1994). 즉, 부모의 양육효능감은 유아의 문제행동과 높은 관련성이 있는 것으로 나타났지만 아직까지 양육효능감과 유아의 문제행동의 두 변인 중 어느 변인이 먼저 다른 변인에게 직접적인 영향을 주는지는 밝혀지지 않았다(Jones & Prinz, 2005).

〈표 6-4〉 부모의 유형과 자녀의 사회적 행동

부모의 유형	특성	유아의 사회적 행동
권위가 있는 부모	애정적 · 반응적이고 자녀와 항상 대화를 갖는다. 자녀의 독립심을 격려하고 훈육 시 논리적 설명을 한다.	책임감, 자신감, 사회성이 높다.
권위주의적 부모	엄격한 통제와 설정해 놓은 규칙을 따르도록 강요한다. 훈육 시 체벌을 사용하고 논리적 설명을 하지 않는다.	비효율적 대인관계, 사회성 부족, 의존적 · 복종적 · 반항적 성격을 가진다.
허용적 부모	애정적 · 반응적이거나 자녀에 대한 통제가 거의 없다. 훈육에 일관성이 없다.	자신감이 있고 적응을 잘하는 편이나, 규율을 무시하고 제멋대로 행동한다.
무관심한 부모	애정이 없고, 냉담하고, 엄격하지도 않으며 무관심하다.	독립심이 없고 자기통제력이 부족하다. 문제행동을 많이 보인다.

출처: 정옥분(2006).

(2) 빈곤

일반적으로 저소득 가정의 유아들은 사회 · 경제적으로 취약한 환경에서 비롯되는 위험 요소들을 경험하게 되고, 이러한 요소들은 유아기의 심리사회적 발달 과정에서 일어나는 일반적인 문제들에 심각한 영향을 주는 것으로 지적된다(Lynch, 2003; Taylor & Robert, 1995).

저소득 가정의 유아들은 일반 가정의 유아들에 비해 건강문제, 행동문제, 학업 성취도에 이르기까지 상대적으로 많은 문제를 보인다(Brooks-Gunn & Duncan, 1997; Brooks-Gunn, Kleanov, Liaw, & Duncan, 1995; Duncan & Brooks-Gunn, 2000). 특히 경제적으로 열악한 조건과 한부모가정의 유아들은 공격적인 문제행동을 보이는 경향이 있음이 알려져 있다(McLoyd, 1998; Shaw, Winslow, & Flanagan, 1999). 일반적으로 유아들은 내재적인 문제행동에 비하여 외향적인 문제행동을 더 많이 보이고 유아기 동안 높은 수준의 문제행동을 보이는 경우도 보고되고 있으며 (Keenan & Wakschlag, 2000), 이러한 유아기의 문제행동이 학령기와 청소년기까지 지속되는 것이 문제점으로 지적된다(Bongers, Koot, Van Der Ende, & Verhulst, 2004; Keenan, Shaw, Delliquadri, Giovanelli, & Walsh, 1998).

또한 저소득 가정의 유아들은 일반 유아에 비해 사회적 적응 능력이 낮고(김명순, 이미화, 2005), 대인관계 형성 능력이 부족하며(이유미, 2006), 부모와의 상호작용에서도 강압적인 훈육과 애정 결핍으로 인해 심리정서적 어려움을 겪고 있다(문미애, 2006). 그러나 모든 저소득 가정의 유아들이 이러한 문제들을 보이는 것이 아니며 유사한 환경 속에서도 개인차가 존재한다(박민주, 방희정, 2007).

(3) 폭력적인 미디어

일반적으로 유아들은 첫돌 이전에 이미 TV를 접하고 하루 평균 1시간 30분을 시청하게 되며, 유아기 동안 고정 시청자가 되어 3세까지는 시청 습관을 형성하게 된다(정미라 외, 2002). 우리나라 유아들은 만 5세의 경우 하루 평균 평일에는 1시간 53분, 주말에는 약 2시간 12분 TV를 시청하는 것으로 나타났다(박소현, 1999). 미국의 경우는 유아가 일주일에 평균 35시간 TV를 시청하며(Levin, 1998) 만 1세는 하루 평균 2.2시간 TV를 시청하는 것으로 조사되었다(Christakis, Zimmerman, DiGiuseppe, & McCarty, 2004). 또한 저소득층 유아들이 다른 계층의 유아들에 비해 더 많은 시간을 TV 시청에 할애하는 것으로 나타났다(Slaby, 1997).

유아가 TV를 통해 2,000개 이상의 폭력과 사고를 목격하고 그중 500개의 시상을 기억한다는 것(정미라 외, 2002)은 유아가 TV에서 난폭하게 행동하는 등장인물을 관찰함으로써 난폭해지거나 공격적이 될 수 있으므로 관찰을 통해서 학습이 이루어진다고 설명하는 관찰학습이론을 뒷받침해 준다. 또한 TV 시청은 유아의 주의력과 행동 문제 및 충동적인 행동과 관련이 있는 것으로 나타났는데, 연구에서는 유아가 하루에 TV를 시청하는 시간이 증가할수록 유아의 주의력과 관련된 문제가 10% 증가하는 것으로 보고되었다(Christakis et al., 2004).

TV 시청이 유아에게 미치는 부정적인 영향은 주로 공격성에 관련된 것이다. 조혜령(1992)은 TV 폭력물이 일부 유아에게 공격성을 증가시킨다고 했다. 유아는 자동적으로 TV에 나온 행위를 모방하지는 않지만 성장함에 따라 관찰학습이 증가하며, 폭력적 내용의 TV 프로그램은 유아의 공격성을 유발한다(정미라 외, 2002). 유아는 공격적인 프로그램을 시청한 후 공격적인 등장인물이나 공격적인 행동이 실제 현실과 유사하거나 현실적이라고 인식하게 될수록 공격적인 행동을 모방하게된다. 또한 폭력적인 미디어는 유아가 그러한 폭력이 현실에서 일반적으로 일어나는 것이며 수용되는 행동이라고 잘못 이해하는 데 영향을 주기도 한다(Thomas & Drabman, 1975). 이러한 문제가 실제로 일어난 경우가 1999년 미국의 콜로라도주 리틀턴시에 있는 콜럼바인 고등학교의 총기난사 사건이다. 이 고등학교의 청소년이 둠(Doom)이라는 폭력적인 비디오 게임을 몰두해서 하고 난 후 13명의 급우를 총기로 사살하고 자신도 자살한 충격적인 사건이었다. 이 사건 이후 비디오 게임의 폭력성에 대한 우려가 전 세계적으로 대두되었다.

4. 문제행동의 유형

유아의 심리장애와 문제행동의 분류체계는 일반적으로 가장 널리 사용되는 지침서인 미국정신의학회(American Psychiatric Association)의 『정신장애의 진단 및 통계 편람 제5판(Diagnostic and Statistical Manual of Disorders, 5th ed.: DSM-V)』과 GAP(Group for the Advancement of Psychiatry), ICD-10(International Statistical Classificaiton of Disease, Injuries, and Cause of Death)의 세 가지다. 이 외에도 Kauffman의 수행장애 유형, Lazarus의 BASIC-ID 모델이 있다.

여기에서는 문제행동의 분류체계 중 Kauffman의 수행장애 유형에 따라 문제행동의 유형을 구분하여 보고, 행동 특성에 따른 문제행동의 유형에 대해서 살펴보기로 한다.

1) 분류체계에 따른 문제행동의 유형

(1) Kauffman의 수행장애 유형

Kauffman은 학령 전 유아들에게 일시적 또는 잠정적으로 출현할 수 있는 정서장애 유아의 문제행동을 구분했다. Kauffman의 수행장애 유형은 수행장애, 부적절하게 미성숙한 행동, 인격장애의 세 가지로 나뉜다(강경미, 2006).

〈표 6-5〉 Kauffman의 수행장애 유형

유형	특성
수행장애	• 공격적 · 반사회적 행동 -아이들에게 공격적 -아이들을 통제하려고 함 -소유권이나 규칙에 공격적 -과도한 관심 끌기 -건방지고 불복종적 · 부정적 -과잉행동, 질투(소유, 이기적) -말을 과도하게 하는 행동 -울화 -조소(불신, 비난) -불신임 -난폭한 언어, 저주, 욕 등
부적절하게 미성숙한 행동	• 와해적 · 무(無)목적적 행동 -부주의, 과제 미완성 -잊기, 기억하지 못함 -지시에 따르지 않음 -과제 이해 결핍 -주의 산만 -동기 결여, 무감각적 -듣기 문제 -이해의 어려움

인격장애	• 불안, 철회 행동 −까다로움, 지나치게 민감 −슬픔, 성마름 −자신감 결여 −실패를 두려워함 −감정을 적절히 표현하지 못함 −집단에 참여하기를 기피함 −새로운 상황 또는 어려운 일 회피

출처: 강경미(2006).

2) 행동 특성에 따른 문제행동의 유형

(1) 사회성 관련 문제행동

유아는 성장해 가면서 자신이 속한 사회가 바람직하게 여기는 가치관과 행동을 학습해 나간다. 유아는 사회화되는 과정에서 자신을 둘러싸고 있는 인적 · 물적 환경들과 관계를 형성하고 그 사회의 규범과 규칙 및 기대되는 행동들에 대하여 학습하게 된다. 유아가 이러한 사회의 가치관이나 행동들을 학습하는 데 어려움을 겪게

 〈표 6-6〉 **사회성 관련 문제행동의 유형과 특성**

유형	특성
따돌리는 행동	친구들과 관계 형성이 원활하지 못하거나 몸이 작고 왜소한 유아들을 배척하는 행동
자폐적인 행동	또래와의 상호작용에 극히 소극적이고, 교사나 또래와 놀이하거나 의사소통하는 것을 즐기지 않음
공격성	또래나 성인의 신체나 권리, 소유물에 피해를 주는 행동
거짓말	자신의 욕구나 생각을 사실인 것처럼 표현하는 행동
욕설	바람직하지 못한 언어를 사용하는 행동
훔치는 행동	내 물건이 아닌 것을 가져가는 행동

출처: 강경미(2006).

되면 가족, 친구, 이웃, 교육기관 내에서 사회적 관계 형성에 문제를 보이게 된다.

유아의 사회성과 관련된 문제행동들은 다른 사람과 사회적인 관계를 형성하고자 하는 욕구가 부족한 비사회성 문제행동과 사회의 규칙에서 벗어나 타인에게 피해를 주는 행동을 하게 되는 반사회성 문제행동으로 나타날 수 있다. 구체적인 사회성 관련 문제행동의 유형과 특성은 〈표 6-6〉과 같다.

(2) 정서 관련 문제행동

유아의 정서 관련 문제는 유아의 기질 및 생후 초기의 애착 형성과 관련이 있다. 유아기의 정서적 안정감은 건전한 인격으로 성장하는 데 가장 기본적인 요소 중 하나이기 때문에, 유아가 정서적인 문제를 갖게 되면 원만한 인간관계를 유지할 수 없고 환경 요인에 대한 심리적인 부적응 반응을 행동으로 표현하게 된다. 이러한 정서 관련 문제는 방치하게 되면 건전한 성격 발달에 장애가 되므로 조기에 발견하고 지도해야 한다.

구체적인 정서 관련 문제행동의 유형과 특성은 〈표 6-7〉과 같다.

 〈표 6-7〉 정서 관련 문제행동의 유형과 특성

유형	특성
분리불안 문제	• 주 양육자와의 애착의 문제로 주 양육자와 물리적으로 분리될 때 부정적인 정서를 표현하는 행동
주의력 조절과 행동 조절의 문제	• 또래에 비하여 과제에 집중하는 능력이 부족함을 보이는 행동 • 충동적이거나 행동의 수준이 과한 행동
성적인 문제	• 부적절한 성적 호기심이나 성적인 행동

출처: 강경미(2006).

(3) 언어 및 인지 장애 관련 문제행동

언어 및 인지 장애 관련 문제행동은 주로 유아가 생득적으로 가지고 태어나는 요인에 의해 나타난다. 뇌의 이상이나 유전자 이상 또는 호르몬의 이상 등으로 유아의 의도와는 상관없이 행동에 문제가 나타날 수 있다. 따라서 이러한 문제행동은 의학적 · 교육적 · 행동수정적인 조기 중재 프로그램을 통해 접근하는 노력이 필요하다.

구체적인 언어 및 인지 장애 관련 문제행동의 유형과 특성은 〈표 6-8〉과 같다.

 〈표 6-8〉 언어 및 인지 장애 관련 문제행동의 유형과 특성

유형	특성
언어장애	신체적 요인이나 기질적 요인으로 인한 어휘력, 발음, 의사소통의 어려움
학습장애	지능은 정상이지만 듣기, 말하기, 읽기, 쓰기, 추리 또는 계산 능력의 심각한 문제로 인한 학습의 어려움

출처: 강경미(2006).

(4) 기본생활습관 관련 문제행동

기본생활습관은 일상생활에서 행하는 의식과 관련된 행동들이 지속적으로 반복되는 과정을 통해 익숙한 행동으로 자리 잡게 되면 무의식적으로 언제나 같은 형태의 행동을 하게 되는 것을 말한다. 이렇게 주변 환경에 적응해 가는 과정에서 형성된 습관은 유아기 이후에 쉽게 변하지 않는 특성이 있기 때문에(심은혜, 2001) 어린 시기부터 올바른 생활습관을 형성하도록 지도하는 것이 매우 중요하다.

올바른 기본생활습관을 형성하는 데 별 어려움이 없는 유아도 있지만, 어떤 유아는 바른 생활습관을 형성하는 데 오랜 시간이 걸리거나 어려움이 있는 경우도 있다. 기본생활습관이 잘 형성되지 않으면 다른 사람과의 사회적 관계에 부정적인 영향을 줄 수 있어서 주의가 요구된다.

기본생활습관의 형성과정에서 발생할 수 있는 문제행동의 유형 및 특성은 〈표 6-9〉와 같다.

〈표 6-9〉 기본생활습관 관련 문제행동의 유형과 특성

유형	특성
식사습관	• 편식, 거식, 과식, 식사예절 없이 먹는 행동
배변습관	• 바지나 이불에 오줌 싸기 • 혼자서 화장실을 사용하지 못하는 행동
청결습관	• 몸의 청결 상태가 지나치게 불결한 문제

출처: 강경미(2006).

07

행동수정의 이해 및 행동지도 방법

유아의 불복종, 공격성 등 교실에서의 문제행동은 교사에게 좌절감을 느끼게 하고 다른 유아에게도 문제가 될 수 있다. 이 장에서는 유아의 문제행동을 이해하는데 필요한 기능적 행동평가 방법과 문제행동을 지도하는 데 사용되는 행동주의 기법에 대해 자세히 알아본다. 또한 아동학대 예방차원에서 사용 가능한 행동지도의 방법에 대해 학습할 수 있다.

1. 행동수정의 기본 개념

행동주의 접근은 유아 및 인간 행동을 이해하는 이론적인 접근일 뿐만 아니라 다양한 유형의 문제행동을 평가하고 그 행동을 감소시키며 적절한 행동을 증가시키는 데 가장 성공적인 방법으로 알려져 있다(Scotti, Ujcjch, Weigle, Holland, & Kirk, 1996; Umbreit & Blair, 1997). 따라서 많은 행동주의 기법이 좋은 평가를 받고 있기도 하다(Arndorfer & Miltenberger, 1993).

행동수정은 20세기에 발전된 **행동주의 심리학의 학습이론에 기초하여** 체계적인 행동수정 전략을 통해 행동을 변화시키는 것이다.

행동수정 모델은 사람의 행동이 그 결과에 영향을 받는다는 것에 기초하여 행동수정 기법을 적용한다. 행동수정에서는 모든 행동이 몇 가지 일정한 규칙을 따른다고 보고 이론적으로 다음과 같이 전제한다.

첫째, 행동수정에서는 주로 **행동에 집중**한다.

행동수정에서는 개인이 환경 및 개인과 상호작용을 하는 가운데 어떠한 행동을 하는가에 초점을 둔다. 따라서 행동수정이론은 관찰과 측정이 불가능한 각 행동의 원인, 개인의 성격, 기질 등을 제외하고 개인이 실제로 하는 행동을 통해 그 개인을 이해하고자 한다. 행동수정에서는 개인의 성격이나 심리적인 특성을 이해하고 변화시키려는 것이 아니라 개인이 자주 행하고 관찰될 수 있는 행동 자체를 변화시키려고 하는 것이다.

둘째, 행동수정에서는 대부분의 **행동을 학습된 것으로 본다.**

행동수정에서는 개인의 모든 행동이 생리적 또는 유전적 원인에 의한 것이라는 확실한 증거가 없다면 학습된 것으로 본다. 정상행동과 이상행동 모두 동일한 학습 원리에 따라 학습되고 유지되는 것으로 여기므로 행동수정 기법을 통해 행동이 수정될 수 있다고 본다.

셋째, 행동수정에서는 행동이 **환경조건에 의해 결정**된다고 본다.

행동과 환경의 관계는 일정한 법칙에 의해 성립되는데, 환경조건이 변하면 행동에도 변화가 나타난다. 행동의 변화에 영향을 미치는 환경자극은 특정 행동의 발생 직전에 주어지는 선행조건과 행동이 일어난 후 뒤따르는 자극인 후속결과로 나뉘며, 행동이 형성되거나 유지 또는 소멸되는 것은 이러한 환경자극에 의해 결정된다. 특히 충동적인 유아의 행동에 영향을 미치는 기질과 같은 환경 변인에 행동이 영향을 받는다고 할지라도 행동의 결과에 대한 경험은 더 효과적으로 그 행동에 영향을 미친다.

넷째, 행동수정에서는 **현재에 일어나는 행동에 초점**을 둔다.

행동수정이론에서는 과거의 경험이 현재 행동에 영향을 미치는 변인이 된다는 것을 인정하지만, 특정 행동의 수정은 현재 나타나고 문제가 되는 행동을 중심으로 적용된다. 과거의 경험이 한 개인의 행동에 영향을 주기는 하지만 현재 그 경험을 통제한다는 것은 불가능하기 때문에, 행동수정이론은 과거 부정적인 경험을 회상하여 행동의 원인을 취하는 입장인 정신분석학과는 반대되는 것이다. 행동수정에서는 처음 그 행동이 학습될 때와는 달리 현재는 다른 요소들의 영향으로 행동이 좌우될 수 있다고 본다. 따라서 어떠한 부정적인 행동의 근원적인 결정 요소와 상관없이 현재 그 행동이 수정되도록 하는 데 행동수정의 목표를 둔다.

2. 기능적 행동평가

유아의 문제행동을 지도하기 위해서는 그 **행동 뒤에 숨어 있는 이유를 파악**해야 한다(Carr et al., 1999). 여기서 **이유는 주로 행동의 목적이 되며 '기능'**을 말한다. 유아의 행동을 수정하기 위해서는 먼저 그 행동의 기능을 파악하는 것이 필요하다. 행동수정을 위해 특정 행동을 평가하는 여러 가지 방법 중 기능을 중심으로 평가하는 방법인 **기능적 행동평가**(functional behavior assessment)가 있다. 기능적 행동평가는 학교 심리 현장에 중요한 영향을 주었고(Mace, 1994) 다음과 같은 배경 속에서 발달하였다.

1970년대부터 교사들은 학생의 사회적 발달 및 학업 성취를 증진하기 위해서 행동적인 접근을 강조하기 시작했다. 그러나 그 당시 행동수정 기법은 몇 가지 제한점을 가지고 있었다. 첫째, 행동수정 기법은 주로 인공적이고 만질 수 있는 보상물(예: 사탕, 장난감)과 불필요한 처벌적 기법(예: 타임아웃, 반응대가)을 중심으로 문제행동을 억압하는 방법을 사용했다. 그 결과, 교육 전문가들과 부모들은 행동수정 기법을 덜 수용하게 되었다. 둘째, 행동수정은 일반적으로 그 학생이 왜 그러한 부적절한 행동을 하는지를 거의 고려하지 않기 때문에 행동의 목적을 파악하고 친사회적 행동으로 대체하여 지도하는 것이 불가능했다(Winett & Winkler, 1972).

　기능적 행동평가는 행동심리학에 근거를 두어 발달된 것으로서 행동 중재에 매우 다른 방식으로 접근한다. **기능적 행동평가의 목표**는 학생이 부적절한 행동이나 낮은 학업 성취를 보이는 **이유를 파악하는 것**이다. 교사나 학교 심리상담교사는 다양한 평가 방법을 사용하여 문제행동과 친사회적 행동 모두에 적용되는 **행동의 동기, 선행조건 및 두 가지 행동 모두를 강화하는 결과들을 평가**한다. 부적절한 행동을 동기화하여 일어나도록 하고 강화하는 사건들을 파악하는 것은 교사가 이들 변인을 조작하여 유아에게 친사회적 행동을 하도록 하고, 결과적으로 개별 유아의 부적절한 행동을 감소시키는 중재 전략을 세우는 것이 가능하도록 한다(Watson & Steege, 2003).

　행동주의 연구자들은 행동에 영향을 주는 환경 변인인 행동의 동기, 선행조건, 강화하는 결과들에 대해 연구하였다. 그중 Iwata, Dorsey, Slifer, Bauman과 Richman(1982)은 종합적인 기능적 행동평가의 방법을 개발했다. Iwata와 동료들의 방법은 유아 및 학령기 아동의 다양한 사회적인 행동과 학습행동에 가장 널리 적용되는 기능적 행동평가 방법이다.

　다음에서는 행동의 기능을 명확하게 파악하기 위한 기능적 행동평가의 절차와 방법에 대해서 설명하도록 하겠다.

1) 기능적 행동평가 절차

　기능적 행동평가는 부적절한 행동이 일어나는 이유를 이해하는 과정이라고 할 수 있다. 기능적 행동평가는 인간 행동을 이해하는 이론적인 체제(framework)인 동시에 평가 과정이다(Steege & Brown-Chidsey, 2005). 기능적 행동평가 절차에는 몇 가지 평가 과정(예: 면접, 직접관찰)을 통해 해당 유아에 관련된 사람들(예: 교사, 부모)과 환경(예: 교실, 가정, 학교, 지역사회)으로부터 얻는 정보가 포함된다.

기능적 행동평가의 절차는 다음 다섯 가지 주요 요소로 이루어져 있다.

① 유아가 배울 수 있는 기술과 사회적인 행동을 방해하는 행동을 파악하고 기술한다.
② 문제가 되는 행동과 관련되는 변인들을 파악하고 기술한다.
  • 선행조건: 방해하는 행동을 동기화하거나 야기하는 사건이나 조건
  • 개인적 변인: 언어기술, 사회적 기술, 의학적인 변인들
  • 후속결과: 사회적인 관심, 과제(활동)의 제거
③ **행동의 정도를 평가**한다.
  • **빈도**(frequency)
  • **지속시간**(duration)
  • **강도**(intensity)
④ 행동의 기능에 관한 가설을 설정한다.
⑤ 기능적 행동평가에 기초한 중재 계획을 세운다.

기능적 행동평가를 통해 문제행동의 바로 앞과 뒤에 일어난 사건들을 주의 깊게 관찰할 수 있다. 기능적 행동평가는 유아의 문제행동을 야기하는 선행사건, 사람 또는 활동을 밝히거나 이러한 행동이 언제 나타날지 예측하는 데 도움을 준다. 기능적 행동평가 방법에는 면접, 직접관찰 등이 포함된다.

2) 기능적 행동평가 방법

기능적 행동평가를 수행하는 방법에는 크게 세 가지가 있다. 첫째, 면접과 질문지로 정보를 수집하는 간접평가법, 둘째, 관찰자가 행동의 선행사건, 행동 및 결과를 기록하는 직접관찰법, 셋째, 선행사건 및 결과를 조작하여 문제행동에 미치는 영향을 관찰하는 실험법이다. 여기에서는 직접관찰법을 중심으로 살펴보겠다.

직접관찰법

기능적 행동평가에서 행동을 직접 관찰하는 것은 유아의 문제행동 기능에 관해서 중요하고 일차적인 정보를 제공할 수 있다. 직접관찰의 방법 중 가장 널리 알려진 것은 ABC 관찰(Bijou, Peterson, & Ault, 1968)로서 기능적 행동평가에 대한 최초의 기술적인 접근이다. ABC 관찰은 다양한 문제행동과 환경에 적용되어 왔다(Lalli, Browder, Mace, & Brown, 1993; Sasso et al., 1992).

ABC 관찰에서 **ABC는 선행조건**(antecedent), **행동**(behavior), **후속결과**(consequence)**의 약자**다. ABC 관찰은 [그림 7-1]과 같이 나타낼 수 있다.

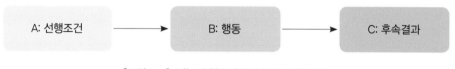

[**그림 7-1**] 기능적 행동평가의 ABC 관찰 방법

첫째, 선행조건은 발생행동 직전에 일어난 일들로서 행동의 발생을 결정하며, 그 예로는 교사의 지시, 교사가 주의를 기울이지 않는 것, 어려운 학습활동, 전이 시간 등을 들 수 있다. 선행조건은 어떤 행동의 발생을 결정하지만 그 행동이 다시 발생하는지의 여부는 발생행동의 후속결과에 따라 결정된다.

둘째, 후속결과는 어떤 행동이 발생한 직후에 일어난 일들을 말한다. 전형적인 발생행동의 후속결과는 교사의 주의 기울이기(제지시나 언어적인 통제), 좋아하는 장난감을 받기 또는 하고 싶지 않은 활동을 피하기(예: 타임아웃을 받기 위해 교구 정리를 하지 않는 것) 등을 포함한다.

ABC 관찰을 교실에서 적용하는 방법은 다양하다. 가장 많이 사용되는 방법은 기술적인 기록으로서 선행조건, 발생행동, 후속결과를 기록하는 것이다. ABC 관찰을 어떠한 방식으로 기록하든지 중요한 것은 행동과 선행조건 및 후속결과 간의 관계를 파악하는 것이다.

ABC 관찰을 하는 교사나 부모는 문제행동이 일어날 때마다 선행사건과 결과를 정확하게 관찰하고 기록하기 위해 훈련을 받아야 한다. 관찰자는 선행사건과 결과를 객관적으로 기술하고 기억에 의존하지 말고 즉시 기록하도록 훈련이 필요하다 (Miltenberger, 2009).

　　ABC 관찰은 세 가지 방식을 사용하여 수행될 수 있다(Miltenberger, 2009). 첫 번째로, **ABC 관찰의 기술식 방법**(descriptive method)은 관찰자가 행동에 대한 간단한

〈표 7-1〉 준우의 행동에 대한 ABC 관찰

일시	선행조건	발생행동	후속결과	행동의 기능에 대한 평가
	앞에 무슨 일이 일어났는가?	유아가 무슨 일을 했는가?	그 행동이 발생한 후 무슨 일이 일어났는가?	그 행동의 짐작되는 기능은 무엇이었는가?
1/10 10:30	미술활동이 5분 동안 진행되었고, 준우는 활동에 참여하지 않는다. 교사는 준우에게 그림을 그리라고 한다.	준우는 "싫어요."라고 소리를 지르면서 종이를 바닥에 던진다.	교사는 나가 버린다. 준우는 미술 영역에 남겨져 있다가 쌓기 놀이를 하러 간다.	미술활동을 하지 않는 것
1/10 11:30	교사는 점심 먹을 준비를 해야 한다고 말하고 준우가 화장실로 가서 손을 씻도록 이끈다.	준우는 바닥에 넘어지면서 울기 시작한다.	교사는 "좋아, 준우야. 손 씻지 않아도 되지만 물휴지로 손을 닦아야 한다."라고 말한다.	손 씻기를 피하는 것? 또는 물휴지를 좋아하는 것인가?
1/11 10:00	교사는 유아들에게 장난감을 정리하고 이야기 나누기 하러 모이자고 말한다. 교사는 준우에게 걸어온다.	준우는 트럭을 던지면서 "싫어요. 정리하기 싫어요."라고 소리 지른다.	교사는 "준우야, 장난감은 던지지 않는 거야. 생각하는 의자에 가세요."라고 말한다. 준우는 생각하는 의자에 가서 다른 아이들이 정리하는 동안 타임아웃을 받고 있다. 타임아웃이 끝나자 준우는 다른 아이들과 함께 이야기 나누기 대집단 영역으로 온다.	교구 정리하는 것을 피하기

설명과 그 행동이 일어날 때마다 각 선행사건과 결과를 간단하게 적는 것이다. 기술식 방법은 〈표 7-1〉과 유사한 양식을 사용하며, 개방형 기술을 통해 발생행동과 관련 있는 모든 사건을 기술한다.

두 번째로, **체크리스트 방법**(checklist method)은 관찰자가 미리 있을 수 있는 선행사건, 행동 및 후속결과를 표시하는 것이다. 이 체크리스트는 선행사건, 행동 및 후속결과를 문제행동에 대한 간접평가법인 면접이나 관찰을 통해 확인한 후 작성한다. 관찰자는 관련 항목에 해당 행동이 발생할 때마다 체크 표시나 세기표를 표시하여 기록한다. 〈표 7-2〉는 ABC 관찰 체크리스트의 예다.

 〈표 7-2〉 ABC 관찰 체크리스트

문제행동				선행사건						결과						학생반응				기록자	시간
소리지르기	또래때리기	밀기	교구던지기	교사가 다른 친구들 도움	일대일 시간	자유놀이 시간	낮잠시간	대집단 활동	점심시간	교사의 관심 끌기	교사의 무시	또래의 관심 끌기	또래의 무시	교구 획득	교사와 일대일	멈춤	웃음	계속	울음		
V				V						V	V					V				김영미	8:10
			V	V										V						김영미	9:30
										V	V	V			V					김영미	9:50
V	V						V	V	V	V					V					김영미	11:50
V		V																			

출처: Miltenberger (2009)에서 수정·보완.

ABC 관찰의 세 번째 방법은 간격기록법(interval recording)으로 관찰기간을 짧은 시간 간격으로 나누고, 행동이 그 시간 내에 일어나는지의 여부를 각 간격이 끝날 때 용지에 표시하는 것이다. 각 간격 내에 기록해야 할 특정 선행사건과 결과를 확인하고 정의한다. 간접평가법이나 직접관찰법을 통해 기록해야 할 특정 선행사건과 결과를 확인할 수 있다.

과거의 행동수정에서는 문제가 되는 행동을 수정하는 것에만 집중했다. 예를 들어, 지은이가 침을 뱉는다면 교사는 침 뱉는 행동을 감소시키는 중재를 사용하는 등 문제행동의 형태에 주로 주의를 기울인다. 이러한 접근법은 몇몇 유아에게만 효과가 있다. 그러나 행동은 기능과 목적을 지니며 이러한 기능과 목적은 행동의 선행 조건 또는 자극에 의해 예측될 수 있고, 후속자극(결과)에 의해 유지되기 때문에 이를 고려하지 않는 행동 중재 방법은 효과가 지속되기 어렵다(Reichle & Wacker, 1993).

행동수정의 기본 원리는 행동의 후속결과로 행동을 통제하는 것으로 매우 간단하지만 효과적이다. 모든 행동은 그 행동에 따른 결과가 있고 모든 행동은 어느 정도 그 결과에 영향을 받는다. 따라서 행동을 수정하려 할 때에는 행동 자체를 바꾸는 것에 초점을 두는 것보다 그 결과를 통제하는 것이 더 효과적이다. 그러기 위해서는 발생행동과 그 후속결과를 효과적으로 연관시키는 것이 중요하다. 행동수정에서는 후속결과들이 발생행동에 강한 영향을 줄 수 있는 규칙들을 적용한다.

3. 행동수정 기법의 이해

앞에서 행동수정을 위해서 기능평가를 통해 행동을 이해하는 방법에 대해 제시했다. 여기에서는 행동수정 기법을 **행동을 증가시키는 기법**과 **감소시키는 기법**으로 나누어, 유아교육기관에서 주로 사용되는 강화, 타임아웃, 소거의 행동수정 기법에 대해 자세히 알아보겠다.

1) 행동의 비율을 증가시키는 기법

(1) 강화

Skinner의 행동주의 이론에서는 행동이 발생한 뒤에 제시되는 후속자극의 형태에 따라서 발생행동이 증가하거나 약해진다고 주장한다. 조작적 조건화의 실험에서는 행동을 강화하거나 감소시키기 위해 후속자극을 제시한다. 강화(reinforcement)는 행동과학자들이 체계적으로 연구한 가장 중요한 기본 원리 중의 하나다. **강화**는 행동이 발생한 직후에 뒤따르는 즉각적인 결과가 그 행동을 증가시키는 과정을 말하며, 이때 사용한 후속결과 자극을 **강화인자**(reinforcer)라고 한다. 어떤 행동이 강화되면 그 행동은 이후 다시 쉽게 발생한다. 이렇게 강화를 통해 증가된 행동을 **조작된 행동**(operant behavior)이라고 한다. 강화는 사회적·물리적 환경과의 상호작용의 결과로 자연스럽게 발생할 수도 있으며, 행동을 수정하기 위한 목적으로 계획적으로 적용할 수도 있다(Sulzer-Azaroff & Mayer, 1991).

강화의 원리를 설명하면 [그림 7-2]와 같다.

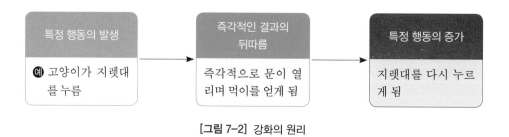

[그림 7-2] 강화의 원리

행동을 증가시키는 기법의 하나인 정적 강화는 행동이 발생한 후 자극을 제공(+)하여 행동을 증가시키는 것이다.

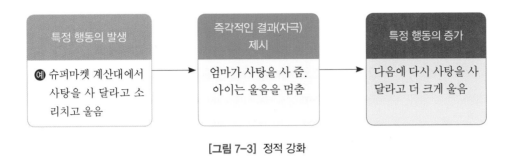

[그림 7-3] 정적 강화

① 강화물

강화를 하기 위해서는 보상을 제공하여 반응이나 행동을 증가시켜야 한다. 정적 강화물의 예는 〈표 7-3〉에 제시되어 있다. 강화물의 사용은 교육기관의 다른 교사나 부모가 강화물 사용에 대하여 사전에 동의하는 것이 필요하다. 예를 들어, 특별활동 교사가 유아에게 수업에 잘 참여한 행동에 대한 보상으로 사탕을 주는 것은 담임교사와 상의한 후에 실행해야 바람직하다. 특히 부모들은 사탕이나 초콜릿 같은 당분이 많이 함유된 식품을 강화물로 주는 것을 좋아하지 않는 경향이 있다.

 〈표 7-3〉 정적 강화물의 예

- 먹는 것: 사탕, 아이스크림, 초콜릿, 과자, 피자 등
- 음료수: 주스, 콜라, 우유 등
- 물건: 장난감, 연필, 구슬, 미니어처 등
- 놀이활동: 그네 타기, 캐치볼, 달리기, 공원에 놀러 가기, 영화 보기, TV 시청, 게임 등
- 사회적 칭찬: 잘했어, 멋있어, 훌륭해, 최고야 등
- 비언어적 보수: 미소를 보낸다, 뽀뽀해 준다, 쓰다듬어 준다, 안아 준다 등

② 강화 기법을 사용할 때 주의해야 할 원칙

첫째, 강화 기법을 적용할 수 있는 목표행동(바람직한 행동)은 유아가 자발적 의지로 행하는 행동에 한정된다. 즉, 바람직한 습관, 사회적 행동, 교실 내에서 발생

하는 또래 및 활동과 관계된 행동 등이 있다.

둘째, 목표행동이 발생하면 되도록 **바로 그리고 반드시 보상**해야 한다. 강화를 통해 목표행동의 발생을 효과적으로 증가시키려면 행동의 발생과 강화 간의 시간 간격이 중요하다. 즉, 목표행동이 발생한 후 바로 보상을 제공해야 하는 것이다. 예를 들어, 교사는 유아가 이야기 나누기 시간에 손 들고 자신의 차례를 기다려서 발표하는 행동을 할 때 스티커를 주기로 했다면 그 행동이 나타난 직후 해당 유아에게 스티커를 바로 주어야 한다. 시간이 지난 후에 스티커를 주면 유아는 자신의 어떤 행동에 대해 보상을 받게 되는지 알지 못한다.

셋째, 목표행동과 보상 규칙에 대해서 **일관성 있게 보상**이 이루어져야 한다. 보상이 주어질 때에는 반드시 목표행동을 했는지 확인해야 한다. 다음에 목표행동을 하기로 약속하고 미리 보상을 주는 것은 강화의 효과가 나타나지 않는다.

넷째, **목표행동**을 **정확하게 관리**한다. 목표행동이 이루어지기 전에 다른 부적절한 행동을 했더라도 목표행동을 하게 되면 반드시 보상 규칙에 따라 보상해야 한다. 유아가 손을 들고 발표를 하는 행동을 한 후 소리를 지른 상황을 가정해 보자. 이런 상황에서 교사는 일반적으로 유아에게 손을 들고 자신의 차례를 기다려서 발표하는 행동을 했어도 소리를 질렀기 때문에 스티커를 받을 수 없다고 말한다. 그러나 이 유아는 목표행동인 손을 들고 자신의 차례를 기다려서 발표를 하는 행동을 했기 때문에 강화물인 스티커를 받아야 한다. 그렇지 않고 교사가 그처럼 말을 하고 강화를 하지 않는다면 유아는 더 이상 목표행동을 하려고 하지 않을 수 있다.

③ 정적 강화 기법의 적용

정적 강화 기법은 〈표 7-4〉와 같은 단계에 따라 적용할 수 있다. 강화 기법에서는 특정한 행동이 어떻게 발생하는지에 대한 자료를 수집한 후, 목표행동을 결정하여 그 행동을 증가시킬 목적으로 가장 적합한 강화물을 선정하며, 목표행동이 발생한 즉시 즉각적인 결과로 강화를 주고, 그 행동이 증가하는지 관찰하는 단계를 거친다.

〈표 7-4〉 강화 기법 적용의 단계

단계	내용
1. 문제행동 평가	• 기능적 행동평가를 통해 선행조건, 발생행동(문제행동), 후속결과에 대하여 파악 • 기초선(baseline) 자료 수집(관찰을 통한 빈도 파악)
2. 목표행동 결정	• 변화시켜야 할 행동, 새롭게 학습시킬 행동 또는 소거해야 할 행동에 대한 명확한 정의 및 결정
3. 강화 기법 선택	• 강화 기법과 강화물 결정 • 행동을 강화하는 가장 효과적인 강화물과 보상에 대한 계획(언제, 어떻게)
4. 강화 실시	• 유관 설정(~하면 ~하게 해 준다) 및 행동계약서 작성 • 행동 보상 기록, 행동 관찰
5. 평가	• 관찰 기록 자료의 분석을 통해 강화의 효율성과 적절성, 정확한 실천 등에 대한 평가 • 강화 기법 적용 후 유아의 행동 변화를 기록

목표행동의 형성을 위해서는 모든 목표행동에 강화를 제공하는 **연속적 강화계획**(continuos reinforcement schedule)을 사용한다. 연속적 강화계획은 사람들이 행동을 배우거나 처음 그 행동을 해 볼 때 사용되는 방법이다. 이와는 달리 **간헐적 강화계획**(intermittent reinforcement schedule)은 모든 목표행동을 강화하지 않고 간헐적으로 강화하는 방법이다. 일단 형성된 목표행동을 유지하도록 하기 위해서는 간헐적이면서 불규칙적인 간헐적 강화계획 방법을 적용하는 것이 효과적이다(Miltenberger, 2009).

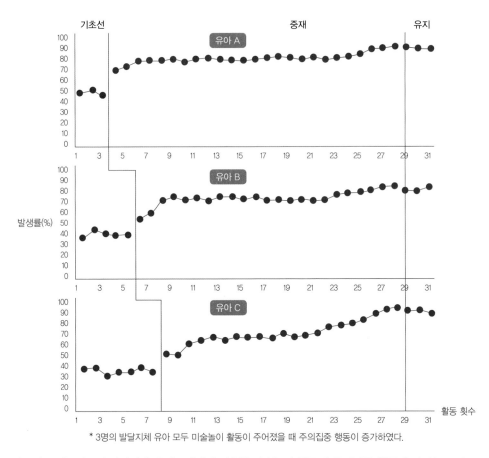

* 3명의 발달지체 유아 모두 미술놀이 활동이 주어졌을 때 주의집중 행동이 증가하였다.

[그림 7-4] 만 5세 발달지체 유아 3명에게 적용한 미술놀이 활동이 주의집중 행동에 미치는 효과를 나타낸 중다기초선설계 그래프

출처: 이혜숙, 김선미(2011).

2) 행동의 비율을 감소시키는 기법

앞에서는 행동을 형성하거나 유지하도록 하는 강화에 대해 살펴보았다. 여기에서는 행동의 비율을 감소시키거나 약하게 하는 방법으로 사용되는 타임아웃과 소거에 대해 살펴보기로 한다.

(1) 타임아웃

타임아웃은 부적절한 행동을 한 다음 짧은 시간 동안 정적 강화자극에 접근하지 못하게 하는 것으로서(Cooper, Heron, & Heward, 1987), 그 결과로 미래에 그 행동의 발생 가능성이 감소하게 된다. **타임아웃이 적절한 방법으로 사용된다면 유아의 자기조절이 발달하는 논리적 결과를 낳는다.** 그러나 타임아웃이 부적절하게 사용되면 유아가 어려운 상황을 다루는 더 바람직한 방법을 배울 능력을 손상시키는 체벌이 될 수 있다(Kostelnik, Whiren, Soderman, & Gregory, 2009). 따라서 타임아웃은 유아의 감정을 가라앉히고 환기하기 위해서 유아를 강화자극에서 분리하는 것이지, 혐오자극(벌)을 주는 것이 아니다. 이는 [그림 7-5]와 같이 나타낼 수 있다.

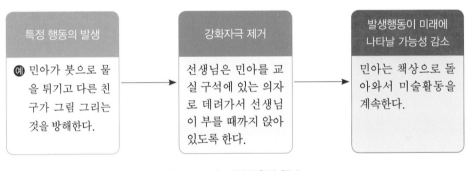

[그림 7-5] 타임아웃의 원리

타임아웃은 다른 행동지도 방법과 함께 사용되어야 하며, 긍정적인 행동지도기법(예: 재지시하기, 관심을 다른 곳으로 돌리기, 교사의 관심 철회, 자연적 결과) 등을 사용해도 유아의 문제행동이 감소하지 않을 때 사용한다. 타임아웃을 잘못 사용하면 유아가 벌로 이해하게 할 수 있기 때문에 타임아웃의 사용 절차를 정확하게 이해하고 잘 훈련된 교사가 실시해야 하며 지켜야 할 절차를 준수해야 한다. 타임아웃을 사용할 때 기억해야 할 것은 반드시 심각한 공격적인 행동, 교구나 물건 부수는 행동, 교사의 지시를 심각하게 따르지 않는 등의 **소수 행동에만 적용**해야 한다는 것과 **3세 미만의 영아에게는 사용하지 않는다**는 점이다. 우리나라에서는 타임아웃이 아동학대를 예방하면서 교사가 사용할 수 있는 행동지도 방법의 하나로 제시되고 있다(보건복지부, 중앙아동보호전문기관, 2015).

① 타임아웃의 종류

타임아웃에는 비배제 타임아웃과 배제 타임아웃의 방법이 있다. 비배제 타임아웃은 문제행동을 한 학생을 문제행동이 일어난 교실에 머무르게 하면서 그 행동에 강화를 주는 자극에 접근하지 못하게 하는 것이다. 비배제 타임아웃의 예로는 유아교육기관에서 '생각하는 의자'의 형태로 사용되는 타임아웃이 있다. 유아교육기관에서는 교실 내에서 타임아웃이 실행되어야 한다.

배제 타임아웃은 문제행동을 한 학생이 문제행동이 일어난 교실에서 나가 다른 방에서 짧은 시간 동안 타임아웃을 하도록 하는 것이다. 이 방식은 유아들에게는 사용하지 않는다.

② 타임아웃 사용에서 고려할 점

타임아웃을 사용할 때에는 다음과 같은 점들을 고려해야 한다.

첫째, **문제행동이 정적 강화에 의해 유지되는 행동일 경우** 타임아웃의 사용이 적당하다. 즉, 교실에서 유아가 문제행동을 했을 때 교실 내의 환경 변인(상황, 장소, 또래, 활동)이 해당 유아에게 정적 강화로 작용할 경우에는 타임아웃을 적용해서 문제행동의 감소를 기대할 수 있다.

예를 들어, 앞서 제시한 타임아웃의 예에서 민아에게는 또래 친구들과 함께 미술활동을 하는 것이 정적 강화자극이 되기 때문에 친구

타임아웃을 하는 유아

들과 떨어져서 상호작용을 할 수 없도록 민아에게서 강화자극을 제거하는 것이 문제행동을 감소시키는 결과를 가져올 수 있다.

만일 민아의 행동이 미술활동을 피하기 위한 도피행동이었다면 타임아웃을 사용하는 것이 오히려 문제행동을 부적으로 강화시킬 수 있다. 또한 타임아웃 장소가 교실 내의 활동 장소보다 덜 혐오적이라면 문제행동을 부적으로 강화하게 된다. 즉, 민아가 미술활동이 하기 싫어서 물을 튀기는 행동을 한다면 타임아웃을 통해 민아의 행동 목적이 달성되어, 앞으로 미술활동을 하지 않기 위해 물을 튀기거나 다른 친구의 미술활동을 방해하는 행동을 하게 될 것이다. 또한 타임아웃 장소인 '생각하는 의자'가 놓인 장소가 혼자서 재미있게 놀 수 있는 교구가 가까이 놓여 있어서 미술활동을 하는 것보다 더 즐겁게 놀 수 있는 환경이라면 문제행동이 증가할 가능성이 있다.

둘째, 타임아웃이 적용되는 **부적절한 행동을 세분화**해야 한다. 타임아웃을 적용할 수 있는 문제행동은 또래나 교사 또는 성인을 때리고, 물고, 꼬집는 행동이나 교구나 물건 등을 던지고 고의로 파손하는 행동, 교사의 지시에 대한 심각한 불순응 행동 등이다. 교사는 학급의 유아들에게 타임아웃이 적용되는 행동에 대해 알려 주고 어떤 상황에서 타임아웃을 적용하게 되는지 상세하게 설명하고 규정해야 한다. 이는 어떤 행동이 교실 내에서 수용될 수 없는지에 대해서 이해할 수 있는 연령의 유아에게만 타임아웃 기법을 적용해야 한다는 것을 의미한다.

셋째, 타임아웃은 **안전한 장소에서 실시**되어야 하며 **시간이 짧아야 한다**. 유아에게 타임아웃을 실시할 때에는 교사가 타임아웃 상태에 있는 유아를 잘 관찰할 수 있도록 쉽게 접근할 수 있는 장소를 선택해야 한다. 타임아웃의 시간은 일반적으로 3~5분이다.

넷째, 교사는 타임아웃이 끝나기 전에 유아가 생각하는 의자에서 일어나거나 타임아웃 장소에서 벗어나는 것을 막아야 하며 **상호작용을 하지 않아야 한다**.

다섯째, 유아에게 타임아웃을 **위협이나 벌로 사용해서는 안 된다**. 즉, '~하면 너에게 타임아웃을 할 거야.' 또는 '~하면 생각하는 의자에 보낼 거야.'라고 유아의 행동을 위협하는 방법을 사용하는 것은 바람직하지 못하다.

③ 타임아웃을 효과적으로 사용하기 위한 준비

타임아웃은 잘못 사용하면 아동학대로 오인받을 수 있기에 부모와 새 학기가 시작하기 전에 교실에서의 생활지도 방법 등에 대한 학부모 교육을 통해 지도 방법에 대한 이해를 높일 수 있도록 한 후 사용하는 것이 바람직하다.

첫째, 교사는 타임아웃을 사용하기 전에 교사회의를 통해 타임아웃의 사용방법, 절차에 대해 협의를 해야 한다. 교육기관에서 사용 여부가 결정된 후, 학기 초 부모교육을 통해 교실에서 모든 유아와 교사의 안전한 생활과 교육이 이루어지도록 타임아웃을 적용하는 구체적인 문제행동과 관찰기록, 다양한 행동 지도 방법을 설명하여 타임아웃 사용에 대한 필요성을 이해하도록 돕는다.

둘째, 타임아웃을 사용하기 전, 반드시 문제행동의 예방을 위한 방법을 적용해 보고, 긍정적인 행동 지도 방법 등을 사용해 보아도 효과가 없을 때 최후의 방법으로 사용해야 한다. 또한 이러한 방법을 사용해 본 것을 기록하고, 해당 유아의 문제행동을 관찰 기록화하여 객관적인 기록 작업을 해야 한다.

셋째, 교사는 타임아웃의 정확한 사용법과 효과가 나타나는 메커니즘을 이해하고 있어야 한다. 또한 충분한 훈련과 연습을 하여, 언제, 어떻게, 어디에서 타임아웃을 사용할 것인지 알고 있어야 한다. 타임아웃은 반드시 교실 내에서 사용해야 하며, 사각지대가 아닌 장소에서 실시하여 타임아웃을 받고 있는 유아를 계속 관찰해야 함을 기억한다.

넷째, 학급의 유아들에게 타임아웃에 대해 설명하고 어떤 행동에 타임아웃을 적용하게 되는지, 생각하는 의자에 앉아서 마음을 가라앉히고 있는 친구를 돕기 위해 혼자 있도록 말을 걸지 않고 쳐다보지 않도록 이야기 나눈다. 타임아웃이 끝나면 다시 재미있게 놀이할 수 있다고 말해 준다.

다섯째, 학급의 모든 교사는 어떤 행동이 타임아웃을 적용받는지 자세히 알고 있어야 한다. 심각한 공격적인 행동과 불순응 행동에 적용하고, 유아에게 대안적인 친사회적 행동과 사회적 기술을 모델링이나 직접 지도하는 것도 병행하여 문제행동의 발생 빈도를 낮추도록 한다.

④ 타임아웃의 실시 단계

- 타임아웃이 적용되는 행동이 발생했을 때, 두 번 정도 말로 지도한다. 그 이후에도 동일한 행동이 발생하면 잘못한 행동을 간단히 지적하고 타임아웃을 하라고 말한다(예를 들어, 친구를 때리지 않아요. ○○는 생각하는 의자에 앉아서 마음이 조용해질 때까지 기다리세요).
- 유아를 타임아웃 의자나 장소로 보낸다. 만약 유아가 즉각 가지 않을 경우, 셋을 셀 때까지 타임아웃 장소에 가지 않으면 타임아웃 시간이 배로 증가할 것이라고 알려 준다. 그래도 즉각 가지 않을 경우 교사가 유아를 데리고 간다.
- 벨이 울리는 타이머를 사용하여 3~5분 동안 맞춰 놓는다. 연령과 동일하게 타이머를 맞춘다(예를 들어, 만 5세는 5분). 타임아웃 시간과 벨이 울릴 때까지 그곳에 있어야 한다고 간단하게 말한다.
- 타임아웃 동안 유아는 얘기를 해서도 안 되고 교사나 다른 유아들도 어떤 형태로든 그 유아와 의사소통해서는 안 된다. 타임아웃 시간 동안 소란을 피우거나 떠들면 타임아웃 시간을 1분 추가한다. 타임아웃이 끝나기 1~2분 전에는 유아가 지정된 의자에 앉아서 조용한 모습으로 있어야 한다.
- 타임아웃 시간이 끝나면 타임아웃이 끝났음을 알리고 기존에 진행하던 활동을 계속하도록 하든지, 아니면 새로운 활동을 제공하여 활동에 참여하도록 도와준다. 다른 훈계나 다시 그러지 않겠다는 약속 등은 하지 않는다.

타임아웃의 예

　　건이는 만 4세 남아다. 건이는 유치원에서 쌓기 놀이를 하면서 친구들이 만든 블록 구조물을 넘어뜨리고, 친구들을 때리고, 실외놀이터에서 친구들을 때리는 등 또래와 놀이하는 데 어려움이 있다. 선생님이 개입하면 선생님을 때리고 꼬집어 더욱 공격적으로 변한다. 선생님은 학급의 다른 교사 및 유치원의 원감, 원장 선생님 그리고 건이의 부모님과 이야기를 나눴고 건이의 문제행동에 대해 공감대를 형성했다. 선생님은 교실에서 건이가 선생님의 관심과 주의를 끌거나 좋아하는 교구를 얻으려고 할 때 적절한 행동을 하면 칭찬하고 관심을 기울이려고 노력하고 있다. 또한 건이가 말로 자신이 원하는 행동을 표현하도록 하고 선생님과 친구들에게 도움을 요청하도록 가르치고 있다. 그렇지만 건이는 계속해서 문제가 되는 공격적인 행동을 하고 있어서 타임아웃의 적용이 필요하다고 생각했고, 가족 및 유치원 교사들과 협의하여 건이가 공격적인 행동을 할 때 마음을 진정시킬 수 있는 생각하는 의자로 안내하여 타임아웃을 사용하기로 결정했다. 선생님은 건이에게 때리거나 발로 차는 행동을 하면 생각하는 의자로 가서 진정하고 교실 규칙을 기억해야 한다고 설명해 주었다.

　　다음 날 건이는 블록놀이를 하면서 친구들을 때리고 블록을 던졌다. 선생님이 다가가자 건이는 교사를 걷어찼다. 선생님은 "건이야, 차면 안 돼. 생각하는 의자에 앉아 마음이 조용해질 때까지 기다리세요."라고 한다. 건이는 교실에 있는 의자로 안내되어 앉으라는 지시를 받았다. 그런 다음 선생님은 타이머를 4분으로 설정하고 건이와 어떠한 상호작용도 하지 않지만 타임아웃을 받는 건이를 관찰한다. 타이머가 울리자 선생님은 건이에게로 가서 조용한 말투로 "이제 마음이 가라앉았으니까 친구들과 놀 수 있어. 친구와 함께 놀고 싶을 때 친구에게 하는 말을 연습해 보자. '함께 놀아도 돼?'라고 말하는 거야."라고 말했다. 선생님은 건이와 함께 친구들에게로 걸어가서 건이가 놀이에 참여하기 위해 말하도록 시범을 보이고 건이가 말로 표현하자 많이 칭찬한다.

⑤ 타임아웃의 잘못된 사용

타임아웃은 유아가 자신의 행동을 통제할 수 있도록 몇 분간 자신만의 시간을 가지면서 **마음을 진정시킬 수 있는 기회를 준다**는 점에서 유아의 부적절한 행동을 감소시키는 데 도움을 줄 수 있는 방법이다. 그러나 타임아웃의 잘못된 사용은 행동을 수정하는 데 비효과적일 뿐 아니라 오히려 유아에게 해를 줄 수도 있으므로 부적절하게 사용하는 것에 대해 주의가 필요하다. 다음은 타임아웃이 잘못 사용된 사례다 (Kostelnik et al., 2009).

★ 교실의 규칙을 위반할 때마다 타임아웃을 사용하는 경우

• 예: 최 선생님은 타임아웃을 자주 사용한다. 유아가 새치기를 하거나 혹은 교구 때문에 싸움을 해도 타임아웃을 한다.

• 적절한 방법: 이런 경우에는 자연적·논리적 또는 적절한 관련이 없는 결과를 사용하는 것이 더 낫다. 타임아웃을 너무 자주 사용하면 효과가 없으므로 유아가 떼쓰거나 습관적인 반사회적인 행동을 보일 경우에만 사용해야 한다.

★ 위협의 수단으로 타임아웃을 사용하는 경우

• 예: "은지야, 너 한 번만 더 그러면 타임아웃을 할 거야." 교사의 이러한 위협은 은지가 말을 듣지 않으면, 즉 교사에게 복종하지 않으면 벌의 형태로 타임아웃을 받게 될 것이라는 것을 암시한다. 이러한 위협은 유아가 어떻게 행동해야 하는지에 대해서는 가르쳐 주지 않는다.

• 적절한 방법: 교사의 위협은 교사와 유아의 상호 신뢰관계 형성을 어렵게 한다. 타임아웃은 처벌의 형태로 적용하지 않아야 한다. 이러한 경우 유아에게 자신의 부적절한 행동에 대한 결과를 경험하도록 하는 방법을 사용하는 것도 하나의 대안이 될 수 있다.

★유아에게 창피를 주기 위해 타임아웃을 사용하는 경우

- 예: 유치반 유아가 부적절한 행동을 하면 교사는 "진영이는 생각주머니가 작구나. 동생 반으로 보내야겠다. 형님처럼 생각할 수 있을 때까지 동생 반에 있어라."라고 말한다.
- 적절한 방법: 이러한 경우 타임아웃은 처벌의 형태로 사용되는 것이다. 타임아웃을 하는 유아는 부정적인 감정을 느끼기보다는 자신의 행동을 통제할 수 있도록 스스로 기분이 다시 좋아질 수 있는 시간을 갖도록 지도하는 것이 좋다.

★유아가 진정하는 데 걸리는 시간 이상으로 타임아웃을 지속하는 경우

- 예: 준수는 친구를 때려서 타임아웃을 받게 되었다. 교사는 준수를 지켜보다가 다른 활동을 진행하느라 잊어버렸다. 다시 준수가 생각났을 때는 타임아웃을 한 지 이미 30분이 지나 있었다.
- 적절한 방법: 타임아웃은 문제행동을 하는 유아가 방해를 하지 않도록 단순히 떨어뜨려 놓는 것이 아니다. 타임아웃은 유아가 진정되는 시간만큼만 사용되어야 하고, 유아가 다시 원래의 활동이나 집단으로 돌아올 준비가 되었을 때 끝나야 한다. 따라서 소리가 나는 타이머를 사용하여 타임아웃이 끝나면 작은 종소리가 나도록 하여 교사나 유아 모두 인식할 수 있게 하는 것이 필요하다.

★단순히 교사의 휴식을 위해 유아에게 타임아웃을 실시하는 경우

- 예: 지원이와 성진이는 서로 흉내를 내며 "빵구똥구야."하며 놀리고 웃고 있다. 교사는 그만하라고 몇 번이나 주의를 주었지만 계속 진행되는 것을 보고는 머리가 아프고 화가 나서 유아들에게 "좋아, 선생님 말을 안 들으니 타임아웃을 할 거야."라고 소리쳤다.
- 적절한 방법: 단 1분이라도 유아의 행동을 참을 수 없을 것같이 느껴지는 때가 있다. 이러한 경우 교사를 힘들게 하는 유아가 미워지고 타임아웃을 사용해 잠시 조용하게 있고 싶은 유혹을 느낄 수 있다. 그러나 이런 경우 오히려 교사 자신이 마음을 진정시키기 위해 교사 타임아웃을 하는 것이 좋다. 깊이 숨을 들이마시거나 차가운 물을 마시거나 몇 분간 교실 밖에 나가 있는 것이 긴장을 감소시켜 줄 수 있다.

유아교육기관에서는 타임아웃이 잘못 사용되거나 남용될 수도 있어서 교사의 주의가 필요하다. 타임아웃은 유아가 **내적인 통제 능력을 발달시키도록 돕는 목적으로 사용**되어야 한다. 특히 타임아웃은 빈번하게 사용하지 않을 때만 효과가 있다는 점을 기억하고 정확하게 필요한 경우에만 사용하도록 한다.

(2) 소거

소거는 특정 행동에 주어지던 강화를 차단하여 미래에 그 행동이 더 이상 발생하지 않는 것을 의미한다. 많은 연구에서 인간 행동에 대한 소거 원리를 입증하였다 (Lerman & Iwata, 1996). 예를 들어, 유아가 잠투정 행동을 할 때 부모가 관심을 보이지 않자 잠투정 행동을 덜하게 되었다는 결과도 있다.

소거의 특징은 다음과 같다.

첫째, 처음에 소거 기법을 사용하면 문제행동이 감소하여 궁극적으로 멈추기 전에 잠시 동안은 그 행동의 빈도, 지속시간, 강도 등이 급격히 증가한다는 것이다 (Lerman & Iwata, 1996). 이를 소거발작이라고 한다.

둘째, 소거가 되는 동안 새로운 행동이 소거에 대한 정서 반응의 형태로 발생할 수 있다(Chance, 1988). 예를 들어, 커피 자판기에 돈을 넣고 커피가 나오지 않자 자판기 버튼을 반복적으로 누르고 또 포기하기 전까지 더욱 힘껏 누르고 발로 걷어차다가 그만두는 것을 들 수 있다. 소거발작은 유아가 의식적으로 하는 과정이 아니라 단순히 소거 상황의 자연스러운 특징으로 나타나는 것이다.

일반적으로 소거에 대한 잘못된 이해는 소거 기법이 단순히 부적절한 행동을 무시하는 것이라고 생각하는 것이다. 소거는 부적절한 행동을 강화시키는 강화자극을 제거하는 것이다. 소거에서 행동이 무시되는 경우는 행동의 목적이 관심 끌기인 경우에만 해당한다. 예를 들어, 진우가 이야기 나누기 시간에 소리치는 행동이 교사의 관심 끌기를 목적으로 한 행동이라면 이때는 진우의 행동을 무시하는 소거의 기법을 사용한다. 반면에 완두콩을 싫어하는 유아가 점심시간에 완두콩을 책상 밑에 몰래 버리며 먹지 않는 경우에는 교사가 그 행동을 무시하는 소거 기법을 쓴다고 해도 완두콩을 버리는 행동이 중단되지 않을 것이다.

소거를 사용할 때 주의할 점은 소거 기법을 적용하기 전에 소거할 행동의 대체행동(예: 조용한 목소리로 말하기)에 대해 연속적으로 강화를 주고 소거의 과정 동안에는 부적절한 행동이 한 번도 강화되지 않게 하는 것이다. 소거가 적용되는 과정 동안에도 부적절한 행동은 존속하지만 강도는 약하다. 만일 소거 진행 중에 제거하고자 하는 행동에 강화가 주어지면 그 행동이 감소하는 데에는 훨씬 오랜 시간이 걸릴 수 있다.

〈표 7-5〉에는 앞서 제시한 행동의 비율을 증가시키는 방법인 정적 강화, 타임아웃과 소거에 따른 행동의 결과를 제시하였다.

〈표 7-5〉 행동수정 기법의 적용 과정

행동수정 기법	행동	후속자극	결과로 나타날 수 있는 행동
정적 강화	민희는 방을 청소한다.	민희의 엄마는 민희를 칭찬한다.	민희는 계속해서 방을 청소할 것이다.
타임아웃	진욱이는 쌓기놀이 영역에서 성을 쌓아 놓은 친구들의 작품을 발로 차서 무너뜨린다.	진욱이는 교사가 부를 때까지 교실 구석의 의자에 앉아 있어야 한다.	진욱이는 친구들의 쌓기놀이 작품을 발로 차지 않을 것이다.
소거	현태는 아버지의 차를 세차한다.	현태가 아버지의 차를 세차한 행동은 무시된다.	현태는 아버지의 차를 세차하는 것을 그만하게 될 것이다.

3) 문제행동에 대한 교사의 반응 수정

유아의 행동 기능을 분석하는 것은 행동수정에서 중요한 단계이지만, 그 행동이 나타나도록 이끄는 **행동에 대한 반응과 선행조건은 반드시 수정**되어야 한다. 행동에 대한 반응은 그 행동이 지속되도록 하거나 증가시키는 역할을 하기 때문에 문제행동의 수정을 위해서는 행동에 대한 반응을 수정하는 것이 필요한 것이다. 예를 들어, "주연이가 미술활동 교구를 바닥에 쏟고는 수아의 손등을 꼬집었다면 이 상황에서 어떻게 하겠습니까?"라고 교사들에게 질문한다고 가정해 보자. 문제행동이 교실 상황에서 발생했을 때 교사의 반응은 다음과 같이 나눌 수 있다.

첫째, 교사의 처음 반응은 보통 감정적으로 대응하는 것이다. 교사들은 꾸지람을 하고 훈계하거나 부정적인 행동을 한 유아를 지적한다. 이러한 교사의 의도는 유아가 한 행동이 잘못된 것이라는 것을 알도록 도와주려는 것이다. 앞의 예에서 교사들은 대부분 주연이에게 친구를 할퀴는 것은 좋은 행동이 아니라고 말해 주고, 수아가 울고 있는 것을 보라고 하면서 주연이가 왜 수아의 손을 할퀴었는지 말하도록 한다. 그리고 교사들은 주연이가 던진 미술활동 교구를 다 줍도록 하고 수아에게 사과하라고 주연이 옆에 앉아서 기다려 주기도 한다. 이러한 교사의 반응은 유아를 지도하고자 하는 의도에서 나타난 것이지만 때때로 불필요할 수도 있다. 대부분의 유아는 어떤 행동이 부적절한 행동인지를 금방 배우고 어떤 행동을 하면 즉각적이고 감정적인 반응을 이끌어 낼 수 있는지 안다. 만일 유아의 목적이 교사와의 일대일 상호작용 시간을 갖는 것이라면 유아는 이러한 부적절한 행동을 금방 할 수 있다.

둘째, 유아의 부적절한 행동에 대한 교사의 또 다른 전형적인 반응은 유아를 특정 영역에서 나가게 하거나 교구를 빼앗는 것이다. 이러한 반응은 교사가 의도하지 않았지만 유아의 부적절한 행동을 증가시키는 결과를 초래할 수 있다. 앞의 예에서 주연이가 교사의 관심을 얻으려는 의도가 아니라 미술활동을 하지 않으려는 목적이 있었다고 가정해 보자. 주연이는 미술활동을 하다가 어려움을 느꼈거나 혹은 미술활동을 좋아하지 않을 수 있다. 만일 주연이의 부적절한 행동에 대한 교사의 반응이 주연이를 미술활동 영역에서 나오게 하는 것이었다면 주연이는 목적을 달성한 것이 된다. 또는 교사가 주연이가 던진 미술활동 교구를 주지 않게 되면 주연이는 어려운 미술활동을 하지 않아도 되어, 간접적으로 주연이의 부적절한 행동이 계속되도록 영향을 미칠 수 있다.

유아들은 자주 부적절한 행동을 하게 되는데, 이러한 행동을 하면 교사나 또래의 관심을 받거나 특정한 활동을 피할 수 있기 때문이다. 유아들은 부적절한 행동을 통해서 의사소통을 하기도 한다. 교사는 유아의 부적절한 행동에 반응하는 대신 유아에게 적합한 방법으로 관심을 얻는 방법을 가르치거나 흥미 없는 활동에 참여하도록 가르치는 것에 집중해야 한다. 이러한 방법 중 하나는 **유아의 부적절한 행동에 반응하지 않고** 지속적으로 **긍정적인 행동에만 반응**하는 것이다. 교사는 유아의 행동에 반응을 하면서 의사소통의 방법을 사용하여 유아가 부적절한 행동을 하지 않고 언어로 자신의 요구를 표현하도록 지도해야 한다.

4. 아동학대 예방 차원에서 사용 가능한 행동지도의 방법

교사가 교육 및 보육현장에서 적용하는 생활지도 좁혀서 말하자면, 유아의 행동지도는 유아가 자신의 행동을 조절하는 데 도움이 되는 기술을 배우고 이해하도록 돕는 가장 긍정적이고 효과적인 방법을 사용해야 한다. 교사가 사용하는 생활지도, 행동지도의 방법은 유아의 행동과 유아에 대한 교사의 생각이 반영된다. 교육 및 보육에서 **체벌과 부적절한 훈육은 허용되지 않는다.** 이는 **유아의 인권을 존중하지 않는 행위**이고 유아가 **신체적 상해**를 입을 수 있을 뿐만 아니라 **유아의 자존감과 안정감 및 소속감에 해로운 영향**을 미치기 때문이다.

문제행동을 지도하는 데 가장 좋은 방법이자 출발점은 **예방**하는 것이다. 미리 문제행동이 일어날 수 있는 상황과 환경을 파악하여 예방하는 것이 가장 좋은 지도 방법이다. 그럼에도 불구하고 문제행동이 발생할 때는 유아의 행동을 지도하기 위해 말로 직접 지도하기, 재지시하기, 요청하기, 관심 철회하기, 신체적으로 문제행동을 하는 유아 근처에 교사가 머물러서 교사의 주의를 기울이고 있다는 것을 간접적으로 알리기, 단호하지만 부드러운 어투로 주의 주기, 긍정적인 친사회적 행동 강화하기, 행동 반영하기 및 칭찬하기, 타임아웃 사용하기 같은 방법을 사용할 수 있다. 기억할 것은 절대로 체벌을 사용하지 않는 것이다. 앞서 언급한 방법은 아동학대를 예방하면서 학급에서 사용할 수 있는 생활지도 방법으로 그중 앞서 제시한 강화, 소거, 타임아웃, 행동반영 및 칭찬하기 이외에 나머지 방법에 대해 살펴보면 다음과 같다.

 〈표 7-6〉 아동학대 예방 차원에서 사용 가능한 행동지도 방법

---

1. 말로 직접 지도하기
2. 재지시하기
3. 요청하기
4. 관심 철회하기
5. 신체적으로 문제행동을 하는 유아 근처에 교사가 머물러서 교사의 주의를 기울이고 있다는 것을 간접적으로 알리기
6. 단호하지만 부드러운 어투로 주의 주기
7. 친사회 행동 및 기술 모델링
8. 긍정적인 친사회적 행동 강화하기
9. 행동 반영하기 및 칭찬하기
10. 타임아웃 사용하기

---

(1) 말로 직접 지도하기

교사가 유아의 행동을 말로 제한하거나 지도하는 방법은 가장 많이 사용된다. 유아의 행동에 대해 "안돼요, 기다리세요." 등의 간단한 말로 유아의 행동의 방향을 바꾸거나 제한할 수 있다. 말로 지도하는 방법은 유아의 행동이 적절한지 또는 부적절한지 알려 주고, 대안 행동도 알려 줄 수 있는 방법이다.

〈표 7-7〉 말로 직접 지도하기

지도 방법	예
유아에게 무엇이 잘못되었는지 언급하기	블록은 나눠 쓰는 거야. 때리지 않아요.
유아에게 교실에서 기대되는 행동의 기준 알려 주기	자기가 사용한 물건은 제자리에 두어요.
특정 행동 제한하기	교실에서는 걸어 다녀요.
기준을 따를 수 있는 방법 알려 주기	이 블록 대신에 넣을 수 있는 블록을 찾아보자.
대안 행동 구체적으로 알려 주기	블록을 말없이 가져오는 대신에 "이거 가져가도 돼?"라고 물어보자.
자신의 행동이 다른 사람에게 어떤 영향을 주었는지 알려 주기	네가 ○○를 때려서 ○○가 울고 있잖아. 네가 "나도 같이 놀이하고 싶어."라고 말로 해 주니까 선생님이 정말 기쁘다.

(2) 재지시하기

유아가 교사의 말을 이해하지 못해서 잘못된 행동을 할 수 있다. 따라서 교사는 유아에게 기대되는 행동을 다시 말해 준다.

(3) 요청하기

요청하기는 교사가 원하는 행동을 하도록 유아에게 요구하는 방법이다. 유아를 존중하면서 교사로서 유아가 적절한 행동을 하도록 요구하는 것인데, 유아가 명령으로 느끼지 않도록 한다. 문제행동을 하는 유아에게 "~해 줄래?"라고 묻지 않는다. 이때 유아가 "아니요, 싫어요."라고 하면 교사는 다음 대안이 없기 때문이다. 따라서 청유형으로 "~해 주세요. 해 보자."라는 표현으로 요청한다(예: "교실에서는 뛰지 않아요. 왔던 곳에서부터 다시 걸어와 주세요.").

(4) 관심 철회하기-부적절한 행동 무시(소거)

앞에서 살펴본 소거의 방법과 같이 교사가 유아의 관심 끌기 행동이나 부적절한 방법으로 교사와 또래의 주의, 관심을 끌고자 하는 행동은 주어졌던 관심을 거두어들임으로써 그 행동이 부적절하다는 것을 알게 한다. 관심을 두지 않다가 유아가 긍정적인 행동을 하면 관심을 기울이고 간단한 칭찬으로 유아가 긍정적인 강화를 받을 수 있도록 한다.

(5) 교사가 머물러서 주의를 기울이고 있다는 것을 간접적으로 알리기

어떤 경우에는 교사가 유아 근처에 머무르기만 해도 문제행동이 예방될 수 있다. 교사는 관찰을 통해 언제, 어떤 상황에서 문제행동이 발생하는지 미리 파악하여 주변에 머무름으로써 해당 유아가 교사의 존재를 인지하도록 하고, 문제행동이 발생하면 빠르게 개입하도록 한다.

(6) 단호하지만 부드러운 어투로 주의 주기

화가 나지 않은 높은 음성이거나 소리를 지르지 않는 톤으로 주의를 주는 것은 도움이 된다. 이때 하지 말라고 이야기하기보다는 **어떻게 해야 하는지를 말해 주는 긍정적인 행동을 언급**하여 주의를 주는 것이 좋다. **유아는 자신이 하던 행동의 방향을 약간 바꾸었을 때 좀 더 잘 따르는 경향**이 있다.

(7) 친사회적 행동 및 기술 모델링

교사와 학급에서 사회적 기술이 잘 발달된 유아는 행동을 통해서 적절한 행동 양식에 대한 본보기를 보여 줄 수 있다. 좋은 예를 보여 주는 것은 유아에게 바람직한 행동을 가르치는 데 매우 효과적이다. 유아는 자신과 상호작용하거나 행동을 지도해 주는 부모나 교사의 행동을 가장 잘 모방하는데(Kostelnik, 2015), 그 이유는 유아가 적절한 행동을 하기 위해 필요한 세부적인 기술이나 사항을 인식하는 데 도움을 주기 때문이다. 모델링을 할 때에는 직접 시범을 보이면서 말로 설명을 함께 하는 것이 좋다. 직접적인 설명을 해 주지 않고 단순히 보여 주기만 하면 유아가 그 행동을 모방하지 않을 수 있기 때문이다.

자기조절을 위한 생활지도

 이 장에서는 자기조절을 증진하기 위한 생활지도 전략에 대해 알아보고자 한다. 먼저 자기조절의 개념을 정의하고, 유아의 행동의 원인을 이해하고, 문제행동을 지도하기 위한 방법에 관해 논의하고자 한다. 이를 위해 유아의 행동을 이해하기 위하여 Dreikurs의 민주적 생활지도에 관해 알아보고, 자기조절 증진을 위한 다양한 생활지도 전략에 대해 알아보고자 한다.

1. 자기조절의 기본 개념

 자기조절(self-regulation)은 사회적으로 허용되는 행동에 대한 인식을 필요로 하며, 사회성 발달을 알 수 있는 지표라고 할 수 있다(Kopp, 1982). 자기조절은 상황적 요구에 맞게 자신의 감정과 행동을 조절하는 능력으로 영유아기를 통해 다양한 발달 과업을 달성하게 하는 자기조절 기술과 전략을 점차 획득하게 된다(Bronson,

2000; Kopp, 1982, 1989). Kopp(1982)에 의하면 자기조절은 생후 초기부터 발달하기 시작하며, 자기조절에 선행하는 **자기통제**(self-control)는 24개월부터 순응하기, 요청하면 행동을 지연하기, 외적 감시 없이 양육자와 사회적 기대에 따라 행동하기 등을 통해 나타난다. 그리고 36개월 이후에는 변화하는 상황적 요구에 따라 적응적으로 대처하는 자기조절로 발전한다(Kopp, 1982). 이와 같이 자기조절은 특정 상황에서 외적 통제 없이 내재화된 규칙에 따라 자신의 행동이나 정서를 적절히 조절하는 능력으로(박정숙, 2010), 유아기는 자기조절능력의 기초가 형성되는 중요한 시기다(Bronson, 2000; Kopp, 1982).

유아기에 형성된 자기조절능력은 이후 행동적 · 정서적 반응의 기반이 되어 장기적으로 삶에 지속적 영향을 미치기 때문에 유아기의 자기조절능력의 발달은 중요하다(유종남, 오인수, 2015). 자기조절능력은 유아교육기관 적응에 영향을 미치는 요인으로 자기조절능력이 높을수록 유아교육기관 적응을 잘하는 것으로 나타났으며(윤상기, 2019; 황윤세, 2011), 또래와의 상호작용과도 정적인 상관관계가 높았다(이선미, 강윤희, 2015; 황윤세, 2007). 따라서 유아들이 유치원 및 어린이집에서 적응적으로 생활하기 위해서는 자기조절의 증진이 필요하며, 이 장에서는 자기조절을 증진하기 위한 생활지도 방법에 대해 알아보고자 한다.

1) 자기조절의 정의

자기조절은 단일 차원이 아닌 다면적 차원으로 구성되어 있으며, 많은 연구가 순응, 충동통제, 만족지연, 유혹저항, 주의통제, 정서조절 등의 개념 중 일부 혹은 전체를 포함시키고 있다(박정숙, 2010). 또한 자기조절을 상위인지의 차원에서 자신의 행동을 계획, 점검, 평가하고 조절하는 인지적 자기조절의 관점에서 설명하기도 한다(Bodrova & Leong, 1996). Bronson(2000)은 정서와 인지적 측면을 함께 고려하여 복합적인 개념으로 자기조절력을 정의하였는데, 이 장에서는 자기조절을 정서적 자기조절, 행동적 자기조절 그리고 인지적 자기조절로 나누어 알아보고자 한다.

정서적 자기조절 　　정서적 자기조절은 기쁨, 우울, 분노, 공포 등의 감정을 억제하고, 통제하여 적응적인 사회적 반응을 할 수 있도록 지원하는 기술 및 전략을 의미한다(Kopp; 1982, 1989; Thompson, 1994). 즉, 유아가 자신의 감정을 인식한 후에 자신의 정서를 그대로 표현하지 않고, 상황을 고려하여 적절하게 조절하는 능력으로 정의할 수 있다.

행동적 자기조절 　　행동적 자기조절은 성인의 요구에 순응하고 충동적인 반응들을 통제할 수 있는 능력을 포함한다(Kopp, 1982; Kuczynski & Kochanska, 1995). 행동적 자기통제는 요구에 순응하고, 특정 행동들을 지연하고, 자신의 행동을 스스로 점검할 수 있는 능력을 의미하며, 유아가 교육기관 및 사회적인 환경으로 이행하는 데 중요하다(Calkins, 2007). 바람직하지 않은 행동에 대한 요구에 순응하여 행동을 멈추고, 나아가 자신의 행동을 스스로 점검하여 상황에 적절하지 않은 행동을 하지 않을 수 있어야 긍정적인 또래관계를 형성하고 교실 환경에 잘 적응할 수 있기 때문에, 유아가 유치원 및 어린이집에서 적응하기 위해서는 행동적 자기조절을 증진하는 것이 매우 중요하다.

인지적 자기조절 　　인지적 자기조절은 계획 수행에 필요한 정보를 선택적으로 처리하고, 자신의 인지과정을 이해하고 점검하여 조절하는 능력으로(Bodrova & Leong, 1996), 목표를 향해 행동을 유지하고, 상황에 따라 행동을 조정하는 것을 가능하게 한다(Pennington & Ozonoff, 1996). 유아들은 인지능력의 발달로 자신의 인지과정을 이해하고 조정하는 상위인지 차원에서 자신의 정서를 인식, 해석, 회상할 수 있으며, 상황에 적절한 정서 표현에 관한 제한 범위를 알게 된다(박지현, 2010).

2) 자기조절에 영향을 미치는 요인

자기조절에 영향을 미치는 내적 요인으로는 기질적 특성을 들 수 있다. 생리적 주기가 규칙적일수록 자기조절능력이 높은 경향을 보이고, 까다로운 기질일수록 활동성이 높고 자기조절능력이 낮은 것으로 나타났다(박호선, 2002). 적응성과 생리적 규칙성이 높은 집단과 활동성이 낮은 집단이 자기조절능력이 높다고 보고한 연구(유종남, 오인수, 2015)도 같은 맥락이다. 반면, 외향성은 그것이 높을수록 자기조절 능력이 낮아지는 부적 상관을 보였으며, 의도적 통제능력은 자기조절능력과 정적 상관을 보였다(설경옥, 문혁준, 2018; 조부월, 2018). 설경옥과 문혁준(2018)의 연구에서 이러한 결과는 외향성이 높은 유아는 동적인 특성으로 안정감이 적고 분노 유발 및 공격적 상황 등에서 적절한 정서조절이 어려울 수 있으며, 의도적 통제가 낮은 유아는 외부의 자극에 대한 집중과 통제가 어려운 특성으로 인해 자신의 정서를 적절히 조절하는 데 어려움을 나타낼 수 있다고 추론하였다. 이와 같이 유아의 기질적 차이는 자기조절에 영향을 미치는 중요한 예측 요인이므로, 교사들은 유아의 기질을 이해하고, 행동의 원인을 파악한 후 생활지도 전략을 세우는 것이 필요하다.

외적 요인으로는 양육자 관련 변인과 교사 변인을 들 수 있다. 양육자에 관한 연구들은 어머니에 관한 연구들이 대부분으로, 어머니의 정서 표현, 정서, 그리고 양육 태도가 유아에게 영향을 미치는 중요한 요인이라고 보고하였다. 어머니의 정서 표현성과 양육효능감은 유아의 자기조절력에 직접적인 영향을 미치고(남궁령, 2014), 어머니의 행복감도 유아의 자기조절력에 긍정적인 영향을 미치는 것으로 나타났다(이용희, 오선진, 2018). 또한 어머니의 애정적·지지적 양육 태도는 아동의 과제집중력과 목표지향적 행동과 도전적 상황에서 감정을 조절하는 능력에 긍정적인 영향을 미치며(Maccoby, 2000), 어머니의 애정적 양육행동은 행동적 자기조절에 긍정적인 영향을 미친다(민하영, 2010). 이러한 연구결과들은 어머니의 정서가 안정적이고 양육 태도가 애정적일수록 자녀의 자기조절에 긍정적 영향을 미친다는 것을 시사한다.

교사 변인으로는 유아교사의 사회정서 교수역량이 유아의 자기조절에 영향을 미치는 것으로 나타났다(곽나영, 허계형, 2020). 유아교사의 사회정서 교수역량이란 유아가 사회정서능력을 긍정적으로 발달시킬 수 있도록 교육하고 올바른 역할을 할 수 있도록 돕는 교수활동 수행 시 적절한 대응을 할 수 있도록 교사가 갖추어야 하는 전문적 능력을 의미한다(곽나영, 2020). 유아의 자기조절을 증진하기 위하여 교사의 사회정서 교수역량의 강화가 필요하다는 것을 알 수 있다. 교사의 훈육방법과 관련해서는 교사가 강압적인 훈육방식을 사용할수록 유아의 자기조절 중 행동 조절 수준이 낮아지는 것으로 보고되었고(설경옥, 문혁준, 2018), 교사-유아 상호작용은 유아의 자기조절력에 유의한 영향을 주는 것으로 나타났다(고정리, 2019). 또한 유아의 자기조절능력이 높을수록 교사와 유아는 서로를 친밀한 관계로 지각하였고, 유아의 자기조절능력이 낮으면 상호 갈등적 관계로 지각하는 것으로 나타났다(천향숙, 조은진, 2011). 교사-유아 상호작용은 유아의 자기조절능력에 영향을 미치는 중요한 요인이며, 또한 교사와 유아의 관계는 유아의 자기조절에 영향을 받기도 한다. 유아의 자기조절능력이 부족하면, 교사의 중재와 개입이 많아지고 이러한 상황은 교사와 유아 모두에게 상호 갈등적인 관계로 지각하는 계기가 될 수 있다. 따라서 유아의 자기조절을 증진하기 위한 민주적인 생활지도 전략을 시행하는 것이 필요하다.

2. Dreikurs의 민주적 생활지도

1) Dreikurs의 민주적 생활지도의 기본 원리

먼저, Dreikers의 민주적 생활지도이론을 통해 유아의 행동 동기를 이해하고, 자기조절을 증진하기 위한 전략에 대해 알아보고자 한다. Dreikurs는 정신의학자인 Adler의 제자로 Adler의 개인심리학과 성격이론을 부모-자녀 관계에 적용하고 발전시키는 데 크게 기여하였다. Dreikurs는 1939년 시카고에 부모상담센터를 설립한 이래 부모교육 및 가족상담 등에 많은 영향을 미쳤다. Dreikurs의 이론은 부모-자녀 평등한 관계에서의 상호작용을 강조하였기 때문에 민주주의 부모교육이론이라고 하는데, 민주적인 갈등해결 방법을 개발하여 부모교육에 공헌하였다. 민주주의 부모교육이론의 목표는 다음과 같다(정옥분, 정순화, 2007a).

첫째, Dreikurs는 유아와 성인의 관계에서 평등성을 강조하였다. 가족 내에서 부모-자녀 관계는 평등함에 기초한 상호작용을 통해 이루어져야 하며, 갈등 상황의 해결도 민주적인 방식으로 이루어져야 한다고 주장하였다. 따라서 평등한 관계를 수립하는 것이 우선적인 목표다.

둘째, Adler는 인간의 모든 행동에는 목표가 있다고 보고, 인간은 목표를 성취하고자 스스로 행동을 통제할 수 있는 목표 지향적인 존재라고 주장하였다. 민주주의 부모교육에서는 유아가 목표를 스스로 인식하고 성취할 수 있도록 돕는 것을 목표로 한다.

셋째, 인간은 사회적 존재로 소속감을 추구하고자 하는 욕구를 가지고 있다. 소속감을 느끼지 못하면 유아는 인정받기 위해 잘못된 행동 목표를 설정한다. 따라서 유아가 안정감과 소속감을 느낄 수 있도록 해 주어야 하며, 잘못된 행동 목표를 이해하고 그에 대처할 수 있는 능력을 갖추도록 해 주어야 한다. Dreikurs는 민주적 생활지도 방법을 바탕으로 유아의 지속적인 잘못된 행동 목표를 이해하고 자연적·논리적 결과

친한 친구들이라는 소속감을 느끼는 유아

와 격려를 통해 잘못된 행동을 지도해야 한다고 주장하였다. 잘못된 행동에 대한 민주적 생활지도에 기초한 지도 전략은 다음과 같다.

2) Dreikurs의 민주적 생활지도에 기초한 지도 전략

Dreikurs의 가장 큰 공헌은 유아의 잘못된 행동이 목표를 가지고 있다고 밝힘으

로써 유아의 행동수정에 관해 의미 있는 제안을 했다는 점이다. Dreikurs는 잘못된 행동이 목표나 의도를 가지고 있으며, 그 목표는 사회적으로 소속되고 인정받고자 하는 사회적 수용에 있다고 하였다(Gartrell, 2004). 따라서 유아의 잘못된 행동을 지도하기 위해서는 유아의 의도를 이해해야 한다. 잘못된 행동은 일반적으로 관심 추구하기, 힘 행사하기, 보복하기, 무능함 표출이라는 목표를 가지며(Dreikurs, 1968), 처음에는 관심을 끌기 위해 잘못된 행동을 하다가 관심을 받지 못한다면 다음에는 힘을 행사하는 행동으로 이어진다. 그러나 유아에 따라 목표의 순서는 달라질 수 있다.

(1) 관심 추구하기 행동과 지도

유아는 관심을 얻어야 자신이 중요한 존재라고 느끼며 소속감을 가질 수 있어서, 긍정적인 방식으로 관심을 끌지 못하면 잘못된 행동을 통해 관심을 끌려고 시도한다. 이러한 시도는 좌절의 초기 신호라고 볼 수 있다(정옥분, 정순화, 2007b). 관심 추구형 유아는 익살을 부리거나, 허풍을 떨거나, 조르거나, 지속적인 칭찬을 요구하거나, 반응을 유발하기 위해 규칙을 의도적으로 어기는 등 교사가 관심을 갖기를 요구한다(Kostelnik, Whiren, Soderman, & Gregory, 2009). 유아의 의도적인 행동의 목표를 이해하지 못한다면, 교사나 부모는 유아의 요구에 반응함으로써 잘못된 행동을 격려하는 잘못을 저지를 수 있다. 잘못된 행동의 목표가 관심 끌기에 있다면 교사의 잘못된 행동에 대한 반응은 유아에게 목표 달성으로 인식되어 이후에도 잘못된 행동이 지속될 수 있다.

관심을 끌기 위해서 잘못된 행동을 하는 유아에게는 적절한 행동을 통해 관심을 받을 수 있다는 것을 설명해 주고 긍정적 행동에 대해 효과적으로 보상해 주어야 한다(Dreikurs, 1968).

(2) 힘 행사하기 행동과 지도

권력 추구형 유아의 행동 목표는 교사와의 관계에서 이기고자 하는 것으로, 교사와 유아가 권력 다툼을 일으킬 수 있다. 힘 행사하기를 하려는 유아의 잘못된 행동에 대해 교사가 분노하면 유아가 목표하는 것을 획득한 결과가 되고, 교사가 힘을 사용하면 유아는 힘의 가치를 알고 더욱 추구할 수 있다(지성애, 홍혜경, 2001). 따라서 유아의 힘 행사하기를 피하기 위해서 교사는 흥분하지 말아야 한다. 교사는 유아에게 도전을 받았다고 인식하고 흥분할 수 있으나, 화를 내지 말고 초연하게 대처하는 자세가 필요하다.

이러한 유아는 자신의 삶에서 주도권을 갖지 못한 경우가 많으므로(Kostelnik et al., 2009), 정당한 힘을 경험할 기회를 제공하는 것이 효과적이다. 힘을 행사하는 유아의 잘못된 행동을 지도하기 위해서는 유아가 계획 수립에 참여하고, 활동의 선택권을 가질 수 있도록 배려하는 것이 효과적이다.

(3) 보복하기 행동과 지도

유아는 관심 끌기 행동과 힘 행사하기 행동을 통해 목표를 달성하지 못하면 보복하기 행동을 추구하게 된다. 보복하기 행동을 하는 유아는 다른 사람에게 상처를 주고 그로 인한 반응을 통해 소속감을 느끼거나 인정받을 수 있다는 잘못된 확신을 갖고 있다(지성애, 홍혜경, 2001). 이러한 행동에 대해 교사가 똑같이 대응하게 되면 오히려 보복 추구를 강화하게 됨으로써 악순환이 계속될 수 있으므로, 무엇보다도 유아가 소중한 존재임을 인식하도록 돕는 것이 필요하다.

(4) 무능함 표출 행동과 지도

마지막으로, 모든 기대를 포기한 유아는 부적절하고 무능함을 나타내게 된다. 무기력한 유아는 다른 사람에게 상처를 주고 반응을 유도함으로써 즐거움을 찾거나(Dreikurs, Grunwald, & Pepper, 1998), 실패할 가능성이 있는 상황을 모두 피하기도 한다(Kostelnik et al., 2009). 이러한 유아에게는 성취감을 느낄 수 있도록 잘하고자 하는 시도를 격려해 주고 교사와 애정 있는 관계를 가질 수 있도록 따뜻하게 대하는 것이 바람직하다.

3. 결과 사용을 통한 생활지도

유아가 부적절하게 행동하거나 규칙을 따르지 않아서 교사나 성인의 개입이 필요할 경우가 있다. 유아가 자신의 행동을 통제하고, 궁극적으로는 자기조절력을 증진시키도록 행동의 결과를 사용하는 방법을 알아보고자 한다. 이 방법은 유아가 자신의 행동이 자신과 다른 사람에게 미치는 영향을 알도록 도와주는 것에 목적을 두는 지도 방법이다. Kostelnik와 동료들(2017)은 결과 사용을 통해 문제행동을 줄이는 전략을 **교정적 결과**(corrective consequence)로 정의하였는데, 이것이 자기조절을 감소시키는 처벌과는 다르다는 것을 명시하였다. 결과를 사용하는 생활지도 전략은 자신의 행동이 수정되는 경험을 통해 유아가 수용되는 행동을 배울 수 있도록 도와주며, 유아가 바람직한 행동에 근접할 수 있도록 해 준다.

1) 결과 사용을 위한 결과의 유형

(1) 자연적 결과

자연적 결과는 성인의 직접적인 개입 없이 일어나는 특징을 가진다(MacKenzie, 1998). 자연적 결과는 유아가 한 행동의 직접적인 결과이기 때문에 유아는 자연적 결과를 경험하면서 자신이 한 행동이 의미가 있으며 자신이 결과에 영향을 미친다는 원리를 알게 된다.

Dreikurs는 잘못된 행동 목표를 이해하고 지도하기 위해서는 자연적 결과와 논리적 결과를 사용하는 것이 효과적이라고 주장한다. 자연적 결과란 유아가 자신의 잘못된 행동에 대한 자연스러운 결과를 경험하고 이후에 똑같은 행동을 하지 않도록 지도하는 방법이다. 예를 들어, 실외놀이를 나가기 전에 따뜻하게 입도록 권유해도 유아가 말을 듣지 않고 놀이터에서 실외놀이를 한다면, 유아는 점퍼를 입지 않아서 추위를 경험하게 된다. 이렇게 추위를 경험하고 나면 다음에는 교사의 권유를 따르는 경우가 많다. 이러한 직접적인 행동의 결과를 경험하면 유아가 똑같은 잘못된 행동을 하지 않게 되는 것이다. 따라서 자연적 결과는 유아에게 분명하고 유아가 그 결과에 관심이 있을 때 효과적이다. 즉, 신발을 신발장에 넣지 않은 유아는 신발을 쉽게 찾지 못하게 되므로 신발을 잃어버리지 않고자 할 때 가장 효과적이다. 그러나 높은 곳에서 뛰어내리는 행동은 자연적 결과를 통해 치명적인 사고를 당할 수 있기 때문에 자연적 결과를 사용하는 것이 바람직하지 못하다.

(2) 논리적 결과

논리적 결과는 사회적 규칙을 위반한 경우에 경험하게 되는 결과를 말한다. 자연적 결과를 적용하기 어렵거나 그 적용이 위험을 초래할 수 있을 때는 논리적 결과를 적용하도록 한다. 교사와 유아가 합의한 규칙을 유아가 어겼을 때는 규칙을 어기면 따라야 하는 논리적 결과를 적용하도록 한다. 예를 들어, 벽에 낙서를 하면 스스로 지우도록 함으로써 자신의 행동에 대한 결과에 책임을 지도록 지도하는 것이다.

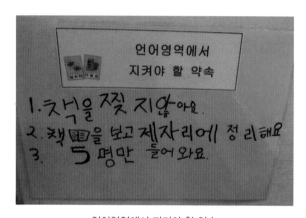

언어영역에서 지켜야 할 약속

논리적 결과는 일반적으로 다음의 세 가지 형태로 나뉜다(Kostelnik et al., 2009).

- 연습: 유아가 바람직한 행동을 연습한다.
- 복구: 유아가 잘못된 행동을 수정한다.
- 일시적 권리 상실: 잠깐 동안 유아는 남용했던 권리를 상실한다.

연습과 복구는 논리적 결과의 가장 보편적인 방식이다(Charles, Seuter, & Barr, 1999; Charney, 1998). 이 방법은 모든 연령의 유아에게 자기조절능력을 발달시키도

〈표 8-1〉 논리적 결과의 예시

문제행동	논리적 결과	논리적 결과의 형태
다른 유아의 블록을 넘어뜨린다.	• 블록을 다시 만드는 것을 돕는다.	복구
교실을 어지럽혔다.	• 교실을 정리한다.	복구
화가 나서 다른 유아를 때렸다.	• 자신이 때린 아이의 눈물을 닦아 주려고 휴지를 가져온다.	복구
	• 때린 아이와 떨어져서 다른 아이를 때리면 안 된다는 것을 기억하기 위해 교사 옆에 있다.	연습
	• 화가 났을 때 친구를 때리지 않고 어떻게 행동해야 하는지 생각한다.	연습
	• 때리는 대신에 자신의 화를 표현할 수 있는 말을 제공해 주고 연습하게 한다.	연습
책장을 찢었다.	• 찢어진 책을 고친다.	복구
	• 다른 책으로 대체한다.	복구
	• 책값을 지불한다.	복구
하고 있는 활동을 다 해서 다른 것을 하겠다고 했지만 실제로는 다 끝내지 않았다.	• 혼자서 결정하는 대신, 다른 활동을 하기 전에 교사에게 자신이 끝낸 것을 보여 준다.	일시적 권리 상실
컴퓨터 자판을 쾅쾅 치고 있다.	• 컴퓨터 자판을 부드럽게 두드리는 연습을 한다.	연습
	• 잠시 동안 컴퓨터를 사용하지 못한다.	일시적 권리 상실
대집단 활동시간에 친구랑 계속해서 이야기를 했다.	• 잠시 떨어져 앉아서 말하는 사람에게 집중하는 연습을 한다.	연습
	• 말하는 사람에게 집중하는 것을 도와주는 교사 옆에 앉는다.	연습
줄의 맨 앞에 서기 위해 다른 유아들을 민다.	• 줄의 끝으로 간다.	복구
	• 성인과 함께 줄 끝에서 기다리는 연습을 한다.	연습
교사에게 무례하게 말한다.	• 무례하게 말하면 대답하지 않을 거라고 말하고 그 자리를 떠난다.	일시적 권리 상실
	• 좀 더 공손하게 말할 수 있을 때 교사에게 다시 올 수 있다.	연습
다른 유아를 땅에 때려 눕힌다.	• 그 아이가 일어나게 돕는다.	복구
	• 다친 유아의 상처를 치료하기 위해 소독약과 반창고를 가지고 온다.	복구

출처: Kostelnik et al. (2009)에서 수정 · 보완.

록 도와주고 대부분의 상황에서 적합하게 사용할 수 있지만, 연습과 복구는 나이가 어린 연령의 유아에게 적용하고 일시적 권리 상실은 추상적 사고가 가능한 연령의 유아에게 적용하는 것이 좋다(〈표 8-1〉 참조).

① 연습

복도에서 걷기로 되어 있는데 유아가 뛰어갔을 경우에는 논리적 결과를 적용하여 그 유아에게 되돌아와서 걸어가도록 한다. 뛰어가는 유아에게 잔소리나 타임아웃을 적용하는 것보다 다시 걷게 하는 논리적 결과를 경험하게 하는 것이 유아가 규칙을 더 분명하게 기억하도록 도울 수 있다. 즉, 유아는 기대되는 적절한 행동을 연습하게 되어 다음에는 규칙을 좀 더 잘 따를 수 있게 된다.

② 복구

앞서 제시한 연습을 적용하는 것이 어려운 상황에서는 재구성하는 것이 더 적합할 수 있다. 예를 들어, 유리창에 침을 뱉었을 때 유리창의 침을 깨끗이 닦아서 원래의 상태로 되돌려 놓는 복구의 방법을 적용하는 것이다. 만일 유아가 먹기 싫다고 콩을 바닥에 던져 놓으면 논리적 결과는 다른 반찬을 먹기 전에 콩을 치우도록 하는 것이다. 즉, 수용되는 상태로 상황을 복귀하는 것을 의미하는 논리적 결과인 복구는 유아에게 침을 뱉는 것과 같은 잘못된 행동은 용납되지 않는다는 것을 보여 준다. 복구는 문제행동을 개선하거나 손상된 것을 회복하는 방법이다.

③ 일시적 권리 상실

지민이는 미끄럼틀에서 거꾸로 내려오고 있다. 앉아서 미끄럼을 타지 않으면 어떻게 될지 교사의 경고를 들은 후에도 지민이는 또다시 거꾸로 미끄럼을 탔다. 지민이는 잠시 미끄럼틀에서 나와서 다른 놀이를 하라는 교사의 말을 듣고 미끄럼틀에서 놀 수 있는 권리를 일시적으로 잃게 되었다. 나중에 지민이는 바른 자세로 미끄럼을 타면 다시 미끄럼틀에서 놀 수 있도록 허용되었다. 이러한 방법은 유아에게 잠시 동안 남용했던 권리를 상실하는 경험을 하게 함으로써 어떤 권리를 가지고자한다면 그에 따른 책임을 져야 한다는 것을 알게 하는 것이다.

그러나 그네 때문에 친구에게 모래를 던지며 싸운 유아에게 일주일 동안 실외놀이를 못하게 한다면 이는 논리적 결과의 올바른 적용이 아니다. 이러한 방법은 유아가 일시적으로 모래를 던지지 않게 할 수는 있지만 앞으로 어떻게 사이좋게 그네를 타고 놀이를 할 수 있을지에 대해서는 알려 주지 못한다.

(3) 관련 없는 결과

교정적 결과의 세 번째 유형인 관련 없는 결과의 방법은 유아의 행동에 따른 자연적 결과가 아닌 유아의 잘못된 행동에 대해 성인이 만든 결과를 의미한다 (Kostelnik et al., 2017). 관련 없는 결과는 규칙 위반과는 관계없는 벌칙을 제시하는 것으로, 예를 들어 저녁밥을 먹지 않으면 게임을 못하게 하는 것이다. 이 방법은 유아가 요구되는 행동을 하면 긍정적으로 변할 수 있는 혐오 상황을 제시하여 요구되는 적절한 행동을 하도록 만드는 것이다. 규칙을 위반하고 나서 바로 이어지는 사건을 제한하는 것이 효과적이다. 따라서 교사나 성인은 이 방법이 처벌이 아닌 결과의 의미로 실행될 수 있도록 유의하여야 한다. 교정적 결과의 세 가지 유형 중에서 관련 없는 결과는 가장 적게 사용된다(Kostelnik et al., 2017).

2) 결과를 이용한 지도 방법

유아가 세면대 앞에서 서로 먼저 양치질을 하겠다고 싸우고 있다. 서로 밀다가 다칠 것이 걱정되면 교사는 개입하여야 하는데, 다음과 같은 순서로 개입한다.

첫째, 단호하고 중립적인 어조로 유아들에게 양치질할 때의 규칙을 상기시켜 준다. 대부분의 경우 이렇게 교사가 규칙을 상기시켜 주기만 해도 유아는 규칙을 따른다. 유아가 규칙을 따르게 되면 칭찬으로 그 행동을 강화해 준다. 그러나 교사의 경고를 무시하거나 규칙을 지키지 않으면 교사는 교정적 결과를 사용한다.

둘째, 교정적 결과를 사용할 때에는 먼저 경고의 형태로 시작한다. 교사는 규칙을 반복해서 말해 주고 규칙을 따르지 않을 경우에는 어떻게 될 것인지를 유아에게 말해 준다. 이때 교사가 유아에게 화를 내거나 위협을 하는 것이 아니라 단호하고 중립적인 어조를 유지한다. 즉, 교사는 "차례대로 줄을 서서 양치질 차례를 기다리지 않으면 맨 뒤로 가게 될 거야."와 같이 경고할 수 있다.

셋째, 일단 경고를 한 후에는 유아가 이를 따를 기회를 주기 위해 잠시 기다려야 한다. 유아의 반응시간은 교사가 기대하는 것보다 느릴 수 있기 때문에 충분히 기다려 준다. 그러나 안전이 위협받는 상황이라면 경고를 하면서 즉각적인 개입을 해야 한다. 만일 유아가 계속해서 교사의 경고를 무시할 경우 교사가 유아의 부적절한 행동을 제지하는 외적 통제를 가한다.

넷째, 외적 통제는 교사가 유아에게 제지하는 결과를 실행하는 것으로, 교사가 규칙을 벗어난 행동을 참아 주는 데에 한계가 있다는 것을 보여 준다. 외적 통제를 경험한 유아는 자기 행동의 영향과 그 행동에 대한 외부의 반응을 연결해 보는 기회를 갖게 된다. 따라서 교사는 제지하는 결과를 실행하는 것이 유아가 자신의 잘못된 행동에 대한 결과를 경험하는 것임을 인식하도록 도와주어야 하는데, 그것이 교사가 유아에게 인위적이나 보복적으로 가하는 행위, 즉 처벌이 아님을 알도록 해주어야 한다. 이때 교사는 유아에게 "계속해서 친구를 밀고 있구나. 내가 네 순서를 기다리지 않으면 뒤로 가서 줄을 서야 한다고 이야기했지? 이제 뒤로 가세요."라고 말하고 유아를 데리고 줄 뒤로 가서 유아를 세운다.

교정적 결과를 사용할 때에는 일관성이 중요하기 때문에 한 번에 몇 개의 규칙만을 지키도록 하는 것이 필요하다. 많은 규칙을 한꺼번에 가르치려 해서 잘되지 않는 것보다는 한두 가지의 중요한 규칙을 지키도록 지도하는 것이 낫다. 규칙의 시행은 즉각적이어야 하는데, 유아가 규칙을 어긴 시점과 부정적인 결과가 시행된 간격이 벌어지면 그 영향력은 줄어든다(O'Leary, 1995).

자연적 결과와 논리적 결과는 유아가 스스로 어떠한 행동을 할 것인지 결정하고 자신의 행동에 대한 책임을 지게 하기 때문에 유아와의 관계가 민주적으로 유지될

〈표 8-2〉 중재의 연속성

자기 조절 ↑	1. 관찰하고 듣기	유아를 가까이에서 관찰하여, 교사를 필요로 하면 도와주고 유아 스스로 문제를 해결할 수 있으면 스스로 해결하도록 한다.
	2. 자료를 보충하거나 치우기	유아가 스스로 할 수 있도록 필요한 자료를 보충하거나 치워 준다. 예를 들어, 미술 영역에 필요한 도구가 너무 없으면 분쟁을 일으킬 수도 있다. 이때 몇 가지 재료를 더해 주기만 해도 나누어 쓰는 것을 잘할 수 있게 된다. 반면에 탁자에 재료가 너무 많으면 다른 아이들을 방해하지 않고 작업하는 것이 어려울 수 있다. 이 경우에는 몇 가지 재료를 치우면 유아들이 협동해서 재료를 사용할 수 있다.
	3. 본 것을 그대로 기술하기	"둘 다 가위를 동시에 사용하고 싶어 하는구나." 혹은 "반짝이를 나누어 쓰기로 했구나. 함께 작업할 수 있는 방법을 찾아서 기쁘다."
	4. 정보 제공하기	"지영이가 네 그림에 일부러 풀을 쏟았다고 생각하지? 지영이는 풀을 제자리에 두려고 했는데 쏟아진 거야. 그건 사고였어." 또는 "두 사람이 동시에 같은 물건을 써야 하면 나누어 쓰거나 교대로 써야 해."
	5. 질문하기	"이 문제를 해결하기 위해서 어떻게 할까?" 또는 "화났을 때 친구를 때리는 것 말고 어떻게 할 수 있을까?"
	6. 대안적인 선택 제시하기	"지금은 치우는 시간이야. 앞치마를 치우거나 상자를 쌓아 놓을 수 있어."
	7. 신체적으로 개입하기	때리는 것과 같은 해로운 행동은 유아의 손을 붙잡아서 멈추게 한다. 교사가 말하는 것을 들을 수 있도록 몸부림치는 유아를 붙잡는다. 서로 밀고 있는 두 유아는 떨어뜨려 놓아야 한다.
	8. 유아가 문제에 대해 협상하도록 돕기	이때는 상황을 해설해 주는 역할을 한다. "친구가 너를 밀었을 때 좋았니? 친구에게 뭐라고 말할 수 있을까?" 또는 "준영아, 너는 순서대로 하면 좋겠다고 생각하는구나. 민정이는 어떻게 생각하니?"
	9. 개인적인 메시지를 사용하여 규칙을 상기시키기	"반짝이를 사용하고 싶구나. 갖고 싶다고 물건을 확 잡아당기면 다른 사람이 다칠까 봐 선생님은 걱정이 돼. 영주에게 다음에 써도 되는지 물어봐."
	10. 경고나 효과적인 칭찬을 통해서 행동과 결과를 연결하기	"반짝이와 풀을 바꾸기로 했구나. 그러면 되겠다."
	11. 논리적 결과 시행하기	"반짝이를 나누어 쓰는 것을 기억하지 못했구나. 다른 재료를 찾아서 사용하자." 또는 "영수 그림에 실수로 풀을 떨어뜨렸구나. 휴지를 가지고 와서 닦아 줘라."
외적 조절 ↓	12. 떼쓰거나 습관적으로 반사회적 행동을 하는 유아에게 타임아웃 사용하기	"화가 났구나. 지금처럼 발로 차거나 소리를 지르면 이야기를 할 수가 없어. 여기서 진정하거나 타임아웃을 하자."

출처: Kostelnik et al. (2009).

수 있다. 자연적 결과와 논리적 결과를 적용할 때에는 다음의 사항들을 고려한다
(Dinkmeyer & Mckay, 1982; Dreikurs, 1967).

- 자연적 결과가 논리적 결과보다 교사와 유아 간 갈등이 발생할 소지가 적기 때문에 논리적 결과를 적용하기 전에 자연적 결과 적용을 먼저 고려한다.
- 교사와의 관계가 우호적일 때 논리적 결과의 사용이 효과적이다. 유아가 논리적 결과를 잘못된 행동에 대한 처벌로 생각하지 않아야 한다.
- 일관성 있게 결과를 적용한다. 유아가 자신의 행동에 대한 결과를 예측할 수 있도록 일관성 있게 대처하는 것이 좋다.
- 자연적·논리적 결과를 적용할 때는 유아에게 선택의 기회를 먼저 제공하도록 한다. 특히 논리적 결과를 적용하기 위해서는 규칙을 어겼을 때 따르는 결과의 적용에 일관성을 유지해야 하지만, 유아가 잘못된 행동을 후회한다면 선택의 기회를 제공하는 것이 저항을 줄이는 방법이 될 수 있다.
- 자연적·논리적 결과를 적용할 때는 말로 지적하는 것보다는 행동에 옮기는 것이 효과적이다. 지속적으로 잘못에 대해 말로 비판함으로써 유아를 이기려고 하기보다는 유아가 행동에 대한 책임을 지도록 돕는 것이 바람직하다.
- 만약 여러 유아가 관여되어 있다면 책임을 공유하도록 한다. 잘못을 밝혀내기 위해서 유아들을 경쟁자로 만들기보다는 논리적 결과를 통해 유아들 모두 책임을 공유하도록 한다.

4. 무승부법을 통한 생활지도

1) 무승부법의 기본 원리

Gordon은 부모의 의사소통 기술 증진을 위한 부모효율성 훈련 프로그램(Parent

Effectiveness Training)을 개발하였고, PET를 기초로 이후 **교사효율성 훈련 프로그램**(Teacher Effectiveness Training)을 개발하였다(Gordon & Burch, 1974). Gordon과 Burch(1974)는 교사를 위한 의사소통 기술들을 제안하고, 갈등을 해결하기 위한 방법으로 민주적 갈등해결 방법인 무승부법을 제안하였다. 유아와 성인 사이에 갈등이 발생했을 때 사용되는 방법은 세 가지로 나눌 수 있다(지성애, 홍혜경, 2001). 첫 번째는 교사가 이기고 유아가 지게 되는 방법이다. 이러한 훈육은 권위주의적인 훈육의 형태로, 교사나 부모가 권위나 힘을 사용하여 갈등을 해결하려는 방법이다. 이러한 훈육에 익숙해지면 유아는 다른 사람에 대한 감정이입과 관심에 의해 규칙을 따르지 않고 무조건적인 복종에 의해 규칙을 따르게 되기 때문에 추론기술과 민감성 발달이 잘 이루어지기 어렵다(Kostelnik et al., 2009).

두 번째는 유아가 이기고 교사가 지는 방법으로, 첫 번째 방법처럼 바람직하다고 볼 수 없다. 부모나 교사가 양보하고 허용함으로써 유아의 욕구는 해결되었지만, 이러한 훈육에 익숙한 유아는 사회적으로 허용되는 행동이 무엇인지 학습하기 어렵기 때문에 바람직한 행동에 대한 지침을 배우기 어렵다.

세 번째 방법은 무승부법으로, 승자나 패자 없이 양쪽 모두의 욕구를 만족시키며 갈등을 해결하는 방법이다. 무승부법을 통한 갈등 해결은 유아와 성인이 민주적으로 의사결정 과정을 거쳐서 합의에 이르는 방법이라고 할 수 있다. 교사는 유아의 의견과 의사결정 능력을 존중하고, 유아도 교사와 부모의 제안을 존중하면서 토의를 통해 해결책을 찾아 나가는 것이다(지성애, 홍혜경, 2001).

교사가 수용적인 태도를 보이면서 기대되는 행동에 대한 지침을 분명히 하면 유아는 보살핌을 받고 있다는 느낌을 통해 안정감을 느낄 수 있고, 함께 추론하는 과정을 통해 인지 발달에도 도움을 받을 수 있다. 또한 하지 말아야 할 행동과 허용되는 행동에 대한 정확한 정보를 얻게 되고, 교사가 만든 지침 안에서 스스로의 욕구를 충족할 수 있는 방법을 배울 수 있다(Kostelnik et al., 2009).

다음은 무승부법을 사용함으로써 얻을 수 있는 장점이다(유안진, 김연진, 2003; 이은화, 김영옥, 2000; 지성애, 홍혜경, 2001).

- 유아가 갈등을 해결하는 책임을 느낄 수 있다.
- 해결 방안을 찾으면서 유아의 인지 발달을 촉진할 수 있다.
- 토의를 통한 갈등해결 과정에서 대화가 증진됨으로써 유아와 성인의 감정에 해를 끼치지 않는다.
- 유아의 자율적인 행동을 촉진할 수 있다.

2) 무승부법에 기초한 지도 전략

(1) 무승부법의 지도 원칙

무승부법을 효과적으로 사용하기 위해서는 다음과 같은 지도 원칙을 적용해야 한다.

- 반영적 경청과 나-전달법의 습득이 선행되어야 한다. 교사가 반영적 경청과 나-전달법을 사용할 수 있으면 무승부법을 통해서 문제를 민주적으로 해결할 수 있다.
- 교사의 의견을 유아가 수용하도록 무리하게 강제하지 않는다. 무승부법은 교사와 유아 누구도 이기거나 지는 것을 전제하지 않기 때문에 교사가 이 부분을 인식하고 자신의 의견을 관철시키려 고집하지 않아야 한다.
- 시간적 여유가 있는지 고려한다. 무승부법은 토의를 통해 원만한 합의에 이르도록 해야 하기 때문에 시간적인 여유가 있을 때 사용하는 것이 좋다. 시간적 여유가 없으면 다양한 해결 방법을 제시하기 어렵다.

(2) 무승부법을 통한 문제해결 과정

문제해결이란 자신이 가지고 있는 지식이나 정보를 활용하여 당면한 문제를 새롭고 다양한 방법으로 해결하여 목적을 달성해 나가는 것으로(이은미, 2019), 그 문제에 관한 다양한 해결책을 선택하는 '인지과정'이라고 정의할 수 있다(Parnes,

1999). 도덕적 갈등 상황에서 유아의 창의적 문제해결이 기본생활습관과 자기조절에 미치는 영향을 연구한 박정숙(2010)은 창의적 문제해결이 청결, 질서, 예절, 절제 등 기본생활습관의 모든 하위요인의 향상에 긍정적 영향을 미치며, 행동적 자기조절력과 정서적 자기조절력을 향상시킨다고 보고하였다. 무승부법은 문제해결의 과정을 유아와 교사가 토의를 통해 수행하는 과정을 거치며 원만한 합의를 도출해 나가는 것으로 유아의 자기조절을 증진할 수 있는 생활지도 전략이 될 수 있다. 무승부법의 문제해결 과정을 구체적으로 알아보고자 한다.

무승부법을 통해 원만한 합의를 도출하기 위해서는 다음의 과정을 거쳐야 한다 (박성연 외, 2001; 정옥분, 정순화, 2007a).

① 문제의 정의

먼저 문제가 무엇인지 정의한다. 교사는 나―전달법을 통해 자신의 의사를 표현하고, 반영적 경청을 통해 유아의 욕구를 이해한다. 이 과정에서 합의를 통한 해결방법을 찾기 위한 과정임을 유아에게 인식시킨다.

② 가능한 해결책 모색

교사가 먼저 해결책을 제시하지 말고, 유아가 해결책을 제시하도록 기다려 준다. 유아가 제시한 해결책에 대해서 비평이나 평가를 하지 말고, 가능한 해결책을 다양하게 찾아서 정리한다.

③ 가능한 해결책 평가

제시된 해결책들이 교사와 유아 모두의 욕구를 충족하는 합리적인 해결 방법인지 평가하도록 한다. 논의를 통해 실행 가능한 해결책을 몇 가지 선정한다.

④ 최선의 해결책 결정

선정된 몇 가지 해결책 중에서 교사와 유아가 합의하여 최선이라고 생각되는 것을 결정하고 합의한다.

⑤ 해결책 수행 방법 결정

결정된 해결책을 어떻게 수행할 것인지 방법을 결정하고 직접 수행해 본다. 유아가 해결 방법을 실행하지 않으면 나—전달법을 통해 교사의 의사를 전달한다.

⑥ 수행 결과 평가

무승부법으로 결정된 해결책들이 최선이 아닐 수 있기 때문에 수행 후에 평가 과정이 이루어져야 한다. 이 과정에서 문제점이 발견되면 다시 앞선 과정을 거쳐 새로운 해결 방법을 찾도록 한다.

5. 감정코칭을 통한 생활지도

제5장에서 소개한 **감정코칭**을 통한 생활지도는 유아의 자기조절을 증진시키는 것으로 선행연구들은 보고하였다(박연주, 2013; 백성희, 2017; 정미숙, 2016). 초등학생을 대상으로 한 연구들(박연주, 2013; 정미숙, 2016)에서 감정코칭 프로그램은 아동의 자기조절력에 긍정적인 영향을 미치는 것으로 나타났고, 유아를 대상으로 감정코칭 프로그램을 연구한 백성희(2017)의 연구에서도 감정코칭이 자기조절에 긍정적인 영향을 미치는 것으로 나타났다. 또한 만 3, 4세 유아를 대상으로 한 연구(남궁미량, 2018)에서 감정코칭에 기초한 통합적 기본생활습관 활동은 자기조절력에 긍정적인 영향을 미치는 것으로 나타났다. 〈표 8-4〉는 감정코칭에 기초한 통합적 기본생활습관 활동에서 사용한 교수전략 및 교사역할과 활동의 예시로 기본생활습관과 관련한 동화를 활용하여 적용하고, 이와 함께 동극, 미술, 게임, 음률, 신체 활동 등을 함께 제시하였다(남궁미량, 2018).

〈표 8-3〉 감정코칭에 기초한 생활지도를 위한 교사의 역할

단계	목표	교사의 역할
도입	감정 인식하기	• 유아의 입장에서 생각해 보기 • 유아의 감정 알아차리기
	감정적 순간을 교육 기회로 삼기	• 여러 가지 감정을 담고 있는 등장인물과 상황을 찾아보기 • 여러 가지 감정을 담고 있는 상황 경청하고 공감하기
전개	감정 공감 · 경청하기	• 동화책의 등장인물이 느끼는 여러 가지 감정을 공감하기 • 유아들의 긍정적 · 부정적 감정을 인정하기
	감정표현하기	• 동화책의 등장인물의 감정을 이입하고 새롭게 느끼는 감정을 표현하도록 통합적 활동을 제공하기 • 유아가 경험한 감정을 내면화하고 표현할 수 있는 기회를 제공하기
마무리	스스로 문제해결하기	발견된 문제를 해결할 수 있는 방법 생각해 보기 해결 방법을 적용해 본 뒤 결과에 대해 이야기하기

출처: 남궁미량(2018).

〈표 8-4〉 감정코칭에 기초한 통합적 기본생활습관 계획안 예시

활동명(1)	몸과 주변을 깨끗하게 (이야기 나누기)/친구야 목욕하자		
기본생활 습관덕목	청결	일시	11월 6일(월)
활동목표	1. 청결한 생활에 관심을 갖는다. 2. 몸과 주변을 청결하게 하는 생활태도를 기른다.		
활동자료	친구야 목욕하자 동화 장면 자료		
활동방법	**활동내용**		
감정 인식하기 감정적 순간을 교육기회로 삼기	1. '친구야 목욕하자' 동화를 보며 기억에 남는 것에 대해 자유롭게 이야기를 나눈다. 　−이 그림 속에서 슬픔을 보이는 등장인물을 찾아볼까? 　−무슨 일이 일어난 것 같나요?		
감정 공감 · 경청하기 감정표현하기	2. '이빨이 더러운 늑대' 동화 속 장면을 보며 이야기를 나눈다. 　−치과에 갔던 경험이 있나요? 　−우리 반 어린이들은 이가 더러운 친구가 '나랑 같이 놀자'라고 말하면 어떤 마음일 것 같나요? 　−이가 더러우면 자신에게 안 좋은 점은 무엇이 있을까? 　−이빨이 더러운 늑대가 다가왔을 때 주변의 동물들은 어땠나요? 　−이빨이 더러운 늑대에게 어떤 말과 행동을 해 줄 수 있을까요? 3. '털을 자른 양'의 동화 속 장면을 보며 이야기를 나눈다. 　−우리 반 어린이들도 머리를 자르기 싫었던 경험이 있나요? 　−털을 자른 양은 "으악, 나 몰라! 이런 꼴로 어떻게 밖을 나가니?"라고 했어요. 양은 어떤 감정인 것 같나요? 　−자신의 달라진 모습이 창피하였을 때 주변에서 어떤 이야기를 해 주면 용기를 가질 수 있을까요? 　−우리 반 친구들이 이야기한 내용을 우리가 직접 동화 속 등장인물이 되어 표현해 보자. 4. '쓰레기더미 속에 있는 돼지' 동화 속 장면을 보며 이야기를 나눈다. 　−친구들이 나의 곁으로 오지 않았던 적이 있었나요? 　−더럽다고 친구들이 곁에 오지 않는다면 돼지는 어떤 감정이었을까요? 　−목욕을 한 뒤 돼지는 어떤 기분을 가졌을까요? 몸으로 표현해 보자.		
스스로 문제 해결하기	5. 청결한 생활을 해야 하는 이유에 대해 자신의 감정을 이야기 나눈다. 6. 우리가 이야기한 내용을 실천해 본다.		
유의점	유아들이 이 닦기, 목욕하기, 머리 자르기 등과 관련하여 이야기한 내용을 가정에서도 실천할 수 있도록 그 내용을 기록하여 전달한다.		

출처: 남궁미량(2018).

09

유아 행동의 관찰 및 평가

평가는 교육과정 수행에서 반드시 필요한 단계로, 교사는 평가를 통해 유아의 사회적 기술, 가치와 태도, 기본적인 개념 획득에 대한 발달 수준과 과정, 그리고 이후 교육 경험의 효율성을 판단한다(조순옥 외, 2010). 유아교육에서 평가의 개념은 유아교육기관에서 제공되는 모든 교육 내용의 과정과 결과에 대한 가치를 판단하여 유아를 위한 교육적 의사결정을 이루는 과정이라고 볼 수 있다(이윤경 외, 2003). 일정한 규칙에 따라 사람의 특성이나 속성에 수치를 부여하는 측정(measurement)과 달리, 평가(evaluation)는 수집된 결과에 대한 주관적인 가치판단을 포함한다(문수백, 1998; 이영석, 2000). 평가를 통해 이루어진 판단은 이후 교육계획에 반영되어 개별 유아에게 적합한 교육계획을 수립하는 데 기초가 된다. 또한 부모와의 상담 시 유아에 대한 정보를 제공하여 가정과 기관에서 이루어지는 지도가 효과적으로 연계될 수 있도록 도움을 준다. 이 장에서는 관찰을 통한 평가 방법, 표준화된 검사 도구를 활용한 평가 방법, 유아의 포트폴리오를 활용한 평가 방법 그리고 면접법을 제시하고자 한다. 평가의 신뢰성을 확보하기 위해서는 한 가지 평가 결과에 의존하기보다 이 장에서 제공하는 평가 방법들을 다양하게 활용하여 평가 결과를 도출하는 것이 바람직하다.

1. 문제행동 이해를 위한 객관적 관찰 방법

1) 주관적 관찰과 객관적 관찰

앞서 설명한 바와 같이, 교사는 유아의 행동에 적절히 반응하기 위해 자신의 편견에 초점을 두어야 한다. 유아의 행동을 보다 정확하고 객관적으로 관찰하고 분석하는 일은 매우 중요하다. 교사들이 유아의 행동에 대한 판단에 있어 객관성을 높이는 방법 중 하나는 객관적인 관찰이다. 교사가 실제로 보고 들은 것만 기록하는 **객관적 관찰**과 교사의 지식, 경험, 편견에 근거해서 직관적으로 해석하는 **주관적 관찰**에는 큰 차이가 있다. 다음의 두 기록을 살펴보면서 그 차이점을 비교해 보자.

〈관찰 기록 1〉은 관찰자의 개인적인 의견이 주를 이루는 주관적 관찰이다. 〈관찰 기록 2〉는 유아 행동의 원인, 동기, 목표, 설명 등에 대한 관찰자의 주관적 판단이나 의견 없이 사실 그대로를 직접화법으로 기록한 것이다. 교사의 개인적 의견, 평가나 판단이 배제되어 있기 때문에 유아의 행동을 정확하게 평가할 수 있는 단서가 남아 있다. 이렇게 개인적인 해석이 제외된 관찰을 객관적 관찰이라고 한다. 관찰 기록 1과 2를 비교하면 알 수 있듯이, 동일한 유아를 어떤 시각에서 어떤 방법으로 기록했느냐에 따라 유아에 대한 이해는 달라질 수 있다. 사실과 의견을 구별하는 관찰의 과정을 통해 교사는 더욱 정확하게 유아의 실제 행동에 초점을 둘 수 있으며 행동의 의미에 대한 교사 자신의 해석을 긴밀히 살필 수 있다.

관찰 기록 1

　　원재는 블록으로 무엇을 만들어 자동문놀이를 한다. 태영이와 용석이가 관심을 갖고 다가온다. 태영이는 원재를 좋아하는 것 같다. 원재의 모습을 보면서 웃는다. 원재가 카운트다운을 하자 태영이가 사자 모형을 태워야 한다고 주장한다. 원재가 출발한다고 하자 용석이가 자기 로봇이 더 빨리 난다고 우긴다. 용석이가 과장된 동작으로 로봇을 올렸다 내렸다 한다. 뭔가 놀이의 흐름을 깨는 행동으로 보인다. 이 모습이 짜증났는지 원재가 시시하다고 비웃는다. 원재는 비속어를 자주 사용하는데 초등학교 고학년 형의 영향을 많이 받는 것 같다.

관찰 기록 2

　　"철컹~ 문이 열렸습니다." 원재는 자신이 만든 블록 구조물 중 한 부분을 오른쪽 손으로 들고 여닫이문처럼 여는 시늉을 한다. "빨리 타야 해~ 5, 4, 3……." 원재가 태영이와 용석이에게 말한다. 원재는 카운트다운을 하면서 문을 서서히 닫는 시늉을 한다. "잠깐만! 얘 아직 안 탔어." 태영이는 원재가 닫고 있는 문을 왼손으로 열고, 오른손으로는 자신이 들고 있던 사자 모형을 블록 모형 안으로 집어넣는다. 태영이가 사자 모형을 넣자마자, 원재는 "문이 닫혔습니다. 이제 출발합니다."라고 말하면서 블록 구성물을 양손으로 들어 올리려 한다. 이때 용석이가 "내 로봇에는 부스터가 있어서 엄청 빨리 날 수 있어."라고 말하면서 로봇을 자신의 머리보다 높게 단숨에 들어 올린다. "피융~ 슝~슝!" 오른손에 로봇을 쥐고서 자신의 가슴 높이까지 올렸다 머리 높이까지 올렸다를 반복한다. 이 모습을 지켜보던 원재는 "흥! 난 더 빨리 날 수 있다. 그건 너무 시시한데. 짱 시시해." 하고 말한다.

교사가 자기 의견을 고집하는 경우, 유아가 문제행동을 한 이유를 알고 있다고 가정하기 때문에 유아의 행동을 벌주려는 마음이 들 수 있다. 유아의 의도를 알고 있다고 믿을 때, 교사는 한 번쯤 유아의 머리와 마음속에서 일어나고 있는 일을 모두 다 알지 못한다는 점을 상기할 필요가 있다. 객관적 관찰은 유아 행동의 이유를 관찰하도록 하여 유아의 문제행동을 더 잘 이해하도록 도와준다(Miller, 2002).

관찰에 영향을 주는 요소에는 관찰자의 개인적 특성(관찰자의 성별, 성격), 교육에 대한 신념, 관찰 대상의 특성 등이 있다. 이와 같은 요소를 숙지하고 관찰자가 되어 유아를 관찰할 때 이런 요소가 개입될 수 있음을 인식하는 것은 유아의 행동을 보다 객관적이고 정확하게 바라볼 수 있게 할 것이다(김희진, 박은혜, 이지현, 2000).

객관적 관찰을 저해하는 요소가 다양하기 때문에 관찰을 하는 교사들은 주관적 관찰이 되지 않도록 노력해야 한다. 주관적 기록을 피하기 위해 관찰자가 사용할 수 있는 구체적 전략은 다음과 같다(김희진 외, 2000).

- 유아가 실제로 행동한 것만을 적는다. 예를 들어, "소연이의 기분이 매우 좋아 보였다."라고 기록하는 것이 아니라 소연이가 기분이 좋은 것 같다는 결론을 내리게 한 행동을 적어야 한다. "기분이 좋아 보인다."는 관찰한 장면에 대한 관찰자의 해석인 반면, "기분이 매우 좋은 듯 큰 소리를 내면서 웃었다."는 관찰한 상황에 대한 관찰 대상의 실제 행동을 기술한 것이다. "크게 소리 내어 웃었다." "구슬을 끼우면서 노래를 불렀다."와 같이 실제 행동을 기록함으로써 주관적 의견이 개입되지 않도록 한다.
- 유아의 말을 사실 그대로 직접화법으로 기록한다. "은하는 지민이에게 옆에 있는 셀로판테이프를 달라고 말한다."와 "딱풀을 사용해도 안 되네. 셀로판테이프가 필요한 것 같아. 지민아, 자리가 좁아서 그러는데 네가 셀로판테이프 좀 가져다줄래?"는 제공해 주는 정보가 질적으로 다르다. 전자는 단순히 은하가 지민이에게 셀로판테이프를 달라고 요청했다는 정보만을 주지만, 후자는 은하가 대안을 찾아 새롭게 시도했다는 것과 친구에게 도움을 요청할 수 있다

는 것, 다른 사람에게 자신의 입장을 설명할 수 있다는 것 등의 다양한 정보를 준다.

- 유아의 행동을 구체적으로 기술한다. 구체적으로 기록을 했을 때 시간이 흐른 후에도 많은 정보를 얻을 수 있다. 예를 들면, "승묵이가 레고 영역에서 놀고 있다."라고만 적은 것과 "승묵이가 지훈이와 레고 영역에서 다리를 쌓고 있다. 큰 레고와 작은 레고를 함께 사용하여 다리를 만들고 있다."라고 적고 다리의 모양을 기록지에 스케치해 둔 것은 구체성 면에서 차이가 있다.

- 행동의 질을 설명한다. 관찰하는 유아의 행동이 다른 사람의 행동과 어떻게 구별되는지를 정확하게 설명해 주기 위해서 구체적인 행동의 질을 기술해야 한다. 예를 들면, '웃는다'는 행동의 질을 설명하기 위해서는 빙긋이 미소 짓는 다, 깔깔 웃는다, 손으로 입을 막고 웃는다, 폭소를 터트린다 등 다양한 표현을 사용한다.

2) 관찰의 단계

관찰은 대체로 기록-해석-평가라는 세 단계를 거친다. 교사는 유아의 행동과 활동을 관찰한 것을 가능한 한 자세하고 객관적으로 기록한 후, 눈으로 관찰한 것을 넘어서 유아의 행동 원인과 유아의 심리 상태, 감정 등을 해석하고, 이후 유아의 생활지도에 활용할 수 있도록 평가하는 것이다. 이 세 단계는 분명히 구분되어야 하고, 객관적으로 관찰된 기록이 없다면 해석과 평가가 불가능하며 타당성을 인정받을 수 없기 때문에 충분한 관찰 기록에 근거해야 한다. 한편, 관찰 내용의 분석이 유아의 발달을 도울 수 있는 자료로 활용되지 못하고 단순히 상호작용이나 사건을 기록하는 것으로 그친다면 관찰 기록 자체만으로는 의미가 없다는 점을 이해하고 유아의 생활지도에 이 세 과정을 활용해야 한다.

(1) 기록 단계

기록 단계에서 관찰자는 최대한 객관적이어야 한다. 이 시점에서 기록된 정보는 비평의 대상이 되어서는 안 되며 어떤 판단이나 결론을 내려서도 안 된다. 첫 번째 기록 단계를 뛰어넘고 다음 단계로 넘어 가서는 올바른 해석과 평가를 하기 어렵다. 또한 관찰을 할 때 교사는 객관성과 신뢰도를 높이기 위해서 다음과 같은 사항을 고려해야 한다.

- 관찰을 할 때 무엇을, 언제, 어떤 방법으로 관찰할 것인가를 사전에 구체적으로 분명히 결정한다.
- 가능한 한 한 번에 한 명의 유아만 관찰하여 집중적인 관찰을 할 수 있도록 한다.
- 중요한 행동과 중요하지 않은 행동을 구별하고, 중요한 행동을 중점적으로 관찰한다.
- 관찰시간을 충분히 갖고 지속적으로 관찰한다.
- 관찰기간 동안에 메모지나 녹음기 등을 활용하여 다양한 기록 방안이 되도록 한다.
- 가능하면 관찰이 끝나는 즉시 관찰 내용을 기록하고 요약한다.

기록 단계의 예

교사가 유아들의 체온 측정을 위해서 줄을 서라고 말한다.
"햇살반~ 열 잴 거예요~ 다 문 앞에 한 줄 기차~~."
모든 아이가 문 앞에 한 줄 기차를 하고 열을 잰다.
"아직 안 잰 사람~ 얼른 나오자~."
끝까지 나오지 않고 놀고 있는 석규.
"석규야, 석규야~." 석규는 대답하지 않는다. 교사는 조금 더 목소리를 높여 석규를 부른다. "석규야~ 열 재자." 결국 석규가 나오지 않자 교사는 다른 유아에게 말한다.

"수빈아~ 석규에게 열 재러 나오라고 이야기 좀 해 줄래?"

그래도 나오지 않는 석규. 결국 교사는 일어나서 석규를 부르러 간다.

"석규야~ 선생님이 열 재러 나오라고 했는데~ 못 들었니?"

"(약간 겸연쩍은 듯 살짝 어색하게 미소 지으며) 아~ 맞다! 그래요?"

"석규야~ 선생님의 이야기를 잘 귀담아들어 줬으면 좋겠어~ 항상 석규는 맨 마지막에 선생님이 불러야 오잖니~ 선생님이 그럴 때마다 너무 속상해." 하고 자세를 낮춰 석규의 눈을 보면서 말한다.

석규는 "알았어요~ 미안해요. 안 그럴게요." 하고 답한다.

"석규야~ 선생님이 여러 번 이야기했는데 석규는 아직도 선생님의 이야기를 잘 듣지 않는 것 같아. 가끔은 듣고도 모른 척할 때도 있는 것 같기도 해." 교사는 목소리를 작게 해서 다른 유아들이 듣지 못하게 석규에게 말한다.

"네~" 석규가 작게 대답한다.

"왜 그런 거야?" 교사가 다그치는 듯한 태도가 아니라 궁금하다는 목소리 톤으로 묻는다.

"모르겠어요~."

"음~ 선생님도 석규가 왜 그런지 잘 모르겠어. 왜 자꾸 그럴까?"

"전 원래 그래요. 우리 누나는 잘해서 안 혼나는데 난 맨날 말 안 들어서 혼나요. 나만 혼나요~ 그래서 그런가 봐요."

"응? 혼나? 왜?"

"음~ (어깨를 으쓱하며) 저는 맨날 말 안 들으니까요. 누나는 다 잘하는데 저만 못해요."

"그래서 석규가 많이 속상했나 보구나."

"히~ 조금요~."

(2) 해석 단계

두 번째 해석 단계에서는 관찰을 통해 기록된 행동을 설명하고 그 행동에 의미를 부여한다. 이때 유아의 발달 수준과 개인적 차이에 대한 깊은 이해가 요구되며,

해석을 하기 위해서는 충분한 근거가 필요하다. 이 단계에서는 반드시 객관적으로 보고 들은 것에 근거해야 한다. 일차적 해석을 한 이후에는 대안적인 해석이 없는지 찾아보도록 노력해야 한다. 이렇게 다양한 해석을 해 본 후 어떤 해석이 가장 적절한지 결정하기 위해서 교사는 일정 기간 동안 여러 상황에서 유아를 관찰해야 한다.

해석 단계의 예

　교사의 말을 듣고도 못 들은 척하는 석규에 대해 지속적인 관찰을 해 본 결과, 석규가 청력에 문제가 있다기보다는 의도적으로 못 들은 척해서 교사의 관심을 끌려 한다는 해석을 하게 되었다. 석규와의 대화를 통해 누나에 비해 모든 면에서 뒤떨어진다고 느끼고 있다는 점을 알게 되었다.

(3) 평가 단계

마지막 평가 단계에서는 관찰자가 모아 둔 자료를 바탕으로 현재 유아의 상태와 앞으로의 방향에 대한 결론을 내리게 된다.

평가 단계의 예

　현재 석규는 자아존중감이 많이 낮아진 상태다. 석규가 유치원에서 보이는 행동에 대해 부모와 상담을 해서 석규의 심리 상태에 대해 인식하고 좀 더 배려하는 모습을 보여 달라고 부탁드려야겠다. 또한 유치원에서도 석규의 성취에 대해 아낌없는 지지와 격려를 해 주어야겠다.

2. 관찰을 통한 평가

유아가 여러 상황에서 보이는 행동을 관찰하고 객관적으로 기록하여 분석하는 것은 평가를 위하여 유아에 대한 정보를 수집하는 가장 기본적인 방법이라고 할 수 있다. 또한 유아의 발달 특성으로 인해 정확한 평가를 위해서 관찰이 더욱 선호되기도 한다. 관찰이 선호되는 이유는 다음과 같다. 첫째, 유아는 언어 발달이 미성숙하기 때문에 언어적 의사소통을 통한 평가에는 제약이 따른다. 둘째, 유아는 발달 특성상 주의집중 시간이 짧다. 셋째, 표준화된 검사는 낯선 상황에서 낯선 사람과 이루어지기 때문에 자신의 능력을 최대한 발휘하지 못할 가능성이 많다(황해익, 송연숙, 정혜영, 2003). 이와 같은 유아의 발달 특성 때문에 유아 평가에서 가장 기본이 되어야 하는 평가 방법은 관찰이며, 관찰은 일회성으로 이루어지지 않고 지속적으로 이루어져야 한다. 일상적 관찰을 통해 교사는 유아의 흥미, 발달 수준, 도움이 필요한 부분을 판단할 수 있으며, 이러한 정보들을 통해 개별 유아를 위한 교육과정과 지도 방법을 계획하게 된다.

관찰을 통한 평가 방법에는 일화기록, 표본식 기록, 사건표집법, 시간표집법, 행동목록법, 평정척도법 등이 있다.

1) 일화기록

일화기록은 교사가 관찰한 상황을 객관적으로 서술하여 기록하는 것으로, 일어난 사건에 대해 간단하고 명료하게 기술하는 것이 중요하다. 일화기록은 사실적인 기록이어야 하며, 관찰자의 주관적 해석은 구분하여 기록한다. 또한 시간이 지난 후에 기록하다 보면 명확히 기억하지 못할 수 있으므로 관찰 즉시 기록한다. 만약 상황을 관찰한 후에 기록할 시간이 부족하다면 핵심 단어를 사용하여 기록하고 시간이 나면 문장으로 완성하거나 혹은 녹음기를 활용한다.

일화기록의 장점으로는, 첫째, 기록하는 시간이 오래 걸리지 않는다. 둘째, 별도의 사전 준비가 필요하지 않아서 기록이 간편하다. 셋째, 관찰 상황과 관찰된 행동을 명확하게 기록으로 남길 수 있다.

단점으로는, 첫째, 시간이 지난 후 기록을 하다 보면 편견이 들어가거나 정확한 상황을 기억하지 못하여 자세한 상황 묘사가 불가능하다. 둘째, 짧은 시간 동안 관찰된 행동과 상황을 기록하기 때문에 일화기록만으로는 그러한 행동을 하게 된 이유와 상황의 맥락을 이해하는 데 어려움이 있다.

(1) 일화기록의 기록 방법

학습에 대한 유아의 태도나 성향, 정서 발달, 또래관계, 문제행동 등은 상황적 정보가 중요하기 때문에 직접 장면을 관찰하여 하나의 사건에 대해 기록해 가는 일화기록을 통해 평가하는 것이 적절하다(교육과학기술부, 2009).

다음은 일화기록을 할 때 참고할 사항들이다(황해익 외, 2003).

- 발달상의 중요한 사건을 기록하기 원할 때 일화기록을 사용할 수 있다.
- 관찰한 후 가능한 한 빨리 핵심 단어를 사용하여 간결하게 기록하거나 녹음한다.
- 관찰 시간, 장면, 진행 중인 활동 등 상황적인 자료가 기록에 포함된다.
- 관찰 아동의 주 행동이 적혀 있다. 즉, 한 가지 행동에만 초점을 맞춘다.
- 유아가 한 말은 그대로 인용부호 안에 적는다.
- 관찰 아동의 말과 행동뿐만 아니라 그와 상호작용하는 다른 유아나 교사의 말과 행동도 기록한다.
- 발달상 중요 요점을 적어 놓는다.
- 기록이 객관적이고 사실적이며 추론과 해석이 배제되어 있다.
- 각 유아의 발달상의 다양한 일화를 모으기 위해 정기적으로 포트폴리오를 체크한다.

이와 같은 방법으로 일화기록을 했을 때 적절한 방법으로 했는지 알아보기 위해서는 다음과 같은 평가를 해 볼 수 있다(이정환, 박은혜, 1995a).

- 관찰 시간, 장면, 진행 중인 활동 등 상황적인 자료가 기록에 포함되어 있는가?
- 관찰 유아의 한 가지 행동에만 초점이 맞추어져 있는가?
- 유아가 한 말이 그대로 인용부호 안에 적혀 있는가?
- 관찰 유아의 말과 행동뿐 아니라 그 유아와 상호작용하는 다른 유아나 교사의 말과 행동이 포함되어 있는가?
- 기록이 객관적이고 사실적이며 추론과 해석이 배제되어 있는가?

(2) 일화기록의 실제

〈표 9-1〉은 관찰을 통해 기록한 일화기록의 실제 예다.

 〈표 9-1〉 일화기록의 예

관찰일:	관찰자:	
관찰 유아: 김도윤	유아 생년월일:	(남/여)
상황:		

기록: 점심을 먹으려고 배식을 하던 중, 도윤이는 다른 아이들의 배식이 끝나기 전에 점심을 먹기 시작했다. 그 모습을 본 진아가 소리쳤다. "선생님! 도윤이가 기도 안 하고 먼저 밥 먹어요." 그러자 도윤이는 진아에게 얼굴을 찡그리며 "야~!" 하고 큰 소리를 질렀다.
그 소리에 놀란 진아는 울고 말았다. 부담임 선생님이 도윤이에게 "김도윤!" 하고 단호하게 불렀더니, 이번엔 부담임 선생님께도 아까와 같은 큰 소리로 "안 먹었어요!" 하고 소리를 질렀다.

해석: 도윤이가 실내에서 큰 소리를 자주 내서 주의를 준 적이 있는데도 자신의 잘못을 지적한 진아에게 큰 소리를 질러 진아가 울고 말았다. 배식시간 동안 다른 친구들이 준비하는 것을 기다리는 것과 실내에서는 조용한 목소리로 대화하는 것이 학기 초에 정한 우리 반 약속인 만큼 이에 대해 지도할 필요가 있다. 그리고 도윤이가 그런 행동을 한 원인과 도윤이의 마음에 대해서도 알아보아야겠다.

2) 표본식 기록

표본식 기록은 관찰 대상, 장면, 시간을 미리 선정하고 그 장면에서 일어나는 유아의 행동과 상황을 집중적으로 기술하는 것으로, 일화를 가장 자세하게 표현하는 관찰 방법이다(조순옥 외, 2010; 황해익 외, 2003). 또한 장면의 특정 부분만을 기록하는 것이 아니라 전체를 기록하기 때문에(황해익, 2000) 행동의 미묘한 변화를 기록하는 데 유용한 방법이다. 관찰 지속시간은 대략 10분에서 30분 이내이며, 기록지의 왼쪽 여백에 시간을 기록한다.

표본식 기록의 장점으로는, 첫째, 유아의 행동과 당시 상황을 자세히 묘사하기 때문에 유아의 발달을 다양한 각도에서 분석할 수 있어서 문제행동을 파악하고 지도 방법을 계획하는 데 매우 유용하다. 둘째, 표본식 기록은 관찰시간 동안 이루어지는 모든 행동이 기록되어 있어서 관찰자 외에 다른 교사에 의해서 재분석될 수 있다. 따라서 학기 초에 교사가 전년도 표본식 기록을 분석하면 개별 유아를 이해하는 데 도움이 될 수 있다.

그러나 표본식 기술에는 다음과 같은 단점이 있다. 첫째, 기록하고 분석·평가하는 데 시간이 오래 걸린다. 둘째, 소수의 유아만을 관찰할 수 있어서 비효율적이라고 할 수 있다. 셋째, 주관적인 해석이나 추론으로 흐를 가능성이 많다(조운주, 최일선, 2008).

(1) 표본식 기록의 기록 방법

표본식 기술을 하는 경우는 있는 그대로의 원자료를 가능한 한 많이 수집하고자 할 때, 유아의 행동과 말을 객관적으로 기록하면서 유아의 전반적 발달을 살펴보고자 할 때다(황해익, 송연숙, 정혜영, 2008).

다음은 표본식 기록을 할 때의 유의사항이다.

• 관찰시간은 보통 10~30분 정도로 한다.

- 관찰 일시, 관찰 대상, 관찰자의 이름을 미리 기록한다.
- 유아의 행동이 관찰된 장소 및 장면을 표시한다.
- 객관적인 사실만 기록하며 관찰자의 해석이나 주관적인 판단은 배제한다.
- 가능하면 자세하게 적고 행동의 특성에 대해 설명하도록 한다.
- 관찰 대상 유아뿐만 아니라 그 유아와 상호작용을 하고 있는 사람들(다른 유아, 교사, 학부모)의 말과 행동도 함께 기록한다.
- 현재형으로 적고 직접화법을 이용하여 유아의 대화를 있는 그대로 적는다. 참여 대상이 한 말은 인용부호(" ") 속에 넣는다.
- 사건이 일어난 순서대로 적는다.
- 기록의 여백에 정해진 간격으로 시간 표시를 해 둔다. 예를 들면, 10분 동안의 표본식 기록이면 매 1분 간격으로, 30분간의 기록이면 매 5분 간격으로 시간 표시를 해 두면 유아가 어떤 활동에 특별한 관심을 보이고 또 주의집중 시간이 어느 정도 되는가를 알아보는 데 매우 중요한 정보를 얻을 수 있다.
- 표본식 기록 마지막에 발달 영역별 혹은 교육과정 영역별로 간단한 요약을 첨부한다.

(2) 표본식 기록의 실제

〈표 9-2〉는 관찰을 통해 기록한 표본식 기록의 실제 예다.

![책 아이콘] **〈표 9-2〉 표본식 기록의 예**

관찰 유아: 김태욱, 김태영, 김용석	생년월일:	(남 / 여)
관찰일:	관찰시간: 10:35~10:45	
관찰 장면: 자유선택활동 시간, 역할 영역에서 블록을 구성한다.		
관찰자:		

시간	기록	추론 및 해석
10:35~40	이를 보고 있던 태욱이는 "내 우주선도 로봇으로 변신할 수 있는데, 엄청 큰 로봇이라서 엄청 빨라."라고 말하면서 가로로 긴 우주선 모형을 세로로 세우고, 블록 세 개를 분리하여 위쪽, 양쪽(좌, 우)에 덧붙인다. 그리고 나선 로봇을 양손으로 들고 나는 시늉을 한다.	
10:40~45	용석이와 태영이가 책상에서 무엇인가를 블록으로 열심히 조립한다. "아지트가 더 커야 되는데……."라고 태영이가 블록을 조립하며 말하면서 태욱이의 로봇을 쳐다본다. 그러자 용석이가 태욱이에게 다가가 약간 쭈뼛거리면서 "태욱아, 너 블록 좀 주면 안 돼?"라고 말한다. 태영와 용석이의 시선이 태욱이에게 집중된다. 태욱이는 "안 돼요! 이건 내가 먼저 맡은 거니까 내가 써야 해."라고 말하며 친구들은 쳐다보지 않으면서 로봇을 분리하여 다른 구조물을 만들어 나간다. 그러자 태영이는 "그런 게 어디 있어~ 이게 너 거야?"라고 말하면서 미간을 찌푸린다. 태욱이는 "내가 먼저 와서 맡았으니까 내가 쓰는 거지. 그럼 너도 이따 급식 먹고 너가 와서 맡아서 해."라고 말하면서 여전히 계속 새로운 구조물을 만드는 데 바쁘다. 옆에 있던 용석이가 "이거 네가 사 온 것도 아니잖아."라고 말하자, 태영이가 태욱이의 눈치를 보며 "맞아. 그리고 너가 블록 제일 많이 쓰고 있잖아."라고 말한다. 태욱이는 블록 만들기를 멈추고 짜증을 내면서 "그러니까 그럼 급식 먹고 네가 제일 먼저 와서 맡으면 되잖아."라고 친구들을 쳐다보면서 말한다. 그러자 태영이는 오른손에 들고 있던 공룡 모형으로 태욱이가 만들고 있던 블록 모형을 직진으로 세게 친다. 블록 모형이 쿵 소리를 내면서 옆으로 넘어진다. 태영이는 "아, 뭐야? 왜 남의 것을 부숴! 아, 짜증나! 내가 네가 만든 거 부수면 좋아?"라고 큰 목소리로 말을 하며 넘어진 모형을 세운다. 태영이는 작은 목소리로 "너가 블록 혼자만 갖고 노니까 그렇지."라고 말하면서 태욱이와 교사의 눈치를 살핀다.	

	이에 태욱이는 교사에게 가서 태영이와 블록을 가리키면서 "선생님~ 태영이가 제가 만들고 있는 거 공룡으로 일부러 부셨어요. 블록 안 준다고요~."라고 말한다. 태욱이는 교사의 눈치를 살살 본다. 태영이는 "아, 김태욱이 자기는 많이 갖고 있으면서 조금만 달라니까 안 줘요~."라고 말한다.	
요약	신체 발달: 소근육 발달 언어 발달: 블록에 이름 붙이기 사회/정서 발달: 또래와의 상호작용	

3) 사건표집법

사건표집법은 관찰자가 관심을 가지고 있는 사건이나 행동이 나타나기를 기다렸다가 그러한 사건이나 행동이 나타나면 형식에 따라 행동이나 사건을 기록하는 방법이다. 관찰이 이루어지는 단위는 정해진 시간에 따라 결정되는 것이 아니라 관찰하고자 하는 사건이나 행동의 출현이기 때문에, 관찰 전에 관찰하고자 하는 행동이나 사건을 명확하게 정의하는 것이 필요하다. 사건표집법에는 행동이 나타나기 전의 상황(Antecedent event), 실제 행동(Behavior), 행동이 이루어진 후 결과(Consequence)를 시간순으로 기록하는 ABC 서술식 사건표집법과 정해진 양식을 가지고 행동이 일어날 때마다 기록하는 빈도 사건표집법이 있다.

(1) 사건표집법의 기록 방법
사건표집법을 사용하여 관찰을 할 때 유의해야 할 사항들은 다음과 같다.

- 관찰하고자 하는 행동이나 사건의 성격을 충분히 이해하고 분명히 정의하고 있어야 한다.
- 관찰하고자 하는 행동을 언제 어디서 잘 관찰할 수 있을 것인지 정한다.
- 어떤 종류의 정보를 기록할지 미리 정해 둔다. 행동을 ABC 서술식 사건표집법으로 기록할 것인지 혹은 빈도 사건표집법으로 기록할 것인지 결정한다.

(2) ABC 서술식 사건표집법의 실제

ABC 서술식 사건표집법은 사건이 일어난 맥락을 기록하기 때문에 행동의 배경을 이해하는 데 유용하지만, 관찰된 자료를 수량화하기 어렵고 신뢰도 측정이 어렵다는 단점이 있다.

〈표 9-3〉은 ABC 서술식 사건표집법의 실제 예다.

〈표 9-3〉 ABC 서술식 사건표집법의 예

관찰 아동: 정우석		생년월일:	(남 / 여)
관찰자: 김민지		관찰일 :	
관찰행동: 자유놀이 시간에 블록 영역에서 보이는 공격적 행동이나 부정적 행동			

시간	사건 전	사건(갈등 상황)	사건 후
8:50	유치원에 우석이가 도착했다.	종이로 된 벽돌들로 혼자 쌓기놀이를 한다.	선생님에게 집을 쌓았다고 자랑한다.
9:00	옆에서 놀고 있는 나영이가 쌓은 벽돌 울타리로 들어가려 한다.	우석이는 길쭉한 노란 레고 자동차를 나영이에게 던진다.	옆에서 같이 놀고 있는 덕현이에게도 던진다.
9:10	그런 다음 우석이는 다시 자기가 쌓은 벽돌집으로 가서 논다.	벽돌집 안 바닥에 곰인형이 있자 옆에서 소꿉놀이를 하고 있는 성철이에게 "이거 내 거 아니야."라고 말하며 인형을 집어던진다.	성철이가 아무 말 없이 인형을 집는 것을 우석이도 말없이 쳐다본다.
9:15	성철이가 놀이하는 곳에 나무 의자가 있는 것을 우석이가 발견했다.	우석이가 "의자는 내 거야, 나한테 줘."라고 말하자 성철이는 "왜?"라고 말한다. 그러자 우석이는 "의자 제자리에 갖다 놔."라고 계속 말하면서 칭얼댄다.	성철이가 다시 교실 책상 앞에 의자를 갖다 놓자 우석이는 다시 벽돌 쌓기 놀이를 계속한다.
9:30	우석이는 이제 교실을 왔다 갔다 하면서 벽돌 쌓기 놀이를 한다.	옆에 있는 나영이에게 "김나영, 이거 내 거다."라고 말하면서 다시 노란 벽돌을 쌓는다.	벽돌을 쓰러뜨리면서 "김나영, 이거 좀 봐!"라고 외친다.

9:35	나영이에게로 간다.	벽돌을 계속 나영이에게 던진다.	나영이에게 "나 포켓몬스터 티 입었다."라며 셔츠에 적힌 영어를 한 자 한 자 짚어 가면서 "포켓몬스터."라고 읽는다.
9:45	성철이가 우석이에게 "같이 놀자."라고 한다.	그러나 우석이는 "싫어."라고 한다.	성철이는 선생님에게 우석이가 같이 안 논다고 말하고 다시 우석이에게 와서 같이 놀자고 한다.

출처: 황해익 외(2003).

(3) 빈도 사건표집법의 실제

〈표 9-4〉는 관찰하는 행동이 일어날 때마다 기록하는 **빈도 사건표집법**을 사용한 예다.

〈표 9-4〉 빈도 사건표집법의 예

관찰 유아: 권진욱	생년월일:	(<u>남</u> / 여)
관찰일:	관찰시간:	
관찰자:		
관찰행동: 진욱이의 비속어 쓰기		

요일	비속어 쓰기	계
5월 6일	卌 ///	8회
5월 7일	卌 //	7회
5월 8일	卌 ///	8회
5월 9일	卌	5회
5월 10일	////	4회
요약 및 해석		

4) 시간표집법

시간표집법은 관찰하고자 하는 행동이 정해진 시간 내에 나타나는 빈도를 수집하는 방법이다. 관찰 대상을 계속 관찰하는 것이 아니라 짧게는 몇 초에서 20분 이내로 관찰한 후 일정 시간 간격으로 반복하여 관찰하기 때문에 자주 나타나는 행동을 관찰하는 데 주로 사용된다. 행동 출현 유무를 체크하거나 빈도수를 기록하는 방식이 사용되며, 1회 관찰시간은 일반적으로 10분 이내로 하며, 관찰하는 시간의 간격은 관찰하고자 하는 행동의 유형에 따라 달라진다.

시간표집법의 장점은, 첫째, 빈도를 기록하기 때문에 수량화하여 통계적 분석을 사용할 수 있고, 둘째, 정해진 시간 간격으로 반복적인 관찰이 이루어지므로 시간차를 두고 여러 유아를 한꺼번에 관찰할 수 있어서 효율적이라는 점이다. 그러나 시간표집법은, 첫째, 관찰행동이 출현하는 전후 상황의 맥락을 알 수 없고, 둘째, 자주 발생하는 행동이 아니라면 그것을 사용하기 어렵다는 단점도 있다.

(1) 시간표집법의 기록 방법

다음은 시간표집법을 사용할 때 관찰자가 유의해야 할 사항이다(이정환, 박은혜, 1995a; 장휘숙, 1998; 조운주, 최일선, 2008; 황해익 외, 2003).

- 관찰하고자 하는 행동이나 사건에 대한 정의가 명확해야 한다.
- 관찰시간 간격과 관찰 횟수를 사전에 결정한다.
- 관찰자가 관찰 범주의 정의를 이해하고 대표적인 예를 기억한다.
- 관찰행동, 관찰 간격, 횟수, 총시간 수가 결정되면 어떠한 부호로 빈도를 표시할 것인지 결정한다.

(2) 시간표집법의 실제

시간표집법은 짧은 시간 안에 일정 간격으로 여러 번 관찰하기 때문에 자주 발생하지 않는 행동의 경우에는 적당하지 않은 방법이다. 예를 들어, 우리 반 유아들의 놀이 참여 유형을 파악하고 싶다면, 놀이에 참여하는 적극성의 정도를 혼자놀이, 병행놀이, 연합놀이, 협동놀이로 구분해서 어느 놀이 형태에 많은 시간을 보내는지 일정한 시간 간격으로 관찰할 수 있다.

〈표 9-5〉는 시간표집법을 사용한 예다.

 〈표 9-5〉 **시간표집법의 예**

관찰 유아:		생년월일:	(남 / 여)
관찰일:		관찰시간:	
관찰자:			
관찰행동: 대집단 활동 시 문제행동			

시간	다른 곳을 바라보기	자기 자리에서 일어나기	배회하기
9: 30	진현, 준민		
9: 31	은채, 소율		
9: 32	진현	지율	
9: 33			
9: 34	지영, 지율		
9: 35	은채	진현	
9: 36	진현		진현
9: 37			
9: 38			
요약 및 해석			

5) 행동목록법

행동목록법은 관찰자가 관찰하고자 하는 행동의 목록을 준비하고, 목록에 있는 행동의 출현 유무를 관찰하여 체크하는 방법이다. 시간차를 두고 몇 번 작성하면 시간의 흐름에 따른 변화를 확인할 수 있다. 행동목록법을 사용하게 되면 행동 목록에 포함되어 있는 행동에 대해서만 관찰이 이루어지기 때문에 문항은 구체적이고 명료해야 한다. 또한 관찰이 가능한 구체적인 행동으로 문항을 구성한다.

행동목록법은, 첫째, 누구나 쉽게 활용할 수 있고, 둘째, 통계분석을 사용하기 용이하다는 장점이 있다. 그러나 행동의 질적 수준을 평가하기 어렵다는 단점이 있다.

(1) 행동목록법의 기록 방법

다음은 행동목록법을 사용하여 유아를 관찰할 때 유의해야 할 사항이다(교육과학기술부, 2009).

- 관찰 목록은 관찰 가능한 행동들로 구체적으로 기술한다.
- 한 항목에서 한 가지 행동만을 관찰하도록 한다.
- 관찰하려는 항목 또는 행동 특성의 단위를 명확하게 한다.
- 항목 간에 상호 중복되지 않도록 한다.

(2) 행동목록법의 실제

교사는 행동목록법을 사용할 때 동일한 체크리스트를 적정한 시간 간격을 두고 2회나 3회 실시하며, 그 결과를 비교함으로써 유아에게 나타나는 변화를 분석해 볼 수 있다(교육과학기술부, 2009).

〈표 9-6〉은 행동목록법을 사용한 실제 예다.

〈표 9-6〉 행동목록법의 예: 5세용 발달 체크리스트

발달 영역	내용	관찰됨	관찰 안 됨
신체 및 운동 발달	□ 신발 끈 묶기, 단추 채우기, 지퍼 올리기 등을 혼자서 한다.	□	□
	□ 신체 부위를 조절한다(자전거 타기, 수영하기 등).	□	□
	□ 정확하게 오린다.	□	□
	□ 연필과 가위를 올바르게 사용한다.	□	□
	□ 오른쪽과 왼쪽을 기본적으로 구분한다.	□	□
	□ 유연하게 신체를 움직인다.	□	□
	□ 뒤로 걷는다.	□	□
	□ 장애물을 건드리지 않고 건너뛴다.	□	□
	□ 오른손 사용이나 왼손 사용이 고정되어 있다.	□	□
	□ 풀을 정확하고 쉽게 사용한다.	□	□
사회성 발달	□ 자신의 친구를 선택하기도 하고 배척하기도 한다.	□	□
	□ 간단한 그룹 게임을 하고 경쟁적인 게임을 한다.	□	□
	□ 집단활동에 참여하고 역할을 나누며 의사결정을 한다.	□	□
	□ 공정한 놀이를 원한다.	□	□
	□ 친구나 어른과 상호작용한다.	□	□
	□ 소유물과 다른 사람을 존중한다.	□	□
	□ 리더십을 보인다.	□	□
	□ 친구를 따를 수 있다.	□	□
	□ 놀잇감을 공유하고 순서를 기다린다.	□	□
인지/ 언어 발달	□ 생각을 표현하기 위해 완전하고 복잡한 문장을 사용한다.	□	□
	□ 그림을 그리고 고안된 문자 형태를 갖춘 문자를 사용함으로써 생각을 기록한다.	□	□
	□ 글자와 몇몇 단어를 인식한다.	□	□
	□ 숫자를 인식한다.	□	□
	□ 형태를 인식한다.	□	□
	□ 일정한 모양과 순서대로 나열하는 것을 이해한다.	□	□
	□ 일대일 대응하는 것을 이해한다.	□	□
	□ 비교하고 순서대로 배열한다.	□	□
	□ 전후관계의 단어를 이해한다.	□	□
	□ 운율적 단어를 이해한다.	□	□

정서 발달	□ 자기통제력을 보인다.	□	□
	□ 부모로부터 쉽게 떨어진다.	□	□
	□ 대집단 활동 시 편안하게 참여한다.	□	□
	□ 협동적인 태도를 갖는다.	□	□
	□ 언어로 갈등을 해결한다.	□	□
	□ 제안이나 수정에 잘 반응한다.	□	□

출처: Gober (2002).

6) 평정척도법

평정척도법은 관찰 전에 관찰하려는 행동에 대한 목록을 준비한다는 점에서 행동목록법과 유사하지만, 그 행동의 질적 특성을 평가할 수 있는 방법이다. 행동의 질적 차이를 평가하기 위해 수량화된 점수를 부여하여 평정하는 방식이다. 몇 점 척도로 분할할 것인지를 사전에 결정하는데, 관찰하고자 하는 행동의 특성에 따라서 적절히 분할하도록 한다.

평정척도는 행동의 질적인 차이를 연속성 있는 몇 개의 범주로 나누어 기술하고 관찰자가 관찰 대상의 행동을 가장 잘 나타내는 문항을 선택하는 기술평정척도와 특성의 정도를 숫자로 배정하여 일반적으로 가장 긍정적인 척도치에 가장 높은 점수를 주는 숫자평정척도가 있다.

평정척도의 장점은 다음과 같다. 첫째, 질적 평가가 가능하기 때문에 시간을 두고 같은 목록을 반복하여 기록하면 시간이 지나면서 나타나는 행동의 변화를 알 수 있다. 둘째, 누구나 쉽게 사용할 수 있어서 효율적이다. 단점으로는 첫째, 항목 개발이 어렵다. 둘째, 같은 행동이라도 기록자의 주관에 따라 다른 점수가 매겨질 수 있으므로 관찰자의 편견이 개입될 여지가 있다. 셋째, 평정척도법의 결과만으로는 유아 행동의 원인을 설명할 수 없다(황해익 외, 2003).

(1) 평정척도법의 기록 방법

평정척도법은 행동목록법처럼 관찰하려는 행동 영역에 대해서 미리 알고 있을 때 사용하는 것으로, 충분한 관찰을 먼저 한 이후에 사용되어야 한다.

평정척도법을 사용할 때의 유의사항은 다음과 같다.

- 평점을 매기기 전에 유아에 대한 의견을 다른 사람에게 묻지 않도록 한다.
- 평점을 매기기 전 모든 항목을 읽어 본다.
- 평점을 매길 때 유아에 대한 일반적 인상, 선입견에 영향을 받지 않도록 한다.

(2) 기술평정척도의 실제

기술평정척도에서는 행동의 질적인 차이를 연속성 있는 몇 개의 범주로 나누어

 〈표 9-7〉 기술평정척도의 예

각 문항에서 유아의 행동에 가장 일치되는 범주에 ✓ 표시를 하고, 그 옆에 관찰 날짜를 적는다. 만약 모든 문항이 유아의 행동을 설명하지 못하거나 추가할 사항이 있으면 기타란에 그 내용을 적는다.

관찰 유아: 이준한　　　　　　생년월일:　　　　　　　　　　(남 / 여)

관찰일:　　　　　　　　　　관찰시간:

관찰자:

유아가 다른 유아와 갈등 상황을 어떻게 해결하는가?

(　) 갈등 상황을 해결하지 않고 피해 간다.

(✓) 힘을 사용한다. 2010. 7. 15.

(　) 주로 교사에게 도움을 요청한다.

(　) 타협을 하거나 상황에 적합한 말 또는 행동으로 갈등을 해결한다.

기타: 준한이는 갈등 상황에서 소리를 지르거나 큰 소리로 울기도 하는데, 관찰일에는 돋보기를 빼앗은 민우를 세게 밀었다.

기술하고 관찰자가 관찰 대상의 행동을 가장 잘 나타내는 문항을 선택하여 표시한다. 그리고 선택된 문항에 나타난 행동이 관찰된 날짜를 기록한다.

〈표 9-7〉은 기술평정척도의 예다.

(3) 숫자평정척도의 실제

숫자평정척도는 평정하려는 관찰 대상자의 행동에 대한 질적 차이를 평가하기 위하여 연속성 있는 점수를 부여하는 방법이다.

〈표 9-8〉은 유아의 친사회적 행동을 측정하려는 숫자평정척도의 예다.

〈표 9-8〉 숫자평정척도의 예: 친사회적 행동 평정척도 4, 5세용

관찰 유아		생년월일		성별	
관찰자		관찰일			
유아의 연령					
※ 유아의 친사회적 행동에 대해 다음과 같이 1~5로 평가하여 해당 숫자에 ○표를 한다. 　1: 전혀 그렇지 않다　2: 약간 그렇지 않다　3: 중간 정도　4: 약간 그렇다　5: 아주 그렇다 ※ 내용을 종합하여 요약한다.					

1. 다른 사람의 감정을 이해한다.	1	2	3	4	5
2. 다른 사람의 감정을 이해하고 말로 위로한다.	1	2	3	4	5
3. 다른 사람의 감정을 이해하고 행동이나 신체적 접촉을 통해 위로한다.	1	2	3	4	5
4. 친구나 교사에게 나누어 주기를 한다.	1	2	3	4	5
5. 친구나 교사에게 양보를 한다.	1	2	3	4	5
6. 놀이시간이나 작업시간에 협력한다.	1	2	3	4	5
7. 친구와 교사를 도와준다.	1	2	3	4	5
8. 자신의 것을 다른 사람에게 대가를 받지 않고 그냥 준다.	1	2	3	4	5
9. 다른 사람의 부탁을 들어준다.	1	2	3	4	5
10. 나보다 어려운 상황에 놓여 있는 사람에게 동정심을 보인다.	1	2	3	4	5
11. 친구에게 격려를 한다.	1	2	3	4	5
12. 친구를 위해 간식 그릇을 치워 주거나 주변 정리를 해 준다.	1	2	3	4	5

13. 우는 친구에게 다가가서 안심시켜 준다.	1	2	3	4	5
14. 토의 시간에 자기주장을 할 수 있다.	1	2	3	4	5
15. 장애물이 접근했을 때 자신의 친구를 방어한다.	1	2	3	4	5
16. 친구에게 어떤 일이 일어났을 때 언어로 그 일을 인정한다.	1	2	3	4	5
17. 친구와 장난감을 교환하며 놀이를 한다.	1	2	3	4	5
18. 친구에게 관용을 베푼다.	1	2	3	4	5
19. 교사나 친구에게 친절하다.	1	2	3	4	5
20. 친구와 대화를 주고받으면서 언어적 교환을 한다.	1	2	3	4	5
요약:					

출처: 전남련(1999).

3. 표준화된 검사 도구를 활용한 평가

표준화 검사는 검사의 방법이 표준화되어 있어서 검사 결과를 수량화하여 유아들을 상대적으로 비교할 수 있는 객관적인 검사다. 검사란 사전에 정해진 규칙에 따라 실시, 채점, 해석되는 것으로(신석기, 2007), 표준화 검사는 모든 절차와 방법이 일정하게 표준화되어 있는 검사를 말한다(임재택, 1995).

표준화된 검사 도구를 사용한 평가 방법은 객관적인 자료 수집이 용이하다는 장점이 있다. 그러나 익숙한 교실에서 교사의 반복적인 관찰에 의해 이루어지는 평가와는 달리 자연스럽지 않은 검사 상황에서 일회성으로 이루어지기 때문에, 유아의 기분과 검사환경의 영향으로 검사 결과가 유아의 발달 수준을 반영하지 못할 수 있으므로 다른 평가 방법과 병행하여 사용하는 것이 바람직하다.

유아의 사회정서적 문제행동을 알아보기 위한 표준화된 검사 도구로는 PBQ(The Preschool Behavior Questionnaire)가 있다. PBQ는 Behar와 Stringfield(1974)가 제작하였고, 우리나라에는 김자숙(2000)의 연구에서 번안·수정하여 사용되었다. 〈표 9-9〉는 번안된 PBQ 검사 도구로 교사가 유아의 적대-공격성, 불안-두려움, 과

〈표 9-9〉 The Preschool Behavior Questionnaire

문항	전혀 그렇지 않다	그렇지 않다	보통 이다	그렇다	매우 그렇다
1. 이리저리 뛰어다니거나 가만히 있지 못한다.	1	2	3	4	5
2. 안절부절못하고 계속 움직인다.	1	2	3	4	5
3. 자기 물건이나 다른 사람의 물건을 부순다.	1	2	3	4	5
4. 다른 아이들과 싸움을 자주 한다.	1	2	3	4	5
5. 다른 아이들이 별로 좋아하지 않는다.	1	2	3	4	5
6. 걱정이 많다.	1	2	3	4	5
7. 친구들과 어울려 놀기보다는 혼자 놀기를 좋아한다.	1	2	3	4	5
8. 화를 잘 내고 쉽게 발끈한다.	1	2	3	4	5
9. 불행해 보이고 슬퍼 보이거나 힘들어 보인다.	1	2	3	4	5
10. 얼굴과 신체에 틱이 있거나 특정행동을 반복하는 버릇이 있다.	1	2	3	4	5
11. 손(발)톱이나 손가락을 물어뜯는다.	1	2	3	4	5
12. 지시와 요구를 잘 따르지 않는다.	1	2	3	4	5
13. 집중을 잘 하지 못하거나 주의집중 시간이 짧다.	1	2	3	4	5
14. 새로운 물건이나 환경에 대해 두려워한다.	1	2	3	4	5
15. 까다롭거나 지나치게 꼼꼼하다.	1	2	3	4	5
16. 거짓말을 잘한다.	1	2	3	4	5
17. 올해 대소변을 가리지 못한 적이 있다.	1	2	3	4	5
18. 말을 더듬거나 발음이 부정확하다.	1	2	3	4	5
19. 기타 다른 언어장애가 있다.	1	2	3	4	5
20. 다른 아이들을 괴롭힌다.	1	2	3	4	5
21. 조심성이 없다.	1	2	3	4	5
22. 다른 아이들과 장난감을 공유하지 못하고 독점하려 한다.	1	2	3	4	5
23. 쉽게 우는 편이다.	1	2	3	4	5
24. 다른 아이들을 비난한다.	1	2	3	4	5

문항					
25. 쉽게 포기한다.	1	2	3	4	5
26. 남을 배려할 줄 모른다.	1	2	3	4	5
27. 특이한 성적 행동을 한다.	1	2	3	4	5
28. 다른 아이들을 발로 차거나 깨물거나 때린다.	1	2	3	4	5
29. 멍하니 허공을 쳐다보고 있을 때가 많다.	1	2	3	4	5
30. 그 밖에 다른 문제행동을 보인다.	1	2	3	4	5

활동성-주의산만의 하위 요인에 대해 평가하며, 점수가 높을수록 문제행동이 많이 나타나는 것으로 해석한다.

유아의 사회성 기술을 측정하는 표준화 검사 도구로는 윤치연(2012)이 개발한

 〈표 9-10〉 유아사회성기술검사의 예

문항	전혀 아님	약간 그러함	보통 이다	대체로 그러함	항상 그러함
1. 어떤 활동이나 놀이에 즐겁게 참여한다.	1	2	3	4	5
2. 아는 사람을 만나면 먼저 아는 체하거나 인사한다.	1	2	3	4	5
3. 중간에 끼어들어야 할 경우 양해를 구하고 끼어든다.	1	2	3	4	5
4. 자신이 원치 않거나 싫다는 의사표시를 분명히 말한다.	1	2	3	4	5
5. 자신의 애정을 적절하게 표현한다.	1	2	3	4	5
6. 어떤 상황에서도 기가 죽지 않고 침착하다.	1	2	3	4	5
7. 또래에게 자기 의사를 당당하게 말한다.	1	2	3	4	5
8. 도움이 필요할 경우 다른 사람에게 당당하게 요청한다.	1	2	3	4	5
9. 화가 났을 때 말로 표현한다.	1	2	3	4	5
10. 지루할 때 혼자서 할 일을 찾아낸다.	1	2	3	4	5
11. 적절한 방법으로 자신이 누군가를 좋아한다고 표현한다.	1	2	3	4	5
12. 또래와 갈등이 있을 때 목소리가 대담하며 자신이 있다.	1	2	3	4	5

척도인 한국 유아사회성기술검사(Korean-Social Skill Rating Scale for Preschoolers: K-SSRSP)가 있다.

이 검사는 30개월부터 72개월 아동을 대상으로 실시할 수 있으며, 주 양육자 혹은 교사 등 성인 보고형 검사 도구이다. 문제해결, 정서 표현, 질서의식, 자신감의 4개 하위요인으로 구성되어 있다. 문제해결은 친사회적 방법으로 문제 상황에 대처하는지를 측정하고, 정서 표현은 활동이나 놀이에서 정서적 표현능력을 측정하며, 질서의식은 질서를 지키는 능력을, 자신감은 다양한 상황에서 자신감 있는 태도를 보이는지를 측정한다. 〈표 9-10〉은 유아사회성기술검사의 예시문항들이다.

〈표 9-11〉은 우리나라에서 사용되고 있는 표준화된 유아용 사회 및 행동 평가 검사 도구들이다.

〈표 9-11〉 유아용 표준화 검사

검사명	검사 내용	제작자	출판사	대상 연령
한국판 유아발달 선별검사 (K-DIAL3)	발달상의 문제 예측 및 발견	정병운, 조광순 (2003)	도서출판 특수교육	3.6~6.5세
유아행동평가척도 (Child Behavior Checklist for Ages 1.5-5: CBCL 1.5-5)	사회 · 정서 · 행동 문제 검사	Achenbach & Rescorla (2000)	(주)휴노 컨설팅	18개월~5세
사회성숙도 검사(Social Maturity Scale: SMS)	사회적 적응 발달 검사	김승국, 김옥기 (1985)	중앙적성 출판사	0~30세
아동발달검사 (Child Development Inventory: K-CDI)	발달상의 문제 조기 선별을 위한 발달검사	Ireton (1992) 김정미, 신희선 (2006) 한국판 표준화	아동발달 검사연구회	15개월~ 만 6세
유아성격검사 (Personality Test for Young children: PTYC)	성격 특성 진단 및 정서 발달, 자아, 정신건강 검사	송인섭(1993)	인싸이트	만 4~7세

덴버 발달검사 (Denver Developmental Screening Test: dDST-Ⅱ)	발달장애 조기 선별 같은 연령 다른 유아들과의 수행 능력 비교	Frankenburg (1975) 이근(1990) 표준화	신희선 외 (2002) 검사 도구 개발	생후 만 2주 ~만 6세
한국판 베일리 영유아발달검사 (Bayley Scale of Infant Development: K-BSID-Ⅱ)	발달상의 기능 평가	Nancy Bayley (1969) 조복희, 박혜원 (2004) 표준화	도서출판 키즈팝	1~42개월

4. 유아의 포트폴리오를 활용한 평가

포트폴리오란 유아의 활동 결과와 학습에 대한 기록들을 조직적으로 모아 놓은 것이다. 포트폴리오 평가는 이러한 포트폴리오를 기초로 하는 평가로, 시간 흐름에 따라 유아가 어떠한 변화를 보이는지, 어떤 발달 영역에서 우수성을 보이는지 종합적으로 평가할 수 있다(황해익 외, 2003; Martin, 1999). 포트폴리오는 장기간에 걸쳐 지속적으로 수집되며, 그동안 유아가 스스로 포트폴리오에 들어갈 결과물을 선택하는 등 적극적으로 참여하도록 한다. 유아마다 개별적으로 수집된 포트폴리오는 개별 유아에게 필요한 교육 내용을 계획하는 데 반영한다. 자료 수집 기간은 일주일 혹은 격주, 한 달 등으로 정해서 한 해 동안 지속적으로 수집하도록 한다. 포트폴리오에는 건강 기록, 관찰을 통해 이루어진 다양한 평가, 표준화된 검사의 결과 등 다양한 자료가 포함된다. 이 장에서는 유아생활지도를 위한 포트폴리오의 활용에 대해 알아보고자 한다.

1) 유아생활지도를 위한 포트폴리오 구성

구체적으로 생활지도를 위한 포트폴리오는 다음과 같이 구성될 수 있다.

교사들의 관찰 기록   교사들은 일화기록, 표본기록, 평정척도, 발달 체크리스트 등의 방법을 사용하여 관찰을 기록하도록 한다. 관찰 기록은 유아들의 작업 표본들과 따로 보관하는 것이 좋다.

부모-교사 개별상담 기록   교사들은 연 2회 부모와 개별상담을 진행하며, 부모와의 개별상담을 통해 유아의 기본생활습관, 놀이특징, 또래관계, 발달 특성, 가정생활 등에 대해 심도 있는 상담을 진행하고, 상담내용을 기록하도록 한다.

부모-원장 개별상담 기록   교사와의 상담 이후 필요하다면 부모와 원장의 상담을 진행하도록 하며, 상담내용을 기록하도록 한다.

부모-교사의 양육정보 공유   알림장을 통해 유아의 변화 과정을 공유하고, 교사가 관찰한 긍정적 변화에 대해 격려와 칭찬의 내용을 담도록 한다.

유아들의 작업 표본   유아들의 작품은 시간의 흐름에 따른 변화 과정을 확인하기 위한 것이므로 가장 잘한 작업물이 아니더라도 수집 시점과 유아의 선호를 반영하여 결정한다. 유아의 미술작품 및 언어표현 등을 사진 찍어 보관하도록 한다.

포트폴리오 평가는 유아의 발달 과정을 종합적으로 평가할 수 있고 교육 목표의 성취 정도를 평가할 수 있기 때문에 매우 효과적인 평가 방법이다. 그러나 수집 자료가 방대해서 물리적으로 보관이 어렵고 자료의 검색이 효율적이지 않은 단점이 있다. 최근에는 이러한 문제를 해결하기 위하여 전자 포트폴리오를 활용한다. 전자 포트폴리오란 디지털화된 자료와 전자매체를 통해 기록된 모든 아날로그 자료를 포함하는 개념으로, 방대한 자료의 저장과 보관이 가능하고, 음성 녹음 등 다양한 매체를 이용한 자료의 저장과 보관이 용이하며, 폴더 위주의 포트폴리오보다 자료의 검색이 용이하다는 장점이 있다(이정민, 전우천, 2006).

2) 포트폴리오 평가의 예시

유아생활지도에 포트폴리오 평가를 활용하면, 발달 과정을 시간의 흐름에 따라 알 수 있고, 생활지도로 인한 변화과정을 쉽게 파악할 수 있다. 다양한 관찰자료, 부모상담 자료 및 표준화검사 결과 등을 수집하여 포트폴리오를 구성하도록 한다.

문제행동 지도 포트폴리오 예시

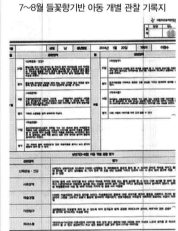

교사 관찰일지

부모-교사 개별상담일지

부모-원장 상담   부모-교사 양육정보 공유   영유아 발달 체크리스트

유관기관 안내   양육정보 안내

[그림 9-1] 어린이집에서의 문제행동 지도 포트폴리오의 예

5. 면접법

면접법은 유아에 대한 정보를 유아 혹은 부모를 만나 수집하는 방법이다. 면접법의 종류에는 구조화된 면접, 준구조화된 면접, 비구조화된 면접이 있다. 구조화된 면접은 면접 전에 질문 내용과 순서를 사전에 계획하여 계획대로 면접을 진행하는 것이다. 비구조화된 면접은 사전에 면접의 목적만 정하고, 질문 내용과 순서는 면접자가 정하는 방법이다(정용부, 고영인, 신경일, 2003). 구조화된 면접은 여러 유아를 평가할 때 동일한 질문을 함으로써 면접 시에 발생할 수 있는 면접자의 영향과 편견을 줄일 수 있다(Fraenkel & Wallen, 2000). 비구조화된 면접을 통해 유아를 평가한다면 면접 당시 면접자의 주관에 의존할 수 있으므로, 면접의 신뢰도를 높이기 위해서는 사전에 질문 목록과 순서를 정하는 것이 좋다. 계획을 성실하게 세우되, 면접을 진행하면서 발생하는 질문을 추가하는 융통성 있는 면접을 준구조화된 면접이라고 한다.

면접법의 장점은 일대일 대면을 통해 풍부한 정보를 얻을 수 있다는 것이다. 반면, 단점은, 첫째, 시간이 많이 소요되기 때문에 비경제적이고, 둘째, 피면접자가 정직하게 대답하지 않거나 면접에 집중하지 않는다면 신뢰도가 떨어질 수 있으며, 셋째, 면접자의 편견이 개입될 수 있고, 넷째, 면접자의 기술과 역량에 따라 정보의 질이 달라질 수 있다는 것이다(조운주, 최일선, 2008).

10
가정과의 연계

유아의 문제행동 지도에서 가장 중요한 존재는 부모를 포함한 가족이다. 부모는 자녀에 대해 가장 잘 알고 있다. 유아의 문제행동 지도 시 부모는 교사에게 가족의 역할이 어떠한지 이야기해 줄 수 있다. 이 외에도 가족의 뿌리, 가족을 둘러싼 사회적 지원체계, 가정생활 배경, 가정의 문화에 대한 정보를 제공할 수 있다. 또한 가족의 질병, 이혼, 금전 문제 등 스트레스 요인, 가정에서 관찰되는 문제행동 유형, 빈도, 심각성 등에 대한 정보를 공유함으로써 문제행동을 줄이는 바람직한 방안을 마련할 토대를 제공한다.

유아에 대한 적절한 생활지도를 위해 교사와 부모의 협력은 필수적인 요소다. 왜냐하면 유아의 문제행동은 이후에도 문제행동으로 나타날 가능성이 높기 때문이다. 이 장에서는 유아 문제행동을 해결함에 있어 가정과의 연계를 도모하는 방법에 관해 알아보고 바람직한 발달을 도모하는 방안에 대해 설명한다.

1. 유아의 문제행동 지도를 위한 교사와 부모 연계 방법

1) 전화상담

유아의 문제행동을 부모와 의논할 수 있는 방법 중 하나는 전화상담이다. 최근에는 유아교육기관에서 전화상담을 통해 유아의 일상적인 생활에 대해 의견을 나누며 문제행동에 관한 상담도 이루어진다. 대부분의 부모는 자신의 아이가 유아교육기관에서 문제행동을 일으킨다는 것을 쉽게 받아들이기 어렵다. 특히 교사를 통해 아이의 문제행동에 대해 이야기를 들었을 때 이를 쉽게 용납하는 부모는 드물다. 따라서 유아의 문제행동을 이야기하는 것은 매우 조심스럽게 이루어져야 한다.

전화는 **효율적인 상담 매체**로 활용된다. 하지만 때로는 얼굴을 보고 대화를 나눌 수 없기 때문에 충분한 시간을 가지고 부모와 신뢰를 형성하도록 노력해야 한다. 교사는 최대한 친근하고 부드러운 목소리로 전화하는 것이 좋으며 부모가 편하게 전화를 받을 수 있는 시간을 택하는 것이 현명하다. 또한 문제행동과 관련하여 긴 시간의 대화를 나누어야 한다고 판단될 경우에는 전화로 하기보다는 면담을 통해 대화를 하는 것이 좋다. 면담이 이루어지기 전에 전화를 통해 유아의 문제행동에 대한 사실을 미리 알려 부모가 당황하는 일이 없도록 배려하는 것이 필요하다.

유아의 문제행동에 대한 부모와의 전화상담 예

- 대상 연령: 만 5세 유아
- 상담 내용: 친구와 놀이할 때 자신의 생각을 지시적이고 명령적인 어투로 이야기하는 유아의 문제행동에 대한 전화상담

교사: 안녕하세요, 어머니. 유치원이에요.
부모: 안녕하세요, 선생님. 오늘 ○○이 유치원에서 잘 지냈나요?

교사: 오늘은 역할 영역에서 미용실 놀이를 했어요. ○○가 미용실 주인이 되고 □□가 손님이 되어 놀이를 했답니다. ○○가 어머니와 함께 미용실에 가 봤다고 이야기하며 친구에게 파마도 해 주며 놀이했어요.

부모: ○○가 무척 즐거워했겠어요.

교사: 네. ○○가 친구랑 함께 놀이하는 것을 무척 즐거워해요. 그런데 친구들에게 자신의 생각을 표현할 때 "야, 너 이거 해." "저것 가지고 와."처럼 조금은 지시적으로 표현하는 모습을 유치원에서 보이고 있어요.

부모: 그래요? ○○가 친구랑 노는 것을 좋아해요. 놀이하면서 자기 마음대로 하려고 한다고 고쳐야 한다고 했는데…….

교사: 아니에요. 어머니. 놀이할 때 ○○는 자신의 생각을 친구들에게 잘 표현하는 모습을 보인답니다. 자신의 생각을 표현하는 것은 아이에게 중요해요. 제가 생각했을 때는 ○○에게는 자신의 생각을 긍정적으로 표현하는 방법을 알려 주는 것이 필요할 것 같아요.

부모: 애가 워낙 에너지가 넘치고 이것저것 다 하고 싶어 해요. 친구들이랑 노는 것도 좋아하는데 어떻게 해야 좋을까요?

교사: 어머니, 제 생각에는 친구들과의 관계에서 ○○가 자신의 생각을 표현하는 것은 좋은 것 같아요. 그런데 아직 아이이고 또래와의 관계 형성이 미숙하여 긍정적으로 표현하는 것을 어려워하는 것 같아요. 그래서 아이가 친구에게 자신의 생각을 표현할 때 "나는 미용실 주인이 하고 싶어, □□는 손님을 하는 건 어때?"라든지, 필요한 물건이 있을 때 "갖다 줘."가 아니라 "갖다 줄 수 있어?"와 같이 표현할 수 있도록 돕는 것이 필요할 것 같습니다.

부모: 걱정이네요. 자꾸 그러면 친구들도 싫어할 텐데. 다른 아이들도 그런가요?

교사: 아이들마다 달라요. 아직 어린아이들이라 표현하는 방법을 배워 가는 시간이 필요해요. 유치원에서 저희가 지속적으로 지도하겠습니다. 가정에서도 아이가 지시적으로 이야기를 할 경우에는 긍정적으로 다시 이야기를 할 수 있도록 연계해 주시면 아이에게 많은 도움이 될 것 같아요.

부모: 네, 알겠습니다.

교사: 저희가 지속적으로 지도하고 자주 전화드리겠습니다.

부모와 전화상담을 하고 있는 교사

2) 면담

유아의 문제행동을 지도할 때 꼭 필요한 것은 교사와 부모의 면담이다. 유아가 문제행동을 보일 때 교사는 빠른 시일 내에 부모와 면담을 진행하는 것이 바람직하다. 정기적으로 진행되는 면담 때까지 기다릴 경우 유아의 문제행동은 더 심각해진다. 면담은 가정과 유아교육기관이 함께 유아를 지도할 수 있는 기회를 제공한다. 면담을 통해 교사는 부모와 상호 친밀감을 형성할 수 있으며 가정생활의 다양한 측면을 이해할 수 있다. 교사가 부모와의 면담을 진행할 때 염두에 두어야 할 사항은 다음과 같다.

- 부모가 자녀에 대해 가지고 있는 생각 이해하기
- 부모는 자녀에게 도움이 되기 위해 최선을 다한다는 것을 잊지 않기
- 부모와 교사가 공유할 수 있는 바탕을 마련하기 위해 노력하기
- 유아가 실수 후 노력한 점, 향상된 점, 성취한 부분을 부모와 이야기하기

면담을 진행할 때 교사는 친근한 태도로 부모와 대화하는 것이 필요하다. 또한

부모와 동등한 관계를 가져야 하며 서로를 전문가로 인정하는 것이 바람직하다. 유아의 문제행동에 대한 의견 차이를 인정하고, 교사와 부모가 가진 장점을 살려 문제행동을 해결할 방안을 찾는 것이 좋다.

★면담의 효과

- 가정과 교육기관 간의 연계를 통해 교육의 효과가 높아진다. 부모는 교사와 긴밀한 관계를 형성함으로써 일관된 교육을 할 수 있으며 교육의 효과가 지속될 수 있다.
- 상호 신뢰성이 높아진다. 교사와 부모는 유아의 문제행동을 놓고 서로 의견을 교환함으로써 상호 이해와 협조를 할 기회를 가질 수 있다. 이를 통해 서로에 대한 신뢰성이 높아진다.
- 정보의 상호 교류가 가능해진다. 교사는 부모로부터 유아의 가정에서의 생활습관, 양육방법, 가정환경과 성장 과정에 대한 정보를 얻을 수 있다. 부모는 교사를 통해 유아교육기관에서 유아의 행동, 또래관계에 대한 정보를 얻을 수 있다.

유아의 문제행동에 대한 부모와의 면담 예

- 대상 연령: 만 5세 유아
- 상담 내용: 자기의 생각을 울음으로 표현하는 유아의 문제행동을 해결하기 위한 부모면담

교사: 안녕하세요, 어머니. 어서 오세요. 오시느라 힘드셨죠?

부모: 괜찮습니다.

교사: ○○는 어떻게 하셨어요?

부모: 할머니 집에 맡기고 왔어요.

교사: 그렇군요. 어머니와 ○○에 대해 이야기를 나누면 ○○를 지도하는 데 많은 도움이 될 것 같아 바쁘시지만 부탁을 드렸어요.

（유아의 발달보고서, 포트폴리오, 놀이 참여 영역 자료, 일화기록 등을 보여 준 후 면담을 시작한다.）

…… 〈중략〉 ……

교사: 요즘 ○○가 유치원에서 속상해하며 눈물을 흘리는 횟수가 많아졌어요. 눈물을 보이는 모습을 관찰해 보니 자신이 하고 싶은 것이 마음대로 되지 않았을 경우에 그런 모습을 보이는 것 같습니다. 어제는 조형 영역에서 나무 만들기 활동을 하면서 만들고 싶은 모양을 생각해 보도록 했는데 가만히 앉아서 눈물을 보였어요. 아이가 원하는 것이 있을 때나 친구나 교사에게 이야기할 때에 아기 목소리로 이야기도 많이 합니다. 가정에서는 어떤가요?

부모: 네. ○○가 조금 예민한 것 같아요. 며칠 전에는 색종이 접기를 하다가 마음대로 되지 않는다면서 구겨 버리고는 울었어요. 안 되는 것에 대해서 괜찮다고 이야기를 해도 힘들어하는 것 같아요. 요즘 들어 울음을 보이면서 아기 목소리로 이야기를 하는 모습이 많아져서 걱정입니다.

교사: 네. 학기 초에 속상해하며 울음을 보이는 것에 대해 지속적으로 지도하여 많이 개선되었다고 생각했는데, 최근 들어 속상하거나 마음대로 되지 않을 경우 울음이라는 부정적인 방법으로 표현하거나 아기 목소리로 이야기하는 횟수가 늘어났어요. 아이가 심리적으로 부담을 느끼고 있는 것이 있는지 ○○와 이야기를 나누어 보았어요. 편안한 분위기에서 아이에게 물어보니 동생 이야기를 하더라고요. 그러면서 ○○는 엄마와 함께 있는 시간이 많았으면 좋겠다고 이야기했어요.

부모: 네. ○○에게 신경을 많이 쓰고 있고 ○○도 동생을 무척 예뻐해요. 동생이 생기면 그럴 수 있다고 해서 저랑 아빠랑 ○○를 예쁘다 예쁘다 하는데……. 그리고 2주 전부터 제가 조금 일이 있어서 할아버지 댁에서 생활하는 시간이 늘어났어요.

교사: 네. 제 생각에는 ○○가 최근 들어 눈물을 보이거나 아기 목소리를 내는 모습이 많아진 것에는 환경적 변화와 동생에 대한 스트레스가 있는 것 같아요. 보통 아이들은 동생이 태어나게 되면 부모님의 관심과 사랑이 줄어든다고 생각을 해요. 그리고 동생이 하는 행동을 따라 하면 부모님이 나를 조금 더 봐 주지 않을까라는 생각을 해서 아기 목소리를 내는 등 아기의 행동을 따라 하기도 합니다. 바쁘시겠지만 ○○와 둘이 보내는 시간을 좀 더 갖는 것은 어떨까요? ○○가 부모님이 여전히 자신을 사랑한다고 느낄 수 있도록 애정 표현도 많이 해 주시고요. 무엇보다 동생을 돌보는 데 ○○가 참여할 수 있도록 도와주는 것도 좋을 것 같아요.

…… 〈중략〉 ……

교사: ○○가 조금 더 적극적으로 활동에 참여할 수 있도록 지도할게요. 저희도 ○○가 충분히 사랑받고 있다고 느낄 수 있도록 돕겠습니다. 가정과 연계해서 아이를 지도한다면 ○○가 눈물을 보이거나 아기 목소리로 이야기하는 것이 많이 개선될 거라는 생각이 드네요.

부모: 네, 감사합니다.

유아의 문제행동에 대한 교사와 부모의 면담

3) 유아의 문제행동 지도를 위한 효율적 의사소통

교사와 부모는 교육에 대한 가치관, 교육 방식, 바람직한 유아의 행동 방식에 대해 서로 다른 생각을 가질 수 있다. 때때로 이러한 생각의 차이로 인해 부모와 교사가 갈등을 경험한다. 그러나 이러한 **갈등**은 교사와 부모가 **지속적인 의사소통**을 통해 해결해 가는 것이 바람직하다. 유아의 문제행동에 대해서도 교사와 부모는 다르게 생각할 수 있다. 교사는 문제행동이라고 생각하지만 부모는 아무런 문제가 없다고 생각할 수 있다. 이와 반대로 교사는 문제행동이라고 생각하지 않지만 부모는 자녀의 문제행동으로 어려움을 겪을 수 있다. 이러한 어려움을 극복하기 위해서는 교사와 부모가 서로 협력적인 관계를 형성하면서 서로의 생각을 교환하는 것이 좋다. 유아의 문제행동 지도를 위해 교사와 부모가 효율적 의사소통을 할 수 있는 방안을 살펴보면 다음과 같다(Gartrell, 2004).

(1) 서로 존중하고 신뢰관계 형성하기

유아의 문제행동과 관련하여 부모와 이야기할 때 교사는 개인적인 견해를 자제하고 부모가 자녀의 교육에 참여할 수 있는 기회를 제공하는 것이 좋다. 자녀교육에 대한 부모의 가치와 자부심을 인정해 주면서 부모의 삶의 방식과 교육 방식을 이해하려고 하는 태도를 보일 때 부모는 존중받는 느낌을 가지게 된다. 교사는 자신의 교육 방식에 대해 전문성이 있음을 보여 줌으로써 부모가 교사의 교육 방식에 대해 신뢰감을 가지도록 하는 것이 필요하다.

유아에 대해 교사와 부모가 함께 지지적인 관계를 형성할 때 유아의 문제행동에 대한 지도가 원활하게 이루어진다. 왜냐하면 부모는 유아에 대해 많은 정보를 가지고 있기 때문이다. 교사가 유아의 부모에 대한 많은 정보를 가지고 있을 경우 유아와의 관계를 더 잘 형성할 수 있고 학습을 도울 수 있다. 교사와 부모는 유아의 삶과 교육에 중요한 부분을 차지하고 있으므로 두 사람의 협력적인 관계는 유아에게 긍정적인 영향을 미친다.

교사와 부모가 지지적이고 협력적인 관계를 형성하게 되면 부모도 도움을 받게 된다. 자녀가 문제행동을 보일 때 부모는 교사와 함께 문제행동 및 대처방안을 모색하면서 정서적 안정감을 가지게 된다. 이러한 정서적 안정감은 부모의 불안을 감소시키는 효과를 가진다. 부모는 교사와 함께 의논함으로써 자신을 지원하는 지원자가 있다는 것을 깨닫게 되어 자녀 양육에 대한 책임이 줄어드는 느낌을 가지게 된다.

교사의 경우도 개개 유아의 독특한 욕구와 흥미, 가정에서의 경험, 생활양식 등에 대한 정보를 부모와 공유함으로써 유아에게 좀 더 효율적인 상호작용을 할 수 있게 된다. 문제행동을 보이는 유아의 과거 발달 상황과 현재의 특성에 관한 정보를 부모로부터 받아 문제행동 지도의 기초 자료로 활용할 수 있다. 이러한 협력관계를 통해 유아는 좀 더 풍부한 정서적 안정감을 제공받게 된다.

교사가 부모에게 영향을 주어 유아의 문제행동을 함께 해결하고 싶다면 먼저 부모에게 의미 있는 사람이 되어야 한다. 또한 부모가 가정에서 적용해 볼 수 있는 실제적인 방법을 제시해 주어 부모가 유아의 문제행동 해결에 실제로 참여할 수 있는 기회를 가지게 한다(서울특별시 육아종합지원센터, 2020).

★**부모와의 신뢰 만들기에 필요한 기술**

• 부모는 자기 아이를 좋아해 주는 사람을 좋아한다.

• 아이의 장점을 발견하고 자주 표현해 준다.

• 아이의 성향이나 세세한 행동 특성에 대해 잘 알고 있어야 한다.

• 아이 상태에 적합한 개별적인 지원을 하고 어떤 지원을 하였는지 부모에게 적극적으로 알린다.

• 부모의 선호나 욕구를 파악하여 도움을 준다.

• 편견 없이 누구에게나 공정한 교사이어야 한다.

• 작은 메모 등을 활용하여 비공식적인 소통을 자주 한다.

• 솔직하고 진실하게 대하며 교실과 자신을 개방한다.

---

(2) 동료 교사 및 관련 전문가와 대화하기

유아의 문제행동으로 인해 부모와 의논해야 할 경우에는 동료나 전문가와 의논하는 것이 좋다. 주임교사, 원감, 원장과 문제행동에 관한 논의를 진행한다. 교사 차원에서 해결할 문제인지, 원의 다른 전문가 집단과 함께 대처할지에 대한 면밀한 검토를 통해 부모와 의사소통을 진행하는 것이 좋다. 이 외에도 관련 전문가의 도움이 필요하다면 그것을 활용하는 것도 좋은 방법이다. **표준화된 발달검사** 등 전문적인 검사를 관련 기관에 의뢰하고 그 결과를 바탕으로 문제행동을 해결하는 것이 좋다.

유아의 문제행동 지도를 위한 교사회의

(3) 상황을 이야기하기

유아의 문제행동과 관련된 면담을 하기 전에 구체적인 자료를 수집하는 것이 좋다. 일화기록, 시간표집 관찰, 사건표집 관찰 발달보고서, 표준화된 검사 결과 등 유아의 행동과 관련된 다양한 자료를 바탕으로 부모와 의사소통을 하는 것이 좋다. 유아의 문제행동을 부모에게 이야기할 때는 부정적인 정보보다 **긍정적인 정보**를 먼저 이야기하는 것이 필요하다. 부모와 이야기를 나눌 때 "집에 무슨 일이 있나요?"라고 묻기보다는 "○○가 오늘 아침 일어날 때 힘들어했나요? 피곤한 것 같아요."라고 표현함으로써 부모가 부정적 감정을 가지지 않도록 하는 것이 효율적인 의사소통을 도모하는 방법이다.

(4) 부모의 이야기를 들어 주며 반영적 경청의 모범 보이기

유아의 문제행동에 대해 부모가 인정하지 않을 경우, 교사는 부모의 이야기를 경청해 주고 부모의 이야기를 방해하거나 가로막지 않는 것이 필요하다. 교사가 부모의 이야기를 듣고 있다는 것을 느끼도록 부모의 이야기를 반복하여 말하는 것이 좋다. 부모와의 이야기가 논쟁이 되지 않도록 조심하며 논의의 초점이 벗어나지 않도록 한다. 이러한 과정에서 가장 중요한 것은 유아의 문제행동을 해결하는 것임을 강조한다(서울특별시 육아종합지원센터, 2020).

★**부모와 함께 이야기 나누기 절차 및 단계**

• 긍정적인 이야기부터 시작해서 부드러운 분위기를 만든다.

• 부모의 말을 경청해서 듣는다.

• 부모가 말하고자 하는 의도와 배경을 명확한 어휘로 설명하여 확인시켜 준다.

• 전문적인 용어를 사용할 때는 부모의 다양한 교육 수준과 직업 등에 맞추어 대화의 수준을 이끌어 나가고, 어떤 일에도 감정적인 대응을 하지 않도록 한다.

• 한 번에 한 주제에만 초점을 맞추어 이야기한다.

• 부모와 나누는 이야기는 비밀보장이 기본이다. 본인의 자녀뿐 아니라 다른 유아의 이름이나 사례를 거론하여 사생활을 침범하는 일이 없도록 한다.

• 곤란한 내용이나 잘 모르는 내용에 대해 부모가 질문하면 솔직하게 대응한다. 그리고 추후에 다시 성의 있게 답변을 준비한다.

• 유아의 문제에서 벗어나지 않도록 대화의 맥을 잘 유지하고 희망적이고 긍정적인 말로 마무리한다.

---

(5) 지속적인 참여를 권유하기

부모가 유아의 문제행동을 받아들이지 않는 경우라도 교사는 그것에 대해 지속적으로 의사소통을 하고자 한다는 의지를 보여 준다. 유아 행동과 관련된 객관적인 자료들을 부모에게 제공하고 부모면담을 지속적으로 진행할 것을 권유한다. 또한 참관실 관찰이나 교실에서의 자원봉사 등을 통해 부모가 유아의 행동을 직접 관찰할 수 있도록 하여 긍정적인 관계를 형성하는 것이 좋다. 부모의 참여를 권유할 때는 부모 참여 수준이 어느 정도인지, 어떤 유형의 참여를 받아들일지를 알아두는 것이 좋다. 지속적으로 부모와 대화를 하여 교사가 유아의 문제행동을 해결하기 위한 노력을 하고 있음을 알린다.

(6) 중재 분위기로 전환하기

부모와의 면담이 항상 성공적일 수는 없다. 부모와 의견 충돌이 생길 경우, 교사는 일차로 면담을 종결하고 다른 전문가에게 도움을 요청하는 것도 좋다. 전문가는 부모가 감정적으로 흥분해 있을 경우에 객관적 사실에 초점을 맞추고 갈등을 해결할 긍정적 방안을 찾을 수 있는 방법을 제시할 수 있다. 부모와 갈등관계에 있는 교사가 혼자서 문제를 해결하기보다 다른 전문가 집단을 활용하는 모습을 보이는 것은 교사의 전문성을 보여 주는 계기가 된다.

(7) 반영적 경청, 나-전달법, 문제해결을 위한 협상을 적용한 갈등 해결 의사소통의 실제

실제 부모와 갈등이 생긴 경우 그 상황에 대해 누가 문제가 있는가라고 인식하는 것에 따라 대화를 나누는 기법은 달리 적용된다. 교사인 나는 별로 문제가 되지 않는데 상대방인 부모가 문제라고 인식해서 항의하는 상황이라면 '반영적 경청'이 적절하다.

반대로 상대방인 부모는 별생각이 없는데 교사인 나는 이 상황이 정말 문제라고 생각된다면 상대를 비난하기보다 내 이야기인 **'나-전달법'**으로 말하는 것이 좋다. 둘 다 양보하고 싶지 않은 상태에서 욕구가 비슷하다면 서로 이해하고 조금씩 양보하는 문제해결을 위한 협상을 제안한다(서울특별시 육아종합지원센터, 2020).

① 부모(상대방)가 문제라고 인식하는 경우 – 반영적 경청

- **부모**: 우리 아이는 매번 어린이집만 다녀오면 상처가 생겨 와서 정말 속상하다. 선생님이 너무 신경 쓰지 않는 것 같다.
- **교사**: 눈치 없이 매번 친구를 건드린다. 일방적으로 맞기만 하는 건 아니고 함께 싸우는데 상처는 얘만 생긴다. 큰 상처도 아니고 애들은 싸우면서 크는 게 아닐까?

☀ 대처 방안

• 교사는 예민한 부모의 행동에 동의할 수 없다 하더라도, 아이의 상처로 인한 속상한 마음이나 무관심하다 생각하는 교사에 대한 서운함에는 동조할 수 있을 것이다. 그러한 부모의 감정을 공감해 주고 반영하여 보여 주는 것이 이 갈등의 해결 방법이다.

부모와 교사의 대화 예시

• **부모:** 선생님, 우리 영이는 왜 맨날 애들한테 맞아요? 어제는 손등이 까져 왔는데 오늘은 얼굴에 상처가 났어요. 도대체 왜 우리 아이만 그래요? 여기 아이들이 너무 거친 거 아니에요?

• **교사:** 어머, 정말 속상하시겠어요. 한두 번도 아니고 자주 이런 일이 있으니 많이 답답하셨죠? 다른 곳도 아니고 이번엔 얼굴에까지 상처가 났으니 저도 덧날까 봐 정말 걱정이네요.

• **부모:** 아니, 제가 몇 번 꾹꾹 참고 말을 안 하려고 했는데 정도가 너무 심하잖아요.

• **교사:** 그랬군요. 정말 화가 나시겠어요. 또 자주 이런 일이 있으니 제가 너무 신경 쓰지 않은 것 같아 많이 서운하셨죠? 저도 하느라 하는데 순식간에 벌어진 일이라 미처 손을 못 썼어요. 더 신경 써서 보겠습니다.

• **부모:** 애들이 자라며 다치기도 하겠지만 좀 심하다 싶어 제가 몇 번을 망설이다 어렵게 말씀드린 거예요. 잘 좀 부탁드려요.

⇨ 부모가 문제라고 인식하는 경우는 잘 들어 주고 공감해 주면서 해결한다.

② 교사(자신)가 문제라고 인식하는 경우 – 나–전달법

- **교사:** 매일 11시에 등원하는 영이는 놀 친구가 없어 나에게만 붙어 있고 친구들과 잘 지내지 못해 안타깝다. 조금 일찍 와서 친구들과 함께 놀이를 시작하면 좋을 텐데······.
- **부모:** 늦게 퇴근하여 아이도 늦은 시간 잠들다 보니 늦잠 잘 때가 많아 별생각 없이 일어나는 대로 준비해서 어린이집을 보내고 있다.

☀ 대처 방안

- 부모에게 잘못된 점을 지적하고 고쳐야 할 점에 초점을 맞추어(너–전달법) 전달하지 않고 나의 생각과 느낌을 그대로 전한다.

부모와 교사의 대화 예시

- **교사:** 보통 9시경이면 어린이집에 친구들이 거의 다 도착해서 놀이가 시작돼요. 영이가 오는 11시경이면 친구들 놀이 그룹이 다 만들어져서 끼리끼리 정말 재미있게 놀거든요. 영이는 등원해서 딱히 같이 놀 친구들을 찾지 못해 제 옆에만 있어요. "선생님, 저 누구하고 놀아요? 뭐 해요?" 하고 물을 땐 정말 보기가 안타깝고 안쓰러운 거 있죠.

⇨ 상황, 그에 따른 결과, 나의 느낌에 대해 차분히 설명하여 부모로 하여금 스스로 변화할 수 있도록 돕는다.

③ 양쪽 모두 문제라고 생각하는 경우 – 문제해결을 위한 협상

- **상황**: 아침에 가장 일찍 와서 밤에 가장 늦게 집에 가는 만 2세 철이는 정서적으로 불안해 보이며 공격적인 성향이 강하다. 마음대로 되지 않으면 친구를 밀치고 때리는 일이 많아 다른 부모들의 항의를 받은 적도 여러 번 있다.
- **교사**: 부모에게 주말이나 평일에 아이와 더 많은 시간을 보내며 아이의 정서적 욕구를 달래 주라고 몇 번이고 부탁을 하였다. 구체적으로 퇴근 후나 주말에 동화책 읽어 주기, 함께 나들이하기 등을 권유하였다. 부모는 말로는 하겠다고 했지만 여전히 집에서 아이를 혼자 방치하는 것 같다.
- **부모**: 직장 일이 늦게 끝나고 집에 오면 밀린 집안일과 피로 때문에 아이와 함께 할 여력이 없다. 그런데 자꾸 어린이집에서 문제가 있다며 이것저것 요구한다. 솔직히 선생님이 알아서 해 주었으면 좋겠다. 주말에 아이와 어떻게 지냈냐는 교사의 질문이 부담스럽다.

☀ **대처 방안**

- 교사가 여러 차례 상황을 전달하고 해결방법도 알려 주었지만 진전되지 않는 것은 부모의 입장도 너무 힘들기 때문이다. 즉, 교사는 부모가 변화되길 바라지만 부모는 교사가 알아서 해 주기를 원하는 상황인 것이다. 이럴 경우 교사와 부모 모두가 만족한 결론에 도출할 합의점을 찾아야 한다.
- 문제해결을 위한 협상은 먼저 상대방의 욕구를 읽어 주며 반영적 경청으로 마음의 문을 여는 것으로 시작하여 자신의 힘든 속마음을 나–전달법으로 알려 준다. 그런 다음 문제에 대해 서로가 수용할 수 있는 해결책이 무엇인지 함께 논의하여 가장 적합한 방법을 찾는 것이다.

부모와 교사의 대화 예시

- 교사: ○○ 어머니, 요즘 매일 퇴근이 늦고 집안일 때문에도 많이 힘드시죠? 제가 ○○와 시간을 많이 보내 달라고 한 것 때문에 부담스러우시기도 하실 테고…….
(반영적 경청)
- 부모: 아니, 제가 더 잘해야 하는데 여러 가지로 일이 많아 힘드네요.
- 교사: 그러시죠. 저도 ○○에게 가장 필요한 것이 무엇일까 많이 고민하다가 어머니께 말씀드린 건데 별로 달라지지 않고 있어 다시 걱정입니다. (나-전달법)
그래서 오늘은 어머니와 함께 이 문제를 적극적으로 해결해 봤으면 좋겠어요. 지금 ○○를 위해 서로 할 수 있는 일이 무엇인지 한번 생각해 볼까요? 제가 먼저 제안해서 여기 종이에 써 볼게요. 어머니께서 할 수 있는 일만 받아들이면 됩니다. (해결책 제안)
- 부모: 네, 저도 조금 더 노력해 볼게요.
- 교사: 퇴근 후 아무것도 하지 않고 먼저 5분은 아이와 눈 맞추며 하루 있었던 일을 이야기 나눈다.
  - 일주일에 세 번은 퇴근 후 동화책 한 권을 읽어 준다.
  - 주말에는 30분 정도 아이와 바깥놀이를 함께한다.
  - 일주일에 한 번은 가장 늦게 하원하지 않는다.
- 부모: 주말 30분 바깥놀이는 좋은 것 같아요. 나들이는 아니어도 동네 놀이터에서 노는 것은 저도 노력해 볼게요. 주 3회는 자신이 없고 한두 번은 동화책 읽어 주기를 할 수 있을 거 같아요. 그리고 이번 달까지는 회사가 너무 바빠서 아이가 기다리는 것은 알지만 일주일에 한 번도 일찍 오기 힘들 거 같아요. (하나씩 점검하기) 근데 이거 다 한 번에 못할 것 같아요.
- 교사: 네, 모두 다 한꺼번에 하지 않으셔도 됩니다. 한 가지만 정하기로 해요. 하실 수 있는 것 중 이번 주에 어떤 것을 가장 먼저 실천해 보고 싶으세요? (목록에서 한 가지 정하고 실천하기)

⇨ 교사, 부모 모두가 서로 소통하여 각자 입장을 이해한다면 조금씩 양보하고 합의를 할 수 있는 해결책을 함께 만들 수 있다.

4) 수업 참관

유아가 문제행동을 보일 때 부모는 수업 참관을 통해 자녀의 행동과 특성을 이해할 수 있는 기회를 가지게 된다. 참관을 통해 부모는 자녀의 발달 수준, 의사소통 능력, 흥미, 친구관계, 집중도를 파악하게 된다. 교사의 교육 방법과 교육환경을 관찰하여 가정에서도 유사한 방법으로 유아를 양육할 수 있는 기회를 가지게 된다. 이를 통해 일관성 있는 지도가 가능해지고 궁극적으로는 유아의 발달을 촉진하는 계기가 된다. 예를 들어, 유아가 문제행동을 일으킬 경우 이에 대한 교사의 반응과 부모의 반응이 다르면 유아는 혼란을 경험할 수 있다. 그러나 부모가 수업참관을 통해 교사의 반응을 관찰하게 되면 전체적인 교실 분위기를 알게 되어 일관성 있는 지도가 가능해진다. 유아의 문제행동에 대해 부모와 교사가 함께 생각을 교환하고 구체적인 사건들에 대해 편안한 마음으로 대화하게 되면 유아에게 가장 적절한 반응을 제공하게 된다(이윤경 외, 2008).

유아의 문제행동을 해결하는 또 다른 방법은 부모가 수업에 자원봉사자로 참여하는 것이다. 부모가 교실활동에 참여하게 되면 유아는 심리적 안정과 자부심을 느끼게 된다. 부모는 자녀가 유아교육기관에서 어떻게 지내는지를 좀 더 면밀하게 파악하는 기회를 가지게 된다. 또한 자녀의 또래관계를 파악할 수 있게 되며 교사의 지도 방법을 관찰함으로써 문제행동 지도에 대한 노하우를 가지게 된다. 교사도 부모로부터 도움을 받게 되어 상호 협력적인 관계가 형성되는 좋은 점이 있다. 교실 자원봉사자의 역할에 관한 예는 〈표 10-1〉에 제시되어 있다.

〈표 10-1〉 교실 자원봉사자 역할의 예

교실에서 자원봉사자의 역할

교실: 별님반

교사: 정선교

자원봉사자 역할: 미술 영역에서 활동 지도

시간: 10:00~11:00 / 3:00~4:30(월요일~금요일)

[자원봉사자 역할]
- 유아들이 수채화 그리기를 원하면 앞치마를 입힌다. 유아가 이것을 먼저 스스로 하도록 격려한다.
- 유아와 함께 색깔, 색 혼합, 모양, 크기 등에 대해 이야기한다. 대개 유아는 자신이 그린 수채화에 대해 얘기하는 것을 좋아하나 이것을 반드시 하도록 강요하지는 않는다. 자원봉사자는 유아에게 "네가 그린 그림에 대해 얘기해 주겠니?"라고 질문해 본다.
- 도화지 왼쪽 상단 구석이나 유아가 특별히 원하는 곳을 물어 유아의 이름을 작성한다.
- 유아가 완성한 수채화를 건조대에 걸고 앞치마를 벗고 손을 씻는 것을 도와준다.
- 필요하다면 붓과 팔레트를 씻는다.

[다음의 사항이 발달되도록 도울 것]
- 색깔, 모양, 크기, 질감의 개념
- 손과 눈의 협응
- 생각과 느낌의 표현

출처: 이윤경 외(2008).

엄마랑 함께 하는 교실 활동

엄마랑 함께 하는 체육 활동

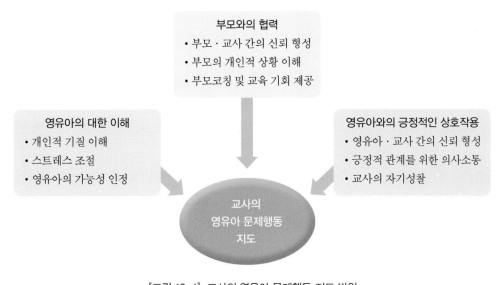

[그림 10-1] 교사의 영유아 문제행동 지도 방안

출처: 보건복지부(2013), p. 342.

2. 특별한 요구를 지닌 유아를 위한 생활지도

1) 다문화가정 유아를 위한 생활지도

한국 사회에서 다문화가정은 지속적으로 증가하고 있다. 다문화가정에서 태어난 만 6세 이하 유아는 2010년에 약 7만 5,776에서 2018년에는 11만 4,125명으로 늘어났다. 다문화가정의 유아 수는 꾸준하게 증가하고 있으므로 다문화 사회에 대한 대비가 필요하다(여성가족부, 2018).

다문화가정 유아는 우리말 능력이 낮은 수준이며, 정서적으로 불안정하고 사회성 발달이 잘 이루어지지 않았다(전혜정, 2008). 이는 다문화가정 외국인 어머니가 부모로서의 역량을 갖추지 못한 상태에서 자녀 양육을 담당하게 되어 여러 가지 어려움에 처하기 때문인 것으로 밝혀졌다(김이선, 정해숙, 이미화, 2009). 대부분 다문

다문화 유아를 위한 활동을 하고 있는 만 3세 유아

화가정의 외국인 어머니는 오랫동안 한국에서 생활했음에도 불구하고 한국어 및 한국 사회에 대한 이해능력이 부족하고, 가족 및 사회 관계에서 어려움을 겪는다(여성가족부, 2010). 이러한 어려움이 자녀 양육에도 부정적인 영향을 미친다.

어머니가 외국인인 다문화가정 자녀의 경우 영아기부터 한국어 능력이 부족한 어머니로부터 양육되기 때문에 언어 발달 지연과 낮은 학업 성취도 등의 문제를 경험할 수 있고, 적절한 생활지도를 받지 못할 가능성이 높아 생활습관의 형성에 어려움이 나타난다. 특히 언어 발달 지체로 인해 발달 지연이나 학습장애가 나타나 또래로부터 따돌림을 당하거나 자존감 저하 및 원만한 사회적 관계를 형성하지 못하는 것으로 파악되었다(전혜정, 2008). 이러한 문제를 해소하기 위해 다문화가정 유아의 친사회성과 자아존중감을 높이는 프로그램 등이 개발되어 문제행동을 줄이는 방법으로 활용되고 있다. 전혜정(2009)이 개발한 친사회성 증진 프로그램은 유아가 타인의 기분을 파악하고 타인의 입장을 이해하여 감정이입적 반응을 보이는 내용, 사회적 갈등 상황에서 문제해결 전략을 가지고 반응하는 내용, 부적절한 감정을 억제하고 긍정적 감정을 표출하는 내용으로 구성되어 있다. 자아존중감을 높이는 프로그램의 경우는 유아가 어느 상황에서나 적절한 방식으로 자신을 표현하게 함으로써 지나치게 자기표현을 억제하는 것을 줄이고 이로 인해 합리적 사고와 행동을 하도록 하는 내용, 대인관계에 적응하도록 지원하는 내용으로 구성되어 있다.

이 외에도 유아의 다문화에 대한 문화적 역량을 강화하는 프로그램도 개발되어 다문화 사회를 대비하기 위한 자료로 활용되고 있다(〈표 10-2〉 참조).

〈표 10-2〉 3, 4세용 다문화 역량강화 프로그램 계획 예시

월	생활 주제	활동명	목표 기술	활동 유형
3월	우리 반과 친구	우리 반 친구 모두 모였다	친구에게 관심 가지기	대집단
	봄	나는 누구? 너는 누구?	자신과 타인의 차이에 대한 인식 갖기	소집단
	나와 가족	내 몸에는 여러 가지 색이 있어요	다양한 지역에 사는 사람과 동물에 대하여 알기	소집단

출처: 전혜정(2009).

2) 한부모가정 유아를 위한 생활지도

우리나라 한부모가정의 현황을 통계청(2019)의 인구주택총조사를 통해 살펴보면 2018년에는 1,539 가구 2019년에는 1,529 가구였다.

한부모가정은 부모의 이혼, 사별 등으로 생겨난 가정을 말한다. 한부모가정 중에서도 부모의 이혼으로 인해 한부모가정이 되었을 경우 유아에게 여러 가지 문제가 발생한다. 부모의 이혼에 대한 유아와 아동의 반응은 개인차가 있지만 다음과 같은 특징이 있다(정미라, 이희선, 배소연, 최미경, 조윤정, 2003).

★유아기

• 이혼을 현실적으로 이해하지 못한다.

• 성인과의 신체적 접촉을 많이 요구한다.

• 일시적인 퇴행행동이 일어난다.

• 죄책감, 초조함, 두려움으로 인한 또래관계 부적응 현상이 일어난다.

★아동기

• 일시적으로 감정의 갈등을 위장하기 위해 과장된 행동을 한다.

• 부모의 재결합에 대해 강한 열망을 갖는다.

• 이혼에 대해 현실적으로 이해하기 시작한다.

• 자신들의 감정이나 강렬한 분노를 적절히 표현한다.

한부모가정의 유아가 겪는 심리적 어려움은 유아기 이후의 발달에도 영향을 미친다. 유아가 겪는 어려움을 극복할 수 있는 다양한 방법이 제시되고 있다.

한부모가정 유아가 어려움을 극복할 수 있는 적응 프로그램 예시는 〈표 10-3〉과 같다.

〈표 10-3〉 **한부모가정 유아의 적응 프로그램**

단계	주제	내용	활동명
1	자신의 상황 인식하기	결혼과 이혼에 대한 개념화	• 별칭 짓기 • 우리 가족 • 결혼과 행복 • 이혼과 소망 • 나의 생각
2	혼란기	부모의 이혼, 사망 등으로 인해 겪게 되는 정서적인 문제를 다룬다.	• 인사 나누기 • 나는 이렇게 느껴요 • 이렇게 하고 싶어요 • 이런 점은 좋아요
3	한부모가정이 된 이유	한부모가정의 발생 원인에 대해 알아보고 현실 적응능력을 키운다.	• 인사 나누기 • 진실게임 - 우리 부모님 • 부모님 초상화 • 나는 한부모와 살아요
4	부모님이 헤어지면 많은 변화가 생겨요	한부모가정 발생 이후 달라지는 제반 문제에 대한 이해를 돕고 적응할 수 있도록 돕는다.	• 인사 나누기 • 무엇이 달라졌나요 • 이런 것들이 변했어요

5	나는 어른스러워졌어요	한부모가정이 된 이후 달라지는 가정생활의 변화 속에서 자신의 위치와 역할을 찾아갈 수 있도록 돕는다.	• 나는 어른스러워졌어요 • 홈페이지 만들기
6	난 스스로 잘 할 수 있어요	자신의 일은 스스로 처리해 나가도록 독립심을 키워 준다.	• 나는 스스로 할 수 있어요 • 요리하기
7	나는 사랑받기 위해 태어났어요	한부모가정은 다양한 가족 구성 중 하나이며, 부모는 자녀를 여전히 사랑하고 있다는 것을 알게 한다.	• 다양한 가족 구성 형태 • 수수께끼 • 엄마(아빠) 사랑해요
8	훌륭한 한부모가정 위인들	훌륭한 한부모가정 위인을 소개하고 한부모가족 아동도 훌륭한 한부모가정 위인처럼 성장 가능성을 지닌 존재임을 깨닫게 한다.	• 한부모가정 위인 소개 • 한부모가정 위인전 • 나는 이런 사람이 될래요

출처: 서영숙, 황은숙(2003).

3) 조손가정 유아를 위한 생활지도

조손가정은 최근 들어 급증하고 있다. 2018년 조손가구 수는, 조부모와 손자녀로 구성된 경우는 44,766 가구였으며 조부 또는 조모와 손자녀로 구성된 경우는 68,531 가구로 나타났다(통계청, 2018). 이러한 이유로 최근 들어 정부 차원에서 그들을 지원하는 다양한 복지정책을 제시하고 있다.

조손가정의 아동에 대한 연구에서는 남자 아동이 여자 아동에 비해 공격적 행동을 더 많이 보이며 학년이 높을수록 과잉행동, 미성숙한 행동과 같은 문제행동을 보인다고 보고하였다. 이유를 모르는 상태에서 조부모와 살게 된 경우나 부모의 사망으로 인하여 조부모와 살게 되는 경우에는 부모의 직업으로 인해 조부모와 살게 된 경우보다 공격적 행동을 더 많이 한다. 부모와 연락이 두절되거나 부모와 전혀 만나지 못하는 아동에게서 불안, 공격적 행동, 과잉행동장애, 행동문제 등이 더 많아진다(이정이, 최명선, 2007).

〈표 10-4〉 유아기 손자녀 교육을 위한 조부모 프로그램

순서		내용
도입(20)		• 전 시간의 과제를 검토한다. • 양육하기 힘들었던 상황이 어떤 때인가? 그때 조부모 자신이 어떤 말과 행동을 했었는가?
전개 (90)	60	조부모 역할의 중요성을 다시 한번 인식시킨다. • 아침에 해야 할 일곱 가지 일 – 자립심 길러 주기 • 가족사 이야기 들려주기 / 고전(전래동화) 들려주기 • 아이가 불평할 때 / 아이가 싫어 하는 말 / 칭찬과 격려의 말 • 문제를 해결하는 다섯 가지 방법
	10	휴식시간
	20	위의 방법을 토대로 말하기 방법을 연습하도록 한다.
종결(10)		• 학습한 내용을 정리하고, 다음 시간 내용을 예고한다. • 과제: 고전이나 가족사를 택하여 손자녀에게 직접 이야기해 주고 그에 따른 느낌이나 정서적 친밀감 향상 정도를 다음 시간에 이야기해 볼 수 있도록 한다.

출처: 서영숙, 황은숙(2003).

　　조부모들의 손자녀 교육을 지원하기 위한 프로그램들이 지속적으로 개발되어 어려움을 겪고 있는 조부모들을 다양하게 지원할 필요가 있다. 유아기 손자녀 교육을 위한 조부모 교육 프로그램 예시는 〈표 10-4〉에 제시되어 있다(덕성여자대학교, 2001).

4) 재혼가정 유아를 위한 생활지도

　　재혼가정은 배우자 한쪽이나 양쪽 모두가 재혼 이상의 결혼으로 자녀가 있거나 없으면서 하나의 가구를 유지하는 남편과 아내로 구성된 가정이다(조옥라, 1996). 현대사회에서 이혼율이 급격하게 증가하면서 재혼가정은 자연스럽게 생겨나게 되었고 다양한 가족의 한 형태로 자리 잡았다. 우리나라의 경우 재혼이 이루어지는

연령대가 30~50대로 전체 재혼의 70%를 차지한다. 이는 초혼을 통해 얻은 자녀가 있는 상태에서 재혼이 이루어질 확률이 높음을 의미한다. 자녀가 있는 상태에서 시작하는 재혼가정은 그 관계가 매우 복잡하며 더 많은 가족 갈등과 어려움을 경험한다(통계청, 2013). 재혼가정은 부부간의 잠재적 갈등, 부모 간의 갈등, 부모-자녀 갈등, 형제자매 간의 갈등, 부모-조부모 갈등뿐만 아니라, 계부모-친부모 갈등, 계부모-계자녀 갈등, 전 배우자와의 갈등까지 있어 그들이 겪는 어려움이 더욱 크다(김정원, 전선옥, 2016에서 재인용). 이 외에도 재혼가정은 새로운 가족 구성원이 갑자기 형성되기 때문에 적응에 필요한 시간을 점차적으로 가지지 못하는데, 이것이 갈등의 원인이 될 수도 있다. 이와 더불어 새로 형성된 가족 구성원들 사이의 발달과업이 불일치하고 모든 구성원이 새로운 관계를 형성하고 새로운 역할을 맡아야 하므로 어려움이 야기된다. 따라서 재혼가정의 자녀들에게는 부모의 재혼으로 인하여 여러 가지 문제행동이 발생하기도 한다. 유아기 및 아동기 아이들이 일으킬 수 있는 문제를 살펴보면 다음과 같다.

★유아기

유아기 아이들은 퇴행적인 행동과 발달지연을 나타낼 수 있다. 이혼 후 한쪽 부모가 없다는 사실을 더 잘 알게 되고 당황하게 된다. 그래서 함께 살고 있는 부모와 떨어지지 않으려고 한다. 이 시기 유아들은 엄지손가락을 빠는 것과 같은 퇴행행동을 보이거나 엄마에게 하루 종일 매달려 떨어지지 않으려 하기도 하며, 부모의 이혼이 자기의 부정적인 생각이나 자기의 문제행동 때문이라고 생각할 수 있다. 따라서 부모가 이혼을 하는 것이 유아의 잘못이 아니라는 것을 명확하게 인식시켜 줄 필요가 있다.

★아동기

아동기 아이들은 부모가 이혼한 경우 슬픔, 불안, 괴로움 등을 나타내기 쉽다. 이 중 초등학교 전반의 학령에 해당하는 7~9세의 아이들은 부모들의 이혼 과정을 완전히 이해하지 못할 뿐만 아니라 부모의 영향과 바람으로부터 심리적으로 벗어나지 못한다. 그래서 부모의 이혼에 대해 여전히 자신이 책임이 있다고 느끼거나 가족이 깨진 것이 자기 탓이라고 생각하기 쉽다.

반면 10~12세에서는 이혼 과정에 대해 더 자세히 이해할 수 있다. 그래서 이 시기에는 부모가 다시 합칠 것이라는 환상을 자주 갖는다. 이런 환상을 실현하기 위해 아이들은 때로 의붓부모를 배제하거나 원래 부모를 한자리에 모으려는 행동을 보이기도 한다. 한 부모는 '선', 다른 한 부모는 '악'으로 보는 식으로 편 가르기를 하기 쉽기 때문에 이혼한 부모가 아이들을 정기적으로 또는 수시로 접견하기로 했다면 만날 때마다 적대적인 배우자 시각에서 아이들에게 이러한 행동을 조장하지 않도록 주의해야 한다. 다른 가정에서 보낸 시간에 대해 이야기를 나눌 때 절대 부정적으로 말해서는 안 된다.

재혼가정은 다른 가족보다 더 큰 긴장과 갈등을 경험할 수 있다. 재혼가정은 두 가족을 포함하여 새로운 관계를 형성해야 하기 때문에 계부모와의 관계에서 어려움을 경험하게 된다. 또한 이전의 가족에 대한 감정도 정리되어야 하고 가족의 물리적·심리적 경계의 재정립도 필요하다. 우리 사회는 아직 이혼과 재혼에 대한 부정적인 고정관념을 가지고 있는 편이다. 따라서 지속적인 사회적 인식 개선과 지원 정책을 통해 다양한 가족 형태에 대해 열린 태도를 가지게 할 필요가 있다(김정원, 전선옥, 2016에서 재인용).

PART **2**

실제편

유아생활지도의 실제

11

기본생활습관 지도

　이 장에서는 유아의 기본생활습관을 어떻게 지도할 것인지 알아보고자 한다. 기본생활습관을 식사습관, 청결습관, 예절습관, 안전습관으로 나누어서, 유아가 바람직한 식사습관, 청결습관, 예절습관, 안전습관을 형성할 수 있도록 지도 방법과 활동 방법에 관해 논의하고자 한다. 유아기에 형성되는 기본생활습관은 이후에 건강한 생활을 하기 위한 밑바탕이 되기 때문에 바람직한 습관을 형성할 수 있도록 도와주는 것이 매우 중요하다. 교육 현장에서 기본생활습관 지도가 어떻게 이루어지고 있는지 경험하고, 바람직한 지도 원칙을 알아보고자 한다.

1. 식사습관

　유아기는 지속적인 성장과 활동량의 증가로 영양 섭취가 매우 중요한 시기다. 유아에게 필요한 에너지 요구량은 나이, 성별, 신체 크기, 신체 발달, 기초대사

점심식사를 하고 있는 유아들과 교사

량, 활동량 등에 의해 결정되는데, 일반적으로 1~2세에 1,000kcal, 3~5세에 1,400kcal를 필요로 하는 것으로 추정된다(신은수, 강금지, 유희정, 2009). 유아가 섭취해야 하는 영양소의 절대량은 성인과 비교해서 더 적지만, 체중 1kg당 필요량은 성인에 비해서 훨씬 많다. 보건복지부(2004)는 유아를 위한 식생활 실천 지침에서 하루 2컵 이상의 우유, 매끼 다양한 채소의 섭취, 매일 고기와 생선, 달걀, 콩제품을 먹도록 제안하고 있다. 이와 같이 다양한 식품군을 골고루 섭취하여야 하는 유아기에는 바람직하지 못한 식습관으로 인해 편식과 비만 등의 문제가 생길 수 있으며, 이러한 식사습관의 문제가 유아의 건강한 발달을 저해할 수 있다. 일생 동안 지속될 수 있는 식습관이 형성되기 시작하는 유아기에는 식사습관 지도가 바르게 이루어지도록 부모와 교사의 노력이 필요하다.

1) 식사습관 문제의 이해

일반적으로 종일제 프로그램에서는 1끼 식사, 2회 간식을 제공하며, 반일제 프로그램에서는 1끼 식사와 1회 간식을 제공한다. 어린이집과 유치원에서 유아들이 식사와 간식을 섭취하는 횟수가 늘어나면서, 식사습관 지도는 부모와 교사가 함께 해야 하는 교육 내용이 되었다. 교사는 유아들이 바람직한 식사습관을 배울 수 있도록 모델이 되어야 하고, 세심한 관찰과 부모와의 상담을 통해 유아의 식습관 및 기호를 파악하고 있어야 한다. 개별적인 관심과 지도를 통해 유아가 바람직한 식사습관을 형성할 수 있도록 지도한다.

(1) 정의 및 특성

유아기에 많이 생기는 식생활의 문제로는 편식과 비만을 들 수 있다. 편식은 특정 음식을 먹지 않거나 특정 식품군을 전혀 먹지 않으려는 경우를 말한다. 유아기 식품에 대한 경험은 식품에 대한 기호 및 식사 태도를 형성하는 데 많은 영향을 미치고, 이후 영양 상태를 결정하는 중요한 요인이다(Birch, 1987). 그러나 학령 전 유아를 대상으로 한 연구에서 60.3%의 유아가 편식을 하는 것으로 나타나서(박송이, 백희영, 문현경, 1999), 편식이 일반적으로 나타나고 있음을 알 수 있다. 학령기 아동은 특히 채소류, 콩류, 생선류, 김치류 순으로 낮은 기호를 보인다(박수진, 2000). 편식이 심하면 영양의 균형이 깨져서 건강에 부정적인 영향을 미치게 될 뿐 아니라, 이 시기에 형성된 식품에 대한 기호는 성인기까지 이어질 수 있으므로 부모와 교사의 관심과 지도가 필요하다.

편식 이외에 최근에 많이 나타나는 식사습관의 문제로 비만을 들 수 있다. 전 세계적으로 소아비만 인구가 급격하게 증가하고 있으며, 우리나라에서도 식습관의 서구화와 신체활동의 감소로 소아비만이 급격히 증가하고 있다. 표준체중의 20%를 넘으면 비만이라고 하는데, 20~30% 정도 초과하면 경도 비만, 30~50% 정도 초과하면 중도 비만, 50%를 넘으면 고도 비만이라고 정의된다(고재옥, 2002). 1981년에 2.3%에 그쳤던 서울 지역 초 · 중 · 고등학생의 비만율은 2005년에 12.2%로 증가했다(서동훈, 2007). 소아 · 청소년 비만에 관한 강은미(2008)의 연구에서는 비만도가 0~6세는 13.5%, 학령기인 7~11세는 28%로 나타났다. 소아비만은 지방세포의 수가 증가하고 일단 생긴 지방세포가 살이 빠져도 줄지 않기 때문에 소아비만의 80%는 성인비만으로 이어진다(강은미, 2008). 비만은 고지혈증, 고혈압, 당뇨병 등의 합병증을 일으킬 수 있기 때문에 그 예방이 중요하고, 조기에 치료해야 한다.

(2) 원인

① 편식의 원인

많은 유아가 채소류와 콩류에 대한 편식을 많이 하는데, 음식의 질감이나 색감에 의해서 기호가 형성되기 때문이기도 하고, 가공식품의 증가로 인스턴트 식품에 대한 유아들의 기호가 급격히 증가하였기 때문이기도 하다(김주민, 2003). 식생활은 비만, 신질환, 심질환, 충치, 자율신경 불안정, 기관지 천식, 소아 성인성 질환 등에 관여하는 것으로 나타나서 신체 발달뿐 아니라 심리 · 정서 발달에도 영향을 미친다(이견숙, 1993).

편식은 심리적 변화가 많은 3세부터 7세 전후에 많이 나타나며, 만 4세를 전후해서 음식에 대한 선호와 식욕이 변덕스럽고 불안정해질 수 있다(신은수 외, 2009). 이 시기에 식사습관이 고정되면 아동기에는 변화하기 어렵기 때문에 유아기에 편식이 고정화되지 않도록 관심을 갖고 지도하는 것이 중요하다. 편식이 나타나는 원인은 다음과 같다(김주민, 2003; 신은수 외, 2009; 조운주, 최일선, 2008).

이유식의 실패   생후 3개월 이후에 시작하는 이유식은 분유 혹은 모유가 아닌 식품을 경험하는 중요한 시기다. 이때 다양한 식품에 대한 경험을 하는 것은 이후 식품에 대한 선호도에 많은 영향을 미치게 된다. 이유식을 할 때 영아가 선호하는 것만 제공하여 다양한 식품을 경험하지 못하거나, 잘못된 조리 방법으로 이유식을 만들어서 편식을 유발할 수 있다.

부모의 편식   부모가 편식을 하게 되면 유아가 다양한 음식을 경험하지 못하게 되어서 편식이 생길 수 있다. 처음에는 거부하던 식품도 조리법을 달리하여 자주 접하게 되면 차츰 섭취하는 데 거부감을 가지지 않게 된다. 그러나 부모가 편식을 하는 경우에는 부모가 싫어하는 식품을 경험할 기회가 제한되기 때문에 유아에게도 편식이 유발될 수 있다.

가정의 사회 · 경제적 요인   가정의 생활 지역이나 경제적인 배경에 의해서 식품 경험의 범위가 제한적인 경우에 경험 부족으로 편식이 나타날 수 있다.

심리적 요인   먹기 싫은 음식을 억지로 강요당하거나 먹고 나서 구토, 복통 등을 일으킨 경험이 있으면 그 식품에 대한 혐오감으로 거부감을 나타낼 수 있다. 때로는 동물에 대한 동정심으로 편식을 할 수도 있다.

지나친 간식   간식을 지나치게 많이 먹는 경우에 공복감을 느끼지 못해서 식욕이 감소할 수 있다. 이러한 경우에는 간식의 섭취 횟수와 양을 줄여서 식사시간에 식욕을 느낄 수 있도록 해 준다.

② 비만의 원인

비만은 필요한 열량보다 많은 열량을 섭취하여 잉여 열량이 체내에 축적되어 나타나는 상태를 말한다. 소아비만은 고지혈증, 고혈압, 당뇨 등의 성인병을 유발할 수 있어서 건강에 유해하며, 또래관계에서 놀림을 받을 수 있어서 사회성 발달에도 부정적인 영향을 미친다. 그리고 또래관계에서의 위축은 자존감에도 영향을 미쳐서 유아기의 정서 발달에도 부정적인 영향을 미칠 수 있다. 따라서 유아가 적절한 체중을 유지할 수 있도록 하고, 소아비만이 나타나면 원인을 파악하여 체중을 감량할 수 있도록 도와야 한다. 다음은 비만이 나타나는 주요한 원인이다.

유전에 의한 비만   비만은 유전적인 요인이 있어서 가족력이 있으면 비만이 되기 쉽다.

바람직하지 못한 섭식행동   과자나 음료수 등을 통해 지나치게 당질을 섭취하거나, 식사나 간식을 통해서 필요한 열량보다 많은 양을 섭취하면 비만이 될 수 있다. 또한 불규칙한 식사습관도 과식으로 이어져 비만을 유발할 수 있다.

운동 부족　　식사량은 적절하더라도 운동량이 부족하면 비만이 될 수 있다. 최근에는 TV와 컴퓨터 게임의 영향으로 신체놀이가 감소하였고, 장시간 TV를 시청하고 컴퓨터 게임에 몰두하면서 운동량 부족으로 비만이 유발될 수 있다. 게다가 TV에 나오는 다양한 식품 광고는 식욕을 자극해서 먹고 싶은 충동을 유발한다.

2) 현장에서의 지도 방안 및 교육 활동

(1) 지도 방안

바람직한 식사습관 형성을 위해서 먹기 전에 손 씻기, 입안에 음식 넣고 말하지 않기, 골고루 먹기, 바른 자세로 앉아 먹기, 식사량 조절하여 먹기, 흘리거나 떨어뜨린 음식 스스로 정리하기, 먹은 후 식기 정리하기, 식사 후 스스로 양치질하기 등과 같이 식사와 관련된 태도와 규칙을 배워 나갈 수 있도록 지도해야 한다(신은수 외, 2009). 바람직한 식사습관을 형성하기 위한 지도 방법은 다음과 같다.

① 가정에서의 식습관 개선

부모의 편식은 유아에게도 영향을 미치게 되며, 가족의 잘못 형성된 식습관은 비만의 중요한 원인 중 하나다. 가정에서 어떠한 음식을 어떻게 섭취하고 있는지 상담을 통해서 파악하고, 가정에서의 식습관 개선이 이루어질 수 있도록 해야 한다. 가정과 기관의 연계가 이루어지지 않으면 유아의 식습관 개선이 이루어지기 힘들기 때문에 부모와의 협력은 식습관 지도에서 매우 중요하다.

② 유아의 정서 이해

편식과 비만으로 인해서 유아가 겪는 정서를 이해하고 해소할 수 있도록 도와준다. 편식과 비만은 또래관계에도 영향을 미치므로, 이로 인해서 유아가 겪고 있는 갈등과 정서를 이해하고 해소할 수 있도록 도와준다.

③ 적당한 운동

편식과 비만은 운동 부족이 원인이 될 수 있으므로, 평상시에 적당한 야외활동을 통해서 식욕을 회복하거나 에너지를 소비할 수 있도록 도와준다.

④ 적당한 간식

인스턴트 간식에 익숙해지면 식사를 기피하여 편식 성향을 보이거나 지나친 당질 섭취로 비만이 될 수 있다. 따라서 간식을 규칙적인 시간에 적당량 먹을 수 있도록 하고, 인스턴트 식품 섭취를 줄일 수 있도록 한다.

(2) 교육 활동

바람직한 식사습관을 형성하기 위하여 요리활동을 하거나, 식사습관과 관련된 동화를 읽어 주거나, 이야기 나누기 등을 계획하여 식사습관을 지도한다. 다음은 동화를 통해 편식습관을 개선하도록 돕는 교육 활동의 예다.

○ **활동명**　'커다란 순무' 동극하기

○ **활동 목표**
　1. 야채에 관심을 갖는다.
　2. 농부의 마음을 이해한다.

○ **대상 연령**　만 3세 이상

○ **활동 자료**
『커다란 순무』(알릭세이 톨스토이 글, 헬린 옥슨버리 그림, 2000, 시공주니어)

○ **활동 방법**
　1.『커다란 순무』에 나오는 등장인물들을 소개한다.
　2. 유아들이 원하는 배역을 맡도록 한다.

3. 커다란 순무로 동극을 진행한다.

4. 동극이 끝난 후 유아들과 동화에 대한 이야기 나누기를 진행한다.

○ **사전 활동**

동화를 교사와 함께 읽고, 내용과 친숙해지도록 한다.

○ **활동명**   난 토마토 절대 안 먹어 (동화)

○ **활동 목표**   음식을 골고루 먹어야 함을 이해한다.

○ **대상 연령**   만 3세

○ **활동 자료**   『난 토마토 절대 안 먹어』(로렌 차일드 저), 음식 조

각그림, 토마토

○ **동화 내용**

찰리에겐 룰라라는 여동생이 있는데 룰라는 싫어하는 음식이 아주 많아요. 이를테면 감자, 당근, 생선, 콩, 그중에서 토마토를 절대로 안 먹는대요. 그런 룰라를 위해 찰리는 색다른 식사법을 고안하게 돼요. 싫어하는 음식에 새로운 이름을 붙여 주었더니 룰라가 싫어하는 음식을 먹게 되었어요.

○ **활동 방법**

1. 그림책 내용을 들려준다.

2. 그림책에 나온 음식의 종류를 조각그림을 보며 알아본다.

3. 조각그림 중 먹고 싶은 음식을 골라 보고 먹는 흉내를 내 본다.

4. 실제로 토마토를 나누어 먹어 본다.

○ **유의점**

토마토를 싫어하는 유아는 작은 크기로 잘라서 맛만 볼 수 있도록 제시한다.

○ **연계 활동**

토마토처럼 빨간색인 음식 떠올려서 그려 보고, 이를 오려서 상차림 해 보기

3) 식사습관 문제의 사례와 지도 방법

바람직한 식사습관을 형성하는 것은 유아기에 매우 중요한 발달과정이다. 다음에서 편식하는 유아의 사례를 통해 올바른 식습관 형성을 위한 지도 방법을 알아보고자 한다.

(1) 편식습관 지도 사례

유아 이름 도원

유아 연령/성별 만 3세 / 남아

점심시간에 배식을 받은 후 도원이가 친구들 옆으로 가서 앉는다. 친구들과 함께 '잘 먹겠습니다' 인사를 하며 식사가 시작된다.

도원: (반찬을 먹지 않고 밥만 먹는다.)

교사: 도원아, 오늘 닭갈비, 숙주나물 반찬이 나왔어. 밥이랑 같이 먹어 볼까?

도원: (숟가락으로 밥을 가리킨다.)

　　　(밥을 다 먹고 앉아 있다.)

교사: 도원이 밥 더 줄까요?

도원: 네.

교사: (밥을 추가 배식하고 숟가락에 밥과 닭갈비를 올려 준다.) 선생님이 반찬도 올려 줬는데 도원이가 스스로 먹어 볼까?

도원: (대답하지 않고 고개를 끄덕이나 먹지 않는다.)

교사: (교사가 숟가락으로 떠서 먹여 준다.)

도원: (고개를 돌려 먹기를 거부한다.)

교사: 친구들도 맛있게 먹고 있는 것 같은데 도원이도 한번 먹어 보면 어때?

도원: (몸을 돌려서 앉는다.)

　　　(교사가 다른 유아의 식사지도를 하는 사이 도원이가 포크를 책상 사이에 끼워 넣고 움직인다.)

교사: 음식을 먹는 포크로 장난을 치면 위험하고 포크가 더러워질 것 같은데.

도원: (교사 시선을 피한다.)

교사: 세아야, 닭갈비 맛있지? (세아가 "네. 안 매워요."라고 대답한다.) 도원아, 세아가 안
　　　맵고 맛있다는데 한번 먹어 볼까? 먹어 보고 맛이 없으면 안 먹어도 되는데……

도원: ("싫어." 하며 세아의 포크를 던진다.)

〈지도 방법〉

• 새로운 음식에 대한 거부감이 많기 때문에 음식에 어떤 재료가 들어갔는지 함께 알아보면
  서 음식에 대해 관심을 가지도록 격려한다.

• 역할놀이에서 음식 모형을 이용한 놀이를 통해 평소에 먹지 않는 음식에 대한 거부감을 줄
  여 준다.

• 또래의 지원을 통해 새로운 음식을 시도하는 데 동기를 부여하도록 한다.

• 가정에서 양육자의 도움을 받지 않고 스스로 식사할 수 있도록 안내하고 격려한다.

• 요리 활동을 통해 다양한 식품 재료를 탐색하고, 그에 익숙해지는 시간을 갖도록 한다.

2. 청결습관

유아기에는 주변을 정리하고, 스스로 손 씻기, 이 닦기, 더러워진 옷 갈아입기 등
기본적인 청결습관을 형성할 수 있도록 지도해야 한다. 먼저 유아기 청결습관 문제
의 발생 원인을 알아보고, 활동 및 실제 사례를 통해 지도 방안을 알아보고자 한다.

1) 청결습관 문제의 이해

(1) 정의 및 특성

청결한 습관을 형성하는 것은 자기 몸에 대한 청결을 유지하고 주변 환경을 깨끗

양치질하는 유아　　　　　　　　　　　손 씻는 유아

하게 보전하는 것이다. 이 닦기, 세수하기, 목욕하기, 손 씻기, 속옷 갈아입기, 손발톱 깎기, 머리 손질하기 등과 같이 자기 몸을 청결하게 하고 주변 물건을 정리하고 청소하여 생활환경을 청결하게 보존하는 것을 의미한다(김현정, 2008).

　　유아들은 청결에 대한 특별한 욕구가 없을 수 있어서 청결습관을 인식하게 하고 지도하기 어려운 부분이 있다(김경희, 2007). 청결에 대한 자각이 없으므로 더러워져도 씻지 않으려 하거나, 가정에서 부모가 지나치게 청결을 강조한 경우에는 더러워지거나 옷이 젖는 것을 참지 못할 수도 있다. 이와 같이 청결습관의 문제는 너무 청결하거나 잘 씻지 않으려는 경우로 나누어 볼 수 있다. 청결습관의 문제는 심리·정서적, 환경적 요인에 의해서 발생할 수 있다(조운주, 최일선, 2008). 김현정 (2008)의 연구에서는 부모가 벌을 주거나 야단을 치는 등 권력 단언적 태도를 보이거나 유아의 행동에 대하여 무관심한 애정 철회적 태도를 보이기보다는 유아의 행동이 자신과 타인에게 미치는 영향을 설명하는 설득적인 훈육 태도로 유아를 대할 때 유아의 청결한 습관이 가장 높게 실천되며, 부모의 양육 태도가 자녀의 청결습관과 관계가 있음을 보고하였다.

(2) 원인

　지나치게 옷에 묻은 이물질을 닦아 내거나, 손을 씻는 등 너무 청결하거나, 잘 씻지 않으려 들고 더러운 것에 대한 인식을 민감하게 하지 못하는 청결습관 문제의 원인은 다음과 같다.

① 강압적인 배변훈련

배변훈련을 할 때 부모가 강압적인 양육 태도를 보이면 유아가 청결함에 집착할 수 있다. 따라서 배변훈련은 점진적으로 자연스럽게 이루어질 수 있도록 하는 것이 바람직하다.

② 부모의 양육 태도

잘 씻지 않으려는 유아는 가정에서 부모가 청결습관 형성을 위한 지도를 하지 않았거나, 청결한 모습에 대한 격려 부족으로 이에 대해 유아가 청결함을 중요하게 인식하지 않는 데서 비롯될 수 있다. 또한 지나치게 청결한 유아는 가정에서 부모가 지나치게 자주 옷을 갈아입히고 닦아 주면서 청결을 강조하는 경우가 많다.

③ 유아의 정서 상태

유아는 마음속에 있는 불만을 옷을 더럽히거나 지저분한 놀이를 하면서 해소하고자 하거나, 관심을 끌기 위해서 일부러 더럽히는 경우가 있다(김경희, 2007). 이와 같이 유아의 정서 상태도 청결문제의 원인이 될 수 있다.

2) 현장에서의 지도 방안 및 교육 활동

(1) 지도 방안

유아가 바람직한 청결습관을 형성하도록 하기 위해서는 부모와 교사가 함께 노력해야 한다. 유아가 바람직한 습관을 형성하지 못한 경우에는 관찰을 통해서 원인을 파악하고, 부모와의 상담을 통해서 개선해 나갈 수 있도록 한다. 청결습관 형성을 위한 지도 방안은 다음과 같다.

① 청결한 모습 격려

씻는 것을 싫어하는 유아는 청결함에 대해 격려하고 칭찬하는 것이 좋다. 손을 씻거나 양치질을 스스로 하면 칭찬을 충분하게 해 주고, 거울을 보면서 깨끗한 모습을 확인할 수 있게 해 준다(김경희, 2007).

② 가정에서의 청결습관 지도

청결습관은 부모에 의해서 강화되는 경우가 많기 때문에, 더러워지면 울거나 옷을 자주 갈아입는 등 지나치게 청결한 유아는 부모와의 상담을 통해서 원인을 찾아보고, 적절한 청결습관을 가질 수 있도록 함께 지도한다. 혹은 지나치게 씻지 않는 유아는 또래관계에 부정적인 영향을 미칠 수 있으므로 이에 관해서 부모와 상담하고 등원할 때 깨끗한 모습을 유지할 수 있도록 한다.

③ 유아의 정서 이해

부정적인 감정을 해소하거나 관심을 끌기 위해서 자신과 주위를 더럽히는 유아에 대해서는 부모와의 상담을 통해서 유아가 가진 불만을 파악하고, 정서적으로 안정될 수 있도록 노력하며 애정 있는 태도를 보이는 것이 바람직하다.

(2) 교육 활동

유아가 바람직한 청결습관을 형성할 수 있도록 직접적인 격려뿐 아니라 관련 동화를 함께 읽거나 병원, 치과, 보건소 방문 등과 같은 지역 연계를 통하여 유아 스스로 관심을 갖고 청결을 유지할 수 있도록 지도한다. 다음은 동화를 통해 청결습관을 형성하도록 돕는 교육 활동의 예다.

○ **활동명** 목욕은 즐거워

○ **활동 목표** 청결의 중요성에 대하여 이해한다.

○ **대상 연령** 만 3세

○ **활동 자료** 『목욕은 즐거워』(교코 마스오카 글, 하야시 아키코 그림, 2000, 한림출판사)

○ **동화 내용**

상민이가 목욕탕 안에서 거북이, 펭귄, 물개, 그리고 하마와 재미있게 상상놀이를 하는 내용을 담고 있다.

○ **활동 방법**

1. 우리 몸을 깨끗하게 할 수 있는 방법에 대하여 이야기를 나눈다.

   –우리 몸을 깨끗하게 할 수 있는 방법에는 무엇이 있을까요?

2. 『목욕은 즐거워』를 함께 읽는다.

3. 목욕이 중요한 이유에 대해 이야기를 나눈다.

○ **활동명** 치과에 대해 알아봐요

○ **활동 목표** 양치하는 습관을 형성하도록 돕는다.

○ **대상 연령** 만 4세

○ **활동 자료** 『치과의사 드소토 선생님』(윌리엄 스타이그 글·그림, 1995, 비룡소)

○ **동화 내용**

생쥐 치과의사 드소토 선생님이 이가 아파 쩔쩔매면서도 나중에 잡아먹을 궁리를 하고 있는 여우를 지혜롭게 치료하고 혼내 주는 내용을 담고 있다.

○ **활동 방법**

1. 만약 이가 없다면 어떤 일이 일어날지 상상하며 이야기를 나눈다.
   - 만약 이가 없다면? 어떤 일이 일어날까요?
2. 『치과의사 드소토 선생님』을 함께 읽는다.
3. 양치하는 올바른 방법에 대하여 알아보고 직접 꼼꼼히 양치해 본다.
4. 양치를 한 후 앞니, 송곳니, 어금니 등의 역할과 특징을 이야기한다.
   - 거울로 나의 이를 잘 관찰해 보세요. 앞니, 송곳니, 어금니는 어떻게 생겼나요?
   - 이는 각각 어떤 일을 할까요?

3) 청결습관 문제의 사례와 지도 방안

다음에서 지나치게 청결한 유아와 이 닦기를 귀찮아하는 유아의 사례를 통해 적절한 청결습관 지도의 방법을 알아보고자 한다.

(1) 청결습관 지도 사례 1

유아 이름　시완

유아 연령/성별　만 4세 / 남아

'밀가루 퍼포먼스'를 진행하면서 손에 묻은 밀가루 반죽은 손을 비비거나 밀가루끼리 묻히면 떼어지므로 손은 활동이 끝난 후 닦을 수 있도록 안내한다.

교사: (놀이하지 않고 고개를 숙이고 있는 시완이를 보며) 시완아, 뭐하고 있니?

시완: 손에 밀가루 묻어서 떼고 있어요.

교사: 손에 밀가루가 묻은 게 싫어?

시완: 네. 손 씻고 오고 싶어요.

교사: 그래. 씻고 오자. (시완이가 손을 씻고 온 뒤) 시완이가 많이 불편해서 손을 씻고 오자고 했지만 밀가루를 또 만지게 되면 밀가루가 다시 손에 묻게 될 거야. 우리 즐겁게 놀이하고, 놀이가 끝나면 손 씻으러 가자, 알겠지?

시완: 네.

(손을 씻고 돌아와서 다시 놀이에 참여한다. 그러나 금방 놀이를 멈추고 손에 묻은 밀가루를 떼어 낸다.)

시완: 선생님, 손 씻고 오고 싶어요.

교사: 시완아, 우리 놀이 끝나고 손 씻기로 했지?

시완: 네. 그런데 손에 밀가루가 자꾸 달라붙는 게 싫어요. 손 씻고 올래요.

교사: 손에 달라붙는 느낌이 싫을 수 있지만, 용기를 내 볼까? 많이 안 만져도 돼~ 조금씩, 한 번 만져 보고, 다음에 조금 더 많이 만져 보면서 밀가루 반죽이 어떤 느낌인지 같이 알아보는 건 어떨까?

시완: 손에 묻는 거 싫어서 그만 할래요. (휴식매트에 가서 눕는다.)

〈지도 방법〉

• 물감놀이와 밀가루를 활용한 놀이처럼 손에 재료가 묻을 수 있는 놀이는 시작할 때 유아에게 미리 안내하고, 손은 놀이가 끝난 후에 씻도록 지도한다.

• 손에 묻히는 것을 좋아하지 않아 손을 자주 씻는 것을 존중해 주지만 대집단 활동이나 놀이를 할 때는 그것이 어려운 상황일 때가 있기에 활동 및 놀이가 끝난 후 손을 씻을 수 있음을 충분히 이야기해 주고, 시완이의 의견을 물어 가며 함께 실천해 볼 수 있도록 격려한다.

• 평소에 유아가 스트레스를 받지 않도록 주변을 청결한 환경으로 구성한다.

• 손을 사용한 놀이에 보다 적극적으로 즐겁게 참여할 수 있도록 격려하고, 손을 마지막에 씻으면 깨끗해지니 그때까지 참을 수 있도록 지도한다.

(2) 청결습관 지도 사례 2

유아 이름　동은

유아 연령/성별　만 5세 / 여아

　　평소 동은이는 자신에 대한 청결과 단정한 용모에 대해 크게 신경 쓰지 않는 편이다. 음식물이나 크레파스가 손에 묻어도 본인의 옷에 닦는 모습이 종종 발견되며, 점심식사 후 양치를 하지 않아 교사가 수시로 확인하곤 한다.

　　어느 날 점심식사 후 자유선택활동을 하던 중 민정이가 교사에게 다가오더니 "선생님~! 동은이 이 안 닦았나 봐요. 책 같이 보는데 냄새나요." 하고 찡그린 표정으로 이야기를 하였다.

　　교사는 동은이가 스스로 양치를 하지 않는 걸 알고 있었기에 아무 말 하지 않고 그저 동은이를 바라보았다. 동은이는 교사를 보더니, "히히~" 하며 웃었다. 그리고는 "아, 깜빡했다!" 하고 머리를 긁적이더니, 보고 있던 책을 정리하였다.

　　매일 동은이에게 양치를 했는지 확인하다가 교사의 확인이 스트레스가 될까 봐 멈추었는데, 여전히 동은이는 스스로 양치를 하지 않는 모습을 보였다. 그래서 이제 동은이가 스스로 양치할 수 있도록 도와주어야겠다는 생각이 확고히 들었다.

〈지도 방법〉

• 과학 활동을 통해 충치가 생기는 과정을 실험해 본다.

　－삶은 계란을 콜라에 24시간 담은 후 꺼내어 계란의 변화를 관찰한다.

　－칫솔에 치약을 바른 후, 계란에 남은 얼룩을 닦아 본다.

　－왜 계란 껍질에 얼룩이 생겼는지 이야기를 나눈다.

–반에 이 닦기 점검표를 만들어 매일 이를 닦고 스티커를 붙이도록 한다.

–바르게 양치하는 방법을 알 수 있도록, 사진자료를 화장실 거울에 붙여 준다.

3. 예절습관

예절이란 인간관계의 유지와 발전을 위해서 집단 구성원이 합의한 질서이며 기본적인 행위규범으로, 올바른 예절습관을 갖춘다는 것은 아름다운 마음씨를 가지고 바르게 실천하는 것을 말한다(정영진 외, 2005). 예절습관이란 바른 마음가짐과 태도를 의미하는 것으로 바른 내면과 외형적 형식이 함께 어우러져야 한다. 유아기에 형성되는 예절습관은 이후에 지속되기 때문에 바른 예절습관을 갖도록 지도해야 한다. 누리과정에서는

인사하는 유아

'사회관계' 영역의 세부 내용으로 친구와 어른께 예의 바르게 행동하는 것을 포함하고 있다. 예절습관의 문제 사례를 통해 유아가 가진 예절문제를 이해하고, 어떻게 지도할 것인지 지도 원칙과 수업활동을 통한 지도 방법을 알아보고자 한다.

1) 예절습관 문제의 이해

(1) 정의 및 특성

예절은 나 아닌 타인에 대한 이해와 존중을 태도를 통해 드러내는 것으로, 교사 및 부모로부터 모방하거나 다양한 활동을 통해 형성하도록 지도한다. 예절교육은 크게 세 가지로 구분할 수 있다(김현정, 2008). 첫째, 가정에서의 기본예절은 부모에

게 높임말 쓰기 및 인사하기 등을 통해 어른을 존경하고 형제자매와 사이좋게 지내는 것을 포함한다. 둘째, 집단생활에서의 예절은 친구와 사이좋게 지내기, 다른 사람을 존중하기, 적절한 인사와 언어 사용으로 기본예절 지키기를 포함한다. 셋째, 국가에 대한 예절은 우리나라 국기를 알고 소중하게 다루기를 포함한다.

유아기는 옳고 그름에 관한 주관적인 판단이 미숙한 시기이기 때문에, 예절습관의 문제는 대부분 바람직한 역할 모델이 없거나 예절교육을 제대로 받지 못해서인 경우가 많다(조운주, 최일선, 2008). 부모 및 유아에게 의미 있는 성인을 모방하는 것은 유아기 예절교육에서 중요한 교육 방법이다. 그러나 주변에 바람직한 역할 모델이 없다면 예절습관을 형성하는 데 어려움이 생길 수 있다. 무엇보다도 부모의 예절습관은 유아에게 가장 큰 영향을 미친다. 또한 유아의 판단으로 바른 예절을 형성하기는 어렵다. 이 시기에는 반복적인 학습이 이루어져야 습관이 형성된다. 따라서 바른 예절을 지속적으로 지도받지 못하면 유아가 예절 바른 태도를 스스로 습득하기는 어렵다.

(2) 예절교육의 필요성

올바른 예절습관을 습득하는 것은 사회의 구성원으로 살아가는 데 매우 중요하며 지속적으로 이루어져야 하는 실천교육이다. 유아기 예절교육의 필요성은 다음과 같다(정영진 외, 2005).

① 사회 구성원의 행복

예절을 지키면 공동체에서 함께 살아가는 타인을 배려하고 존중하기 때문에 예절을 지키는 사람들이 많을수록 사회 구성원이 행복할 수 있다. 유치원이나 어린이집에서도 유아들이 예절을 지키면 다툼이 줄어들고 하루 일과가 순조롭게 진행될 수 있다.

② 사랑의 마음과 표현

예절을 지키는 것은 사랑의 마음을 표현하여 태도로 나타내는 것이다. 예절교육을 통해 유아들이 타인에 대한 존중의 마음을 태도로 나타낼 수 있도록 지속적으로 지도한다.

③ 예절은 질서

예절을 지키면 공동체 안에서 자연스럽게 질서를 형성하게 된다. 따라서 유아들은 예절교육을 통해 질서를 지키는 방법을 습득한다.

④ 전통 계승

우리나라는 동방예의지국으로 일컬어졌을 만큼 예절을 지키는 것을 중요하게 생각했기 때문에, 우리 문화에서 지켜야 할 예절을 습득하는 것은 전통을 배우고 계승하는 의미를 지닌다고 할 수 있다.

2) 현장에서의 지도 방안 및 교육 활동

(1) 지도 방안

바른 예절습관을 형성하도록 지도하기 위해서는 유아기의 신체 발달, 정서 발달, 인지 발달의 특성을 고려하여 지도해야 한다. 유아기는 규범의 중요성이나 의미를 제대로 이해하지 못하지만, 성인의 권위에 의존하여 행동하기 때문에 반복 연습, 칭찬, 모방학습 등 다양한 방법을 통해 예절을 습관화할 수 있도록 지도해야 한다. 다음은 유아에게 바른 예절습관을 형성하도록 지도하는 원칙이다(이은경, 1998).

① 반복적인 연습

유아가 반복적으로 연습하여 습득할 수 있도록 지도한다. 예를 들면, 아침마다 고개 숙여 교사에게 인사를 하도록 매일 반복하다 보면 성인을 만날 때 고개 숙여 인사하는 습관을 형성할 수 있다. 이와 같이 유아가 흥미를 잃지 않도록 격려하면서 반복적으로 연습한다.

② 적절한 칭찬과 보상
질책보다는 칭찬과 보상을 통해서 바람직한 행동을 습득할 수 있도록 강화한다. 잘못했을 때 혼내기보다는 바른 말과 행동을 했을 때 적절한 칭찬을 하는 것이 예절습관 형성에 매우 효과적이다.

③ 모방학습
유아들은 부모와 교사의 언어습관과 행동을 모방하는 경우가 많다. 따라서 교사와 부모가 바른 예절습관을 보이면, 유아는 모방학습을 통해서 바람직한 예절습관을 형성할 수 있다. 이를 위해서는 반드시 가정과 연계해서 예절교육이 일관성 있게 이루어지도록 한다.

(2) 교육 활동
유아가 바람직한 예절습관을 형성할 수 있도록 직접적으로 지도한다. 교사의 행동을 모방하도록 하고, 다양한 유아가 바람직한 예절습관을 형성할 수 있도록 직간접적으로 지도한다. 교사는 유아가 교사의 행동을 모방하도록 모델링이 되어야 하며, 상황에 적절한 예절언어를 사용하는 모습을 바람직하게 보여 주는 것이 필요하다. 다음은 동화를 통해 예절습관을 형성하도록 돕는 교육 활동의 예다.

○ **활동명**   고맙습니다

○ **활동 목표**   상황에 따른 바른 인사법을 안다.

○ **대상 연령**   만 2~3세

○ **활동 자료**   『고맙습니다!』(기요노 사치코 글·그림, 2011, 비룡소)

○ **동화 내용**

장난꾸러기 고양이 아치의 이야기를 통해 기본생활습관 형성

에 대해 배울 수 있다. '개구쟁이 아치는 한 살' 시리즈는 아치와 다양한 동물

친구들이 등장한다.

○ **활동 방법**

1. 다양한 그림 상황에 어울리는 인사말 표현해 보기

　-(그림을 보고) 이럴 때는 어떤 인사말을 해야 할까요? 직접 말해 보세요.

2. 동화책을 함께 읽는다.

3. 동화책을 읽은 후 대상에 따른 인사말 표현해 보기

　-할아버지, 할머니께는 어떻게 인사해야 할까요?

　-선생님께는 어떻게 인사해야 할까요?

　-친구나 동생을 만났을 때는 어떻게 인사해야 할까요?

4. '인사하지요'(박광훈 작사·작곡)와 같은 관련된 노래 익히기

○ **활동명**　고맙다고 말해요!

○ **활동 목표**　일상에서 느끼는 소중함에 대하여 고마운 마음을 표현한다.

○ **대상 연령**　만 4~5세

○ **활동 자료**　『고맙습니다!』(앨리스 B. 맥긴티 글, 웬디 앤더슨 홀
　　　　　　　퍼린 그림, 2008, 봄봄)

○ **동화 내용**

아침에 일어나서 저녁에 잠자리에 들 때까지 느끼는 고마움의 마음을 표현하는 방법을 알 수 있다.

○ **활동 방법**

1. 일상에서 만나는 고마운 일들을 사물, 자연에 직접 표현하고 감사나무 만들기
   - 우리가 생활 속에서 고마움을 표현하지 못했던 것들이 있어요.
     우리 교실에 있는 물건 중 무엇에게 고마움을 표현하고 싶나요?
     직접 표현해 보세요.
   - 우리 주변의 자연에게 고마움을 표현하려고 해요.
     무엇에게 고마움을 표현하고 싶나요? 직접 표현해 보세요.
   - 직접 표현해 보고, 마음을 담아서 감사나무를 만들어 봐요.

2. 동화책 함께 읽기

3. '미안해 밴드'를 만들어 친구에게 전달하기
   - 친구에게 미안했던 일을 떠올려 보세요. 우리는 커다란 밴드 모양에 미안했던 마음을 적어 친구에게 사과하며 밴드를 붙여 주려고 합니다.

3) 예절습관 문제 사례와 지도 방법

4~7세 유아의 도덕성 발달 단계는 Piaget에 의하면 도덕적 실재론 단계를 보이는데, 규칙은 변경할 수 없는 것으로 인식하고 옳고 그름의 판단도 고정적이며, 성인의 권위에 존경심을 보이고 그에 종속되는 경향을 보인다(정옥분, 정순화, 2007a, 2007b). 따라서 도덕적 규범의 의미를 완전히 이해하고 예절을 지키기 어려운 시기로, 교사들이 예절지도를 하면서 어려움을 경험할 수 있다. 다음 사례들을 통해 예절습관 지도의 방법을 알아보고자 한다.

(1) 예절습관 지도 사례 1

유아 이름 승찬
유아 연령/성별 만 5세 / 남아

승찬이는 등원하며 교실 앞에 도착한 뒤, 교실의 문을 열기 전 창문의 유리창으로 교사와 친구들을 한 번 둘러본다. 몇 초 뒤 승찬이는 교실 문을 열고 들어온다. 교실 앞에 서 있는 교사를 가만히 바라본다. 교사와 눈이 마주친 승찬이는 교사를 한 번 쳐다본 뒤, 바닥 자리에 앉아서 가방 문을 열며 가방에 있는 소지품을 꺼낸다.

교사: (승찬이에게 다가가며 눈을 맞추고) 승찬아, 안녕하세요.

　　(승찬이는 교사의 말에 고개를 들어 교사를 쳐다보며 아무 말도 하지 않고 가만히 앉아 있다.)

교사: 승찬아, 선생님이랑 인사해 보자. 안녕하세요.

　　(교사가 다시 한번 인사를 하자 승찬이는 얼굴이 붉어지며 교사를 쳐다본다.)

승찬: (약간 허리를 숙이며 작은 목소리로) 안녕하세요.

　　(승찬이는 인사 후 개인 물건을 정리한다. 친구들이 놀이하고 있는 곳으로 가서 놀이에 참여한다.)

〈지도 방법〉

- 등·하원 시 개별적인 관심을 보이며 반갑게 인사하기, 눈 맞추기, 간단한 스킨십을 통해 인사예절에 대해 긍정적인 반응을 보여 준다.
- 인사를 해야 하는 이유와 인사 예절의 중요성에 대해 안내해 주며 교사와 함께 인사하며 인사예절에 대한 중요성을 인식할 수 있도록 돕는다.
- 바르게 인사하는 친구들을 격려하며 칭찬하며 인사가 중요한 것임을 인식할 수 있도록 도와주며, 부끄럽고 쑥스러운 것이 아니라는 것을 알려 준다.
- 가정과 연계된 지도로 교사와 부모가 모범을 보이며 반복적인 행동을 통해 유아의 올바른 기본생활습관을 정착할 수 있도록 돕는다.

(2) 예절습관 지도 사례 2

유아 이름 효주
유아 연령/성별 만 4세 / 여아

정리시간에 친구들은 정리를 하고 있는데, 효주는 정리를 하지 않고 책을 본다.

교사: 시계의 긴 바늘이 2에 올 때까지 정리한 후에 모일 거예요. 부지런히 정리하자.
　　　(효주는 들은 척도 하지 않고 계속 책을 본다.)

교사: 효주야, 우리 정리 다 끝난 다음에 모여서 활동할 거예요. 효주가 색연필 정리해 줄 래요?

효주: 제가 한 거 아닌데요?

교사: 효주가 하지 않았어도 함께 정리하는 게 좋지 않을까?

효주: 왜 나한테만 정리하라고 해요? (색연필을 매우 세게 제자리에 놓아 색연필이 다 떨어진다.)

효주: "에이씨, 짜증 나."

효주: (교사가 효주에게 가까이 다가가자) 선생님, 비켜요.

〈지도 방법〉

- 교사가 감정적으로 흔들리지 않고 차분하고 안정된 자세로 유아와 대화하도록 한다.
- 유아의 마음 상태를 읽어 주고 유아가 속마음을 이야기로 할 수 있도록 돕는다.
- 자신의 불만을 올바른 방법으로 표현할 수 있도록 안내한다.
- 평소에 교사와 둘의 친밀한 관계를 맺어 유아가 사랑받고 있다는 것을 느끼도록 해 준다.
- 동화책이나 활동을 통해 올바른 언어습관 및 안정적인 정서를 경험할 수 있도록 한다.
- 가정 내에서 빈번히 욕구가 좌절되거나 형제간에 지나친 양보나 책임을 강요받을 경우 분노와 억울함이 내재되어 있을 가능성이 있으므로, 이를 탐색하여 가정과의 연계를 통해 평소 충족감을 가질 수 있는 양육환경이 조성될 수 있도록 지원한다.

4. 안전습관

1) 안전습관 문제의 이해

2019년도에 어린이집에서 발생한 안전사고는 전체 8,426건으로 68.9%가 부딪힘·넘어짐·끼임·떨어짐으로 인해 발생하였으며, 그다음으로 이물질 삽입(164건), 화상(90건), 통학버스 교통사고(88건), 식중독(10건) 등의 순이었다(파이낸셜 뉴스, 2020. 10. 10.).

유아기는 위험에 대한 방어 능력과 상황판단 능력이 아직 미숙하고 활동이 활발하고 충동적이기 때문에 사고 위험이 높은 시기다. 과거보다 맞벌이 가족의 증가로 종일제 프로그램에 대한 수요가 증가하여 장시간 동안 기관에서 생활하는 유아들이 많아지면서, 유아들이 안전하게 생활할 수 있도록 보호해야 하는 교사의 책임이 더욱 커졌다. 안전한 환경을 제공하고, 안전교육을 통해서 유아가 안전한 생활에 대해 인식할 수 있게끔 지도하여 안전사고가 발생하지 않도록 최선을 다해야 한다.

(1) 정의 및 특성

안전사고란 예상하지 못한 사고로 인해 정신적 · 신체적 손상을 입는 것으로 정의할 수 있다(박진원, 2011). 한국소비자보호원(2009)의 조사에 의하면, 안전사고의 원인은 어린이나 부모의 부주의(89%)가 주요 요인으로서 인적 요인에 의한 안전사고가 물품의 결함 및 시설물 관리 소홀과 같은 기계적 요인이나 환경적 요인보다 월등하게 빈도가 높았다.

곽은복(2000)은 유아기에 형성해야 할 안전습관을 다음과 같이 분류하였다. 첫째, 안전하게 놀이하고 놀이 중에 규칙과 차례를 지킨다. 둘째, 안전 용구의 착용을 습관화하고 운동 규칙을 준수하며 안전한 곳에서 운동을 즐김으로써 운동할 때 안전하게 운동하는 습관을 형성한다. 셋째, 자동차 안전으로서 교통수단을 안전하게 이용하고 안전띠를 꼭 매도록 한다. 넷째, 보행자 안전으로서 교통 규칙과 보행자 안전 규칙을 지키며 안전표지판의 기능을 익힌다. 다섯째, 가위, 펀치, 스테이플러와 같은 위험한 도구를 조심해서 다루고, 시설물들의 특성을 알고 안전하게 이용한다. 여섯째, 추락이나 미끄러짐에 대비하여 놀이 후에는 장난감을 정리하고, 바닥이 미끄러운 곳에서는 조심스럽게 걷도록 한다. 일곱째, 낯선 사람을 경계하고 혼자 외출하지 않도록 한다. 여덟째, 자신의 몸을 소중하게 여기고 위험한 상황에서 자신을 적극적으로 보호하도록 한다. 아홉째, 주위 환경에 관심을 가지고 자연환경을 소중하게 보호하는 습관을 기른다. 열째, 화기는 건드리지 말고 위험 상황에서 교사의 지시를 따르는 등 화재와 관련된 안전습관을 형성한다.

(2) 원인

① 유아의 연령

유아의 연령은 사고의 유형과 매우 밀접한 관련이 있다. 구강기에 해당하는 영아는 이물질을 흡입하는 안전사고가 빈번하고, 물에 대한 호기심이 많은 유아는 익사사고가 많으며, 학령기 아동은 혼자 길을 건너도록 부모가 허용하기 때문에 보행과 관련된 사고가 많이 일어나는 것으로 추측할 수 있다. 유아의 연령에 따른 발달 변화는 안전사고와 밀접한 관계가 있다(곽은복, 2006).

② 가정의 사회 · 경제적 요인

부모가 스트레스를 유발하는 생활사건을 경험하면 유아의 행동과 안전에 신경을 덜 쓰게 되기 때문에 안전사고가 증가할 수 있다. 또한 자녀의 수도 사고율에 영향을 미친다. 이러한 요인들은 부모가 자녀를 위해 안전한 환경을 제공하는 데 어려움을 가져온다(곽은복, 2006).

③ 위험한 놀잇감과 놀이기구

놀잇감에 의해서 일어나는 안전사고는 주로 질식과 찰과상으로 나타난다. 구슬이나 단추처럼 크기가 작은 놀잇감을 코와 귀에 넣어 보는 유아가 종종 있으며, 놀잇감이 부러지면서 날카로운 부분에 찰과상을 입는 경우도 있다. 또한 놀이기구에서 추락하는 등 놀이기구를 이용하다가 안전사고가 발생하기도 한다. 놀잇감과 놀이기구로 인한 안전사고를 예방하기 위하여 유아의 연령에 맞는 안전한 놀잇감과 놀이기구를 제공한다.

④ 시설 · 설비의 관리 부재

출입문에는 유아의 손이 끼지 않도록 끼임 방지 장치가 반드시 있어야 하고, 미끄러운 바닥에는 미끄럼 방지 장치를 하는 등 안전사고가 발생하지 않도록 시설물을 관리해야 한다. 시설물 관리가 체계적으로 이루어지지 않으면 안전사고를 유발할 수 있다. 안전사고 예방을 위해 시설물 점검은 점검표를 통해 정기적으로 이루어져야 한다.

⑤ 성인의 부주의

가위나 송곳, 스테이플러, 칼, 의약품 등 유아의 손이 닿지 않는 곳에 보관해야 하는 물건들을 부주의하게 보관하면 사고를 유발할 수 있다. 위험한 물건들은 높은 곳에 보관하거나 자물쇠로 잠가서 사고를 미연에 예방해야 한다.

⑥ 또래관계에서 발생하는 사고

유아들이 친구들과 놀이, 싸움, 장난 등을 하면서 안전사고가 발생할 수 있다. 교사는 싸움이 일어나거나 심한 장난을 하면 즉시 중재하여 사고가 발생하지 않도록 해야 한다.

2) 현장에서의 지도 방안 및 교육 활동

(1) 지도 방안

유아교육기관에서의 안전사고를 예방하기 위해서는 교사와 유아가 함께 노력해야 한다. 교사는 물리적 환경에 대한 안전 점검을 철저히 하고, 연령에 맞는 안전교육을 통해 유아가 스스로 안전을 지킬 수 있도록 지도한다.

① 모의 상황을 통한 안전교육 실시

안전교육은 직접 행동 요령을 알려 주고 모의 상황을 통해 실시하는 것이 효과적이다. 지식 중심의 안전교육보다는 행동 요령을 익힐 수 있도록 지도한다.

② 협의를 통한 안전 규칙

안전 규칙이 필요한 경우에는 교사가 정해서 알려 주는 것보다 토의를 통해서 함께 규칙을 정해 나가는 것이 효과적이다.

(2) 교육 활동

유아들의 안전습관 형성을 위하여 교통안전 교육, 안전한 놀이 방법, 소방안전교육, 학대 · 성폭력 · 유괴에 대비한 다양하고 실제적인 교육 활동을 계획하여 지도하도록 한다. 다음은 동화를 이용한 실종 및 유괴 방지교육과 소방안전에 대한 교육 활동의 예다.

○ **활동명**   아무나 따라가지 않아요

○ **활동 목표** 유괴나 실종을 예방하는 방법에 대하여 알아본다.

○ **대상 연령** 만 4세 이상

○ **활동 자료** 『나는 아무나 따라가지 않아요』(다그마 가이슬러 글.

그림, 2017, 풀빛)

○ **동화 내용**

학원 앞에서 엄마를 기다리는 루에게 아는 사람들이 한 명씩 다가온다. 루가 따라가도 되는 사람들 리스트에 없는 사람들이므로 루는 계속 상냥하게 거절하고, 오빠가 오자 오빠를 따라간다는 내용을 담고 있다.

○ **활동 방법**

1. 바람직한 행동에 대해 O, X 퀴즈를 진행한다.

   −그림카드를 보고 바른 행동에는 O, 그렇지 않은 행동에는 X를 표현해 주세요.

2. 함께 동화책을 읽는다.

3. 낯선 사람이 자신을 데리고 가려고 했을 때 대처하는 방법을 알아본다.

   (예: 싫어요, 안 돼요, 도와주세요……)

   −모르는 사람이 나를 만지려고 해요. 어떻게 해야 할까요?

   −나쁜 느낌이 들 때에는 나의 감정을 이야기해야 해요.

   −나쁜 느낌이 들 때에는 '싫어요'라고 말해요.

   −낯선 사람이 나에게 차에 타라고 해요. 어떻게 해야 할까요?

   −만약 이런 일이 있을 땐 어떻게 해야 할까요? 누구에게 알려야 할까요?

4. 믿고 따라가도 되는 사람은 누구일까 리스트를 만들어 본다.

○ **활동명**　화재에 대비해요!

○ **활동 목표**　화재 발생 시 대피하는 방법에 대하여 안다.

○ **대상 연령**　만 3세 이상

○ **활동 자료**　『왱왱 꼬마 불자동차』(로이스 렌스키 글. 그림, 2003,
　　　　　　비룡소)

○ **활동 방법**

　1. 불이 났을 때 대처 방법을 알아본다(예: 불이야 소리치기, 코와 입을 막고
　　대피하기).

　2. 함께 동화책을 읽는다.

　3. 119에 신고하는 방법을 알아본다(예: 큰 건물이나 주소 말하기 연습).

　　－불이 나면 어디에 신고해야 할까요?

　　－불이 났을 때는 무섭더라도 숨지 말고 '불이야'를 외치며 밖으로 나와서
　　　119에 신고를 해야 해요. 그리고 떨리더라도 또박또박 주소나 큰 건물의
　　　이름을 말해야 해요.

　　－어른이 있을 때는 먼저 어른에게 빨리 알려서 119에 신고할 수 있도록 해요.

　　－119에 전화하는 방법을 알아볼까요?

3) 안전습관 문제의 사례와 지도 방법

　안전사고의 원인은 매우 다양하고, 특히 교사가 최선을 다해 노력해도 상황 판단
이 미숙하고 신체를 조정하는 능력이 부족한 유아의 발달 특성 때문에 예측할 수 없
는 사고가 발생할 수 있다. 다음은 뜻하지 않게 계단에서 안전사고가 일어난 예다.

(1) 안전습관 지도 사례

유아 이름 수현

유아 연령/성별 만 4세 / 남아

평소 수현이는 활동적이며 신체활동에 적극적이나 위험한 상황에 대한 인지가 부족하며 충동적으로 활동하는 경우가 많다. 어느 날, 유희실에 올라가 피구를 하기 전에 약속을 정한다(공에 맞으면 밖으로 나오기, 피구하면서 미끄럼틀과 자동차에 숨지 않기). 약속을 정하고 피구를 시작한다.

친구들: 선생님! 이수현 맞았어요!

교사: 수현아~ 공에 맞았니?

수현: 아니요, 안 맞았어요.

　　　(말을 하며 계속 뛰어다니다가 옆에 있던 지윤이와 머리를 부딪혀 지윤이가 넘어진다.)

지윤: 선생님, 이수현이 공에 맞아서 나가야 되는데 안 나가고 계속 피구하다가 저랑 머리 부딪혀서 넘어졌어요..

수현: (넘어진 자리에서 일어나 교사와 지윤이에게 다가오며) 아니! 나 안 맞았다고!

　　　(교사가 지윤이의 머리를 확인하고 수현이가 공에 맞아 밖에서 놀이를 기다리는 상황)

수현: (유희실 미끄럼틀에 매달려서) 민준아, 피해~ 거기로.

　　　(민준이는 교사가 미끄럼틀에서 내려오자고 이야기하자 뛰어서 미끄럼틀을 내려온다.)

〈지도 방법〉

• 신체놀이를 할 때, 놀이를 기다리는 동안 같은 편 친구들을 응원하기, 공에 맞은 친구 이름 부르기 등 구체적인 역할을 부여함으로써 행동을 조절할 수 있도록 격려한다.

• 유아의 거친 행동에 대한 친구의 입장을 알려주며 유아의 과격한 신체 표현으로 인한 결과를 유아 스스로 알 수 있도록 지도한다.

- 안전한 행동의 기준 및 적절한 대안 행동을 생각하여 실천하도록 격려한다.
- 유아의 흥분된 감정을 언어적·비언어적으로 표현할 수 있도록 도와서 감정표현의 다양한 방법을 공유하여 유아의 표현 능력의 발달을 지원한다.
- 가정과의 연계를 위해 유아의 부적절한 신체조절로 인해 발생하는 어려움을 알리고 적절한 대처 방법을 전달하여 협조를 구한다.

12

사회성 관련 문제행동 지도

유아기는 사회성 관련 어려움을 겪는 유아를 지도하고 중재하기에 가장 적절한 시기다. 이 장에서는 유아가 다른 친구들이나 교사 및 성인과 긍정적인 관계를 형성하고 유지하는 데 어려움을 주는 문제행동을 지도하는 방법에 대해 알아보고자 한다. 이러한 사회성 관련 문제행동을 공격적 행동, 방해하는 행동, 사회적 위축 및 고립, 괴롭힘과 따돌림으로 나누어 각 문제행동의 원인과 사례, 교육활동, 지도 방법을 제시해 유아의 사회성 발달을 돕는 방법에 대해 학습할 수 있다.

316 사회성 관련 문제행동 지도

1. 공격적 행동

1) 공격성의 이해

(1) 정의 및 유형

공격성이란 다른 사람에게 해를 입히려는 의도를 가진 사람의 행동(Kazdin, 2000), 사람이나 목표물을 향하여 심리적 혹은 신체적 해를 입히려는 의도된 행동

소리를 지르는 유아

(Herson & Sledge, 2002)을 의미한다. Bushman과 Huesmann(2001)은 공격성을 사람이나 사물을 정복하거나 이기기 위하여 물리적 또는 언어적으로 과격하게 표현하는 행동뿐 아니라 분노를 촉발하는 정서 상태라고 정의했다. **공격성의 유형**은 우연적 공격성, 표현적 공격성, 도구적 공격성, 적대적 공격성으로 나눌 수 있다(Kostelnik et al., 2018). 또한 외현적 공격성과 내재적 공격성으로 나누기도 한다.

① 우연과 감각적 즐거움, 탐색에 따른 유형

다음 두 가지 유형의 공격성은 **공격하려는 의도는 없다**는 점에서 공통점이 있다. 첫째, 우연적 공격성은 의도하지 않게 타인에게 피해를 준 경우를 말한다. 즉, 특별히 공격하려는 의도는 없지만 우연히 다른 사람에게 해를 입히게 되는 경우를 의미한다. 예를 들면, 미끄럼을 타다가 먼저 탄 유아가 비키기 전에 내려와서 부딪히는 경우 등을 들 수 있다.

둘째, 표현적 공격성은 남을 해하려는 의도는 없지만 자신의 행동으로 인해 일어난 결과를 보고 감각적으로 즐거움과 재미를 느끼는 탐색적이고 신체적인 행동이다. 표현적 공격성의 목적은 공격의 피해자로부터 어떤 반응을 얻거나 물건을 파괴하는 것이 아니라, 즐거운 신체적 감각을 느끼는 것이다. 따라서 공격하는 유아가 화, 좌절감, 적대적 감정이 없는 것이 특징이라 할 수 있다. 단순히 재미있고 탐색적인 신체적 활동이기는 하지만 지속되는 경우 방해하는 행동, 괴롭힘 등의 일반적인 공격성으로 이어질 가능성이 있다. 예를 들면, 친구가 만들어 놓은 차도 블록을 큰 자동차로 흩어버리는 행동을 하여 감각적인 즐거움을 느끼는 것을 말한다. 이때 차도를 만든 친구는 자신의 작업물이 망가지는 불쾌한 경험을 하게 된다.

② 공격의 목적에 따른 유형

공격성의 유형은 **공격의 목적에 따라** 도구적 공격성과 적대적 공격성으로 구분된다(Shaffer, 1993). 첫째, 도구적 공격성은 자신이 원하는 것을 얻고 자신의 것을 지키는 과정에서 의도하지 않았지만, 결과적으로 다른 사람에게 해를 끼치거나 상처를 주는 공격성을 의미한다. 공격성이 목적은 아니지만 상호작용의 결과로 나타난다. 예를 들어, 장난감을 서로 가지려고 밀고 당기는 과정에서 팔로 친구의 얼굴을 치게 되는 경우 등을 들 수 있다. 도구적 공격성은 사물, 영역, 권리에 대한 공격성으로 나타난다.

둘째, 적대적 공격성은 타인을 해치거나 고통을 가하려는 자체가 목적인 공격성을 말한다. 다른 사람에게 보복, 상처를 주거나 협박해서 힘과 지배권을 얻고자 하는 고의적인 행동이다. 적대적 공격성은 다시 신체적 · 언어적 · 관계적 공격성의 세 가지 유형으로 나뉜다. 신체적 공격성은 신체를 때리거나 치고, 꼬집는 등 물리적인 힘으로 가하는 공격성을 의미한다. 언어적 공격성은 욕, 나쁜 말을 하거나 말로 상처를 주는 행동이 포함되며, 관계적 공격성은 다른 사람을 이간질하거나 험담을 하여 관계를 악화시켜 마음에 상처를 주는 공격성을 의미한다.

③ 공격적인 행동의 형태에 따른 유형

공격성을 **공격적인 행동의 형태**에 따라 나누면, 외현적 공격성과 내재적 공격성으로 구분되기도 한다(Crick & Grotpeter, 1995). 외현적 공격성은 밀기, 차기, 때리기와 같이 신체적으로 타인에게 해를 주거나 욕, 험담과 같이 언어적으로 타인을 위협하는 것을 의미한다. 내재적 공격성은 다른 사람과의 관계를 손상시켜서 다른 사람에게 해를 가하는 공격성으로 간접적인 형태의 공격성이다. 유아는 발달 특성상 외현적 공격성을 빈번하게 보이는 것으로 보고되었다(Galen & Underwood, 1997).

유아의 공격성은 또래들로부터 유아가 거부되는 주요 원인행동 중 하나이며(신유림, 2008), 이후 자라면서 사회적인 관계에서의 어려움을 예측하는 변인이다(Coie & Dodge, 1998). 공격성은 일반 유아들에게도 나타나는 것으로 정상적인 발달의 측면에 속하지만, 만일 공격성의 유형이 심하고 강도가 세며 빈번하게 나타날 경우는

〈표 12-1〉 공격성의 유형

공격성의 분류기준	공격성 유형	특성	하위 유형
우연 또는 감각적 즐거움	우연적 공격성	의도하지 않게 타인에게 피해를 준 경우	
	표현적 공격성	남을 해하려는 의도는 없지만 자신의 행동으로 인해 일어난 결과를 보고 감각적으로 즐거움과 재미를 느끼는 탐색적이고 신체적인 행동	
공격의 목적	도구적 공격성	자신이 원하는 것을 얻고 자신의 것을 지키는 과정에서 의도하지 않았지만, 결과적으로 다른 사람에게 해를 끼치거나 상처를 주는 공격성	
	적대적 공격성	타인을 해치거나 고통을 가하려는 자체가 목적인 공격성	신체적 · 언어적 · 관계적 공격성
공격적 행동의 형태	외현적 공격성	신체적으로 타인에게 해를 주거나 욕, 험담과 같이 언어적으로 타인을 위협하는 겉으로 드러나는 형태의 공격성	
	내재적 공격성	다른 사람과의 관계를 손상시켜서 다른 사람에게 해를 가하는 간접적 형태의 공격성	

주의 깊은 지도가 필요하고 또 경우에 따라서는 치료가 필요하다.

기억할 점은 **공격성은 자기주장 및 자기방어와는 다르다**는 것이다. **자기주장**은 타인의 권리와 감정을 존중하면서 자신을 드러내거나 권리를 방어하기 위한 것이다. 따라서 자신을 표현하고 다른 사람을 어느 정도 통제할 수 있고 영향력을 행사할 수 있을 때 사회적으로 유능하게 행동하고 자신의 능력에 대해 긍정적인 감정을 갖는다(Kostelnik et al., 2018).

(2) 원인

① 기질적 요인

첫째, 기질적으로 왕성한 힘과 기운을 충분히 발산하지 못하거나 자신의 활동에 제한을 받는 경우에 공격성이 나타날 수 있다. 이러한 경우에는 유아가 체력이나 힘이 넘쳐서 순간적으로 다른 유아나 교사, 성인을 향해 공격적인 행동을 할 수 있다. 또한 유아의 욕구가 만족되지 않을 때 욕구불만으로 공격적인 행동을 하기도 한다.

둘째, 기질적·정서적 장애로 인해 공격성이 나타날 수 있다. 만일 유아가 주의력결핍 과잉행동장애(ADHD)를 갖고 있거나 적대적 반항장애 또는 다른 정서적인 문제를 가지고 있다면 공격적인 행동이 함께 나타나기도 한다.

② 환경적 요인

부모의 과잉보호 또는 무절제한 사랑으로 인한 경우다. 부모가 유아를 과잉보호하거나 무절제한 사랑을 표현하는 데 익숙한 유아는 자신의 욕구를 절제하는 방법을 배우지 못해서, 자신의 욕구가 만족되지 못하면 쉽게 분노하고 공격적인 행동을 보일 수 있다.

③ 유아의 잘못된 학습이나 사회적 기술 부족

첫째, 적절한 방법으로 자신이 원하는 것을 해결하는 방법을 모르는 경우, 즉 사회적 기술이 부족한 경우다. 공격성의 원인은 다양하지만 기질이나 환경적인 요인 이외에 유아 자신의 문제로 공격성이 나타나는 경우의 대부분은 자신의 의도나 원하는 것을 적절한 방법, 즉 사회적으로 수용되는 방법으로 표현하고 얻는 방법을 모르는 경우에 해당한다. 적절한 순간에, 적절한 말로 표현하는 기술이 부족한 경우, 유아는 빨리 결과가 나타나는 공격적인 행동을 이용하게 된다. 유아는 또래 친구들과 좋은 관계를 유지하기 위해 필요한 기본적인 사회적 기술을 모를 때 공격적인 행동을 하기도 한다. 즉, 놀이에 참여하기, 장난감을 나누어 놀기, 도와주기, 양보하기, 갈등이 있을 때 언어로 표현하기 등의 기술을 모르는 경우가 포함된다.

둘째, 공격적인 행동을 학습하거나 모방한 경우다. 유아는 일상생활에서 형제자매의 싸우거나 욕하는 행동, TV · 비디오 등의 매체에서 나타나는 폭력적인 장면, 또래 친구들끼리 신체적으로 때리고 싸우는 장면, 부모의 체벌 및 언어적 폭력 등의 공격적인 행동을 관찰한 후 그 행동이 학습되면 이후 비슷한 상황에 처했을 때 그 행동을 모방하여 공격적인 행동을 하기도 한다.

셋째, 자신의 부정적인 감정을 적절하게 해소하는 방법을 모르는 경우다. 유아도 성인과 마찬가지로 부정적인 감정을 느끼고 기분이 이유 없이 좋지 않을 때가 있다. 이때 유아는 부모에게 주로 울음이나 짜증을 부리는 것으로 자신의 좋지 않은 기분을 표현하기도 하지만, 때때로 이러한 방법으로도 기분이 해소되지 않을 때는 공격적인 행동을 통해 감정을 발산하기도 한다.

(3) 관찰 방법

유아의 공격적인 행동은 기능적 행동평가 방법인 ABC 관찰 방법을 사용하거나 다음과 같은 관찰척도를 이용하여 관찰할 수 있다. 유아가 언제, 어디서, 왜, 누구를 때리고, 밀고, 물건을 던지고, 괴롭히는지를 관찰하여 지도 전략을 설정하기 위한 기초 자료로 사용한다. 유아의 공격성을 관찰할 때 사용할 질문은 다음과 같다.

- 유아가 언제 그 행동을 하는가?
- 유아의 공격적인 행동은 어떤 상황에서 나타나는가?
- 유아의 공격적인 행동이 일어나면 누가 주로 피해자가 되는가?
- 유아가 공격적인 행동을 한 후의 결과는 어떠한가?

〈표 12-2〉는 교사가 학급에서 유아의 공격적인 행동을 관찰할 때 사용할 수 있는 공격적 행동 관찰 척도의 예다.

〈표 12-2〉 유아의 공격성 관찰 척도

문항	전혀 그렇지 않다	그렇지 않다	보통 이다	그렇다	매우 그렇다
신체적 공격성 방해를 받으면 성을 낸다.					
쉽게 소리치거나 고함을 지른다.					
다른 유아를 때리고 물거나 발로 찬다.					
교사에게 화가 나면 교사를 때리거나 물건을 부순다.					
다른 유아로부터 놀잇감을 빼앗는다.					
관계적 공격성 자신의 요구를 들어주지 않으면 생일날 초대하지 않는다는 식의 말을 한다.					
한 유아를 정해서 다른 유아들이 그 유아를 싫어하게 한다. (예: 뒤에서 그 유아에 대해 흉을 본다.)					
자신의 요구를 들어주지 않으면 놀이집단에 참여하지 못한다고 말로 협박한다.					
자신의 부탁이나 요구를 들어주지 않는 다른 유아에게 같이 안 놀 것이라고 말한다.					
특정 유아를 지목해서 이 유아와 놀지 말라고 다른 유아들에게 말한다.					
한 유아에게 화가 나면 이 유아를 놀이집단에 참여하지 못하게 한다.					

출처: 이성복(2011).

2) 현장에서의 지도 방안 및 교육 활동

(1) 지도 방안

유아의 공격적인 행동이 발생할 때 일반적으로 교사는 유아에게 때려서는 안 된다는 것을 설명하고 유아가 무엇을 잘못했는지 가르치는 방법으로 대응을 한다. 이러한 교사의 반응과 지도 방법은 유아가 공격적인 행동을 통해 원하는 목적(교사 또는 또래의 관심 끌기)을 달성하게 해 주어 간접적으로 유아의 공격적인 행동을 강화하는 결과를 가져온다. 따라서 교사는 공격적인 행동을 지도하기 위해 유아의 공격적인 행동을 관찰하여 그 행동의 목적과 선행 원인 및 행동의 결과를 찾아보고, 효과적으로 지도하는 방법을 찾는 데 참고해야 한다.

① 공격적인 행동을 하는 유아의 행동을 분석하여 사전에 예방한다

교사는 유아의 때리는 행동을 관찰·분석하여 유아가 때리는 행동을 하기 전에 선행조건이 되는 환경이나 상황이 발생하지 않도록 예방 조치를 할 수 있다. 예를 들어, 때리는 행동이 비구조화된 영역에서 주로 발생한다면 교사가 해당 영역 근처에 머무르면서 유아를 지켜보고 있다는 무언의 메시지를 전달하는 것도 좋은 방법이다.

② 공격적인 행동의 발생을 감소시킬 수 있는 환경을 제공한다

문제행동은 전이 시간(활동과 활동의 사이, 교사의 준비시간 등)과 좁은 공간에서 많은 유아가 활동이나 놀이를 할 경우 일어날 가능성이 높다. 따라서 유아가 공격적인 행동을 하기 전에 긍정적인 환경을 제공해 주어서 행동의 발생을 미리 예방한다. 공격적인 행동을 하는 유아가 자신의 행동에 대한 결과로 보상을 받지 않도록 적절히 통제한다.

③ 유아가 자신의 욕구 발산을 위해 공격적인 행동을 하지 않고 긍정적인 사회적
  행동을 하면 즉시 칭찬해 준다

공격적인 유아는 자신의 욕구나 감정을 긍정적인 방법으로 표출하는 기술이 부족하기 때문에 이러한 행동을 하는 경우가 있다. 따라서 교사는 유아가 좌절감을 느낄 때 때리는 행동 대신에 할 수 있는 대체행동을 가르쳐서 유아들과 잘 지내는 친구와 짝을 지어 주어 모범행동을 학습할 수 있도록 하고, 사이좋게 지내는 행동을 하면 즉시 칭찬한다.

④ 유아가 괴롭히거나 때리는 행동을 특정 유아에게만 한다면 서로 떼어 놓는다

한 유아의 행동이나 언어가 공격적인 행동을 하는 유아를 자극하는 경우도 있다. 이럴 때는 서로 다른 모둠으로 구성되도록 하거나 두 유아가 함께 있는 경우에 교사가 곁에 있어 주어 공격적인 행동이 유발되지 않도록 한다.

⑤ 또래 친구나 교사를 때리는 행동과 같은 공격적인 행동과 교사나 성인의 말을
  따르지 않는 행동(75% 정도 따르지 않는 경우)은 타임아웃 기법을 적용한다

공격적인 행동을 한 유아에게 타임아웃을 하기 전에 먼저 상대방 유아가 괜찮은지 확인해야 한다. 그 후 때린 유아에게 "친구를 때리지 않아요. 생각하는 의자에 앉아서 마음이 조용해질 때까지 기다리세요."라고 말을 하고 타임아웃 영역 또는 의자로 데려가서 시계를 5분 정도 맞춰 놓고 앉아 있도록 한다. 다른 유아들이 접근하지 않도록 하고, 타임아웃이 끝나면 "이제 일어나도 된다."라고 말하고 놀이를 계속할 수 있게 한다.

(2) 교육 활동

○ **활동명**　공격성 관련 그림책 읽기 통합 활동

○ **활동 목표**

1. 화가 나는 다양한 상황을 이해할 수 있다.

2. 다른 사람에게 해가 되지 않게 화를 푸는 방법을 알아본다.

○ **대상 연령**　만 4세 이상

○ **활동 자료**　『쏘피가 화나면−정말, 정말 화나면…』(몰리 뱅 글 · 그림)

○ **동화 내용**

쏘피는 인형을 가지고 놀다가 언니에게 빼앗기고, 엄마도 언니 편을 들었는데다가 장난감 트럭에 넘어지자 그만 화산이 분출할 것처럼 화가 난다. 화가 난 쏘피가 화를 가라앉히는 과정이 소개되어 있다.

○ **활동 방법**

1. 이야기 나누기: 유아가 화가 났을 때와 유아 자신만의 화를 풀 수 있는 방법에 대해 이야기 나누기

2. 조형 활동: 자신이 가장 화가 난 표정을 사진으로 찍고, 그것을 보고 그림으로 그려 보기

3. 게임: 팀을 나누어 이어서 쏘피처럼 달리기

4. 언어: 쏘피가 화가 난다면 활동 − 자신이 화가 났을 경우 어떻게 화를 푸는지 글로 써 보기

5. 동극: 그림책 내용을 동극으로 꾸며 보기

3) 공격적 행동의 사례와 지도 방법

과거에 비해 최근 유아에게서 거칠고, 친구를 괴롭히고, 물건을 던지고 부수고, 심지어 교사나 부모에게 공격적인 행동을 하는 예를 많이 볼 수 있다. 다음의 공격적 행동의 사례는 공격성의 유형에 따라 제시하였고 각각의 지도 방법도 함께 제시하였다.

(1) 공격적 행동의 사례 1 – 우연적 공격성

유아 이름 명수

유아 연령/성별 만 3세 / 남아

> 유아들이 자유선택활동을 하고 있다. 명수가 블록을 꺼내다가 옆에 있던 재석이를 실수로 친다. 재석이가 울면서 선생님에게 간다. 재석이는 "선생님, 명수가 저 때렸어요."라고 말한다. 명수는 뒤에서 같이 따라가면서 "재석아, 미안해. 나 일부러 때린 거 아니야."라고 울먹인다. ……(중략)…… 선생님은 두 유아를 꼭 안아 준다.

〈지도 방법〉
- 우연적 공격성은 놀이를 하면서 주로 나타나는데, 특별히 의도한 것은 아니지만 놀다가 우연히 다른 친구들에게 해를 입히게 되는 경우를 의미한다.
- 갈등이 일어난 상황을 파악하는 것은 매우 중요하다. 상황을 파악한 후 양쪽의 이야기를 다 듣고 갈등 해결이 되도록 지도한다.
- 우연적 공격성일 경우, 때린 유아도 때릴 의도가 없었기 때문에 잘못 지도하게 되면 두 유아 모두 상처를 받을 수 있다. 따라서 섣불리 때린 유아를 지도하기보다는 두 유아의 말을 들어 보는 것이 필요하다. 또한 때린 유아와 맞은 유아 모두 감정을 차분하게 다스릴 수 있도록 시간을 주고, 그 후에 두 유아가 서로 갈등을 해결할 수 있도록 돕는 것이 필요하다.

(2) 공격적 행동의 사례 2 – 적대적 공격성(신체)

유아 이름 승리

유아 연령/성별 만 5세 / 남아

유아들이 방과 후 수업으로 체육 활동을 하고 있다. 활동을 시작하기 전 준비 운동을 하고 있는데 갑자기 승리가 대성이에게 달려가더니 머리를 때린다. 대성이도 승리를 때리고 발로 찬다. 선생님은 승리를 복도로 데리고 나온다. "승리야, 왜 갑자기 대성이를 때렸어?"라고 물어보자, 승리는 "아오, 저 새끼가 열받게 하잖아요."라고 말한다. "선생님이 뒤에서 봤는데 대성이는 준비 운동을 하고 있었어. 혹시 대성이랑 무슨 일이 있었니?"라고 물어보자 "아, 왜요! 짜증난다고요."라고 큰 소리를 치며 발로 벽을 찬다. 선생님은 승리의 두 손을 잡고 "승리가 진정될 때까지 선생님이 기다려 줄게. 네가 화가 풀리면 선생님한테 와."라고 말한다.

〈지도 방법〉

승리와 대성이는 평소에 사이가 좋지 않은 관계다. 승리의 아버지는 평소 욕을 많이 해서 승리가 따라 하는 것 같아 어머니의 걱정이 많다.

• 유아가 괴롭히거나 때리는 행동을 특정 유아에게만 할 경우에는 서로 떼어 놓는 것이 필요하다. 준비 운동을 할 때 서로 신경 쓰지 않도록 승리와 대성이의 자리를 멀리 배치하는 것이 대표적인 예다.

• 유아가 자신의 부정적인 감정을 분출하거나 해소할 수 있는 기회를 준다. 승리는 평소 화를 잘 내는 것으로 보아 억누르는 화가 많은 것으로 보인다. 따라서 찰흙이나 펀치백 등을 통하여 부정적인 감정을 해소할 수 있는 기회를 자주 주는 것도 필요하다.

• 가정과 연계하여 유아가 바른 언어 습관을 형성할 수 있도록 지도할 필요가 있다. 아버지가 공격행동의 모델이 되기 때문에 승리의 행동을 단기간에 바꾸기는 쉽지 않을 것으로 보인다. 부모교육과 가정통신문을 통해서 '자녀에게 해 주어야 하는 말'과 관련한 정보를 전달하여 가정과 연계한 지도가 이루어지도록 한다.

• 학급에서 승리에게 사회적 기술을 지속적으로 알려 주고, 공격적인 행동 대신 긍정적인 사회적 행동을 했을 때 즉시 칭찬해 준다.

(3) 공격적 행동의 사례 3 – 적대적 공격성(언어)

유아 이름 희주

유아 연령/성별 만 5세 / 여아

유치원 버스로 하교하는 중이다. 유아들이 떠들고 있다. 희주가 "미친놈, 죽을래?"라고
하자 선생님이 깜짝 놀라며 뒤를 돌아본다. "이게 일곱 살 입에서 나올 단어야? 어떻게
된 거니?"라고 하신다. 그러자 모든 유아들이 조용히 한다. 희주가 "휴우~ 우리 선생님
정말 까칠하시네~"라고 말한다. 선생님이 "지금 뭐라고 했니?"라고 하자 희주는 "제가
안 그랬는데요?"라고 한다. 선생님은 "내가 까치야? 까칠하게~ 까치야? 까칠하게?"라
고 간지럼을 태우며 말한다.

〈지도 방법〉

• 희주는 초등학생 오빠가 있어서 또래보다 초등학생들의 거친 언어를 종종 사용하는 편이다.

• 문제행동이 발생된 상황에 맞는 지도 방법을 선택한다. 희주가 거친 언어를 사용하고, 선생
님께도 '까칠하다'는 말을 사용했는데, 선생님이 정색을 하고 무슨 말을 했냐고 묻자 당황하
며 즉각적인 부인을 하고 있다. 즉, 이런 상황에서 대부분 유아들은 처벌을 피하기 위해 순
간적으로 거짓말을 하기도 한다. 이 상황은 교실이 아닌 스쿨버스라는 밀폐된 공간에서 일
어났기에 혼이 날 경우 유아가 더 위축될 수 있다. 따라서 교사는 일단 한 번 주의를 주었
고, 그후에 일어난 행동에 대해 교사가 진지하게 지도하는 것 보다는 농담으로 주의를 환기
시켜서 유아가 무안해하지 않으면서 자신의 행동을 돌아볼 수 있도록 지도하는 것이 좋다.
이때 나–전달법을 사용하여 그런 말을 들으면 교사가 기분이 좋지 않다는 것을 알리는 것
이 필요하다.

2. 방해하는 행동

1) 방해하는 행동의 이해

(1) 정의 및 특성

방해하는 행동은 다른 사람의 자유나 평안한 상태를 해치고 학습의 진행을 방해하는 행동을 의미하며(Kerr & Nelson, 1989) 방해하는 행동으로 구분되는 행동의 유형은 다음과 같다(김은숙, 2003).

- 유아의 자리이탈 행동: 교사가 요구하거나 허락하지 않는 상황에서 유아의 몸 어느 부분도 의자에 닿지 않는 행동을 의미한다.
- 유아가 부적절한 소리를 내는 행동: 유아가 학습 상황과 관련이 없는 소리를 내어 학습의 진행을 방해하는 행동이다. 예를 들어, 책상 두드리기, 의자를 움직여서 소리 내기, 수업과 관련 없는 언어를 반복하기, 사물을 부딪쳐 소리 내기 등이다.
- 유아가 교사의 지시에 불순응하는 행동: 교사의 지시를 따르지 않는 행동을 의미한다.
- 유아의 과제와 관련 없는 행동: 손이나 사물을 만지작거리는 행동과 고개나 신체의 일부분을 반복하여 흔드는 행동 등이 포함된다.
- 유아의 불필요한 언어적 표현으로, 수업과 관련 없는 질문을 하거나 친구에게 이야기를 거는 행동 등이 포함된다.

교사는 일반적으로 방해하는 행동을 하는 유아를 지도하기 위해 잔소리를 하거나 이름을 부르거나 하여 **그 유아에게 관심을 집중하는 방법을 사용하는**데, 이러한 방법은 **비효과적**이다(Bear, 1998; Martens & Meller, 1990). 따라서 여기에서는 다른 유아의 활동을 방해하는 행동과 교사의 지시를 따르지 않는 행동의 사례와 원인 그리고 지도 방법에 대해 알아보기로 한다.

(2) 원인
다른 유아의 활동을 방해하는 행동의 원인은 다음에서 찾아볼 수 있다.

① 활동에 흥미가 없는 경우
유아가 집단으로 계획된 활동에 흥미를 느끼지 못하는 경우 다른 유아의 작업을 방해할 수 있다.

② 또래나 교사의 관심을 끌기 위한 목적
유아가 친구나 교사의 관심을 받고 싶어서 다른 유아의 놀이를 방해할 수 있다.

③ 사회성 부족
유아는 또래와 함께 활동을 하고 싶거나 놀고 싶지만 함께 하는 방법을 모르는 경우가 있다.

④ 다른 유아의 활동을 방해함으로써 즐거움을 얻으려는 것
유아는 다른 유아의 활동을 방해하면서 친구가 울거나 화를 내는 반응을 관찰하며 즐거움을 느끼는 경우도 있다. 다른 유아가 우는 모습을 보면서 자신의 부정적인 감정의 해소를 느끼기도 한다.

⑤ 활동 공간의 협소함
유아가 작업하는 공간의 면적이 좁고 활동 인원이 많은 경우 다른 유아의 작업을 방해하는 행동이 나타나기도 한다. 따라서 교사는 적절한 면적을 고려하여 활동을 계획해야 한다.

교사의 지시를 따르지 않는 행동의 원인을 생각해 보면 다음과 같다.

① 교사의 지시를 정확히 이해하지 못했을 경우

교사가 말하는 것을 유아가 정확하게 이해하지 못하는 경우가 있다.

② 주의 집중력이 부족한 경우

유아의 주의가 산만한 경우 자신이 관심 있는 쪽으로 이리저리 움직이며 교사의 지시를 따르지 않을 수 있다.

③ 성인과의 힘겨루기 상황인 경우

유아가 교사의 요구에 복종하기 싫어서 저항하는 경우도 있다. 그러나 반복적으로 성인의 요구에 따르지 않는 행동이 지속되면 성장함에 따라 사회적으로 문제가 되고 성인들과 끊임없이 부딪히게 되므로, 유아가 성인의 합리적인 요구에 적절하게 응할 수 있도록 해야 한다.

④ 자기 뜻대로만 하려는 욕구 때문

유아는 자기 마음대로만 하고 싶은 욕구가 강하기 때문에 성인의 지시나 요구가 자신의 욕구와 다를 때 따르지 않으려고 할 수 있다.

(3) 관찰 방법

유아의 방해하는 행동을 관찰하기 위해서 ABC 관찰 방법을 이용하여 유아를 일주일 정도 관찰한다. 다음과 같은 질문을 통해 관련 정보를 수집한다.

• 유아가 언제 다른 유아의 작업을 방해하는가?
• 유아가 방해하는 행동을 하기 전 선행조건은 무엇인가?
• 유아가 활동을 방해한 후의 결과는 어떠한가?

- 유아가 피해를 주는 유아는 주로 누구인가?
- 방해하는 행동의 형태는 어떠한가?

2) 현장에서의 지도 방안 및 교육 활동

(1) 지도 방안

모든 유아가 교실에 개인 공간을 가질 수 있게 활동 영역이 배치되도록 한다. 집단으로 계획된 활동에 참여할 때 유아가 다른 유아와 너무 밀착되어 활동을 하지 않도록 책상당 유아의 수를 계산하여 배치한다. 또한 자료를 충분하게 배치하여 자료의 부족으로 활동이 제한받지 않도록 한다.

① 활동을 방해하는 행동을 하는 유아의 행동을 분석하여 사전에 예방한다

관찰을 통해 유아가 방해하는 행동을 할 때 선행조건을 파악하여 예방하는 데 사용한다.

② 유아가 특정 유아의 활동을 방해하면 두 유아의 작업이 다른 곳에서 이루어지게 한다

한 유아가 지속적으로 활동의 방해를 경험하지 않도록, 관찰을 통해 확인한 후 문제행동을 하는 유아와 자리 배치가 동일하게 되지 않도록 한다.

③ 정적 강화를 사용한다

활동을 방해하는 행동을 하는 유아가 조용히 자신의 작업에 집중하고 활동에 참여하면 즉시 강화를 해서 긍정적인 행동이 증가되도록 한다.

④ 사회적 기술을 가르친다

유아가 적절한 언어 사용으로 또래들과 사이좋게 집단활동에 참여하는 기술을

배울 수 있도록 한다. 교사는 긍정적인 행동을 하는 또래를 칭찬함으로써 사회적 기술을 모방·학습할 수 있도록 한다.

⑤ 자기관찰 방법을 사용한다

유아들이 활동하는 모습을 비디오로 촬영하여 활동을 방해하는 행동을 하는 유아와 다른 유아의 활동 모습을 비교해 보도록 한다. 활동을 방해하는 행동을 하는 유아에게 비디오를 보고 난 느낌을 말하게 하거나 교사와 함께 어떻게 행동하는 것이 좋을지에 대해 이야기 나눈다.

⑥ 교사가 다른 행동수정 기법을 적용한 후 해결되지 않으면 타임아웃을 적용한다

유아의 방해하는 행동에 대해 교사가 주의를 준다. 처음 교사가 주의를 준 후 유아가 바로 멈추고 활동에 참여하면 칭찬을 하여 강화한다. 그러나 교사가 주의를 주어도 멈추지 않으면 타임아웃을 적용한다.

(2) 교육 활동

○ **활동명** 규칙 지키기 관련 그림책 읽기 및 이야기 나누기

○ **활동 목표** 1. 규칙을 지켜야 하는 이유에 대해 이해한다.

2. 지켜야 할 규칙을 기억해 보고 지키지 않으면 일어날 수 있는 상황에 대해 생각해 본다.

○ **대상 연령** 만 3세 이상

○ **활동 자료** 『왜 꼭 해야 하나요?』(브리기테 라브 저, 2009, 계수나무)

○ **동화 내용**

유아가 지켜야 할 많은 규칙을 왜 지켜야 하는지에 대한 내용이 담긴 동화책
이다. 애완동물 돌보기, 밤늦게 돌아다니지 않기, 외출 전 화장실 가기, 방 깨
끗이 치우기, TV 적당히 보기, 머리 빗기, 아이스크림 조금만 먹기 등의 규칙
에 대해 왜 그래야 하는지를 알려 준다. 이 동화는 규칙에 대한 객관적인 이유
를 설명하는 것이 아니라 유아가 상상할 수 있는 다양한 이유를 들면서 규칙
지키기에 대한 유아의 흥미를 이끌어 낸다.

○ **활동 방법**

1. 유아들과 함께 그림책을 읽어 본다.
2. 그림책의 내용을 잘 이해했는지 질문을 통해 확인해 본다.
3. 유아가 교사나 부모의 지시를 따르지 않으려고 할 때 만일 지시를 따르지
   않는다면 어떤 결과가 나타날지 예상해 보게 한다.

3) 방해하는 행동의 사례와 지도 방법

유아는 하루 중 많은 시간을 활동에 참여하면서 보내게 되는데, 이때 자신이 참
여하는 활동이 방해를 받거나 자신의 작업이 중단되는 경험을 하게 되면 많이 당황
하고 화를 내게 된다. 이와 같이 활동을 방해하는 행동은 방해하는 유아뿐만 아니
라 방해받은 유아 모두에게 부정적인 결과를 가져온다.

(1) 방해하는 행동의 사례 1

유아 이름　준우

유아 연령/성별　만 4세 / 남아

　　자유선택활동 시간에 준우는 다른 친구들이 쌓은 블록을 부수려고 한다. 친구들이 주차장을 만들었는데 들어가지 않는 커다란 트럭을 억지로 넣으려고 한다.

　　A가 "야, 왜 우리가 만든 거 부셔! 그거 안 들어간다고 했잖아!"라고 하자 준우는 더 화난 표정을 지으며 입을 내민다. 그 모습을 본 교사가 준우에게 "준우야, 이 블록들을 친구들이 열심히 쌓았는데 이렇게 부수면 안 돼요. 준우가 열심히 집을 만들었는데 다른 친구들이 부수면 좋겠니?"라고 말한다. 준우는 고개를 젓는다. 교사는 다른 친구들에게 "얘들아, 준우는 너희들과 같이 놀고 싶은데 이 트럭을 주차장에 넣고 싶었나 봐."라고 하자, 옆에 있던 다른 유아가 "준우야, 여기는 커서 그거 들어갈 수 있어."라고 한다. 준우는 얼굴이 펴지며 트럭을 옆의 블록 주차장에 넣는다.

〈함께 토의하기〉

• 준우의 행동 특성은 어떠한가?
• 준우를 위한 행동지도의 방향은 어떻게 설정해야 할까?

〈지도 방법〉

준우는 또래와 함께 놀고 싶지만 같이 놀자는 말을 잘 못한다. 같이 놀고 싶어도 어떻게 말해야 하는지 잘 모르는 것 같다. 그래서 친구들이 만든 블록을 부수는 행동을 해서 놀이에 참여하고자 하는 모습을 보인다.

• 놀이에 참여하고 싶을 때 자연스럽게 참여하는 방법을 모델링하여 알려 준다.

　일반적으로 활동을 방해하는 행동의 경우, 또래의 관심을 받고자 하거나 놀이에 참여하는 방식을 '방해하기'의 행동으로 사용하는 경우가 많다. 김송이, 박경자(1995)의 연구에서 유아들이 놀이에 참여하고자 하는 놀이가입 시도 행동을 방해하기, 주의 끌기 등으로 범주화한 것에서도 보듯이 유아에게는 부정적이고 공격적인 방식으로 놀이에 참여하고자 하는 행동들이 빈번하게 나타난다. 따라서 자연스럽게 놀이에 참여하고 싶다는 의사를 말로 표현할 수 있도록 교사가 모델링을 하여 가르치고 연습해 볼 수 있게 할 필요가 있다.

• 자신의 행동이 친구에게 미친 영향에 대해 알려 주고 생각해 보게 한다. 준우에게 열심히 만든 블록이 부서졌을 때 친구들의 마음이 어떤지 알려 주고 자신이 한 행동의 결과가 어떻게 나타났는지 인과관계를 알 수 있도록 말로 타이른다. 또한 준우가 한 행동의 목적이 무엇인지 파악하고 준우에게 교사가 파악한 목적이 맞는지 확인한 후 유아들에게 행동의 이유를 설명하여 표현하지 못한 마음을 알려 준다.

• 준우에게 다른 방식의 놀이 참여가 가능하도록 제안해 준 유아에게 칭찬하여 다른 유아들도 다음에 비슷한 상황에서 적용해 볼 수 있도록 한다.

(2) 방해하는 행동의 사례 2

유아 이름 기영

유아 연령/성별 만 5세 / 남아

진혁: 선생님, 기영이가 자꾸 시끄럽게 귀에다 소리 지르고 괴롭혀요. 선생님, 아까는 기영이가 저보고 멍청하다고 했어요.

교사: (기영이와 친구들을 따로 불러) 기영아, 친구들이 한 말이 사실이니?

기영: 네.

교사: 왜 그렇게 친구들에게 한 거야? 선생님이 이유를 알 수 있을까?

기영: 그냥 장난으로요.

교사: 장난으로 그러는 게 어디 있어. 기영아, 선생님은 속상해. 우리 하늘반 처음 들어왔을 때 다 같이 친구들이랑 괴롭히거나 나쁜 말을 하면 안 된다고 약속했잖아. 그렇지?

기영: 네.

교사: 다른 친구가 기영이한테 똑같이 장난으로 그랬다면 기영이는 어땠을 것 같아?

기영: 기분 나빴을 것 같아요.

교사: 그래, 우리 기영이도 기분 나빴을 거야. 자, 그럼 친구한테 어떻게 해야지?

기영: (약간 고개를 숙이고) 미안해.

〈함께 토의하기〉

• 기영이의 행동 특성은 어떠한가?

• 기영이를 위한 행동지도의 방향은 어떻게 설정해야 할까?

〈지도 방법〉

기영이는 활동시간에 큰 소리를 낸다. 교사의 주의에도 불구하고 대부분 큰 소리를 반복적으로 내는 경우가 많다. 또한 사회성이 부족한 편이라 친구들이 놀고 있으면 가서 괴롭히는 경우가 많다.

• 기영이와 친구들을 따로 불러 대화로 지도한다. 만 5세이기 때문에 교사가 1:1 상호작용을 통해 잘못된 행동이 무엇인지 스스로 알도록 질문하고 본인이 말할 수 있도록 지도한다. 친구들이 한 말이 사실인지 기영이에게 사실 여부를 묻고 반의 규칙을 기억할 수 있도록 한다.

• 조망수용능력을 기를 수 있는 기회를 갖는다. 기영이에게 선생님은 다른 사람의 입장이 되어보며 다른 사람이 느꼈을 마음, 감정을 느껴보도록 질문하여 다른 사람의 입장을 이해하는 시간을 갖도록 하였다. 완벽하게 다른 사람의 입장을 이해할 수는 없지만 생각해 볼 수 있는 기회를 제공하는 것이 필요하다. 또한 사과하고 화해하도록 마무리하는 방법을 사용한다.

3. 사회적 위축 및 고립

1) 사회적 위축 및 고립의 이해

(1) 정의 및 특성

사회적 위축(social withdrawal)은 임상적인 유아기 사회정서장애로 정의되어 있지는 않다. 그러나 사회적 위축은 혼자 고립된 모습을 보이는 형태로 문제시되는 행동은 아니지만 그 자체로 사회적 또는 정서적 상태의 어려움을 내포하고 있을 수 있다(Rubin, Coplan, & Bowker, 2009). 사회적 위축은 관점에 따라 다양하게 개념화되어 있어서 복합적으로 이해된다.

　Rubin(1982)은 유아의 위축을 적극적 고립과 사회적 위축의 두 가지로 나누었고, 유아의 사회적 상호작용 부족을 그 원인으로 제시했다.

　첫째, **적극적 고립**(active isolation)이란 유아가 또래의 적극적인 배척과 따돌림으로 인해 혼자 지내는 것을 의미한다. 적극적 고립의 원인으로는 일반적이지 않은 개인적인 특성, 공격성, 통제되지 않은 충동성, 사회적인 미성숙, 전체 집단의 유아들과는 다른 흥미나 성향 등이 있다(Rubin, Bukowski, & Parker, 2006). 이러한 유아는 주로 세련되지 못한 사회적 상호작용이나 사회적 기술을 사용하여 또래들로부터 **따돌림**을 당하게 되거나 **함께 놀 또래를 찾기 어렵다.**

　둘째, **사회적 위축**(social withdrawal)은 유아가 또래 그룹으로부터 **스스로를 고립시키는 것**을 의미한다. 이러한 행동의 원인으로는 불안, 부정적인 자아감, 사회적 기술과 사회적 관계에서의 어려움 등이 있다(Rubin & Asendorpf, 1993). 사회적 위축은 다시 두 가지 양상으로 나누어 볼 수 있다. 먼저, '**소극적 불안**'으로서, 사회적 상호작용에 대한 두려움으로 인하여 또래와 노는 것을 피하는 행동을 의미한다. 예를 들어, 다른 유아와 놀기를 원하지만 그러한 감정을 억눌러서 회피하는 경우다. 다음으로는 '**비사교적 행동**'으로서, 단순히 혼자놀기를 좋아하여 사회적으로 고립된 행동을 말한다. 이러한 유아는 사회적 기술이 부족하지 않고 상호작용을 회피하고자 하지 않지만 단지 다른 유아와 함께 놀고 싶어 하지 않는다(Harrist, Zaia, Bates, Dodge, & Pettit, 1997).

　처음에는 유아 스스로 사회적인 위축행동을 하기도 하지만 결국 또래로부터 배척을 당하게 될 수도 있어서 **시간이 지날수록 적극적 고립과 사회적 위축을 구분하기 어려워진다.** 또래들로부터 거부당해서 고립된 유아들은 또래 유아에 비해 사회적으로 덜 유능하고 부정적인 사회적 상호작용을 훨씬 더 많이 경험한다(Parker & Asher, 1987). 그러나 교육기관에서는 소극적이거나 위축되고 고립된 유아들이 대부분 조용히 혼자서 놀이하거나 교사의 눈에 띄는 행동을 거의 하지 않기 때문에, 문제가 있는 유아라고 여겨지기보다는 소극적이고 조용한 유아라고 인식될 수 있다. 교사들은 외현적으로 문제행동을 보이는 유아에게 관심을 두고 지도하는 경향이 있기 때문에 고립되어 조용히 하루를 보내는 유아들은 교사의 주목을 받지 못할수 있다.

고립된 유아들은 **또래와의 사회적 상호작용 기술이 부족**하고 이와 관련된 지식을 알지 못하는 경우가 많기에(Trawick-Smith, 1994), 또래와의 관계를 어떻게 시작하고 또래에게 긍정적으로 반응하거나 또래집단의 요구와 기대에 맞게 행동하지 못하여 결국 또래관계에서 거부당하고 고립되는 결과를 초래한다는 것이다. 또한 고립된 유아들은 또래와의 관계 맺기에 필요한 전략을 선택하고 사용하는 것에 서투른 모습을 보인다. 이러한 유아들은 상황에 따라 융통성 있게 요구되는 전략을 사용하는 것이 아니라 상황에 맞지 않는 특정한 방법을 계속 고집스럽게 사용하는 경향이 있어서 또래로부터 원하는 반응을 얻지 못한다(Markell & Asher, 1984). 따라서 또래에게 인기가 없고 관계 맺기를 즐기지 못하는 고립된 유아들은 또래로부터 **배척당하기 쉬운 행동패턴을 고수**하고 또래의 행동에 반응할 때 더 높은 강도로 그러한 부적절한 특정한 행동을 해서 점점 또래로부터 **더욱 고립되는 악순환이 거듭**된다(Cairns, 1986). 이렇게 또래로부터 무시, 소외되어 사회적 상호작용이 적은 유아들은 긍정적인 친구관계를 경험하지 못하기에 외로움과 소외감을 경험하게 된다. 이러한 소외감, 외로움의 감정의 강도가 점차 세지게 되면 공허함과 무가치함, 낮은 자존감 등을 경험하게 될 수 있고, 이것이 학령기까지 이어지게 되면 학업실패, 교우관계 어려움 및 심한 경우 청소년 범죄와 정신병리적인 문제까지 나타날 수 있기에(Bullock, 1992; Parker & Asher, 1987) 유아기부터의 적절한 지도가 필요하다.

(2) 원인
사회적 위축 및 고립의 원인은 다음에서 찾아볼 수 있다.

① 지나치게 수줍은 성격이나 기질, 자신감 결여
유아는 다른 유아들과 상호작용을 하는 데 너무 수줍어해서 가까이 가지 못하거나 말을 걸지 못하는 경우가 있다.

② 오랫동안 애정을 박탈당한 경우나 사람들과 격리된 경우

장기간 문제가 있는 부모로부터 애정을 박탈당하거나 격리된 경우 다른 유아나 성인과의 관계에서 사회적인 반응을 보이는 것을 알지 못하기 때문에 어려움을 보인다.

③ 신체적 장애 또는 외모

신체적 장애나 외모가 매력적이지 않아서 또래와 함께 노는 경험이 부족하면 고립될 수 있다.

④ 사회적 기술 부족

또래와 자연스럽게 상호작용하는 방법을 모르거나 말이 없어서 언어적인 의사소통 기술이 부족한 경우도 있다. 또래관계 형성에 필요한 미소, 웃음 등이 없는 경우나 대화 부족으로 인해 공유된 대화주제에 참여하지 않거나 못하는 경우 고립될 수 있다.

⑤ 발달지체

발달이 또래보다 늦을 경우 또래가 하는 말과 행동을 잘 이해하지 못하여 사회적 상호작용이 활발하게 일어나지 않을 수 있다.

(3) 관찰 방법

다음 질문을 참고하여 유아의 고립행동을 일주일 정도 관찰하여 [그림 12-1]과 같이 관찰양식에 작성할 수 있고, 체크리스트를 사용하여 관찰 및 평가를 할 수 있다.

고립 유아의 놀이특성 관찰지		
구분	관찰내용	
	1회(10/1)	2회(10/4)
좋아하는 놀이	독서	독서, 혼자할 수 있는 활동지
놀이 상대	이승빈	×
놀이 시 행동	책을 보면서도, 승빈이를 흘깃흘깃 쳐다봄	돌아다니면서 슬쩍슬쩍 다른 친구들 구경하기
상호작용 방법	"책 볼 땐 조용히 하는 거야." 하고 대화하지 않음	혼잣말하기

체 크 리 스 트			
♣ 관찰아동: 강주원 ♣ 생년월일: 2016. 02. 08 ♣ 성별: 남			
♣ 관찰일: 2020. 10. 01 ♣ 관찰자: 이애라			
♣ 다음 문항에서 유아의 행동에 적합한 곳에 ∨ 표시를 하시오.			
문항	부족	보통	잘함
1. 유아가 대집단보다는 1~2명의 또래와 더 잘 어울린다.	∨		
2. 친구의 의도나 감정을 잘못 이해한다.	∨		
3. 친구의 질문이나 말을 무시한다.		∨	
4. 친구의 제안을 거절할 때 이유에 대한 설명이나 적절한 제안을 하지 못한다.	∨		
5. 친구와 의사소통 시 적절한 반응을 하지 못한다.	∨		
6. 문제를 해결하기 위하여 계속 공격성을 사용한다.		∨	
7. 다른 유아들이 놀이에 참여시키기 싫어한다.	∨		
8. 다른 유아들이 수용하도록 할 수 있는 방법이 없다.	∨		
요약 및 평가			
주원이는 다른 친구들의 제안이나 말에 대해 대답을 잘 하지 못한다. 그래서 친구들도 주원이에게 관심을 갖지 않는다. 또한 주원이가 공격성이 적은 편인데도 불구하고, 놀이에 참여시키는 것을 좋아하지 않는다. 주원이가 또래와의 놀이경험 부족으로 친구들과 놀이하는 방법에 어려움을 느끼는 것 같다.			

[그림 12-1] 고립 유아 관찰지

- 유아가 사회적 놀이나 상호작용에 참여하는 대신에 무엇을 하는가?
- 다른 유아가 상호작용을 하려 할 때 유아는 어떻게 하는가?
- 유아가 때때로 상호작용하는 다른 유아가 있다면 누구인가?

2) 현장에서의 지도 방안 및 교육 활동

(1) 지도 방안

① 소집단 활동을 위주로 활동을 진행한다

학급에 고립된 유아가 있으면 교사는 대집단 활동보다 소집단 활동을 많이 계획하여 학급의 유아들이 함께 어울려서 활동하는 기회를 증가시킨다.

② 다른 또래들과의 사회적인 상호작용을 강화한다

유아가 다른 유아들과 함께 놀이에 참여하는 것을 보면 언어적 표현으로 강화한다. "너희 둘이 노는 것을 보니까 선생님이 정말 기쁘구나. 다 만들고 나면 선생님에게도 보여 줘."라고 말한다.

③ 고립된 행동을 하는 유아와 상호작용하는 다른 유아를 강화한다

고립된 행동을 하는 유아와 함께 놀아 주는 유아에게 미소를 보내거나 안아 주어서 유아의 행동을 강화한다.

④ 사회적 기술을 가르친다

위축, 고립 및 따돌림을 당하는 유아에게 도움을 요청하기, 놀이가 시작되었을 때 중간에 참여하는 방법 등 함께 노는 데 필요한 사회적 기술을 가르치고 필요하다면 교사가 모델링을 하여 유아가 모방하도록 한다.

⑤ 동극을 통해 상대방의 마음을 이해하고 생각하기

동극을 통해 따돌림을 당한 유아의 입장이 되어 간접적으로 따돌림을 당한 유아의 마음을 이해해 보고 느끼면서 생각해 보는 시간을 갖는다. 동극에 참여하면서 자연스러운 상호작용으로 원만한 사회적 관계 형성을 돕는다. 예를 들어, 미운오리새끼의 배역을 정해 미운오리새끼의 역할을 돌아가면서 맡아서 외롭고 힘들었을 친구의 입장에 대해 느낄 수 있게 된다.

⑥ 지속적인 애정과 관심을 갖는다

유아와의 긍정적인 관계형성을 통해 유아의 감정과 행동에 지속적인 관심을 가지고 애정으로 대한다. 고립은 눈으로 관찰하기 쉬운 공격성이나 기타 다른 문제행동들과 달리 교사의 지속적인 관심 없이는 관찰하기 힘들다. 따라서 지속적인 관심을 가지는 것이 중요하다.

⑦ 교사의 관심을 끌기 위해 혼자 논다면 무시한다

고립된 유아는 성인의 관심을 받게 된다. 만일 유아가 교사의 관심을 끌기 위해서 혼자놀이를 하는 것이라면 지속적으로 무시하다가, 다른 유아와 상호작용하는 것을 발견할 때 즉시 칭찬해서 강화한다.

(2) 교육 활동

○ **활동명**   고립행동 관련 그림책 읽기 및 친구와 협동그림 그리기

○ **활동 목표** 1. 협동그림 그리기를 통해 함께 활동하는 방법을 배운다.

2. 다른 친구들과 사이좋게 놀이하는 방법에 대해 이야기할 수 있다.

○ **대상 연령** 만 3세 이상

○ **활동 자료**　　『너랑 안 놀아』(보리 저, 2001, 보리), 다양한 미술
　　　　　　　재료와 도구(벽지, 붓, 비닐, 매직, 사포, 크레파스,
　　　　　　　종이, 색연필)

○ **동화 내용**

주인공 바름이는 지나치게 자기만 생각하고 남보다 앞서기를 원한다. 친구들이 소꿉놀이를 하고 있는 도중에 가서 끼워 달라고 하고, 술래잡기를 할 때 술래가 되었음에도 술래를 하기 싫다고 토라지고, 달리기 시합을 하는데 자신이 일등을 하지 못했다고 다시 하자고 하는 행동을 한다. 결국 바름이는 친구들로부터 따돌림을 당하게 된다.

○ **활동 방법**

1. 유아들과 함께 그림책을 읽어 본다.

2. 그림책의 내용을 잘 이해했는지 질문을 통해 확인해 본다.

　　ー바름이의 마음은 어떨까?

　　ー다 같이 재미있게 놀이를 하려면 어떻게 하면 될까?

3. 유아들과 협동그림에 대해 이야기 나눈다.

　　ー협동그림이란 무엇일까?

　　ー친구와 함께 그림을 그리면 어떤 점이 좋을까?

4. 협동그림을 그릴 수 있는 다양한 방법에 대해 이야기 나눈다.

5. 협동그림을 그릴 때 지켜야 할 약속에 대해 알아본다.

　　ー친구와 내가 함께 그림을 멋있게 그리려면 어떻게 해야 할까?

　　ー다 그린 친구는 어느 쪽 책상으로 옮겨 가서 그리기로 할까?

6. 재미있었던 점과 어려웠던 점, 속상했던 점에 대해서 이야기 나눈 후 정리한다.

3) 사회적 위축 및 고립의 사례와 지도 방법

(1) 고립행동의 사례

유아 이름 보람

유아 연령/성별 만 5세 / 여아

등원 후 자유선택활동을 하는 시간이다. 보람이가 주사위를 던지면서 하는 게임을 혼자 하고 있다. 보람이에게 다가가서 "왜 혼자 놀아?"라고 하니 한참 동안 대답이 없다가 잠시 후 "혼자 노니깐 심심해요."라고 대답한다. 그러더니 갑자기 일어나서 놓고 있던 게임을 가져다 두고 윷놀이 게임을 가져온다. 혼자 윷을 던지면서 논다. 교사가 다가가서 "선생님이랑 윷놀이 같이 할래?"라고 하니 고개를 끄덕인다. 교사는 일부러 옆에서 놀고 있던 현성이와 윤강이에게 "우리 같이 윷놀이 할래?"라고 했더니 집에서 많이 했다면서 재미없다고 한다. 보람이와 둘이서 놀이를 하고 있는데 좀 전에는 관심을 보이지 않던 윤강이가 "선생님, 저도 할래요."라고 한다. 윤강이, 보람이와 같이 놀고 있으니 현성이가 "저도 할래요."라고 말한다. 말이 3개밖에 없어서 현성이에게 자리를 비켜 주고 셋이서 윷놀이를 하도록 하였다. 보람이가 웃으며 게임을 하였다. 5분 정도 지난 후 민석이가 갑자기 윷놀이 게임에 참여하게 되었다. 그러자 보람이는 친구들과 어울리지 못하고 뒤로 물러났다. 보람이는 결국 처음에 가지고 놀았던 주사위 게임을 혼자 하고 있었다.

〈함께 토의하기〉

• 보람이의 행동 특성은 어떠한가?

• 보람이의 상호작용 기술은 어떠한가?

• 보람이를 위한 행동지도의 방향은 어떻게 설정해야 할까?

〈지도 방법〉

• 활동참여에서 문제를 보이는 유아가 사회적 상호작용 기술을 배울 수 있도록 체계적인 지도를 실시한다.

－선생님이나 친구들의 놀이를 관찰할 수 있는 기회를 충분히 제공한다. 필요하다면 교사가 유아와 함께 다른 친구들이 어떤 활동을 하고 있는지 관찰할 수 있다.

－유아에게 필요한 것이 사회적 기술인지, 언어적 표현인지, 대·소근육의 훈련이나 감각기관의 활용인지 파악해야 한다.

－활동에 참여하지 않는 유아가 친구들의 놀이 활동을 충분히 관찰했고, 놀이활동에 호기심을 보이게 되면 유아가 흥미를 보이는 영역에서 친구들과의 놀이에 참여하겠는지 묻는다. 만일 원한다면 놀이의 일원이 되어 참여할 수 있도록 역할을 만들어 주고 필요하다면 주변 사물을 이용하여 필요한 도구를 만들어 줄 수 있다.

－유아 스스로 놀이에 참여하고 진행할 수 있을 때 교사는 유아와 함께 있는 시간을 줄여 나간다. 경우에 따라 교사가 곁을 떠나면 놀이를 그대로 중단하고 매달리는 경우도 생길 수 있다. 시간을 두고 짧은 간격으로 유아 곁에서 떠나는 것이 필요하다.

• 친구들과 짝을 지어 준다. 또래 친구들과의 상호작용은 자연스럽게 모방학습을 이끌고 서로 배려하고 경쟁하면서 공동체적 협력 학습을 이룰 수 있다. 몇몇 친구끼리의 소그룹 활동을 전개할 때 주의해야 할 점은 활동내용에 따라 집단 구성원이 달라져야 한다는 것이다. 친구들과 그룹을 만들어 줄때는 누구나 돌아가면서 리더의 역할을 할 수 있도록 배려해야 한다. 활동참여 시 문제를 보이는 유아들은 대체로 자신감이 부족한 경우가 많으므로 작은 것이라도 무엇을 잘 할 수 있는지 파악하는 것이 중요하다.

• 교사의 관심을 끌기 위해 활동에 참여하지 않고 혼자 있거나 서성거리는 행동은 모두 무시한다. 유아가 혼자 있거나 교실을 배회할 때는 관심을 주지 않는 것처럼 보이게 하면서 유아가 알지 못하도록 계속 관찰한다. 유아가 조금이라도 활동에 참여하는 모습을 보일 때 격려하고 관심을 아끼지 않는다. 유아도 자기가 좋아하는 사람들이 무엇을 기대하고 있는지 관찰하고 있으며 그 사람들이 믿고 원하는 대로 행동하려고 노력한다는 것을 기억해야 한다.

유아의 고립행동을 교육하는 교사의 올바른 자세

Fun 친구들과의 놀이에서 즐거움을 경험하게 한다.

Relationship 유아들과 함께 긍정적인 관계를 형성하도록 많은 기회를 제공한다.

If I were you '내가 만약 너라면' 유아가 고립 유아의 마음을 이해하도록 상대방의 입장이 되어 생각해 보도록 지도한다.

Endurance 고립 유아는 끈기를 가지고 지도해야 한다. 교육효과가 바로 나타나는 것이 아니기에, 장기적인 관점에서 유아들과 고립 유아를 지도해야 한다.

Nod 항상 끄덕일 줄 아는 교사가 되어야 한다. 유아들에게 귀를 기울여야 유아가 고립되는 이유도 조금 더 쉽게 파악할 수 있기 때문이다.

Diversity 유아가 고립되는 이유는 다양함을 알아야 한다. 따라서 유아마다 개별적인 원인을 파악하여 그에 알맞은 지도를 해야 한다.

4. 괴롭힘 · 따돌림

1) 괴롭힘 · 따돌림의 이해

(1) 정의 및 유형

괴롭힘 · 따돌림(bullying)은 공격적인 행동의 한 형태다. 또래를 괴롭히는 행동은 초등학교 고학년 시기에 가장 빈번하게 발생하지만, 유아기에도 괴롭힘의 초기 행동이 나타날 수 있어서 지도가 필요하다(Gartrell, 2014).

괴롭힘은 **또래 괴롭힘**으로도 불리는데 그 정의는 학자마다 조금씩 다르다. 괴롭히기에 관한 세계적인 저자이며 중재 프로그램을 개발한 Olweus(1993)는 괴롭힘을 '한 사람 혹은 여러 사람이 자신보다 약한 사람에게 의도적이고 반복적 · 지속적으로 해를 가하는 행위'로 정의한다. 장은주(2006)는 한 명 이상의 유아가 특정 유아를 고의적이거나 반복적으로 또래관계에서 소외시켜 놀이 및 활동에 참여시키지 않는 심리적 소외 행위와, 상대적으로 힘이 약한 유아의 놀이행동을 방해하는 등의 언어적 · 물리적 · 신체적 **소외 행동**이라고 하였다. 괴롭히기와 공격적 행동의 차이는 괴롭히는 사람이 해를 주려는 의도가 있고, 하나 이상의 관련된 사건이 있으며, 힘의 불균형으로 괴롭힘을 당하는 아동이 스스로를 방어하지 못하도록 만든다는 점을 들 수 있다(Kasier & Lasminky, 2013).

괴롭힘의 유형은 신체적 · 언어적 · 관계적 또는 사회적 괴롭힘으로 나눌 수 있다(Crick & Grotpeter, 1995; Nansel, Overpeck, Pilla, Ruan, Simons-Morton, & Scheidt, 2001). 첫째, 신체적 괴롭힘은 때리기, 차기, 밀기, 물건을 빼앗기 등을 일컬으며 가장 쉽게 눈에 띄고 주로 남자 아이들 사이에서 많이 관찰된다.

둘째, 언어적 괴롭힘은 욕하기, 별명 부르기, 조롱하기, 협박하기, 놀리기 등으로 나타나며 남아와 여아를 막론하고 가장 많이 일어나는 또래 괴롭힘의 형태다. 놀리기는 의도적으로 괴롭히는 행동의 연장선상에 있고 정도의 차이만 있다고 보는 학자들도 있다.

셋째, 관계적 혹은 심리적 괴롭힘은 다른 사람을 괴롭히거나 상처를 주기 위해 인간관계를 이용하는 것으로 특정한 사람을 따돌리기, 그 사람에 대한 소문을 퍼트리거나 거짓말하기 등이 포함된다. 관계적 · 심리적 괴롭힘은 3세 정도의 초기 유아기부터 시작된다(Ostrov, Woods, Jansen, Casas, & Crick, 2004). 관계적 괴롭힘은 나쁜 소문 퍼트리기, 사회집단으로부터 고의로 소외시키기 등 다른 아동에게 고의로 해를 주거나 또래관계에 손상을 입히기 위해 사회적 관계를 이용해 괴롭히는 것을 의미한다. 관계적 괴롭힘은 여아들이 더 많이 사용하지만 남아와 여아 모두 마음을 상하게 하는 괴롭히기를 한다(Rigby, 2002).

또한 친사회적 행동의 박탈이나 거부하기도 또 다른 특성으로 여겨지는데, 도움을 받아야 하거나 사회 · 정서적 어려움에 직면해 있을 때, 또는 친구를 사귀어야 할 때, 또래들이 고의는 아니지만 이를 해결하는 데 실질적인 도움을 주지 않고 정서적 지원도 하지 않으며 그대로 두는 것을 말한다.

어린 유아들은 직접적으로 괴롭히는 형태, 즉 언어적으로 "나 너 싫어."라고 말하는 등의 형태를 주로 사용하고, 학령기 아동들은 간접적으로 괴롭히는 사회적 기술을 사용할 수 있기 때문에 은근히 따돌리는 등의 행동을 한다. 괴롭힘은 만 6~13세 사이의 학령기 아동에게서 가장 많이 나타나는 것으로 알려져 있다(Finkelhor, Turner, Ormrod, & Hamby, 2009). 그러나 **유아기에도 또래 괴롭힘과 따돌림이 존재**한다. 스웨덴의 연구에서는(Kirves & Sajaniemie, 2012) 만 3~6세의 유아 6910명 중 7.1%가 괴롭힘 행동을 경험한 것으로 나타났고 학령 전 아동의 18%가 괴롭힘의 표적이 되고, 17%의 아동이 다른 사람을 괴롭힌다는 연구결과도 있다(Alsaker & Valkanover, 2001; Crick et al., 1999). 또한 국내의 연구에서도 연구대상 유아 중 8~13%의 유아들이 괴롭힘에 관련되어 있음이 보고되었다(Lee, Smith, & Monks, 2016). 또한 한국교육개발원(2012)의 연구에서도 따돌림 현상은 최근 점차 증가하고 있으며 동시에 **저연령화** 되고 있는 것으로 나타났다.

(2) 괴롭힘·따돌림의 특성

① 괴롭히거나 따돌리는 아동[1]의 일반적인 특징

괴롭히는 아동은 자신보다 더 약한 또래에게 힘을 휘두르는 특성이 있다. 그중 어떤 아동들은 열등감과 불안정감을 갖고 있는 경우가 있는데, 이러한 감정을 숨기고 다른 아동을 지배하기 위해 공격성을 사용한다. 이들은 공격성과 공격적인 힘에 가치를 두고, 공격적인 행동으로 자신이 원하는 것을 얻는 것이 정당하다고 생각한다(Horne et al., 2004). 이 아이들은 공격적이고 충동적이며, 힘이 세고 거칠고 지배적인 특성을 보인다. 규칙을 잘 지키지 않으며 성인에게도 공격적이고 반항적이다. 반면, 의사소통을 잘하고, 유머가 있는 편이며, 언어적 반응이 빠른 편이다. 최근

---

1) 이 절에서는 아동이라는 용어를 사용하였다. 괴롭힘과 따돌림은 주로 3세부터 시작되어 학령기 아동들에게서 주로 나타나는 특성을 가지고 있기에 3~5세 유아가 아닌 아동으로 포괄하여 사용하였다.

의 연구에서는 이러한 아동이 타인의 마음을 이해하고 조정하는 진보된 능력인 마음이론과 사회인지를 갖고 있다고 보고하였다(Sutton, Smith, & Sweetenham, 1999). 이러한 능력은 간접적인 괴롭히기에서 중요하게 사용되는 능력이다. 그러나 이들이 타인은 마음을 잘 이해한다고 해도 감정이입을 하거나 자신의 행동으로 인한 다른 사람의 고통이나 불편함을 걱정하지 않고(Olweus, 1993) 오히려 즐기기도 한다(Rigby, 2002).

또래 괴롭힘이 시작된 원인과 이유와는 상관없이 유아기와 초등학교 저학년 시기에 괴롭힘이 교정되지 않으면 행동양식으로 굳어지게 되며, 중 · 고등학교에 이르러 비행과 학업의 실패로 나타난다(Troop-Gordan & Ladd, 2005). 이러한 아동은 성인이 되어서 반사회적이고 파괴적인 행동을 할 가능성이 높다.

② 괴롭힘과 따돌림의 대상이 되는 아동의 일반적인 특징

괴롭힘의 대상이 되는 아동들은 공통적으로 조심스럽고 민감하고 조용하고 배척당하며 수동적이고 유순하고 수줍어하고 불안 및 근심이 있는 특성을 보인다(Olweus, 1993). 언어능력이 제한되어 있고, 사회적 기술이 별로 없는 편이며, 사회적으로 고립되고 신체적으로 허약한 편이다. 이들은 정서적으로 또래보다 낮은 자아존중감을 갖고 있고, 더 우울하고, 외롭고, 불안감이 높은 특성을 보인다. 이들 중 대부분은 소극적인 피해자로서 적대적 반격을 시도하지 않고 자신의 권리를 주장하지 못한다.

이들 중 일부는 **유발적 피해자**(provocative victims)라 불리는데 쉽게 울거나, 고의가 아닌 농담이나 놀림을 언어적 공격성으로 잘못 해석하여 공격적인 반응을 한다(Toblin, Schwartz, Hopmeyer Gorman, & Abou-ezzeddine, 2005). 그렇기 때문에 원인과 상관없이 피해 아동의 비효율적인 반응이 가해 아동의 행동을 강화하여 공격성이 지속되기도 한다. 피해 아동의 비효율적이고 화를 유발하는 행동으로 공격성을 도발시키게 되면, 피해 아동은 다른 아동으로부터 '그런 공격을 받을 만하다'라고 여겨진다(Society for Adolescent Medicine, 2003). 또래들은 피해 아동을 자신이 원하는 것을 얻을 수 있고 쉽게 이용할 수 있는 사람으로 생각하는 경향이 있다. 따라서 이들은 만성적인 피해 아동이 되는데 미국의 경우 아동기 초, 중반까지 80%의 아동이 또래 괴롭힘을 경험하는 것으로 추정하며, 이중 10~15%가 만성적인 피해자가 된다고 한다(Craig et al., 2009). 또래 괴롭힘의 피해를 겪게 되는 것은 만 3세 정도에 시작되고 이러한 경험이 지속된다면 8, 9세경에는 만성적인 피해자가 되기도 한다(Pepler, Smith, & Rigby, 2004).

이러한 아동들은 부모와 불안정한 애착을 형성하거나, 분리불안의 문제 및 새로운 환경을 탐색하는 데 어려움을 갖고 있다. 부모들은 과잉보호하는 경향이 있고, 아동의 생각과 느낌을 통제하거나 강압적, 권위적인 훈육을 하는 경향이 있다(Card & Hodge, 2008).

다음은 유아들에게 따돌림을 당하는 경우를 제시하였다.

- 지나치게 경쟁적이거나 영리해서 친구들을 이용하거나 독단적인 경우: 유아가 또래에 비해 발달이 빨라서 또래들을 이용하는 경우가 있거나 혼자 마음대로 하려는 경우가 있으면 다른 유아들로부터 배척을 당하기도 한다.
- 공격성, 통제되지 않은 충동성: 또래와 함께 놀이하기 어려운 수준의 공격성을 보이거나 충동적으로 하는 행동이 빈번해서 놀이의 흐름을 끊거나 긍정적인 상호작용을 하지 못하는 경우다.
- 전체 집단의 유아들과는 다른 흥미나 성향: 놀이집단을 형성한 유아들이 공유하고 있는 흥미나 놀이 내용에 동조하지 못하고, 자신만의 강한 흥미를 따라 놀기를 원하거나 함께 어울리지 못하는 성향을 보이는 경우다.

(3) 관찰 방법

또래를 따돌리는 행동을 지도하기 위해서 교사는 주의 깊게 관찰하여 지도하는 데 사용할 정보를 얻도록 한다. 다음과 같은 질문을 통해 관련 정보를 수집한다.

• 반에서 누가 또래 괴롭힘이나 따돌림의 표적이 되는가?

• 주로 어떤 유아가 따돌리는 리더가 되는가?

• 또래 괴롭힘이나 따돌림을 당하는 유아의 반응은 어떠한가?

• 또래 괴롭힘이나 따돌림을 한 후 어떤 결과가 나타났는가?(가해 · 피해 유아 모두)

2) 현장에서의 지도 방안 및 교육 활동

(1) 지도 방안

① 유아교육기관 차원의 접근으로 지도방향을 세운다

괴롭힘을 없애기는 매우 어렵지만 빈도와 기간을 줄이는 방법을 찾는 것은 피해 아동을 지원하는 데 큰 차이를 만들어 낸다(Ladd & Ladd, 2001). 이를 위해서는 교육기관 전체적으로 접근하는 것이 중요하다. 즉, **학교 차원의 접근**(whole-school approach)으로 불리는 괴롭힘 방지 지도 방향은 환경을 재구성하여 괴롭히기의 기회를 줄이고 괴롭히기에 대한 처벌을 줄이며 긍정적인 행동을 더욱 강화시키는 것이다(Olweus, 1993). 구체적으로 행정가, 교사, 아동, 부모, 통학버스 운전기사, 상담사, 간호사, 사무직원 등이 모두 함께 하는 학교차원의 접근으로 학교 환경의 모든 인적 구성원이 괴롭힘을 줄이고 예방하는 데 힘을 모은다.

② 학급차원에서는 교사가 유아와 함께 협력적이고 반응적인 관계를 갖도록 하고, 괴롭히기에 대한 명확한 한계와 규칙을 정한다

학급에서 용납할 수 없는 행동에 대한 명확한 한계설정은 학급의 모든 유아가 함께 설정하고 지키도록 지원한다. 규칙을 정하기 위해 교사는 괴롭히기가 무엇이고, 왜 규칙이 중요하며 안전하고 모두 행복한 교실이 되기 위해 무엇을 할 수 있는지에 대해 유아들과 이야기 나눈다. **학급에서 정할 수 있는 규칙**에 대해 Olweus(1993)은 다음과 같이 제안하였다.

> ✋ 우리는 다른 유아를 괴롭혀서는 안 된다.
>
> ✋ 우리는 괴롭힘을 당하는 유아를 도와주도록 노력해야 한다.
>
> ✋ 우리는 쉽게 소외되는 유아와 함께 할 수 있도록 해야 한다.

③ 교육과정 및 교육 활동에 괴롭힘에 대한 문제를 지속적으로 통합하여 다룬다

생활지도는 어떤 특정한 시간에만 하는 것이 아니라 유아의 일상생활 속에서 지속적으로 다루는 것이다. 괴롭힘 또한 마찬가지로서 특히 토론과 이야기 나누기 주제로 적합하다. 괴롭히기와 관련된 연령에 적합한 생활동화를 이용하여 교육 활동을 전개하는 것이 적절하다. 역할놀이, 동극 등의 주제로 내어 주어 괴롭힘을 반대하는 것에 대한 메시지를 확장하고 강화할 수 있다.

(2) 교육 활동

○ **활동명**   고립행동 관련 그림책 읽고 이야기 나누기

○ **활동 목표**   다른 친구들과 사이좋게 놀이하는 방법에 대해 이야기할 수 있다.

○ **대상 연령**   만 3세 이상

○ **활동 자료**   『넌 왕따가 아니야!』(도리서 레허 저, 2007, 웅진주
니어)

○ **동화 내용**

주인공인 박쥐 블라딘은 다른 박쥐들에게 놀림과 괴롭힘을 당한다. 괴롭힘을 물리치기 위해 꾀를 내고 검은 고양이 토토의 도움으로 그 계획이 성공을 해서 친구들과 다시 잘 지내게 된다.

○ **활동 방법**

1. 유아들과 함께 그림책을 읽어 본다.

2. 그림책의 내용을 잘 이해했는지 질문을 통해 확인해 본다.

　－다락방에 사는 모든 박쥐가 모펠을 좋아하는 이유는 무엇인가요?

　－박쥐 블라딘은 아무도 좋아하지 않아요. 그 이유는 무엇일까요?

　－토토에게 잡아먹힐 모펠을 구해 주는 블라딘의 행동을 보고 어떤 생각이 들었나요? 나라면 어떻게 할까요?

　－내 주위에 블라딘과 같은 친구가 있다면 어떻게 할까요?

3) 괴롭힘 · 따돌림의 사례와 지도 방법

(1) 괴롭힘의 사례

유아 이름　동현

유아 연령/성별　만 4세 / 남아

동현이는 매우 활동적인 만 4세 남자아이다. 육아문제로 휴직 중인 어머니는 산만한 동현이에 대해 걱정이 많다. 동현이는 친구들에게 관심이 많은 편이지만 관심 표현의 방법으로 때리고, 잡아당기고, 밀어서 넘어뜨리고, 놀리는 등의 공격적인 행동을 자주 한다. 이야기 나누기 시간에 동현이는 의자에 앉아서 몸을 계속해서 옆으로 흔들고, 발로 앞에 앉은 친구를 민다. 앞에 앉은 친구가 "하지 마~"라고 짜증을 내자, 동현이는 웃으면서 더 재미있어 하며 친구를 민다. 친구가 선생님에게 이야기하면 바로 바른 자세로 앉은 다음 선생님의 눈치를 살핀다. 선생님이 눈길을 다른 곳으로 돌리면 얼른 선생님께 이른 친구를 주먹으로 때린다. 선생님은 동현이로 인해 다른 친구들이 괴롭힘을 당해서 동현이에게 주의를 주고 다른 친구들이 마음 상하고 힘들어하는 것에 대해 이야기를 나누지만 이야기할 때뿐이고, 동현이는 곧 친구들을 다시 괴롭히기 시작한다.

〈함께 토의하기〉

• 동현이의 행동 특성은 어떠한가?

• 동현이의 상호작용 기술은 어떠한가?

• 동현이를 위한 행동지도의 방향은 어떻게 설정해야 할까?

(2) 따돌림의 사례 1

유아 이름 여름

유아 연령/성별 만 4세 / 여아

사례 1) 놀이시간에 여름이가 서인이랑 놀고 싶어서 자꾸 서인이를 쫓아다녔다. 여름이는 서인이의 손을 잡으려고 하였다. 하지만 서인이는 "선생님, 저는 여름이랑 놀고 싶지 않은데 여름이가 자꾸 나랑 놀자고 해요."라고 하였다.

사례 2) 사진관으로 견학을 가는 버스 안에서 여자아이들끼리 서로 손을 뻗어 손잡는 놀이를 하였다. 여름이도 친구들의 손을 잡으려고 손을 길게 뻗었지만 아무도 여름이의 손을 잡아 주지 않고 각자 다른 친구의 손만 잡으려고 하였다.

사례 3) 간식시간에 여름이와 희연이가 같이 앉아서 간식을 먹다가 싸웠다. 이유를 물어보니 여름이는 "희연이가 주먹으로 때리려고 했어요."라고 말했다. 그래서 희연이에게 이유를 물어보니 "제가 이야기하는데 여름이가 귀를 막았어요."라고 말했다. 먼저 여름이에게 친구가 말할 때 귀를 막아야 하는지 아니면 잘 들어 주어야 하는지 물어보았지만 여름이는 대답하지 않았다. 그래서 "만약 여름이가 이야기하고 있는데 희연이가 귀를 막으면 기분이 어떨 것 같니?"라고 물어보니 기분이 나쁠 것 같다고 대답했다. 그래서 다시 "그럼 친구가 이야기할 때는 어떻게 해야 할까?"라고 물어보니 "잘 들어 주어요."라고 대답했다. 희연이에게는 "친구가 희연이의 기분을 나쁘게 했다고 해서 친구를 때리려고 한 것은 어떤 행동일까?"라고 물어보니 희연이는 나쁜 행동이라고 답했다.

〈함께 토의하기〉

• 여름이의 행동 특성은 어떠한가?

• 여름이의 상호작용 기술은 어떠한가?

• 여름이를 위한 행동지도의 방향은 어떻게 설정해야 할까?

〈지도 방법〉

여름이는 친구들과 함께 놀고 싶어 한다. 그러나 아직 자기중심적인 사고를 하기 때문에 친구들의 감정을 고려하지 못한 채 손을 강제로 잡으려고 하거나 쫓아다니는 모습을 보인다. 이러한 사례를 통해 볼 때 여름이는 상호작용 기술이 부족한 면이 있다.

• 다른 사람의 감정과 상황을 생각해 볼 수 있도록 하는 조망수용능력을 기르도록 지도한다. 사례 3에서 여름이는 친구가 이야기할 때 귀를 막는 모습을 보였다. 친구가 이야기할 때는 어떻게 들어 주어야 할까에 대해 물어보았지만 여름이는 대답을 하지 못하였다. 그러나 친구가 여름이에게 같은 행동을 했다면 어땠을까에 대해 물어보았을 때는 기분이 안 좋았을 것이라고 대답했다. 따라서 여름이는 자신이 그러한 상황이 되었을 때 어떨지를 설명하면 이해하는 것으로 보아 갈등상황에서 여름이가 친구의 입장을 충분히 이해할 수 있도록 설명하면서 교사가 지도하는 것이 중요하다.

• 다른 사람의 감정을 생각하면서 자신의 감정을 표현하도록 지도한다. 여름이는 친구들이 귀찮아하는데도 계속 친구에 대한 호감을 강하게 표현하는 것에 대한 문제를 갖고 있다. 만약 친구가 여름이의 표현방식에 대해 싫어하고 귀찮아한다면 다른 사람의 표현을 제대로 이해하고 어떤 감정인지 인식하고 이를 존중하도록 하는 것이 먼저 지도되어야 한다. 이에 대해 가정에서도 여름이가 싫어하면 안아 주거나 뽀뽀하거나 하는 행동을 하지 않도록 가정연계로 함께 지도하도록 한다. 그 후 자신의 감정을 적절한 방법으로 표현하도록 지도해 준다.

(3) 따돌림의 사례 2

유아 이름 채원

유아 연령/성별 만 4세 / 여아

사례 1) 모든 유아는 바깥으로 산책을 가려고 화장실을 다녀온 후 신발을 신고 있었다. 채원이가 내게 다가와 "선생님, 은혜랑 제이는 저랑 항상 같이 노는데 오늘 계속 저 둘이서만 놀려고 해요."라고 이야기한다. 그 이야기를 들은 나는 채원이와 같이 제이와 은혜에게 다가가 "은혜야, 제이야, 왜 채원이랑 같이 안 놀아?"라고 물었다. 그 둘은 서로 손만 꼭 잡은 채 대답이 없다. 그 후 제이와 은혜는 둘이서만 손을 꼭 잡고 걸어갔다. 채원이가 그 옆에서 쫓아가도 그 둘은 채원이를 무시하고 둘이만 걸어갔다.

사례 2) 바깥놀이 시간에 채원이, 수민, 지우, 혜경이가 역할놀이 집에 모여 있다. 그 모습을 보고 무엇을 하나 다가가 "얘들아, 뭐하고 있어?"라고 물었다. 수민이와 지우가 "선생님, 채원이는요, 자기가 하고 싶은 것만 하고요. 우리는 못하게 해요."라고 이야기한다. "무엇을 못하게 하는데?" 하고 물으니 "채원이가 자기가 정해 준 것만 해야 된대요. 전 그거 하기 싫은데……."라고 이야기한다. 그래서 이번에 "채원아 애들이 하고 싶은 것을 네가 못하게 해서 속상하대. 왜 친구들이 하고 싶은 것을 못하게 했어?"라고 물었다. 채원이는 "원래 여기는 저랑 제이 공주랑 은혜 공주가 먼저 놀던 집이었는데 은혜랑 제이가 다른 데로 가서 제가 여기에서 최고 공주예요. 그러니깐 얘네들은 제 말을 따라야 해요."라고 이야기한다. "그럼 애들이 하고 싶은 것을 하도록 해 주는 것은 어떨까?"라고 하니 "싫어요! 얘네들은 제가 정해 주는 것만 해야 해요."라고 대답한다. 그러자 몇 명의 애들이 "나 그럼 다른 거 하고 놀래" 하고 역할놀이 집을 떠난다. 남아 있던 유아들도 채원이가 정해 주는 역할로 놀이하지 않고 다른 유아들과 이야기 나눈다. 채원이는 계속해서 "나는 ~공주야" 하며 역할놀이 집을 서성인다.

〈함께 토의하기〉

• 채원이의 행동 특성은 어떠한가?

• 채원이의 상호작용 기술은 어떠한가?

• 채원이를 위한 행동지도의 방향은 어떻게 설정해야 할까?

〈지도 방법〉

채원이는 유아들로부터 놀이에서 혹은 짝을 만드는 중에 소외되거나 무시당하는 따돌림을 경험하고 있다. 채원이는 사례 2와 같이 자기가 하고 싶은 행동만 하고 유아들에게 지시하는 행동을 좋아하는 특성을 보인다. 또한 채원이는 유아들에게 무시당하거나 소외되면 스스로 그것을 해결하지 못하고 교사를 찾아 교사가 해결해 주기를 바란다.

• 채원이가 사회적 기술을 배울 기회를 제공한다. 교사는 채원이가 다른 유아들과 잘 지내기 위해 타인을 배려하기, 다른 유아의 감정 느끼기 등의 사회적 기술을 배울 기회를 제공하는 것이 필요하다. 예를 들어, 채원이의 상황과 비슷한 내용을 담은 동화를 읽고 관련 교육 활동으로 제공하는 것이다. 하루 평가 시간과 같은 하루를 돌아보는 시간에 규칙을 지키지 않거나, 바람직하지 않은 행동을 했을 때 느낀 감정을 함께 나누는 기회를 제공한다.

• 갈등 상황에서 어떤 방식으로 이야기하고 어떻게 안전하게 자신의 부정적인 감정을 표현하는지 알려 준다. 채원이는 갈등상황에서 문제를 어떻게 해결해야 할지 모르는 모습을 보여 주기 때문에 어떻게 이야기하고 행동해야 하는지를 구체적이고 적극적으로 지도해야 한다. 이때 유아가 느끼는 감정을 솔직하게 다른 유아에게 이야기할 수 있도록 지도한다.

13

정서 관련 문제행동 지도

유아의 정서 표현은 연령이 높아짐에 따라 점차 분화된다. 기본적인 정서는 출생 시부터 존재하지만, 아직 분화가 충분히 이루어지지 않은 상태다. 영아는 기쁨, 분노, 슬픔, 두려움, 놀람, 호기심과 같은 **일차 정서**를 경험하고 표현하게 되고, 2세경에는 수치심, 죄책감, 자부심과 같은 **이차 정서**를 보이게 된다(임은미 외, 2013). 자신의 정서를 인식하는 과정과 타인의 정서를 인식하고 해석하는 능력은 유아가 발달하면서 증가하게 되고, 이와 더불어 유아는 자신의 정서를 더 잘 조절할 수 있게된다. 유아는 정서를 조절하는 방법을 배우면서 다른 사람과 효율적인 상호작용을 하게 된다(정옥분, 2006). 그러나 원만한 정서 발달을 이루지 못하고 어려움을 겪는 유아를 위해서는 교사의 각별한 관심과 지도가 요구된다. 유아기 정서는 개인적 기질, 주 양육자와의 애착관계, 부모의 양육 태도에 영향을 받으므로 여러 요인을 고려해서 이해해야 한다(보건복지부, 육아정책연구소, 2013).

이 장에서는 유아의 정서와 관련된 문제행동을 어떻게 지도할 것인지에 대해 알아보고자 한다. 유아교육기관에 다니는 영유아들이 보이기 쉬운 자주 우는 행동,

수줌음, 화내는 행동, 자신감 부족의 원인과 사례, 지도 방법, 지도활동을 통해 교사가 유아의 건강한 정서 발달을 돕는 방법에 대해 학습할 수 있다.

1. 자주 우는 행동

1) 자주 우는 행동의 이해

(1) 정의 및 특성

영아기의 울음은 매우 중요한 의사소통 방법이다. 언어로 배고픔, 피곤함, 무료함을 표현할 수 없는 영아는 울음으로 자신의 요구와 감정을 표현하게 된다. 점차 언어를 습득하게 되면서 유아는 감정을 조절하는 것을 배우고 울음이 아닌 자신의 욕구를 전달하는 다른 방법을 찾아내게 된다. 4, 5세가 지나도 무엇인가 필요한 것이 있을 때 우는 방법으로 자신의 의사를 표현하는 유아는 지도가 필요하다.

울음으로 자신의 요구를 표현하는 유아

(2) 원인

① 발달 특성

언어발달이 늦거나 자기 의사를 언어로 표현하는 것이 더딘 유아의 경우 감정을 표현하는 방법이 서툴기 때문에 도움을 청하는 방법이나 의사소통을 하기 위해 울음으로 대신 표현하게 된다.

② 양육 태도

부모가 지나치게 권위적이거나 허용적일 경우, 유아는 자기통제를 발달시키지 못하고 울음으로 자신의 요구를 표현할 수 있다. 유아기 정서발달에 있어서 영유아와 부모의 정서적 상호작용은 매우 중요한데 부모가 자녀의 감정을 이해하고 공감하는 양육 태도를 보여 주지 못한 경우 잘못된 행동을 학습하기도 한다.

감정과 요구를 말로 표현할 수 있는 나이가 되어도 우는 것으로 의사 표현을 하는 유아는 지나치게 허용적인 부모가 울기만 하면 유아의 요구를 언제나 받아 주는 환경에서 양육해서 그럴 수도 있다. 큰 목소리로 울어 대는 유아는 성인의 관심을 받게 된다. 많은 형제자매 가운데에서 부모의 분산된 애정을 받고 싶어 하는 유아는 주위 사람의 시선을 끌기 위해 울어 대는 경우가 있다. 그렇게 함으로써 자신이 원했던 관심과 주의집중을 성공적으로 받게 되면 유아의 우는 행동은 강화되고, 유아는 이 행동을 되풀이하게 된다(김진호, 이병래, 이덕희, 2009).

③ 환경의 변화

유아가 최근 들어 비교적 자주 우는 경우에는 유아의 생활환경상 변화가 그 원인이 되는지를 살펴보아야 한다. 동생의 출생, 가족의 죽음, 부모의 이혼, 가족원의 질병 등 유아의 주위 환경에서 일어날 수 있는 변화로 인해 유아가 긴장을 경험해서 자주 울 수도 있기에 가정과의 협력을 통해 유아의 환경 변화에 관심을 기울여야 한다.

④ 건강 상태

영아의 경우에는 특히 자신의 신체적 고통을 언어로 표현하기가 어려워 울 수도 있다. 습관적으로 우는 영유아에게 신체적 문제나 건강 및 질병의 원인으로 우는 것은 아닌지 소아과 의사의 검진을 받게 하고 영유아의 상태나 욕구를 살피고 반응해야 한다.

(3) 관찰 방법

유아의 우는 행동을 관찰하기 위해서 빈도 사건표집법을 이용하여 유아를 일주일 정도 관찰하면서 객관적으로 빈도를 기록한다.

빈도 사건표집법		
관찰 유아: 송현재	생년월일: 2016년 6월 12일	(남 / ⑥)
관찰일: 2020년 9월 21일~25일	관찰시간:	
관찰자: 담임교사 한단비		
관찰행동: 현재의 우는 행동		

요일	우는 행동	계
9월 21일(월)	//////	6회
9월 22일(화)	////	4회
9월 23일(수)	///	3회
9월 24일(목)	///	3회
9월 25일(금)	//	2회
요약 및 해석	빈도를 기록하기 전에는 현재가 하루 종일 운다고 생각했으나, 기록해 보니 객관화할 수 있었다. 현재는 특히 월요일이 우는 빈도가 높음을 알 수 있었다.	

[그림 13-1] 빈도 사건표집법을 활용한 객관적 관찰

2) 현장에서의 지도 방안 및 교육 활동

(1) 지도 방안

① 관심을 끌기 위한 울음은 무시하고, 울지 않을 때 칭찬해 주기

유아는 처음 울음이 무시되면 평소보다 더 크게, 오래 울 수 있지만, 인내심을 가

지고 기다리고 유아가 울음을 그치는 즉시 유아에게 가서 관심을 보이고 교사가 얼마나 기쁘게 생각하는지 알려 준다.

② 울어도 해결되지 않음을 알게 해 주기

유아가 울음으로 문제를 해결하고 원하는 결과를 얻고자 할 때 유아에게 울어도 문제가 해결되지 않음을 경험하게 하여 우는 행동을 포기하게 한다.

③ 안정될 때까지 기다려 주기

우는 행동을 보일 때 교사는 유아 옆에서 우는 행동을 그대로 읽어 주지만, 울어도 문제가 해결되지 않음을 온화하고 낮은 목소리로 지속적으로 이야기해 준다. 이때 유아가 우는 이유를 교사가 알 수 있더라도 유아가 이야기하기 전에 미리 언급해서는 안 된다. 유아가 우는 행동을 수용하지 못해서 울기를 중지하도록 하는 것은 오히려 유아의 우는 행동을 강화할 수 있다.

④ 울음을 그치고 대안을 찾도록 돕기

유아가 속상한 마음을 말로 표현하도록 가르치고, 유아가 원하는 것이나 해결하고 싶어 하는 문제에 대해 명확히 이야기 나누고 우는 것 말고 대안을 찾아 그중 유아가 하고 싶은 일을 선택할 수 있게 도와줄 수 있다.

⑤ 가정과의 연계

유아가 가정에서 언제 우는지, 울기 전에 무슨 일이 있는지 등에 대해 상담을 한다. 부모님이 유아가 조용히 말로 요구할 때는 모른 척하다 울고 떼를 쓸 때 관심을 주지는 않는지, 혹은 유아가 울 때 부모가 허용적인 양육 태도를 보이는 것은 아닌지 등을 살펴보고 부모의 태도가 먼저 바뀌어야 유아의 행동이 달라질 수 있음을 알려 준다(보건복지부, 육아정책연구소, 2013).

(2) 교육 활동

○ **활동명**   우리 가족의 기분은?

○ **활동 목표** 가족의 감정에 대해 이야기하면서 다양한 감정이 전달하는 의미를
이해하고 가족의 감정을 인식하며 행동할 수 있다.

○ **대상 연령** 만 3세 이상

○ **활동 자료** 그리기 도구

○ **활동 방법**

1. 가족이 언제 슬픈지를 아이와 함께 이야기한 후 그림으로 표현해 보도록
한다.

   −아빠는 어떨 때 기분이 좋았지?

   −어떨 때 기분이 나쁘니?

   −왜 슬퍼졌을까?

   −아빠가 속상했을 때를 그려 볼래?

2. 가족의 슬픔을 달래기 위해 어떤 노력을 했는지도 이야기해 보도록 한다.
이 과정에서 유아는 다른 사람을 기분 좋게 하는 방법을 이해할 수 있다.

   −아빠가 기분이 좋지 않으면 너는 기분이 어떠니?

   −아빠가 기분이 좋지 않을 때 아빠의 기분을 좋게 해 드리려고 너는 어떻
   게 하니?

   −그렇게 하면 아빠의 기분이 좋아지시니?

○ **활동명**　울지 않고 마음 전달하기 (동화 읽고 이야기 나누기/역할극)

○ **활동 목표**　자신의 감정을 언어로 표현할 수 있는 능력을 가질 수 있다.

○ **대상 연령**　만 3세 이상

○ **활동 자료**　『울보 코끼리: 울지 않고 마음 전달하기』(길지연 저,
　　　　　　　정지예 그림, 2014, 한국헤밍웨이)

○ **동화 내용**

세 남매 중 막내 코끼리는 모든 것을 울어서 해결하려고 하는 울보였다. 아침
에 일어날 때도 울고 조금만 마음에 들지 않아도 무조건 운다. 울보 코끼리 때
문에 애를 먹던 코끼리 가족은 꾀를 내어 막내의 버릇을 고쳐 놓았다.

○ **활동 방법**

1. 유아들과 함께 동화책을 읽어 본다.

2. 막내 코끼리가 울 때 코끼리 가족의 마음은 어땠는지 이야기 나눈다.

3. 동화 내용을 회상해 보면서 막내 코끼리가 어떻게 이제 말로 표현하게 되
   었는지에 대해 이야기 나눈다.

3. 언니 코끼리와 엄마 코끼리가 울었을 때 어떤 기분이 들었는지에 대해 이
   야기 나눈다. "막내 코끼리는 어떤 기분이었을까?"

4. 인형을 두 개 준비해서 역할놀이를 해 본다. 이때 교사는 우는 아이의 역할
   을 맡고, 유아에게 우는 아이를 달래는 역할을 하게 한다. 역할놀이를 마친
   후 유아들끼리 놀이해 볼 수 있게 인형을 제공한다.

3) 자주 우는 행동의 사례와 지도 방법

(1) 자주 우는 행동의 사례 1

기관 어린이집
교사 경력 2년차
유아 5세 남아 원진

대집단 활동시간에 맨 앞에 앉아 있던 원진이가 활동을 시작하자마자 울기 시작하였다. 왜 우는지 물으니 그냥 머리가 아프다고 하였다. 그래서 쉬고 싶은지 물으니 그건 싫다고 하였다. 머리를 쓰다듬어 준 후 원진이는 자리로 돌아갔다. 그런 후 노래가 나오고 율동이 시작되었지만 원진이는 다시 울음을 터뜨렸다. 원진이를 데리고 교실 밖으로 나가서 진정하게 하고 왜 그런지 다시 물었으나 대답이 없었다. 선생님은 "원진이를 도와주고 싶어서 물어보는 거야."라고 이것저것 물었으나 "아니에요."라는 대답만 하였다. "갑자기 울고 싶을 때도 있는 거란다."라고 이야기하고 안아 준 후 교실로 들여보냈다. 교실에서는 미술이 시작되었다. 미술 도구를 나누어 준 후 한번 해 보려 하였는데, 원진이는 다시 얼굴을 찡그리며 울려고 하였다. 다시 원진이에게 "왜 울어?" 하고 물어보니 우는 소리로 무어라 대답하였다. 원진이의 말을 들은 후 교사는 미술을 잘하지 못할 것 같아서 그러냐고 다시 물으니 그때서야 원진이가 고개를 끄덕였다.

〈지도 방법〉

원진이는 자기 감정을 말로 표현하는 데 어려움이 있다. 그래서 일단 울음으로 감정을 표현한다. 원진이가 원하는 것, 해결하고 싶은 문제를 말로 명확하게 이야기할 수 있도록 도움을 주어야 한다.

- 교사는 감정을 말로 표현하도록 돕는다. "원진이가 왜 갑자기 눈물이 났을까? 선생님이 기다려 줄 테니 원진이가 잘 생각해 보고 선생님에게 말로 이야기해 주렴."
- 나-메시지(I-message)를 사용한다. "자꾸 울지마." "그만 뚝 그치자."라고 종용하기보다는 "원진이가 이렇게 계속 울기만 하면, 선생님이 너무 속상해. 선생님이 무엇을 어떻게 도와

줘야 할지 모르기 때문이야." 라고 교사의 감정을 말로 표현하여 모델링을 보여 줄 수 있다.
• 울음을 그쳤을 때 격려해 준다. "원진이가 울음을 그쳤네. 힘들었을 텐데 울음을 뚝하고 그
  쳤어요." 하고 손으로 등을 토닥여 준다.

(2) 자주 우는 행동의 사례 2

기관 유치원
교사 경력 4년차
유아 만 4세 남아 상우

조형 영역에서 명석이가 "선생님! 상우 또 울어요."라고 소리친다. "상우 울어요."가 아닌
"또 울어요."다. 심하다 싶을 정도로 자주 그것도 길게 우는 상우. 이제는 무슨 일로 우나
궁금하지도 걱정도 되지 않을 정도까지 되었다. 그래도 나는 교사임을 다시 스스로 상기
시킨 후 "상우야. 왜 우는데?" 하고 물어보니 "인영이가 나만 안 만들어 줘요." 하고 계
속 운다. "상우야. 이건 울 일이 아니라 상우가 조금만 기다리면 되는 거야. 아니면 선생
님이랑 같이 할까?" 그러자 아니라고 대답하더니 안 울면서 무어라 중얼거리고 있어 옆
으로 다가갔더니 손으로 눈물을 닦는 다른 영역의 영이와 준호가 있는 쪽으로 자리를
옮긴다. 자리를 옮겨 잘 놀고 있는 줄 알았는데 계속 자리를 옮겨서 계속 운다. 왜 우냐고
물으면 잠시 눈물을 닦는 눈을 피해서 우는 것이다. 정말 아무것도 아닌 일에 속상해하
며 울고 상우 어머님과 이에 대해 상담을 하였으나 어머니께서는 오히려 아직 어리니까
괜찮다고 말씀을 하신다. 내가 너무 민감하게 반응을 하는 건지, 상우의 울음을 참지 못
하는 건지 생각해 보게 된다.

(유치원 만 4세반 교사 저널)

〈지도 방법〉

상우는 같은 반 친구들이 울지 않을 만한 사소한 일에도 자주 눈물을 보인다. 성인인 교사가 보기에는 울 일이 아니라고 생각이 들더라도 유아의 감정을 부정하지 말고 유아의 발달 수준과 눈높이에서 공감해 주는 태도가 필요하다.

- 개별 유아의 기질을 수용한다. 기질적 요인으로 유아가 감정적으로 예민할 수 있으므로 교사는 이를 바꾸려 하기보다는 수용하고 이해하는 것이 유아를 편안하게 대할 수 있음을 인식한다.
- 교사가 모델링을 통해 상황별 감정에 대해 이름 붙이는 것을 알려 준다. "인영이가 상우에게 만들어주지 않아서 속상하구나. 그래서 상우가 슬픈가 보네."와 같이 상황에 맞게 감정을 찾아 이름 붙여 줌으로써 말로 표현할 수 있도록 돕는다.
- 부모와 지속적 상담을 진행한다. 관찰을 통해 유아의 기질이 우는 행동의 원인이 아니라고 판단되면 원인을 찾기 위한 방법으로 유아의 관찰 기록을 부모와 함께 보면서 상우가 우는 행동에 대해 이야기 나누고 유아-부모 관계, 특별한 사건으로 인한 스트레스가 원인인지 알아본다.

2. 수줍음

1) 수줍음의 이해

(1) 정의 및 특성

수줍음은 유아가 주변 환경에 능동적으로 참여하기를 피하려는 시도다. 수줍음이 많은 유아는 낯선 사람을 만나거나 낯선 장소에 갈 때, 그리고 많은 사람 앞에서 말을 할 때 특히 어려움을 경험하게 된다. 부끄러움의 극단적인 예는 낯선 사람을 만나는 상황을 피하기 위해 미리 두려움을 표시하는 것이다. 낯설기 때문에 부모의 뒤에 숨는다든지 울어 버린다든지 하는 행동도 보인다(김충기, 장선철, 2006). 수줍음이 많은 유아는 일반적으로 교사나 또래들과 관계를 형성하고 유지하는 데 어려움이 있고, 수동적이고 자기 권리를 지키지 못하여 타인에게 무시되기 쉽다. 타인과의 관계에서 수줍음으로 인한 위축된 행동은 또래에게 더 잘 지각되어 또래들로부터 관심을 받지 못하거나 거부당하는 등 부작용으로 나타날 수 있다(양명재, 2012). 다른 문제행동에 비해 수줍음을 타는 행동은 유아 자신에게만 해가 되고 교사나 다른 또래들에게 거의 문제를 일으키지 않기 때문에 종종 교사에 의해 강화되기도 한다. 그러나 수줍음은 아동기와 청소년기까지 유지되는 경향이 있어서 이후 발달에서도 지속적으로 사교성, 자아존중감이 낮고 불안감이 높으며 교사에 대한 의존성이 높기 쉽기 때문에 유아기에 지도가 필요하다(Coplan, Parkash, O'Neil, & Armer, 2004).

(2) 원인

① 유전적 원인

미국 하버드 대학교 의대의 Carl Schwartz 박사는 어렸을 때 내향적이고 수줍음을 타던 사람이 자라면서 이를 극복했더라도 내향성을 보여 주는 뇌의 감정중추는 그대로 남아 있다는 사실이 드러났다고 밝혔다. 뇌 속의 감정중추에는 편도체들이 많이 분포되어 있는데, 그중 특정 편도체들이 수줍음과 내향적인 성격 등을 관장하는 것으로 알려져 있다(dongascience.dorga.com).

② 환경적 원인

• 수줍음은 부모, 형제 등 가까운 사람에게서 학습된 행동일 수도 있다. 비록 부모들이 그들의 수줍음을 숨긴다 하더라도 영아들조차 부모의 두려움과 불안감을 얼굴 표정이나 느낌으로 인식하고 이를 학습할 수 있다.

• 외부로부터의 부정적 피드백은 유아의 자존감을 떨어뜨려 지나친 수줍음을 초래할 수 있다. 실제로 어머니가 자녀에게 비난적 태도를 보이고 부정적 발언을 많이 하는 경우나 거부적 양육 태도를 보이는 경우 자녀의 수줍음 정도

가 높았다(박현정, 2013).

- 수줍음은 낮은 자아존중감과 두려움에 기인할 수 있다. 타인에게서 비판을 받고 거절되는 것에 대한 두려움, 사회적 상황에서 적절하게 행동할 수 없을 것 같은 자신감의 결여 등이 수줍음의 원인이 될 수 있다. 따라서 다른 사람으로 부터의 비난의 위험을 회피하려고 참여자보다는 관찰자나 방관자라는 안전한 역할을 선택한다(지성애, 홍혜경, 2001).

(3) 관찰방법

수줍음이 많은 유아를 관찰하기 위해 다음의 양식에 따라 기록해 본다.

■ 유아 행동발달 관찰 기록지 ■											
관찰 유아: _____ 생년월일: _____ (남/여)											
관 찰 자: _____											

관찰일	1회	2회	3회	4회	5회	6회

영역	내 용	1회	2회	3회	4회	5회	6회
행동	1. 자기 의사를 잘 표현하지 못한다.						
	2. 다른 사람과 말할 때 마주 쳐다보지 못한다.						
	3. 다른 사람과 이야기할 때 '예, 아니요'라고만 대답한다.						
	4. 용품(크레파스, 놀잇감)이 없어도 같이 쓰자는 말을 못한다.						
	5. 친구들에게 자기 감정이나 의사를 나타내지 못한다.						
	6. 낯선 사람 앞에서는 말을 못한다.						
	7. 공연히 얼굴을 붉히거나 유난히 수줍음을 탄다.						
	8. 남이 조금만 뭐라고 해도 당황하거나 쩔쩔맨다.						
	9. 어른이 조금이라도 꾸중을 하기만 하면 울기부터 한다.						
	10. 지명을 받았을 때 재촉받고서야 마지못해 일어난다.						
	11. 선생님의 질문에 알면서도 더듬거리거나 말을 하지 않는다.						

[그림 13-2] 유아 행동발달 관찰 기록지

출처: 이정환, 박은혜(1995b).

2) 현장에서의 지도 방안 및 교육 활동

(1) 지도 방안

- 교사는 세심한 관찰을 통해 개별 유아의 구체적인 장점을 찾아 유아의 행동, 태도 등을 찾아 격려한다. 또한 교사가 관찰을 통해 파악한 유아의 장점을 부모에게 구체적으로 이야기해 준다.

- 양육자가 발달에 대한 잘못된 기대나 정보를 갖고 있어 자녀에게 부정적 피드백을 하는 경우 교사는 유아 연령에 적합한 발달 정보를 제공하고, 가정에서도 유아의 장점을 양육자가 관찰을 통해 찾도록 이야기 나눈다(보건복지부, 육아정책연구소, 2013).

- 교사는 유아가 좋아하는 활동이나 쉽게 할 수 있는 활동을 제공하고 유아의 노력을 격려해 준다. 또한 자신이 좋아하는 다른 유아와 공동 작업이나 소집단 활동에 참여하도록 하여 적극적으로 활동할 수 있도록 한다. 예를 들면, 교사의 심부름, 교실에 있는 꽃 화분에 물 주기, 물고기 먹이 주기, 또래에게 필요한 자료 나누어 주기와 같이 유아가 좌절하지 않고 쉽게 할 수 있는 일을 시켜 자신감과 적극성을 길러 주어야 한다.

- 수줍어하는 유아에게는 무엇이든지 해낼 수 있는 슈퍼맨과 같은 영웅이 되어 보는 역할놀이를 적용할 수 있다. 힘 있는 영웅이나 초인 같은 다른 사람이 되게 하는 역할놀이를 통해 수줍어하는 유아들은 거절에 대한 두려움 없이 놀이 활동을 할 수 있다(지성애, 홍혜경, 2001).

- 수줍어하는 유아에게 직접적으로 "너는 수줍음이 많구나." 하고 직접적으로 지적하는 대신 "아직 발표할 준비가 되어 있지 않구나. 선생님은 네가 다음에 발표할 것으로 알게." 하고 대답해 준다. 유아의 수줍음을 다른 유아들 앞에서 지적하면 이 행동이 강화될 뿐이다.

- 심하게 수줍어하는 유아에 대해서는 부모와 함께하는 면담 및 부모교육을 실시하여 유아의 수줍음을 알게 하고 긍정적인 부모-자녀 관계를 유지하도록

지원해야 한다.

(2) 교육 활동

○ **활동명**   수줍음과 용기(동화)

○ **활동 목표** 이 책의 주인공은 낯선 사람과의 만남을 두려워하는 아이, 누가 이름만 물어도 엄마 뒤로 숨는 아이 등 모두 수줍음이 많아 고민인 아이들이다. 하지만 조금씩 용기 내는 연습을 통해 수줍음을 극복할 수 있도록 돕는다.

○ **대상 연령** 만 3세 이상

○ **활동 자료** 『수줍음과 용기』(누리아 로카 저, 마르타 파브레가, 2009, 예꿈)

○ **동화 내용**

어느 날 수빈이는 엄마랑 마트에 갔어요. 그런데 어떤 아줌마가 말을 걸어 왔어요.

"어머나~! 예쁜 아이구나. 이름이 뭐니?" 수빈이는 대답도 못하고 엄마 뒤로 숨었어요. 마음속으로 '수빈이에요.'라고 대답했지만 아줌마의 귀에는 들리지 않았어요. 지훈이는 놀이터에 가도 늘 구석에 혼자 있어요. 다른 아이들과 함께 뛰고 달리며 그네도 타고 싶지만, "나랑 같이 놀래?" 하고 물어볼 용기가 없대요.

이럴 때는 어떻게 하는 것이 좋을까요? 준서는 "싫어."라고 말하는 일이 가장 어렵대요. 그래서 친구들이 자기 간식을 다 먹어도 그냥 내버려 둬요. 싫다고 말하면 친구들이 같이 놀아 주지 않을까 봐 겁이 나거든요.

○ **활동 방법**

1. 유아들과 함께 동화책을 읽어 본다.
2. 동화의 내용을 잘 이해했는지 질문을 통해 확인해 본다.
3. 주인공들의 감정에 초점을 두어 회상해 본다. '수빈이 기분은 어땠을까?'

4. 비슷한 경험을 한 유아가 있는지 질문해 본다. 또 장면을 보며 '내가 이 상황이라면 어떻게 할까?' 하고 생각해 보는 시간을 가져 본다.

5. 어떻게 하면 수줍음을 극복할 수 있는지, 수줍어하는 친구를 도와줄 수 있는 방법에는 어떤 것이 있을지 이야기해 본다.

6. 상황극 활동이나 수줍음을 극복한 주인공들에게 칭찬의 그림편지 쓰기 활동 등을 계획해 볼 수 있다.

○ **활동명**　　게임 도우미

○ **활동 목표**　수줍음이 많고, 게임 활동에 적극적으로 참여하기를 꺼리는 유아를 위해 최대한 부담 없이 집단 활동에 참여할 수 있는 다양한 기회를 제공하고 참여하게 한다.

○ **대상 연령**　만 3세 이상

○ **활동 자료**　볼링핀 등 볼링게임 자료

○ **활동 방법**

1. 볼링게임을 하기 전 하고 싶어 하지 않은 유아를 위해 게임에 참여하는 또래를 응원하는 도우미, 게임을 지켜보는 관객, 게임 후 쓰러진 볼링핀을 세우는 도우미로 정한다.

2. 교사는 게임 도중 도우미 역할을 맡은 유아가 잘 하고 있는지 확인한다.

3. 게임을 마친 후 응원단, 관객, 도우미 역할이 매우 중요한 역할이었음을 유아들에게 알려 준다. "우리 반 볼링시합에 도우미가 되어 준 친구 고마워. 도우미 친구가 핀을 빨리 세워 줘서 게임을 바로 진행할 수 있었어요." 하고 참여한 역할을 인정하고 격려한다. 이런 경험은 대집단 내에서 수줍음이 많은 유아도 조금씩 편안함을 경험하게 되고 좀 더 협동적 활동에 참여할 수 있도록 돕는다(신혜원, 김송이, 이윤선, 2019).

3) 수줍음의 사례와 지도 방법

(1) 수줍음 행동 사례 1

기관 사립유치원
교사 경력 2년차
유아 5세 여아 소람

여섯 명의 유아가 모여 프로젝트 주제에 대한 이야기를 나누고 있다. 한 명 씩 모두 돌아가면서 주제와 관련된 이야기를 하다가 소람이 차례가 되었다. 소람이는 어색한 미소를 띠면서 몸을 뒤틀고 아무 말도 하지 않는다. 다른 유아들이 "야! 김소람! 빨리 이야기해 봐." 하고 다그친다. 소람이는 아무 말 하지 못하고 계속 몸을 비튼다. 참다못한 지훈이가 "야, 우리 지금 너 기다리잖아. 빨리 말하라고!" 하고 말한다. 교사가 "소람아~ 소람이 이야기해 볼까?" 하고 말을 해도 계속 어색한 미소만 띠고 말을 하지 않는다.

〈지도 방법〉
소람이는 학기 초부터 지속적으로 관찰한 결과, 기질적으로 지나치게 수줍어하며 자기 표현이 적으며 새로운 일을 시도하기 어려워한다. 특히 익숙하지 않은 상황에서 불편함이 있고, 자기 자신이 집중받는 것을 부끄러워한다. 친구들과 떨어져 혼자 놀기보다는 조용히 친구들 옆에서 지켜보기 좋아하지만 자기 차례가 돼서 친구들 앞에서 이야기하는 것이 어렵다.

• 타고난 수줍음을 수용해 준다.
　"소람이 지금 친구들 앞에서 이야기하기 힘드니?" 하고 묻고 유아가 긍정하면 "그렇구나. 그럼 나중에 선생님한테 살짝 이야기해 줄 수 있을까?" 하고 묻는다. 말하라고 다그치는 것은 유아를 더 위축되게 할 수 있으므로 다른 유아들에게도 "얘들아. 소람이가 지금 이야기하는 것이 조금 힘이 들지만 나중에 선생님에게 이야기할 수 있다고 하니 선생님이 듣고 이야기해 줄게요."라고 말한다.
• 새로운 시도를 제안하되, 유아가 압력으로 느끼지 않도록 한다.
　유아가 새로운 활동을 시도해 보도록 제안하지만, 유아에게 교사는 힘 있는 존재로 인식되기 때문에 교사의 제안이 강요로 느껴질 수 있음을 인식하고 조심스럽게 제안한다. 이때 유아는 교사의 제안을 거절할 수 있음을 미리 알려 준다. "소람이도 새로운 놀잇감을 해 볼까?"라고 제안하고 "소람이가 이 새 놀이를 하고 있으면 선생님이 도와줄 수 있고 지금 안 하고 싶으면 하지 않아도 돼. 소람이 하고 싶을 때 하렴."이라고 말함으로써 교사의 제안이 강요로 느껴지지 않도록 한다.

- 수줍음을 극복하고 새로운 활동을 시도할 때는 구체적 격려를 통해 강화한다.

  기질적으로 수줍음이 많아 평소에 새로운 활동을 시도하지 않았던 유아가 새로운 활동을 시도했을 때 교사는 적극적으로 유아를 격려함으로써 강화해 줄 수 있다. 새로운 시도의 강화는 이후 유아가 다시 새로운 활동을 시도할 수 있게 해 준다.

(2) 수줍음 행동 사례 2

기관 어린이집
교사 경력 3년차
유아 만 4세 찬준

월요일 아침, 친구들과 함께 주말 지낸 이야기를 하고 있다. 유아들이 손을 들고 자신의 이야기를 하려고 하고 찬준이는 자리에 앉아 친구의 이야기를 듣는다. 이야기를 마친 친구가 "찬준이가 주말에 어떻게 지냈는지 듣고 싶어요."라고 하자 찬준이는 얼굴이 빨개지면서 고개를 좌우로 흔든다. 교사가 "찬준아~ 앞으로 나와 주말에 지낸 이야기를 해 줄 수 있겠니?"라고 물어보자 찬준이는 갑자기 울음을 터뜨리려고 한다.

〈지도 방법〉

수줍음이 많은 찬준이를 지도하기 위해서는 다양한 상황에서 찬준이의 행동을 객관적으로 관찰한 뒤 시작될 수 있다. 예방적 접근으로는 찬준이의 부끄럼 타는 행동에 대한 부정적인 반응을 지양하고, 다른 사람 앞에서 유아가 위축되지 않도록 교사와 둘이 이야기 나누기, 처음부터 많은 수의 사람 앞에서 찬준이의 행동을 읽어 주지 않고 익숙한 환경, 친근한 소수 사람과 함께하는 경험을 늘려 주기가 있다.

보건복지부와 육아정책연구소(2013)에서 제안한 부끄럼 행동에 대한 즉각적 개입방법은 다음과 같다.

- 상호작용 1단계: 유아의 부끄러움이 일반적이라는 것을 지지하기
  - 유아에게 다른 친구들도 부끄럽고 긴장할 수 있다는 것을 알리기
    - "다른 친구들도 찬준이처럼 부끄럽고 떨렸대."
    - "선생님도 친구들 앞에서 이야기할 때 부끄러웠던 적이 있었어."
  - 다른 친구들에게도 유아의 부끄러움에 대해 설명해 주기
    - "너희들도 친구들 앞에서 이야기할 때 조금 떨렸지?"
    - "찬준이에게 힘을 주자. 찬준아, 힘내서 이야기해 줘∼"
- 상호작용 2단계: 유아에게 한 번 더 제안해 보기
  - 다른 사람들이 유아의 생각이나 느낌을 궁금해한다는 것을 이야기 나누기
    - "친구들이랑 선생님이 우리 찬준 이야기가 궁금한데 이야기해 줄 수 있니?"
    - "친구들도 찬준이의 이야기가 듣고 싶을 것 같아."
- 상호작용 3단계: 시도해 볼 수 있는 편안한 분위기 만들기
  - 다른 유아들이 다그치지 않도록 돕기
    - "우리 조금 기다려 주자."
  - 지나치게 집중되거나 유아가 긴장되지 않도록 돕기
    - 유아가 부담되지 않도록 교사가 다그치거나 강압적인 분위기 만들지 않기
    - 친구들이 유아에게 부정적인 표현을 하지 않도록 돕기
- 상호작용 4단계: 유아의 말과 행동에 긍정적으로 지지해 주기
  - 시도하거나 성공했을 때 긍정적으로 지지해 주기
    - "찬준이가 용기를 내어 이야기해 줘서 고마워. 찬준이는 그랬구나."
  - 하지 않더라도 격려하기
    - 상심하지 않도록 돕고 다음 기회에 긍정적인 경험을 할 수 있도록 교사가 적절한 상황에 시도할 수 있는 분위기 만들기
    - 친구들이 비난하지 않도록 상호작용하기
    - "괜찮아 찬준아, 다음에 해도 돼."

3. 화내는 행동

1) 화내는 행동의 이해

(1) 정의 및 특성

분노는 강렬한 감정으로 신체적인 변화를 가져오며 여러 감정이 복합된 상태로 나타난다. 분노는 위기에 대처하거나 잘못된 일을 바로잡는 건설적인 행동을 취할 수 있도록 즉각적인 에너지를 제공해 주기도 한다. 그러나 지나친 분노는 유아가 또래로부터 긍정적인 반응을 이끌어 내지 못하게 하고 부모나 교사는 다루기 힘든 유아의 분노에 좌절하고 낙담하기도 한다. 유아의 정서 표현과 또래관계는 밀접한 관계가 있음을 밝힌 연구들이 많이 제시되었다(Cassidy, Parke, Butkovsky, & Braungart, 1992; McDowell, O'Neil, & Parke, 2000). 이들 연구에 의하면, 부정적인 감정을 제대로 통제하지 못하는 아이들은 또래들과도 잘 어울리지 못하는 경향이 있다. Putallaz와 Sheppard(1992)의 연구를 보면 또래로부터 따돌림을 당하는 유아는 정서 표현을 할 때 또래들과 잘 지내는 유아들보다 더 부정적이었고, 놀이에 끼어들 때도 자연스럽게 어울리지 못했다. 이처럼 자신의 화난 감정을 통제하지 못할 때 또래관계에도 부정적인 영향을 미치므로 이에 대한 적절한 지도가 매우 중요하다.

(2) 원인

① 환경적 요인

유아 앞에서 화를 자주 내는 부모들의 자녀는 반사회적이며 공격적인 행동을 많이 보인다는 연구 결과를 보면 유아는 화내는 성인을 쉽게 모방했을 수도 있고, 또 그런 정서적 환경에서는 감정을 조절하는 방법을 학습하기가 힘들기에 문제행동까지 연결된다고 볼 수 있다(Denham et al., 2000). 유아는 성인의 정서 표현을 관찰하며 가정이나 유아교육기관 내에서 받아들여질 수 있는 수준의 정서 표현성에 대해 배우게 된다. Gottman, Katz와 Hooven(1997)은 부모의 정서교육 실제와 유아의 행동 간의 관련성에 관해 연구했는데, 부모의 정서교육, 구체적으로 코칭은 유아의 스스로 감정 달래기(self-soothing), 정서조절 능력 및 집중력을 증진시켰다. 즉, 코칭을 많이 하는 부모의 자녀는 생리적 측면에서 감정 조절을 잘했으며 감정이 유발되는 사회적 상황에서도 자기 감정을 잘 다루었다.

② 발달적 요인

유아는 연령이 어릴수록 화를 쉽게 잘 낸다. 발달 단계에 따른 사회정서적 언어 능력에 제한이 있기 때문이다. 아직 자신의 요구를 좀 더 잘 수용될 수 있는 방식으로 표현하는 것에 익숙하지 못하기 때문에 자주 신체적 행동을 수반하는 화내는 행동으로 표현하기도 한다. 또한 유아는 자율적으로 어떤 일을 할 수 있는 기회가 주어질 때 화를 적게 내는 경향이 있다. 따라서 교실 환경은 유아들 스스로 옷을 걸고, 유아들이 쉽게 교구나 놀잇감에 접근할 수 있도록 배치되어야 한다(지성애, 홍혜경, 2001).

(3) 관찰 방법

유아의 화내는 행동을 관찰하기 위해서 **ABC 서술식 사건표집법**을 활용하여 사건 전, 화내는 행동, 사건 후를 살펴보고 다음의 질문을 통해 관련된 정보를 수집하여 지도에 활용하도록 한다.

- 유아가 화를 내기 전 선행조건은 무엇인가?
- 유아가 화를 내는 상대는 주로 누구인가?
- 화를 낼 때 동반되는 행동은 무엇인가?
- 유아가 화를 낸 후 결과는 어떻게 나타나는가?

		서술식 사건표집법	

관찰 유아: 권상혁　　　　　　　생년월일: 2016년 5월 10일　　　　(남 / 여)

관찰일: 2020년 5월 6일~8일　　　　관찰자: 담임교사 이금진

관찰행동: 자유선택활동 시간에 상혁이와 친구들의 갈등상황

요일	사건 전	사건	사건 후
5월 6일	상혁이는 쌓기놀이 영역을 선택하고 싶어 했으나 다른 유아들이 영역이름표를 모두 걸어서 할 수 없게 되었다.	상혁이가 이름표에서 원재의 이름표를 떼어 바닥에 던졌다. 원재는 이름표가 자기 것임을 확인하고 운다.	교사가 상혁이와 원재에게 다가가자 상혁이가 다른 영역으로 이동한다.
5월 7일	역할 영역을 선택한 상혁이가 영역으로 들어가 채은이에게 "같이 놀자." 하고 말한다.	그러나 채은이가 "너랑 같이 놀기 싫어." 하고 답변하자 채은이가 들고 있던 프라이팬을 빼앗아 화장실로 들어간다.	채은이는 교사에게 와 상혁이랑 다시 같이 놀지 않겠다고 말한다.
5월 8일	조형 영역을 선택한 상혁이가 준우가 먼저 사용하고 있던 딱풀을 말없이 가져온다.	준우가 "야! 권상혁, 내가 먼저 쓰고 있었잖아. 말도 안 하고 가져가냐?" 하고 상혁이 손에 있던 딱풀을 낚아챈다. 상혁이가 다시 딱풀을 가져오려고 하다 의자를 쓰러뜨리고 자기도 넘어진다.	상혁이가 큰 소리에 약간 무안한 듯 의자를 급히 두 손으로 세운다.
요약 해석	상혁이가 자유선택활동 시간에 다른 유아들과 갈등을 경험하는 경우 기린반 약속을 상혁이가 지키지 않아 문제가 발생하는 것으로 보인다. 그러나 5월 7일의 경우 상혁이가 채은이와 놀고 싶어 하는 의사를 전달했는데 채은이에게 거부당하자 다시 채은이가 들고 있던 놀잇감을 빼앗아 오는 모습을 보였다. 우리 반 규칙을 먼저 지키는 모습을 보이면 친구들이 상혁이와 함께 놀고 싶어 할 점을 상혁이와 이야기 나눠 보고, 채은이에게는 상혁이에게 함께 놀지 못하는 이유를 설명해 주고 친구의 마음이 상하지 않도록 고운 말을 쓰도록 지도해야겠다.		

[그림 13-3] 서술식 사건표집법을 활용한 갈등상황 이해

2) 현장에서의 지도 방안 및 교육 활동

(1) 지도 방안

① 교사의 관심을 끌기 위한 분노 표현에는 관심을 주지 않는다

유아는 부정적 방법으로라도 교사의 관심을 끌기 위해 과장해서 분노를 표현할 수 있음을 알고 깜짝 놀라는 반응을 하게 되면 그 자체가 유아의 분노폭발을 강화할 수도 있다.

② 교사는 유아가 분노를 표현할 때를 정서 조절에 대해 가르치는 기회로 삼아야 한다

유아가 화를 내기 이전에 분노의 감정을 정상적으로 받아들이도록 하고 유아와 함께 감정에 대해 이야기하며 자신의 감정을 인식하고 무슨 감정인지 구분할 수 있도록 지도하면, 유아는 어려운 상황에 대처하고 파괴적인 방법으로 화를 표현하기보다는 건설적인 방법으로 분노를 표현할 것이다(김영숙, 이경화, 1998).

③ 유아로 하여금 분노의 원인을 확인하게 한다

유아가 화를 내는 것은 유아 자신이 인식하지 못한 어떤 욕구의 표현인 것이다. 두려움을 느끼거나 불안정하거나 혼란스러울 때도 분노로 표현할 수도 있기 때문에 유아가 화를 낸다고 해서 교사 역시 화를 내지 않도록 주의해야 한다.

④ 정서를 유발하는 상황이나 정서 표현의 인과관계를 유아와 이야기 나눈다

유아들은 상황-정서에 대한 이야기를 나누면서 왜 특정 감정이 일어나고 또 어떻게 표현해야 하는지에 대해 이해할 수 있게 된다. 정서 인과관계에 대한 이해는 유아의 정서 조절에 일조하게 된다.

⑤ 분노의 감정에 어떻게 대응할지를 선택하고 스스로 해결책을 찾을 수 있도록
　지도한다

　화를 내거나 친구들에게 분풀이를 하는 것은 분노의 감정을 오히려 증가시키므로 유아가 자신의 감정을 사회적으로 수용되는 방식으로 표현하도록 한다. "네가 화가 난 것은 네가 열심히 만든 탑을 친구가 무너뜨려서 그런 것 같구나. 그런 속상한 마음을 어떻게 했으면 좋겠니? 한번 네 스스로 결정해 보렴." 가능한 한 자기 문제에 대해 유아 스스로 해결책을 찾아내도록 하는 것이 무엇보다 중요하다.

(2) 교육 활동

○ **활동명**　　나에게는 여러 가지 마음이 있어요(색풀 그림 그리기)

○ **활동 목표**　감정을 언어화하기 어려운 유아를 위해 색 또는 선을 이용해서 자
　　　　　　　신의 정서와 그 변화에 주의 깊게 관심을 가지고, 표상하여 감정을
　　　　　　　시각적으로 표현해 보도록 한다.

○ **대상 연령**　만 2세 이상

○ **활동 유형**　조형활동

○ **활동 자료**　『이거 너 가져』(앙또냉 루샤르 글·그림, 2002, 풀빛),
　　　　　　　16절 마닐라지, 색실 또는 색풀, 접착 시트지

○ **활동 내용**
　이제 막 그림을 그리기 시작한 유아에게는 매 순간이 도전이다. 내가 그리고 싶은 것과는 다르게 지그재그로 엉망진창으로 그려지고, 색을 고르는 어려움, 쏟아지는 물감들로 인해 짜증이 난다. 주인공은 여러 가지 방법으로 내적인 갈등을 해결하고 웃음을 되찾는다.

○ **활동 방법**

1. 『이거 너 가져』를 유아들과 함께 읽어 본다.

2. 그림책의 내용을 회상하며 정서의 변화 과정과 이유에 대해 이야기 나눈다.

 －그림책 속의 친구가 짜증 났을 때 그림이 어떤 모양이었지? 그때 표정이 어땠어?

 －친구는 엉망진창이 되어 버린 마음을 없애기 위해서 어떻게 했니? 친구의 표정이 어떻게 달라졌는지 생각나니?

 －웃는 마음이 되었을 때 어떤 그림을 그렸니? 왜 그림의 모양이 달라졌을까?

 －너희들도 화나고 짜증나는 마음에서 웃는 마음으로 바뀐 적 있어? 어떻게 해서 달라졌었니?

 －기분을 바꾸기 위해서 여러 가지 방법을 사용할 수 있구나.

3. 자료를 탐색하고 활동을 소개한다.

 －무엇이 준비되어 있니? 어떤 놀이를 할 수 있을까?

 －색풀을 이용해서 그림책 속의 친구처럼 내 마음을 그려 보려고 해.

 －선생님 그리는 모습을 보고 선생님의 마음이 어떤지 이야기해 볼 수 있겠니? (다양한 선과 속도로 활동을 시연한다)

4. 정서를 어떠한 색과 선으로 표상할지 계획한다.

 －색풀을 이용해서 나의 마음을 어떻게 이야기할 수 있을지 한번 생각해 보자.

 －내 안에는 어떤 마음들이 들어 있을까?

 －눈을 감고 내 마음속 깊은 곳으로 여행을 떠나 보자. 그리고 어떤 마음들을 만났는지 이야기해 보자.

 －내 마음을 어떤 색과 어떤 모양으로 만들어 볼 수 있을지 생각해 보자.

5. 활동이 끝난 후 유아들의 이야기를 기록하고 결과를 전시하거나 책으로 묶어서 유아들이 경험을 재방문할 수 있도록 한다.

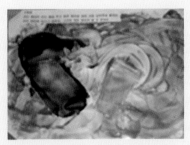

빨강, 노랑, 파랑 마음은 오빠랑 동생이 놀아 줄 때 기쁜 마음이고 검정은 오빠랑 동생이 괴롭힐 때 화난 마음이에요. 검은 마음이 좋은 마음 밑에 숨어 있다가 화가 나면 올라와요.

검은 마음은 검은 활을 쏘고 파란 마음은 파란 검을 날리면서 싸워요. 검은 마음을 이기고 싶어요. 그러면 착한 어린이가 될 것 같아요.

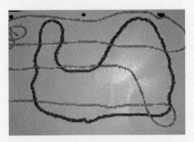

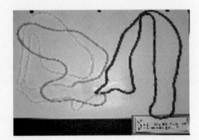

곰돌이가 감옥에 갇힌 마음이에요. 생각을 많이 해야 할 때 이런 마음이 들어요.

착한 마음, 도와주는 마음, 짜증나는 마음, 좋은 마음, 내 안에는 여러 가지 마음이 있어요.

출처: 박성희(2010).

○ **활동명**   화가 사라지게 하는 나만의 방법이 있어요

○ **활동 목표**   그림책을 통하여 정서 변화에 따른 신체적 · 행동적 변화와 정서 조절의 과정을 경험한다. 긍정적인 정서 조절 전략을 발견하고 일상생활에 적용한다.

○ **대상 연령**   만 3세 이상

○ **활동 유형** 동화책 읽고 난 후 조형활동

○ **활동 자료** 『쏘피가 화나면-정말, 정말 화나면…』(몰리 뱅 저),

전지, 표정 스티커

○ **동화 내용**

화가 나는 것은 당연한 것이고 누구나 화가 나면 공격적이 된다. 하지만 화가 나서 한 행동들이 모두 인정받는 것은 아니다. 언니와의 다툼 때문에 화가 난 쏘피가 신체적·정서적으로 어떤 경험을 하는지, 어떤 방법으로 화를 조절하고 다시 환경에 적응하는지에 대한 과정을 안내한다.

○ **활동 방법**

1. 표지에 나타난 주인공의 표정에 대해 이야기 나누고 그림책을 감상한다.
2. 그림책의 내용을 회상하며 주인공의 정서 조절 과정에 대해 토의한다.
    -쏘피는 왜 정말 정말 화가 났니?
    -화가 난 쏘피는 어떻게 했니?
    -소리를 지르는 쏘피의 마음은 어땠을까? 바다를 바라보는 쏘피의 마음은 어땠을까?
    -만약 너희가 쏘피라면 어떤 방법으로 내 마음의 화를 사라지게 할 수 있을까?
3. 화가 났던 상황을 회상하고 긍정적인 정서 조절 전략에 대해 이야기 나눈다.
    -너희들도 쏘피처럼 정말 화가 난 적이 있었니?
    -화가 날 때 너희들은 어떻게 하니?
    -내 마음속에서 화가 사라지게 하기 위해서 너희는 어떤 방법들을 사용하니?
4. 유아들이 자유롭게 자신의 이야기를 할 수 있도록 격려하면서 제시된 정서 조절 전략들을 전지에 기록한다.
5. 표정 스티커를 이용해서 각각의 정서 조절 방법을 평가한다.
    -친구들이 많은 방법을 이야기해 주었네. 이런 방법들을 사용하면 화가 사라질 수 있을까? 더 화가 날 수도 있을까?

-내가 이렇게 행동하면 다른 사람들의 기분은 어떨까?

　-가장 좋은 방법이라고 생각되는 것에 웃는 표정을 붙이고, 이렇게 해도 화가 사라질 것 같지 않은 방법에 찡그린 스티커를 붙여 보자.

6. 활동을 평가하고 확장한다.

　-친구들마다 모두 생각이 다르구나.

　-우리 이제 화를 사라지게 하는 방법들을 잘 알게 되었으니까 열심히 사용해서 우리 마음이 항상 행복하도록 할 수 있겠다.

7. 유아들의 토의 결과를 교실 내의 지정된 위치에 전시하고 일주일 후 직접 사용했던 방법과 가장 효과적이었던 방법을 평가하여 각 유아가 자신에게 가장 적합한 정서 조절 방법을 습득할 수 있도록 지도한다.

출처: 박성희(2010).

3) 화내는 행동 사례와 지도 방법

(1) 화내는 행동의 사례 1

기관 유치원

교사 경력 3년차

유아 만 5세 남아 승원

승원이와 진성이가 블록을 갖고 놀고 있었다. 요즘 우주에 관심이 많은 진성이는 블록으로 로켓을 열심히 만들고 있었고, 그것을 본 승원이는 "그거 어떻게 만들어? 나도 알려줘."라고 말하였다. 그러나 진성이는 대꾸도 하지 않았고, 화가 난 승원이는 진성이의 배를 때렸다. 진성이는 그만 울음을 터뜨렸고 나에게 다가와 울면서 승원이가 배를 찼다고 말했다. 나는 진성이와 승원이를 모두 불렀다. 승원이는 분이 안 풀렸는지 '씩씩' 거친 숨소리를 내었다.

〈지도 방법〉

승원이는 진성이에게 블록으로 로켓 만드는 방법을 알려 달라고 요청했으나 무시당하자 진성이의 배를 때리는 방식으로 자신의 분노를 표현했다. 이러한 방식은 궁극적으로는 승원이가 원하는 것을 얻을 수도 없었고, 친구와의 관계도 부정적으로 바뀌게 되므로 교사는 이에 대한 지도가 필요한 상황이다.

- 유아의 화난 감정을 공감해 주되, 이를 적절히 표현할 수 있도록 알려 준다.

  "승원이가 정말 많이 화가 났네. 승원이가 진성이에게 부탁했는데 진성이가 대답해 주지 않아서 말로 할 수 없을 만큼 화가 나서 때렸구나. 선생님은 승원이의 마음을 이해할 수 있어. 사람은 누구나 많이 화가 날 때에는 누군가를 때리고 싶은 마음이 생기기도 해. 승원이도 나쁜 마음으로 친구를 때린 것은 아닌데 진성이가 울어서 놀랐겠네."라고 말하고, 진성이에게는 "로켓을 너무 열심히 만드느라 승원이에게 대답을 할 수 없었구나. 어떤 일에 너무 집중하고 있을 때에는 다른 사람의 말이 안 들릴 때도 있어."라고 아이들 각자의 마음을 읽어 준다. 그런 다음 진성이와 승원이에게 "그럼 우리 서로의 마음을 읽어 주면 어떨까? 사람은 각자 다른 생각과 마음을 가질 수 있으니깐 조금은 어렵지만 서로 눈을 보고 마음을 서로 표현해 보도록 하자."라고 말한다.

- 화난 감정을 말로 표현할 수 있도록 돕는다.

  "진성이를 때리는 대신에 '내가 묻는데 네가 들은 척도 안 해서 머리끝까지 화가 났어.'라고 말할 수 있단다."

- 감정은 받아주지만 행동에는 제한이 있음을 상기시킨다.

  화난 이유를 알아차려 주고 "아, 그래서 화가 났구나."라고 감정을 읽어 주면 유아는 이성을 빨리 찾게 되지만, 화가 나서 친구를 때리는 행동은 결코 수용될 수 없음을 꼭 알게 해야 한다.

(2) 화내는 행동의 사례 2

기관 어린이집
교사 경력 2년차
유아 만 4세 남아 준우

준우가 블록을 길게 세우면서 길을 만들고 있다. 자기가 원하던 대로 세워지지가 않는지 "아이씨! 이게 왜 이렇게 안 돼."라고 소리를 지른다. 준우의 큰 목소리에 다른 유아들이 움찔 놀란 표정을 짓는다. 준우는 종이블록을 손에 들고 자신의 머리를 내리친다. 옆에 있던 지은이가 놀라서 "선생님, 준우가 블록으로 자기 머리를 때려요"라고 이야기 한다. 교사가 "준우야, 머리 다치겠다. 그만해."라고 이야기하자 준우는 교사를 힐끗 보더니 다시 블록으로 머리를 때린다. 이를 지켜보던 유아들이 "준우 좀 봐. 자꾸 머리를 때려."라고 쳐다보자 다시 자신의 머리를 내려친다.

준우는 자기가 원하는 바대로 되지 않는 상황이 되면 자기의 머리를 때리는 등 관심 끌기 행동을 한다. 분노를 폭발시킨 후 부모의 특별한 관심을 받거나, 자신의 요구가 받아들여지는 경험이 반복되면서 이런 행동이 강화되고 지속된 것으로 보인다.

〈지도 방법〉
• 요구사항을 관철시키는 방법으로 분노폭발하기 전에 상호작용을 한다.
　교사는 관찰을 통해 준우가 말로 감정을 표현할 시점을 인지한 후, 준우의 감정이 격화되기 전에 준우 곁으로 가서 대화를 함으로써 머리를 때리는 행동까지 이르지 않게 한다.
• 유아가 보이는 분노의 이유에 대해 공감해 준다
　"준우가 많이 속상한가 보구나. 선생님에게 준우 마음을 이야기해 줄 수 있겠니?" 하고 자기 감정을 말로 표현하는 기회를 제공한다. 유아가 자기 마음을 이야기할 때 "아 그래서 화가 많이 났구나" 하고 감정을 읽어 주면 유아는 이성을 빨리 찾을 수 있다.
• 화가 난 상황에 대해 이야기 나누고 건설적인 방법을 찾아본다.
　교사는 "소리를 지르고 네 머리를 때린다고 해서 길이 잘 만들어지는 것은 아니지? 어떻게 하면 길을 잘 만들 수 있을까? 선생님이 저쪽에서부터 세우기 시작해서 만나게 해 볼까?" 하고 제안한다.

4. 자신감 부족

1) 자신감 부족의 이해

(1) 정의 및 특성

자신감은 자신의 능력과 해결해야 할 과제의 난이도를 비교함으로써 형성된다. 자신의 능력에 비해 과제의 난이도가 높다면 자신감이 떨어지게 된다. 유사한 개념인 자아존중감은 자신을 가치 있는 존재로 지각하고 자신에 대한 유능감과 신뢰감을 경험하는 과정에서 생성되는 인성 특성이다. 개인의 적응 및 건강한 성격 발달과 자아실현에 있어서 중요한 요소이며 개인이 느끼는 행복감에도 중요한 영향을 미치게 된다.

- 자신감이 낮은 아이는 반대의 공포 때문에 움츠러들고, 집단에 참여하지 않고, 소심하며 자신의 능력과 판단에 회의적이다.
- 타인의 성취보다 자신의 성취를 불리하게 평가한다.
- 유아가 다양한 활동을 수행할 수 있는 기술과 능력이 또래보다 낮아서 활동 수행에 자신감이 없는 경우가 있다.

(2) 원인

① 낮은 자아존중감

유아가 유아교육기관을 다니기 시작하면서 또래와 자신의 기술과 능력을 비교하면서 자신이 타인보다 부족하다는 평가를 하면 활동 수행에 대해 자신감을 잃기도 한다. 스스로 기술과 능력이 부족하다는 생각이 들면 다른 사람으로부터의 평가에 대해 걱정하고 실제 자신의 능력을 더 과도하게 부정적으로 생각하기도 하는 경향이 있다.

② 양육 태도

유아는 부정적인 피드백을 하는 부모의 영향을 받아 자신에 대해 긍정적인 자아
정체감을 형성하지 못한 경우가 있다. 유아 발달에 대한 지식이 부족하고 유아의
외모, 기술, 능력, 태도 등에 대해 부적절한 기대감과 부정적 생각을 가지고 있어
이를 직접적·지속적으로 표현한 경우 유아의 자신감이 떨어지게 된다.

③ 특정한 부정적인 경험

유아가 한 행동이 외부로부터 부정적인 피드백을 받아 굉장히 무안하여 어찌할 바
를 몰랐던 경우 트라우마가 되어 이후 동일한 상황이 아닌 비슷한 상황에 닥쳐서도
자신감이 부족하고 대인관계를 두려워할 수 있다(보건복지부, 육아정책연구소, 2013).

(3) 관찰방법

자신감이 부족한 유아를 관찰하기 위해서는 교실에서 유아의 행동을 살펴보고
일화기록을 이용하여 유아가 어떤 상황에서 자신감 부족을 드러내는지 살펴본다.
다음과 같은 질문을 통해 지도에 필요한 정보를 수집한다.

- 정확한 유아의 객관적 발달 수준은 어떠한가?
- 관찰 상황에서 또래의 부정적인 피드백이 있는가?
- 유아가 갖고 있는 구체적인 장점은 무엇인가?

2) 현장에서의 지도 방안 및 교육 활동

(1) 지도 방안

① 양육자로부터 부정적인 피드백을 지속적으로 받은 경우 상담과 부모교육 실시

양육자에게 유아의 발달에 대한 정보를 제공하여 유아 행동과 태도에 대한 적절한 기대수준을 갖도록 한다. 양육자가 발달 관련 정보를 갖고 있지 않아 유아의 자신감을 떨어뜨리는 부정적 피드백을 하는 경우, 교사가 유아 연령에 적절한 발달 정보를 상담, 가정통신문을 제공하여 자녀에 대한 현실적인 기대수준을 갖도록 한다.

② 양육자의 스트레스 해결하기

교사는 면담 등을 통해 양육자가 갖고 있는 스트레스를 파악하고, 해결을 위해 지역사회 자원 등을 활용하여 양육자가 스트레스를 해소할 수 있도록 지원한다. 교사의 조력으로도 스트레스가 감소하지 않는다면 양육자가 자신의 문제를 해결할 수 있도록 전문가의 조력을 요청해 본다.

③ 개별 유아의 구체적 장점을 찾아 격려하기

유아는 누구나 한 가지 이상의 장점을 갖고 있다. 교사는 세심한 관찰을 통해 유아의 구체적 행동의 구체적 장점을 찾아 격려해 준다. 그리고 교사가 파악한 유아의 장점을 부모에게 구체적으로 소개한다. 유아가 화를 내는 것은 유아 자신이 인식하지 못한 어떤 욕구의 표현인 것이다. 두려움을 느끼거나 불안정하거나 혼란스러울 때도 분노로 표현할 수 있기 때문에 유아가 화를 낸다고 해서 교사 역시 화를 내지 않도록 주의해야 한다.

④ 성공적 경험을 가질 수 있도록 활동의 수준을 다양화하기

유아의 발달 수준을 고려하여 유아가 성공적 경험을 갖도록 수준차를 고려하여

동일 학급에서도 서로 다른 다양한 활동을 선택할 수 있도록 배려한다. 동일한 활동을 제시하더라도 재료나 방법 등 수준차를 고려하여 다양하게 제시하거나, 낮은 수준 활동에서 높은 수준 활동으로 진행을 해서 성취감을 갖도록 한다.

(2) 교육 활동

○ **활동명**　공 넣기 게임

○ **활동 목표**　손과 발을 이용해서 공 던지기를 함으로써 성취감을 가질 수 있다.

○ **대상 연령**　만 3세 이상

○ **활동 유형**　신체활동

○ **활동 자료**　공

○ **활동 방법**

1. 교사는 공을 골대에 넣기 활동을 제안한다. 발로 차서 넣어 보아도 되고 손으로 공을 던져서 넣어 보아도 된다고 설명한다.

2. 유아가 자신 없어 하면 "공을 한번 골대에 넣어 볼까? 네가 원하는 방법으로 골대에 공을 넣을 수 있어. 발로 뻥 차서 넣어도 되고 손으로 던져 넣어도 된단다. 한번 해 볼래?"라고 말한다.

3. 유아가 손으로 골대에 공을 던져 넣는 것이 익숙해지면 "와, 잘 던진다. 그럼 이번에는 발로 차서 넣어 볼까?"라고 격려하며 다음 수준의 활동을 해 볼 수 있도록 한다.

○ **활동명**　내가 잘할 수 있는 일은?

○ **활동 목표**　누구나 각자 잘하는 것은 다르기 때문에 자신의 장점을 찾고, 다른 사람의 장점도 인정할 수 있는 태도를 갖는다.

○ **대상 연령**　만 4세 이상

○ **활동 유형**　동화책 읽고 난 후 그림편지 쓰기

○ **활동 자료**　『공룡학교 5: 잘하는 게 뭘까요』(박혜선, 태미라 저, 김도아 그림, 2007, 그레용하우스)

○ **동화 내용**

공놀이를 잘하는 뿔리, 종이접기를 잘하는 나나, 정리정돈을 잘하는 푸키, 힘든 일을 척척 해내는 용용이, 글씨를 예쁘게 쓰는 알로 앞에서 위축되었던 보라가 식물을 잘 키우게 되자 친구들은 식물과 말이 통하는 거 아니냐며 보라를 식물을 치료하는 의사선생님이라고 부러워하며 칭찬했어요. 용용이의 해바라기를 꽃밭으로 옮겨 심으며 친구들이 보라를 칭찬해요. "보라는 잘하는 게 정말 많아. 식물도 잘 키우지. 친구도 잘 도와주지." 친구들의 인정을 받은 데다가 봉선화가 피면 손톱에 물들이자는 선생님 말씀에 보라는 기분이 좋아졌어요.

○ **활동 방법**

1. 주인공의 감정에 중점을 두어 그림책을 감상한다.

2. 그림책의 내용을 회상하며 보라가 자신감을 갖게 되는 과정에 대해 이야기 나눈다.

　　－친구들이 잘하는 일들은 무엇이 있었니?

　　－그런데 보라는 잘하는 게 무엇이었지?

　　－처음에 보라가 친구들은 다 잘하는 것이 있는데 자기는 잘하는 것이 없다고 생각했을 때 보라의 기분이 어땠을까?

　　　　－보라가 식물을 잘 키우는 장점이 있다는 것을 알고 친구들과 선생님이 칭
　　　　찬했을 때 기분이 어땠을까?
　　3. 유아가 스스로 잘할 수 있는 것이 무엇인지에 대해 이야기 나눈다.
　　　　－우리가 잘할 수 있는 일은 무엇이지?
　　　　－"선생님이 보기엔 ○○는 정말 정리를 잘하는 것 같아요. 너희는 어떻게
　　　　생각하니?"
　　4. 보라에게 편지 쓰기 활동을 진행한다.
　　　　－용기를 내서 자신의 장점을 찾은 보라에게 편지를 써 보자.
　　　　－글자를 모르는 친구는 우리가 잘할 수 있는 일을 그림으로 그려서 보라도
　　　　자신감을 갖게 해 주자.

3) 자신감 부족 사례와 지도 방법

(1) 자신감 부족 유아의 사례 1

기관 유치원
교사 경력 3년차
유아 만 5세 남아 지훈

　지훈이가 글과 그림으로 자신의 생각을 표현하는 친구를 보며 "너는 잘해서 좋겠다. 나도 잘하고 싶은데……."라고 이야기한다. 지훈이의 말을 들은 교사가 "지훈이가 생각한 대로 그리거나 써 보면 돼요."라고 제안하자 "난 못해요."라고 대답한다. 교사가 "이건 잘하고 못하는 것이 있는 게 아니야. 지훈이가 생각한 대로 표현하면 돼."라고 하자 "우리 엄마가 글씨 못 쓴다고 소리 질렀어요. 난 글씨 잘 못 써요."라고 풀 죽어 이야기한다.

지훈이는 쓰기 활동에 자신감이 부족하여 혼자 시도하지 않는다. 지훈이와의 대화를 통해 알 수 있듯이, 지훈이 어머니로부터 받은 부정적인 피드백이 영향을 미친 것으로 보인다.

〈지도 방법〉

- 어머니와의 상담을 통해 지훈이에게 긍정적 피드백을 제공한다.

  부모가 자녀가 못하는 것에 초점을 두고 부정적 평가를 하게 되면 유아는 "나는 잘하는 것이 없어."라는 생각에서 벗어나기 어렵다. 상담을 요청해서 교사가 관찰한 내용을 말씀드리고, 어머니가 무심결에 한 말이 지훈이에게 상처가 되고 자신감을 위축시킬 수 있음을 말씀드린다. 쓰기 활동을 거부하지 않도록 가정에서도 긍정적인 피드백을 제공하도록 지원한다.

- 성공적인 경험을 갖도록 다양한 수준의 활동을 제공한다.

  지훈이가 연필로 글자를 쓰는 데 거부감을 갖는다면 모래글자 쓰기 등 매체를 다양화하여 결과물이 명백히 드러나지 않도록 하는 활동을 제공한다. 일단 부담 없이 쓰기 활동을 시도하게 하여 두려움을 없애고 자신감을 갖도록 하는 것이 중요하다.

- 기다려 주면서 스스로 할 수 있는 기회를 제공한다.

  유아는 혼자서 할 수 있는 일이 제한될 때 자신감을 잃게 된다. 예를 들어, 다른 친구들이 스스로 할 수 있는 신발 신기를 혼자서만 할 수 없다면 위축될 수 있다. 교사는 유아가 시간이 걸리더라도 신발을 혼자 신을 수 있도록 방법을 알려 주고 격려해 준다.

(2) 자신감 부족 유아의 사례 2

기관 어린이집
교사 경력 5년차
유아 만 3세 여아 성미

점토와 여러 가지 재료로 자신의 얼굴을 꾸미기 활동을 하는 유아들 옆에서 성미가 점토를 조금 떼어 손에 들고 미술 영역에 앉아 다른 친구들이 하는 모습을 지켜본다. 교사가 "성미도 점토로 얼굴을 꾸며 볼까?"라고 제안하자 "나는 못하는데…… . 선생님 저 못

해요. 선생님이 도와주세요."라고 이야기한다. 교사가 "스스로 한번 해 보자."라고 이야기
하자 "난 할 수 없어요. 도와주세요."라며 점토를 교사의 손에 놓는다. 결국 교사가 격려
하여 함께 작품을 완성한다. 성미는 완성한 작품을 보고 얼굴을 찌푸리며 "내가 만든 게
제일 이상해."라고 말한다.

성미는 활동을 하다가 조금이라도 어려워지면 쉽게 포기하고 새로운 것은 시도하려 하지 않
는다. 자신이 만든 결과물에 대해 늘 부정적 평가를 하고 활동에 대한 시도를 하지 않으려는
성미를 위한 지도 방법은 다음과 같다.

〈지도 방법〉

- 어머니와 상담을 통해 성미에게 긍정적 피드백을 제공한다.

  상담을 요청해서 교사가 관찰한 내용을 말씀드리고, 어머니가 무심결에 한 말이 성미에게
  상처가 되고 자신감을 위축시킬 수 있음을 말씀드린다. 도전적인 과제를 시도했다가 실패
  했을 때 "그럴 줄 알았어. 네가 제대로 하는 게 있니?"라는 식으로 비난하지 않도록 하며
  쓰기 활동을 거부하지 않도록 가정에서도 긍정적인 피드백을 제공하도록 지원한다.

- 유아가 쉽게 할 수 있는 일을 찾아내어 성취감을 느끼게 해 준다.

  유아의 자신감을 높여 주려면 기대수준을 낮추고 유아에게 성공할 수 있는 경험을 많이 주
  는 것이 필요하다. 소소한 일상생활을 스스로 하게 하는 것부터 시작하여 반복적인 성공 경
  험이 쌓이게 한다.

- 유아가 새로운 활동을 시도할 때 구체적 격려로 강화한다.

  자신감 부족으로 평소 새로운 활동에 스스로 접근이 힘든 유아라고 해도 관심을 갖게 되는
  새로운 활동을 시도했을 때 교사는 적극적으로 개입하여 유아를 격려함으로써 유아의 행동
  을 강화할 수 있다. 이런 활동의 강화를 통해 유아는 다시 새로운 활동을 시도하게 된다.

강경미(2006). **아동행동수정**(2판). 서울: 학지사.

강문희, 정정옥, 이경희, 윤애희, 류진희(2002). **유아교육기관 운영관리**. 서울: 학지사.

강은미(2008). 부모의 생활습관과 사회경제상태가 소아청소년 비만에 미치는 영향. 고려대학
교 보건대학원 석사학위논문.

강은진, 김정숙, 김승진, 안혜준(2016). 유치원 및 어린이집 교사의 직업행복감 증진 방안. 육
아정책연구서 연구보고서.

고은님(1998). 유아의 이야기 이해도와 이야기구성력간의 관계. 이화여자대학교 대학원 석사
학위논문.

고재옥(2002). 유아의 식습관 및 생활환경이 유아의 비만에 미치는 영향. 대구카톨릭대학교
교육대학원 석사학위논문.

고정리(2019). 유아의 또래놀이 상호작용, 교사-유아 상호작용, 유아 자기조절력의 구조적
관계. **학습자중심교과교육연구, 2019**(4), 543-579.

곽나영(2020). 유아교사의 사회정서교수역량이 유아의 자기조절에 미치는 영향. 총신대학교
교육대학원 석사학위논문.

곽나영, 허계형(2020). 유아교사의 사회정서 교수역량이 유아의 자기조절에 미치는 영향. 유
아교육학논집, 24(5), 29-50.

곽은복(2000). 유아안전교육 프로그램의 구성 및 효과에 관한 연구. 중앙대학교 대학원 박사
학위논문.

곽은복(2006). **아동안전관리**. 서울: 학지사.

곽현주(2007). 유아가 좋아하는 교사되기. **한국유아교육협회 제 42회 유아교육 교사연수 발표자
료집**, 25-60.

교육과학기술부(2009). **유치원 지도서 1. 총론**. 서울: 교육과학기술부.

교육부, 중앙아동보호전문기관(2016). 유치원내 아동학대 사례연구를 통한 원인 분석 및 개선방안 모색 (발간등록번호 2016-24). 서울: 중앙아동보호전문기관.

국가인권위원회(2006). 유엔인권조약감시기구의 일반논평 및 일반권고-아동권리위원회. 서울: 국가인권위원회.

권석만, 김정오, 민경환, 서봉연, 원호택, 이관용, 이장호, 이춘길, 조명한, 차재호(1996). **심리학개론**. 서울: 박영사.

권정윤, 송나리(2017). 어린이집 CCTV 의무화로 인한 유아 문제행동 지도의 어려움 및 개선방안. 유아교육연구, 38(2), 233-259.

김경희(1998). 교사용 유아정서지능 평정척도 개발에 관한 연구. 연세대학교 대학원 박사학위논문.

김경희(2007). **아동생활지도-사례를 중심으로**. 서울: 창지사.

김광웅, 유미숙, 유재령(2004). **놀이치료학**. 서울: 학지사.

김명순, 이미화(2005). 포괄적 보육 서비스: **아동교육프로그램**. 서울: 다음세대.

김미경(2004). 유아의 사회적 유능감 발달에 영향을 미치는 관련 변인 연구. 건국대학교 대학원 박사학위논문.

김미영(2000). 집단기여와 또래중재가 고립유아의 사회적 수용과 또래관계 행동에 미치는 효과. 숙명여자대학교 대학원 박사학위논문.

김민정, 도현심(2001). 부모의 양육행동, 부부갈등 및 아동의 형제자매간의 관계와 아동의 공격성 간의 관계. **아동학회지, 22**(2), 149-166.

김민효(2009). 공격성 감소 부모교육프로그램이 유아의 공격성과 부모의 양육방식에 미치는 효과. 이화여자대학교 교육대학원 석사학위논문.

김순정(2000). 어머니의 정서 표현 수용 태도와 유아의 정서적 부적응 및 친사회적 행동과의 관계. 중앙대학교 교육대학원 석사학위 청구논문.

김영미, 신민희, 한혜원(2007). 유아의 신체활동 전담교사와의 상호작용과 문제행동 및 놀이행동의 관계. **한국체육학회지, 49**(5), 37-47.

김영미, 신민희, 한혜원(2010). 유아의 신체활동 전담교사와의 상호작용과 문제행동 및 놀이행동의 관계. **한국체육학회지, 49**(5), 37-47.

김영숙(1997). 유아의 자아존중감에 영향 주는 가정환경의 제변인. 동국대학교 대학원 박사학위 청구논문.

김영숙, 이경화(1998). 유아 아동을 위한 정신건강: **정서적 건강과 생활지도**. 서울: 교육과학사.

김영희(2000). **발달적 놀이치료**. 서울: 상조사.

김은숙(2003). 자기점검법의 활용이 시작장애 유아의 미술활동 수행과 방해행동에 미치는 영향. 이화여자대학교 교육대학원 석사학위논문.

김은심(1996). 유아동작교육. 서울: 정민사.

김이선, 정해숙, 이미화(2009). 다문화가정의 자녀교육역량 분석 및 지원방향. 한국교육개발원 · 여성정책연구원 · 보건사회연구원.

김자숙(2000). 유아가 지각하는 사회적 지지와 사회정서적 적응행동과의 관계. 이화여자대학교 교육대학원 석사학위논문.

김정원, 전선옥(2016). 영유아교육기관의 부모교육. 서울: 창지사.

김주민(2003). 유아의 요리활동이 편식에 미치는 영향. 이화여자대학교 교육대학원 석사학위논문.

김진호, 이병래, 이덕희(2009). 유아정신건강. 서울: 동문사.

김창곤(2011. 1. 20). 조손만으로도 충실한 가정 만들어요. 조선일보.

김충기, 장선철(2006). 유아생활지도. 서울: 동문사.

김태련, 조혜자, 이선자, 방희정, 조숙자, 조성원, 김현정, 홍주연, 이계원, 설인자, 손원숙, 홍순정, 박영신, 손영숙, 김명소, 성은현(2011). 발달심리학. 서울: 학지사.

김현수(2013). 교사상처: 고단한 교사들을 위한 치유 심리학. 서울: 에듀니티.

김현정(2008). 부모의 훈육 태도가 유아의 기본생활습관에 미치는 영향. 숭실대학교 교육대학원 석사학위논문.

김희경, 이정숙(1998). 문제아 임상심리학. 서울: 교문사.

김희진, 박은혜, 이지현(2000). 유아교육기관에서의 관찰. 서울: 창지사.

남궁령(2014). 유아 또래상호작용에 영향을 미치는 어머니 정서표현성, 어머니 양육효능감, 유아 자기조절력 간의 관계 검증. 열린유아교육연구, 19(3), 131-157.

남궁미량(2018). 감정코칭에 기초한 통합적 기본생활습관 활동이 자기조절력에 미치는 영향. 서울교육대학교 교육전문대학원 석사학위논문.

노희관(1992). 학습심리학의 동향. 교육연구, 13, 79-111.

단현국(1991). 유아 놀이지도. 서울: 대한교과서 주식회사.

덕성여자대학교(2001). 유아기 손자녀 교육을 위한 조부모 프로그램.

류정숙(1993). 긍정적 자아개념활동을 통한 유아의 친사회적 행동 증진에 관한 연구. 숙명여자대학교 교육대학원 석사학위 청구논문.

문미애(2006). 집단미술치료가 저소득층 아동의 스트레스 감소 및 적응행동 향상에 미치는 효과. 서울여자대학교 특수치료전문대학원 석사학위논문.

문수백(1998). 유아교육 연구 및 평가. 이영석, 이항재 편, **최신유아교육개론**(pp. 183-211). 서울: 교육과학사.

민성혜, 김경은, 김리진, 이화영(2011). **영유아 사회교육**. 서울: 신정.

민하영(2010). 어머니가 보고한 부부갈등과 유아의 행동조절 및 정서조절 관계에서 애정-거부적 양육행동의 매개효과. 한국가정관리학회지, 28(5), 1-12.

박길준, 박태섭, 박형섭(1995). **성장단계별 신체의 발육발달론**. 서울: 도서출판상조사.

박민주, 방희정(2007). 가정결손 여부가 저소득 가정 아동의 사회성에 미치는 영향: 사회적 지지 및 사회적 지능의 매개효과를 중심으로. 놀이치료연구, 11(3), 113-128.

박성연, 김상희, 김지신, 박응임, 전춘애, 임희수(2001). **부모교육**. 서울: 교육과학사.

박성희(2010). 이야기 치료: 문학적 접근 프로그램. 한국 변형영유아교육학회 추계학술대회 발표자료.

박소현(1999). 유아를 위한 비판적 텔레비전 시청교육과정 개발에 관한 기초연구. 부산대학교 대학원 석사학위논문.

박송이, 백희영, 문현경(1999). 학령전 아동의 식습관과 식이섭취평가에 관한 연구. 한국영양학회지, 32(4), 419-429.

박수진(2000). 초등학생 편식지도를 위한 영양교육 프로그램 운영의 효과. 대한영양사회 학술지, 6, 17-25.

박연주(2013). 감정코칭프로그램이 초등학생의 자기조절력, 자아존중감 및 대인관계능력에 미치는 영향. 경상대학교 교육대학원 석사학위논문.

박용헌(1984). **사회적 행동과 학습**. 교육과학 신서 3. 서울: 교육출판사.

박은혜(2009). **유아교사론 3판**. 서울: 창지사.

박정숙(2010). 도덕적 갈등상황에서의 창의적 문제해결 훈련이 유아의 기본생활습관 및 자기조절력에 미치는 효과. 동아대학교 대학원 박사학위논문.

박지현(2010). 유아의 자기조절능력 증진 프로그램 개발 및 적용 효과: 자기조절능력 증진과 공격성 감소효과 연구. 성균관대학교 대학원 박사학위논문.

박진원(2011). 가정과의 연계를 통한 안전교육이 유아의 안전지식과 문제해결능력에 미치는 영향. 인천대학교 교육대학원 석사학위논문.

박찬옥, 김영중, 황혜경, 엄정례, 조경서(2001). **유아사회교육**. 서울: 정민사.

박혜경(1990, 미간행). 유아를 위한 총체적 언어교육 접근법의 효과에 관한 연구. 이화여자대학교 대학원 박사학위논문.

박호선(2002). 유아의 기질 및 어머니의 양육방식과 유아의 자기조절행동발달간의 관계. 상명대학교 대학원 박사학위논문.

백성희(2017). 감정코칭이 만 3세 유아의 자기조절력에 미치는 영향. 아주대학교 교육대학원 석사학위논문.

보건복지부(2004). **식생활지침**. 서울: 보건복지부.

보건복지부, 육아정책연구소(2013). **영유아 문제행동지도를 위한 어린이집 보육교사 지침서.**

보건복지부(2015). **영유아 보육법.**

보건복지부(2019). **2108 아동학대 주요통계.**

보건복지부, 중앙아동보호전문기관(2015). 아동학대 예방을 위한 바람직한 훈육방법. http://www.korea1391.go.kr/에서 2018년 1월 29일 인출.

서동훈(2007). 5년간 비만도의 변화와 비만 관련 요인들과의 관계. 연세대학교 대학원 석사학위논문.

서영숙, 황은숙(2003). **한부모가정과 이혼 이해교육.** 서울: 양서원.

서울특별시 육아종합지원센터(2020). **선생님-아기-엄마 아빠 함께 배워요: 영유아를 존중하는 훈육 이해하기.** 서울특별시 육아종합지원센터 자료실-전자책 1권.

설경옥, 문혁준(2018). 유아의 기질, 어머니의 심리적 통제, 교사의 훈육방식이 유아의 자기조절능력에 미치는 영향. **미래유아교육학회지,** 25(2), 187-210.

송명자(2005). **발달심리학.** 서울: 학지사.

신석기(2007). **심리검사의 이론과 실제.** 서울: 서현사.

신유림(2008). 유아기의 신체적 및 관계적 공격성. **유아교육학회지,** 28(2), 95-111.

신은수, 강금지, 유희정(2009). **영유아를 위한 영양과 건강교육.** 서울: 창지사.

신현경(2007). 관계중심 활동이 유아의 대인문제해결 능력에 미치는 영향. **중앙대학교 학술세미나 자료집.**

신혜원, 김송이, 이윤선(2019). **영유아 생활지도.** 경기: 파워북.

심은혜(2001). Montessori 일상생활훈련 프로그램이 유아의 기본생활습관형성에 미치는 효과. 계명대학교 교육대학원 석사학위논문.

안혜준(2010). 유아교사의 반성적 정서저널쓰기 과정의 의미 탐색. **유아교육학논집,** 14(4), 287-314.

양정은(2013). 실행연구의 활용을 통한 초임 유아교사의 '문제행동'지도에서의 변화 과정. 한국유아교육학회 사단법인 창립총회 및 2013년 추계정기학술대회 자료집, 436-454.

양명재(2012). 유아의 수줍음, 인지능력, 어머니의 양육행동과 유아의 위축 및 불안 우울간의 간계: 양육행동의 조절효과를 중심으로. 이화여자대학교 대학원 석사학위논문.

양진희(2013). 유아의 또래 간 인기도와 자기조절능력, 정서인식능력 및 유아건강성의 관계 분석. 유아교육연구, 33(1), 237-259.

어린이집 아동수는 줄었지만 안전사고는 늘어(2020. 10. 10.). 파이낸셜 뉴스. https://www. fnnews.com/news/202010100820269229 에서 2021년 2월 25일 인출.

여성가족부(2018). 다문화가정 자녀 양육지원 방안: 유아·초등학생·중도입국자녀를 중심 으로. 여성가족부 연구보고서.

염지숙, 이명순, 조형숙, 김현주(2008). 유아교사론. 서울: 정민사.

오경자, 이혜련, 홍강의, 하은혜(1991). 문항분석을 통한 한국판 CBCL의 임상 유용도 검증. 소아청소년 정신의학, 2(1), 138-149.

오연주, 이경실, 김현지, 박경애(2000). 유아동작교육의 이론과 실제. 서울: 창지사.

우남희(2016). 어린이집 CCTV 의무화 이후, 실효성 제고를 위한 과제들. 서울: 육아정책연구소.

원영미, 박혜원, 이귀옥(2004). 유아의 기질과 가정환경 및 유아의 부적응 행동 간의 관계: 연 변 조선족과 한국 유아의 비교연구. 유아교육연구, 24(2), 311-333.

원영미, 박혜원, 이귀옥(2004). 유아의 기질과 가정환경 및 유아의 부적응 행동 간의 관계: 연 변 조선족과 한국 유아의 비교연구. 유아교육연구, 24(2), 311-333.

위수자(2004). 친사회적 교육활동이 유아의 사회성 발달과 대인관계에 미치는 영향. 광주대 학교 산업대학원 석사학위 청구논문.

유수옥(2018). 유아기 문제 행동 지도를 통한 학교폭력의 예방과 대책. 서울: 학지사.

유안진, 김연진(2003). 부모교육 이론과 실제. 서울: 동문사.

유종남, 오인수(2015). 어머니의 양육태도와 유아의 기질, 자아존중감 및 자기조절능력의 관 계. 교육과학연구, 46(2), 79-103.

유현숙(2013). 보육교사의 직무스트레스, 교사효능감, 조직헌신, 소진과 이직의도 간의 구조 적 관계. 계명대학교 대학원 박사학위논문.

윤상기(2019). 유아의 또래상호작용, 인지능력, 자기조절능력이 유아교육기관 적응에 미치는 영향. 학습자중심교과교육연구, 19(3), 1101-1123.

윤치연(2012). 한국유아사회성기술검사. 부산: 테스피아.

이견숙(1993). 채소기피 아동에 대한 영양교육 효과. 수원대학교 교육대학원 석사학위논문.

이경숙, 신의진, 전연진, 박진아(2004). 한국 유아 행동문제의 경향과 특성—서울 지역 중심 으로—. 한국심리학회지: 발달, 17(4), 53-73.

이경화, 조순옥, 김정원, 심은희, 이연규, 이문정(2009). 영유아를 위한 언어교육. 서울: 창지사.

이명조, 김소아(2009). **교육심리학**. 서울: 교문사.

이미화, 강은진, 김은설, 김동훈, 김아름, 최지은(2016). 보수교육 프로그램 운영 매뉴얼 연구-보수교육과정 매뉴얼(2016 개정). 보건복지부, 육아정책연구소.

이상금, 장영희(1986). **유아문학론**. 서울: 교문사

이선미, 강윤희(2019). 유아 자기조절력과 또래상호작용 간의 관계에서 유아 리더십의 매개 효과 분석. **아동교육**, 24(3), 225-238.

이성복(2011). 유아의 신체적 및 관계적 공격성에 영향을 미치는 변인. 가톨릭대학교 대학원 박사학위논문.

이성아(2000). 그림으로 읽는 동화를 통한 문학활동이 유아의 이야기 구성 능력에 미치는 영향. 원광대학교 교육대학원 석사학위 청구논문.

이성진(2000). **행동수정**. 서울: 교육과학사.

이소현, 박은혜(2003). **특수아동교육**. 서울: 학지사.

이수영(2000). 이야기책 듣고 다시 말해보기가 유아의 이야기 구성력 및 문장 이해력에 미치는 영향. 전남대학교 교육대학원 석사학위논문.

이숙희, 고인숙 편(2003). 놀이치료-아동세계의 이해. 교육아카데미.

이연섭, 강문희(1986). **유아의 언어교육**. 서울: 창지사.

이연섭, 권경안, 정인실(1980). 한국아동의 어휘발달연구(I). 한국교육개발원.

이영(1993). 유아를 위한 창의적 동작교육. 서울: 교문사.

이영, 이정희, 김온기, 이미란, 조성연, 이정림, 유영미, 이재선, 신혜원, 나종혜, 김수연, 정지나(2009). **영유아발달**. 서울: 학지사.

이영미, 이인용, 이진우(2017). **현장에서 필요한 유아교사의 상호작용**. 경기: 공동체.

이영석(2000). **유아교육론**. 서울: 형설출판사.

이영석, 이경영(1990). **유아사회교육의 이론과 실제**. 서울: 형설출판사.

이용희, 오선진(2018). 어머니 행복감, 교사-유아 친밀관계, 유아 자아존중감이 유아의 자기조절력에 미치는 영향. **열린유아교육연구**, 23(3), 53-73.

이유미(2006). 공격성 감소 프로그램의 개발 및 효과 검증: 저소득층 아동을 대상으로. 이화여자대학교 대학원 석사학위논문.

이윤경, 김선영, 김성희, 김지은, 나종혜, 문혁준, 신인숙, 안선희, 천희영, 최은미, 황혜신, 황혜정(2003). **유아교육개론**. 서울: 창지사.

이윤경, 김선영, 김성희, 김지은, 나종혜, 문혁준, 신인숙, 안선희, 천희영, 최은미, 황혜신, 황혜정(2008). **개정 유아교육개론**. 서울: 창지사.

이윤옥(1998). 유아를 위한 인성교육 프로그램. 서울: 창지사.

이은경(1998). 역할놀이 활동이 유아의 기본예절습관 형성에 미치는 영향. 성균관대학교 대학원 석사학위논문.

이은미(2019). 협동적 문제해결을 통한 유아 인성교육프로그램 개발 및 적용 효과. 공주대학교 대학원 박사학위논문.

이은하, 고은경(2007). 아동중심 놀이치료 수업이 예비유아교사−유아의 상호작용 행동에 미치는 영향. 놀이치료연구, 11(2), 123-140.

이은화, 김영옥(1997). 유아사회교육. 서울: 양서원.

이은화, 김영옥(2000). 유아를 위한 부모교육. 서울: 동문사.

이은화, 이경우, 곽향림(1998). 유아를 위한 사회 도덕성 교육. 서울: 창지사.

이은희(2004). TV 유아교육 프로그램 내용 및 제작 형태 비교연구: 제6차 유치원교육과정에 기초하여. 경기대학교 교육대학원 석사학위논문.

이정란, 양옥승(2003). 유아의 자기조절 구성요인에 관한 연구. 한국유아교육학회, 23(2), 69-90.

이정민, 전우천(2006). 초등 ICT 활용교육에의 전자 포트폴리오 평가절차 모형 개발. 정보교육학회논문지, 10(1), 1-12.

이정이, 최명선(2007). 조손가정의 환경적 특성에 따른 아동 행동문제. 한국놀이치료학회지, 10(1), 63-72.

이정환(1994). 유아교육의 교수학습방법. 서울: 교문사.

이정환, 박은혜(1995a). 교사들을 위한 교사관찰 워크북. 서울: 한국어린이육영회.

이정환, 박은혜(1995b). 유아 관찰 워크북. 서울: 한국어린이육영회.

이종화(1993). 상황특성에 따른 아동의 감정조망수용능력 발달에 관한 연구. 동아대학교 교육대학원 석사학위 청구논문.

이지영(2000). 유치원에서의 안전사고에 대한 교사의 인식 연구. 이화여자대학교 교육대학원 석사학위논문.

이지현(1997). 유아의 기질 및 성에 따른 놀이행동. 성신여자대학교 대학원 석사학위 청구논문.

이진경(2004). 사회적 유능감 증진 프로그램이 유아의 자기 존중감과 또래 유능성에 미치는 영향. 한국교원대학교 교육대학원 석사학위 청구논문.

이차숙, 노명완(1994). 유아언어교육론. 서울: 동문사.

이혜숙, 김선미(2011). 미술놀이활동이 발달지체유아의 공격성과 주의집중에 미치는 효과. 지적장애연구, 13(1), 123-143.

임은미, 강지현, 권해수, 김광수, 김정희, 김희수, 박승민, 여태철, 윤경희, 이영순, 임진영, 최지영, 최지은, 황매향(2013). 인간발달과 상담. 서울: 학지사.

임재택(1995). 유아교육기관 운영관리. 서울: 양서원.

장은주(2006). 만 5세 유아의 따돌림 행동에 관한 연구. 덕성여자대학교 대학원 석사학위논문.

장휘숙(1998). **아동연구방법**. 서울: 창지사.

전남련(1999). **유아교육기관 교사를 위한 유아관찰 및 평가의 실제**. 서울: 창지사.

전혜정(2008). 국제결혼가정 자녀 실태조사 및 성장지원 방안연구. 보건복지가족부

전혜정(2009). 다문화가정 유아 사회 · 정서발달 증진 프로그램 개발. 보건복지가족부.

정미라, 김지영, 김희진, 문혁준, 박선희, 박정선, 이경우, 이춘자, 이현옥, 조경자(2002). **어린이와 멀티미디어**. 서울: 이화여자대학교출판부.

정미라, 이희선, 배소연, 최미경, 조윤정(2003). **자녀양육과 부모역할**. 서울: 현학사.

정미숙(2016). 감정코칭을 활용한 프로그램이 아동의 자기조절력 향상에 미치는 효과. 목포대학교 대학원 석사학위논문.

정미영(2004). 동작교육활동이 유아의 사회성 발달에 미치는 효과. 중부대학교 교육대학원 석사학위 청구논문.

정여주(2009). 유아 정서에 따른 색 연사과 선호색. 교육의 이론과 실천, 14(3), 121-137.

정영숙, 김영희, 박범혁(2001). **아동발달과 부모교육**. 서울: 시그마프레스.

정영진, 정영숙, 신혜영, 김두범, 김현희, 이해정(2005). **부모와 교사를 위한 기본생활예절교육**. 서울: 창지사.

정옥분(2002). **아동발달의 이해**. 서울: 학지사.

정옥분(2006). **사회정서 발달**. 서울: 학지사.

정옥분, 정순화(2007a). **부모교육**. 서울: 학지사.

정옥분, 정순화(2007b). **예비부모교육**. 서울: 학지사.

정옥석(2000). 협동화를 통한 조형활동의 경험이 유아의 사회성 발달에 미치는 영향에 관한 연구. 경남대학교 교육대학원 석사학위논문.

정용부, 고영인, 신경일(2003). **아동생활지도와 상담**. 서울: 학지사.

정현숙, 유계숙(1998). **결혼학개론**. 서울: 상명대학교출판부.

조맹숙, 김선희(2011). 유아의 심리적 건강성이 유아교육기관 적응에 미치는 영향. 유아교육학논집, 15(1), 443-459.

조복희(2011). **아동발달**. 경기: 교육과학사.

조성실(2002). 놀이 유형이 유아의 사회성에 미치는 영향. 성균관대학교 교육대학원 석사학위논문.

조순옥, 이경화, 배인자, 이정숙, 김정원, 민혜영(2010). 유아사회교육. 서울: 창지사.

조옥라(1996). 재혼, 그 또 다른 시작. 한국가정법률상담소 창립 40주년 심포지엄 자료집.

조운주, 최일선(2008). 유아교육기관에서의 유아생활지도. 서울: 창지사.

조진덕(2004). 협동미술학습이 유아의 사회성 발달에 미치는 영향. 건국대학교 교육대학원
    석사학위논문.

조한무(1998). 수행평가를 위한 포트폴리오 평가. 서울: 교육과학사.

조혜령(1992). 텔레비전 코메디프로그램의 폭력이 어린이에게 미치는 영향. 이화여자대학교
    대학원 석사학위논문.

주영희(1987). 유아를 위한 언어 교육. 서울 : 교문사

지성애, 홍혜경(2001). 영유아 생활지도. 서울: 양서원.

천향숙, 조은진(2011). 교사와 유아가 지각하는 교사-유아 관계 및 관련변인 분석. 아동학회
    지, 32(4), 167-183.

최지영, 최지은, 황매향(2013). 인간발달과 상담. 서울: 학지사.

최혜순(1992). 유아 사회성 발달과 교육. 서울: 학문사.

최효정, 석은조(2013). 보육교사의 회복탄력성과 직무만족에 관한 연구, 한국영유아보육학, 75,
    93-115.

통계청(2013). 우리나라의 이혼, 재혼 현황-지난 30년간 이혼/재혼 자료 분석. http://kostat.go.kr

통계청(2018). 인구주택총조사.

통계청(2018). 연도별 조손가구수 통계.

한국교육개발원(2012). 학교폭력 조사현황과 과제.

한유미(2003). 유아수학교육. 서울: 창지사.

홍경자(2007). 의사소통의 심리학. 서울: 학지사.

홍대식 편(1986). 사회심리학. 서울: 박영사.

황윤세(2007). 유아의 기질, 자기조절력과 상호작용적 또래놀이와의 관계. 열린유아교육연구,
    12(1), 145-166.

황윤세(2011). 유아의 놀이특성과 자기조절력이 유아교육기관 적응에 미치는 영향. 유아교육
    학논집, 15(4), 99-116.

황해익(2000). 유아교육평가. 서울: 양서원.

황해익, 송연숙, 정혜영(2003). 유치원 교육과정에 따른 유아행동관찰법. 서울: 정민사.

황해익, 송연숙, 정혜영(2008). 유아행동관찰법. 서울: 창지사.

황해익, 정혜영(2000). 유아교사를 위한 포트폴리오 평가. 서울: 양서원.

황혜정(2003). 유아교육개론. 서울: 창지사.

황혜정, 김경희(1999). 유아의 사회적 능력과 정서지능과의 관계에 관한 연구. 아동학회지, 20(3), 139-151.

황혜정, 윤명희, 강성빈, 성낙운, 황혜신(2002). 유아용 문제행동 진단검사의 개발 연구. 유아교육연구, 22(1), 73-88.

Achenbach, T. M., & Edelbrock, C. S. (1983). *Manual for the Child Behavior Checklist and Revised Child Behavior Profile.* Burlington, VT: University of Vermont.

Achenbach, T. M., & McConaughy, S. H. (1987). *Empirically based assessment of child and adolescent psychopathology: Practical applications.* Newbury Park: SAGE.

Ahadi, S. A., & Rothbart, M. K. (1994). Temperament, development, and the big five. In C. F. Halverson, Jr., G. A. Kohnstamn, & R. P. Martin (Eds.), *The developing structure of temperament and personality from infancy to adulthood* (pp. 189-207). Hillsdale, NJ: Erlbaum.

Ainsworth, M. S. (1989). Attachments beyond infancy. *American Psychologist, 44*(4), 709-716. https://doi.org/10.1037/0003-066X.44.4.709

Alsaker & Valkanover (2001). Early Diagnosis and Prevention of Victimization in Kindergarten. In J. Juvonen & S Graham (Eds.), *Peer harassment in school: The plight of the vulnerable and victimized* (pp. 175-195). New York: Guilford.

American Psychiatry Association. (2013). *Diagnostic statistical manual of mental disorder* (DSM-5). Washington, D.C.: A.P.A.

Applebee, A. N. (1978). *The Child's Concept of Story.* University of Chicago Press.

Arndorfer, R., & Miltenberger, R. G. (1993). Functional assessment and treatment of challenging behavior: A review with implications for early childhood. *Topics in Early Childhood Special Education, 13*(1), 82-105.

Arndorfer, R., Miltenberger, R. G., Woster, S., Rortvedt, A., & Gaffaney, T. (1994). Home-based descriptive and experimental analysis of problem behaviors in children. *Topics in Early Childhood Special Education, 14*(1), 64-87.

Ayers, W. (1989). *The good preschool teacher: Six teachers reflect on their lives.* New York: Teachers College Press.

Ayres, A. J. (1979). *Sensory integration and the child.* Los Angeles: Western Psychological

Services.

Balaban, N. (1995). Seeing the child, knowing the person. In W. Ayers (Ed.), *To become a teacher: Making a difference in children's lives*. New York: Teachers College Press.

Bear, G. G. (1998). School discipline in the United States: Prevention, correction and long-term social development. *School Psychology Review, 2*(1), 14-32.

Bee, H. (1997). *The developing child*. NY: Longman.

Behar, L., & Stringfield, S. (1974). A behavior rating scale for preschool child. *Developmental Psychology, 10*(5), 601-610.

Belsky, J., Hsieh, K., & Crnic, K. (1996). Infant positive and negative emotionality: One dimension or two? *Developmental Psychology, 32,* 289-298.

Berk, L. E. (2000). *Child development* (5th ed.). Boston: Allyn & Bacon.

Berreth, D., & Berman, S. (1997). The moral dimensions of schools. *Educational Leadership, 54*(8), 24-27.

Bijou, S. W., Peterson, R. F., & Ault, M. H. (1968). A method to integrate descriptive and experimental field studies at the level of data and empirical concepts. *Journal of Applied Behavior Analysis, 1*, 175-191.

Birch, L. (1987). The role of experience in children's food acceptance patterns. *Journal of American Diet Association, 87*(9), 536-540.

Bodrova, E., & Leong, D. (1996). *The Vigotskian approach to early childhood*. Ohio: Merrill, Prentice Hall.

Bongers, I. L., Koot, H. M., Van Der Ende, J., & Verhulst, F. C. (2004). Developmental trajectories of externalizing behaviors in childhood and adolescence. *Child Development, 75,* 1523-1537.

Bor, W., & Sanders, M. R. (2004). Correlates of self-reported coercive parenting of preschool-aged children at high risk for the development of conduct problems. *Australian and New Zealand Journal of Psychiatry, 38,* 738-745.

Bowlby, J. (1969). *Attachment and loss: Vol. 1. Attachment*. New York : Basic Books.

Bredekamp, S. (1987). *Developmentally appropriate practice in early childhood programs serving children from birth through age 8*. Washington, DC: NAEYC.

Bredekamp, S., & Copple, C. (Eds.). (1997). *Developmentally appropriate practice in early childhood programs* (Rev. ed.). Washington, DC: NAEYC.

Brooks-Gunn, J., & Duncan, G. (1997). Income effects across the life span: Integration and interpretation. In G. Duncan & J. Brooks-Gunn (Eds.), *Consequences of growing up poor* (pp. 596-610). New York: Russell Sage Foundation.

Brooks-Gunn, J., Kleanov, P., Liaw, F., & Duncan, G. (1995). Toward an understanding of the effects of poverty upon children. In H. E. fitzgerald, B. M. Lester, & B. Zuckerman (Eds.), *Children of poverty-research, health and policy issues.* New York: Gerland Publishing Inc.

Brownell, C. A. (1990). Peer Social Skill in toddlers: Competencies and constraints illustrated by same-age and mixed-age interaction. *Child Development, 61*, 838-848.

Bullock, J. R. (1992). Children without friends: Who are they and how can teachers help? *Childhood Education, Winter*, 92-96.

Bushman, B. J., & Huesmann, L. R. (2001). Effects of television violence on aggression. In D. Singer, & J. Singer (Eds.), *Handbook of children and the media* (pp. 223-254). Thousand Oaks: Sage.

Cairns, R. B. (1986). Contemporary perspectives on social development. In P. S. Strain, M. Guralnick & H. Walker (Eds.), *Children's social behaviors.* Orlando, FL: Academic.

Calderhead, J. (1992). The role of reflection in learning to teach. In L. Valli (Ed.), *Reflective teacher education* (pp. 139-146). Albany: State University of New York Press.

Calkins, S. D. (2007). The emergence of self-regulation: Biological and behavioral control mechanisms supporting toddler competencies. In C. A. Brownell & C. B. Kopp (Eds.), *Socioemotional development in the toddler years: Transitions and transformations* (p. 261-284). The Guilford Press.

Campbell, S. B. (1990). *Behavior problems in preschool children: Clinical and developmental issues.* New York: Guilford Press.

Campbell, S. B. (1995). Behavior problems in preschool children: A review of recent research. *Journal of Child Psychology and Psychiatry, 36*, 113-149.

Campbell, S. B. (2002). *Behavior problems in preschool children: Clinical and developmental issues* (2nd ed.). New York: Guilford Press.

Campbell, S. B., Shaw, D. S., & Gilliom, M. (2000). Early externalizing behavior problems: Toddlers and preschoolers at risk for later maladjustment. *Development and Psychopathology, 12*, 467-488.

Carlsson-Paige, N., & Levin, D. E. (1992). Making peace in violent times: A constructivist approach to conflict resolution. *Young Children, 48*(1), 4-13.

Card, N. A., & Hodge, E. V. E. (2008). Peer victimization among schoolchildren: Correlations, causes, consequences, and considerations in assessment. *School Psychology Review, 23,* 451-461.

Carr, E. G., Horner, R. H., Turnbull, A., Marquis, J., Magito-McLaughlin, D., McAtree, M. L., et al. (1999). *Positive behavior support as an approach for dealing with problem behavior in people with developmental disabilities: A research synthesis.* Washington, DC: American Association on Mental Retardation Monograph Series.

Cassidy, J., Parke, R. D., Butkovsky, L., & Braungart, J. M. (1992). Family-peer connections: The roles of emotional expressiveness within the family and children's understanding of emotions. *Child Development, 63,* 603-618.

Chance, P. (1988). *Learning and behavior* (2nd ed.). Belmont, CA: Wadsworth.

Charles, C. M., Seuter, G. W., & Barr, K. B. (1999). *Building classroom discipline.* White Plains, NY: Longman.

Charney, R. S. (1998). *Teaching children to care: Management in the responsive classroom.* Greenfield, Ma: Northeast Foundation for Children.

Christakis, D. A., Zimmerman, F. J., DiGiuseppe, D. L., & McCarty, C. A. (2004). Early television exposure and subsequent attentional problems in children. *Pediatrics, 113,* 708-713.

Coie, J. D., & Dodge, K. A. (1998). Aggression and antisocial behavior. In N. Eisenberg (Eds.), *Handbook of psychology: Vol 3. Social, emotional, and personality development* (5th ed.). New York: Wiley.

Coleman, P. K., & Karraker, K. H. (2000). Parenting self-efficacy among mothers of school-age children: Conceptualization, measurement, and correlates. *Family Relations, 49,* 13-24.

Coleman, P., & Karraker, K. H. (2003). Maternal self-efficacy beliefs, competence in parenting, and toddlers' behavior and developmental status. *Infant Mental Health Journal, 24*(2), 126-148.

Cooper, J. O., Heron, T. E., & Heward, W. L. (1987). *Applied behavior analysis.* Columbus, OH: Merrill.

Coplan R. J., Prakash, K., O'Neil, K., & Armer, M. (2004). Do you "want" to play? Distinguishing between conflicted shyness and social disinterest in early childhood. *Developmental Psychology. 40*(2), 244-258.

Craig, W., Harel-Fisch, Y., Fogel-Grinvald, H., Dostaler, S., Hetland, J., Simons-morton, B., & Pickett, W. (2009). A cross-national profile of bulyying and victimization among adolescents in 40 countries. *International Journal of Public Health, 54*, 216-224.

Crawford, J., Brockel, B., Schauss, S., & Miltenberger, R. G. (1992). A comparison of methods for the functional assessment of stereotypic behavior. *Journal for the Association for Persons with Severe Handicaps, 17*, 77-86.

Crick, N. R., & Grotpeter, J. K. (1995). Relational aggression, gender, and social-psychological adjustment. *Child Development, 66*, 710-722.

Crick, N. R., Casas, J. F., & Ku, H. C. (1999). Relational and physical forms of peer victimization in preschool. *Developmental Psychology, 35*, 376-385.

Crow, L. D., & Crow, A. (1960). *Child psychology.* New York: Barnes & Noble, Inc.

Cummings, M., Ianotti, R. J., & Zahn-Waxler, C. (1989). Aggression between peers in early childhood: Individual continuity and developmental change. *Child Development, 60*, 887-895.

Curry, N. E., & Johnson, C. N. (1990). *Beyond self-esteem: Developing a genuine sense of human value.* Washington, DC: Research Monograph of the National Association for the Education of Young Children, 4.

Curwin, R. L., & Mendler, A. N. (1988). *Discipline with dignity.* Alexandria, VA: Association for Supervision and Curriculum Development.

Deater-Deckard, K. (2000). Parenting and child behavioral adjustment in early childhood: A quantitative genetic approach to studying family processes and child development. *Child Development, 71*, 468-484.

Denham, S. A., Workman, E., Cole, P. M., Weissbrod, C., Kendziora, K. T., & Zahn-Waxler, C. (2000). Prediction of externalizing behavior problems from early to middle childhood: The role of parental socialization and emotion expression. *Development and Psychopathology, 12*, 23-45.

Developmental significance of early demands for competent action. *Child Development, 66*, 616-628.

Dewey, J. (1960). *How we think: A restatement of the relation of reflective thinking to the educative process.* Chicago: D.C. Henry Regnery.

Dewey, J. (1969). *The school and society.* Chicago: University of Chicago Press.

Dinkmeyer, D., & Mckay, G. D. (1976). *Systematic training for effective parenting.* Circle Pines, MN: American Guidance Service.

Dinkmeyer, D., & Mckay, G. D. (1982). *The parents' handbook: Systematic training for effective parenting.* Circle Pines, MN: American Guidance Service.

Donnellan, A. M., Mirenda, P. L., Mesaros, R. A., & Fassbender, L. L. (1984). Analyzing the communicative functions of aberrant behavior. *Journal for the Association for Persons with Severe Handicaps, 9*, 201-212.

Doss, L., & Reichle, J. (1991). Replacing excess behavior with an initial communicative repertoire. In J. Reichle, J. York, & J. Sigafoos (Eds.), *Implementing augmentative and alternative communication: Strategies for learners with severe disabilities.* Baltimore: Paul H. Books.

Dreikurs, R. (1967). *Psychodynamics, psychotherapy, and counseling.* Chicago: Alfred Adler Institute.

Dreikurs, R. (1968). *Psychology in the classroom* (2nd ed.). New York: Harper & Row.

Dreikurs, R., Grunwald, B. B., & Pepper, F. C. (1998). *Maintaining Sanity in the classroom: classroom management techniques.* Washington, DC: Accelerated Development.

Duncan, G. J., & Brooks-Gunn, J. (2000). Family Poverty, Welfare Reform, and Child Development. *Child Development, 71*(1), 188-196.

Essa, E. (1988). *A practical guide to solving preschool behavior problems.* NY: Delmar Publishers, Inc.

Eysench, W. M. (2004). 간단명료한 심리학 (이영애, 이나경 역). 서울: 시그마프레스. (원저는 2002년에 출판).

Fagot, B. I. (1997). Attachment, parenting, and peer interactions of toddler children. *Developmental Psychology, 33*, 489-499.

Fields, M. V., & Boesser, C. (1994). *Constructive guidance and discipline: Preschool and primary education.* New York: Merrill.

Fields, M. V., Meritt, P. A., & Fields, D. M. (2018). *Constructive guidance and discipline for early childhood education* (7th ed.). New York; Pearson Education Inc.

Fields, M. V., Perry, N. J., & Fields, D. (2010). *Constructive guidance and discipline: preschool and primary education* (5th ed.). Upper Saddle River, NJ: Pearson.

Finkelhor, D. Turner, H., Ormrod, R., & Hamby, S. L. (2009). Violence, abuse, and crime exposure in a national sample of children and youth. *Pediatrics, 124,* 1411-1423.

Fox, L., Dunlap, G., Hemmeter, M. L., Joseph, G. E., & Strain, P. S. (2003). The teaching pyramid: A model for supporting social competence and preventing challenging behavior in young children. *Young Children, 58*(4), 48-52.

Fraenkel, J. R., & Wallen, N. E. (2000). *How to design and evaluation research in education.* Boston: McGraw Hill.

Friend, M., & Davis, T. (1993). Appearance-reality distinction: Children's understanding of the physical and aggective domains, Developmental Psysicalogy. *Developmental Psychology, 29,* 622-632.

Gabbard, C., LeBlanc, E., & Lowy, S. (1987). *Physical education for children.* Englewood Cliffs, NJ: Prentice Hall.

Galen, B. R., & Underwood, M. K. (1997). A developmental investigation of social aggression among children. *Developmental Psychology, 33,* 589-600.

Gartrell, D. (1987). Assertive discipline: Unhealthy for children and other living things. *Young Children, 42*(2), 10-11.

Gartrell, D. (1995). Misbehavior or mistaken behavior? *Young Children, 50*(5), 27-34.

Gartrell, D. (1997). Beyond discipline to guidance. *Young Children, 52*(6), 34-42.

Gartrell, D. (2001). Replacing time out: Part one–Using guidance to build the encouraging classroom. *Young Children, 56*(6), 8-16.

Gartrell, D. (2003). *A guidance approach for the encouraging classroom* (3rd ed.). Clifton Park, NY: Delmar Learning.

Gartrell, D. (2004). *The Power of Guidance: Teaching Social-Emotional Skills in Early Childhood Classrooms.* Clifton Park, NY: Thomson Delmar Learning.

Gartrell, D. J. (2014). *A guidance approach to the encouraging classroom* (4th ed.). Cliftin Park, NY: Thomson Delmar Learning.

Gestwicki, C. (2004). *Home, school and community relations* (5th ed.). Clifton Park, NY: Delmar Learning.

Ginnot, H. (1972). *Teacher and child.* New York: Avon.

Ginott, H. G. (1965). *Between parent and child*. New York: Macmillan.

Ginott, H. G. (1975). *Teacher and child*. New York: Avon Books.

Glenn, H. S., & Nelsen, J. (1987). *Raising self-reliant children in a self-indulgent world*. Rocklin, CA: Prima Publishing.

Gober, S. Y. (2002). *Six simple ways to assess young children*. Albany, NY: Delmar.

Goldsmith, E. B. (1999). *Resource management for individuals and families*. Minneapolis/ St. Paul: West Publishing Co.

Goldsmith, H. H. (1987). Roundtable: What is temperament? Four approaches. *Child Development, 58*, 505-529.

Goldsmith, H. H., & Campos, J. (1986). Fundamental issues in the study of early temperament: The Denver twin temperament study. In M. E. Lamb, A. L. Brown, & B. Rogoff (Eds.), *Advances in developmental psychology* (Vol. 4). Hillsdale, NJ: Erlbaum.

Goldstein, S., & Brooks, R. (Eds.). (2005). *Handbook of resilience in children*. New York: Springer.

Gordon, B. N., & Schroeder, C. S. (2002). *Assessment and treatment of childhood problems*. New York: Guilford Press.

Gordon, T., & Burch, N.(1974). *T.E.T., teacher effectiveness training*. New York: Three Rivers Press.

Gottman, J. M., & 최성애, 조벽(2011). 내 아이를 위한 감정코칭. 서울: 한국경제신문.

Gottman, J. M., Katz, L. F., & Hooven, C. (1997). *Meta-emotion: How families communicate emotionally*. Mahwah, NJ: Lawrence Erlbaum Associates, Inc.

Gottman, J., & 남은영(2007). 내 아이를 위한 사랑의 기술. 서울: 한국경제신문.

Greenberg, P. (1988). Avoiding 'me against you' discipline. *Young Children, 43*(1), 24-25.

Greene, R. W. (1998). *The explosive child: A new approach for understanding and parenting easily frustrated, "chronically inflexible" children*. New York: Harper Collins.

Greenman, J. (2005). *Caring spaces, learning places: Children's environments that work*. Redmond, WA: Exchange Press, Inc.

Grineski, S. (1988). Teaching and learning in physical education for young children. *Journal of Physical Education, Recreation and Dance, 59*(5), 91-94.

Gross, D., & Tucker, S. (1994). Parenting confidence during toddlerhood: A comparison of mothers and fathers. *Nurse Practitioner, 19*, 28-34.

Gulbenkian Foundation. (1995). *Children and violence*. London: Author.

Halow, H. F., & Zimmerman, R. R. (1959). Affectional responses in the infant monkey. *Science, 130*, 421-432.

Harms, T., Clifford, R. M., & Cryer, D. (2005). *Early Childhood Environment Rating Scale*. New York: Teachers College Press.

Harrington, R. G. (2004). *Helping children at home and school II: Handouts for families and educators*. Bethesda, MD: National Association of School Psychologists.

Harrist, A. W., Zaia, A. F., Bates, J. E., Dodge, K. A., & Pettit, G. S. (1997). Subtypes of social withdrawal in early childhood: Sociometric status and social-cognitive differences across four years. *Child Development, 68*(2), 278-294.

Harter, S. (1990). Issues in the assessment of the self-concept of children and adolescents. In A. LaGreca (Ed.), *Through the eyes of a child* (pp. 292-325). Boston: Allyn and Bacon.

Harter, S. (1996). Historical roots of contemporary issues involving self concept. In B. A. Bracker (Ed.), *Handbook of self concept*. New York: John Wiley & Sons, Inc.

Harter, S. (1998). The development of self-representations. In N. Eisenberg (Ed.), *Handbook of child psychology: Vol 3. social, emotional, and personality development* (5th ed., pp 553-618). New York: Wiley.

Hemmeter, M. L., Fox, L., & Snyder, P. (2013). A tiered model for promoting social-emotional competence and addressing challenging behavior. In V. Buysse & E. Peisner-Feinberg (Eds.), *Handbook of response to intervention in early childhood* (pp. 85-101). Baltimore, MD: Brookes.

Herson, M., & Sledge, W. (2002). *Encyclopedia of psychotherapy*. New York: Academy Press.

Hitz, R. (1988). Viewpoint. Assertive discipline: A response to Lee Canter. *Young Children, 43*(2), 25-26.

Hitz, R., & Driscoll, A. (1988). Praise or encouragement? New insights into praise: Implications for early childhood teachers. *Young Children, 43*(4), 6-13.

Hochschild, A. (1983). *The managed heart: Communication of human feeling*. Berkeley, CA: University of California Press.

Honing, A. S. (1982). Research in review—prosocial development in children. *Young children, 6*, 51-62.

Horne, A. M., Prpinas, P., Newman-Carlson, D., & Bartolomucci, C. L. (2004). Elementary school bully busters program: Understanding why children bully and what to do about it. In D. L. Espelage & S. M. Swearer (Eds.), *Bullying in American schools: A social-ecological perspective on prevention and intervention* (pp. 297-325). Mahwah, NJ: Lawrence Erlbaum Associates.

Horner, R. H. (2000). Positive behavior supports. *Focus on Autism and Other Developmental Disabilities, 15*, 97-105.

Huffman, L. C., Mehlinger, S. L., & Kerivan, A. S. (2000). *Risk factors for academic and behavioral problems at the beginning of school.* Bethesda, MD: National Institute of Mental Health.

Hull, C. L. (1952). *A behavior system.* New Heaven, CN: Yale University Press.

Iwata, B. A., Dorsey, M. F., Slifer, K. J., Bauman, K. E., & Richman, G. S. (1982). Toward a functional analysis of self-injury. *Analysis and Intervention in Developmental Disabilities, 2*, 3-20.

Iwata, B. A., Dorsey, M. F., Slifer, K. J., Bauman, K. E., & Richman, G. S. (1982/1994). Toward a functional analysis of self-injury. *Journal of Applied Behavior Analysis, 27*, 197-209.

Jackson, S. E., Schwab, R. L., & Schuler, R. S. (1986). Toward an understanding of the burnout phenomenon. *Journal of Applied Psychology, 71*, 630-640.

Jones, Y. L., & Prinz, R. J. (2005). Potential roles of parental self-efficacy in parent and child adjustment: A review. *Clinical Psychology Review, 25*, 341-363.

Joseph, G. E., & Strain, P. S. (2002). Building positive relationships with young children. *Young Exceptional Children, 7*(4), 21-28.

Kagan, J. (1994). *Galen's prophecy.* New York: Basic Books.

Kagan, J. (1997). Temperament and the reactions to unfamiliarity. *Child Development, 68*, 139-143.

Kaiser, B., & Rasminsky, J. S. (2003). *Challenging Behavior in Young Children.* Boston, MA: Allyn and Bacon.

Kaiser, B., & Rasminsky, J. S. (2007). *Challenging behavior in young children: Understanding, preventing, and responding effectively* (2nd ed.). Boston, MA: Allyn &

Bacon.

Kantrowitz, B., & Wingert, P. (1989, July 17). How kids learn. Newsweek, 50-56.

Kazdin, A. E. (1995). *Conduct disorders in childhood and adolescence* (2nd ed.). Thousand Oaks, CA: Sage.

Kazdin, A. E. (2000). *Encyclopedia of psychology, Volume 1.* American Psychological Association: Oxford University Press.

Keenan, K., & Wakschlag, L. S. (2000). More than the terrible twos: The nature and severity of behavior problems in clinic-referred preschool children. *Journal of Abnormal Child Psychology, 28*, 33-46.

Keenan, K., Shaw, D. S., Delliquadri, E., Giovannelli, J., & Walsh, B. (1998). Evidence for the continuity of early problem behavior: Application of a developmental model. *Journal of Abnormal Child Psychology, 26*, 441-454.

Kern, L., & Dunlap, G. (1998). Curricular modifications to promote desirable classroom behavior. In J. K. Luiselli & M. J. Cameron (Eds.), *Antecedent control: Innovative approaches to behavioral support* (pp. 289-307). Baltimore: Paul H. Brooks.

Kerr, M. M., & Nelson, C. M. (1989). *Strategies for managing behavior problems in the classroom* (2nd ed.). Columbus, OH: Merrill.

King, M. A., & Janson, G. (2009). First do no harm: emotional maltreatment in the classroom. *Early Childhood Education Journal, 37*, 1-4.

Kirves, L., & Sajaniemi, N. (2012). Bullying in early educational settings. *Early Child Development and Care, 182*(3-4), 383-400.

Kochanska, G. (1997). Multiple pathways to conscience for children with different temperaments: From toddlerhood to age 5. *Developmental Psychology, 33*, 228-240.

Kochanska, G., Murray, K., & Coy, K. C. (1997). Inhibitory control as a contributor to conscience in childhood: From toddlerhood to early school age. *Child Development, 68*, 263-277.

Kopp, C. (1982). Antecedents of self-regulation: A developmental perspective. *Developmental Psychology, 18*(2), 199-214.

Kopp, C. (1989). Regulation of distress and negative emotions: A developmental view. *Developmental Psychology, 25*(3), 343-354.

Kostelnik, M. J., Soderman, A. K., Whiren, A. P., Rupiper, M. L., & Gregory, K. M. (2017).

영유아의 사회정서발달과 교육 2판 (박경자, 김송이, 신나리, 권연희, 김지현 역). 서울: 교문사. (원저는 2015년에 출판).

Kostelnik, M., Whiren, A. P., Soderman, A. K., Stein, L. C., & Gregory, K. (2002). *Guiding children's social development: Theory to practice* (4th ed.). Clifton Park, NY: Delmar.

Kostelnik, M. J., Whiren, A. P., Soderman, A. K., Stein, L. C., & Gregory, K. M. (2009). 영유아의 사회정서 발달과 교육 (박경자, 김송이, 권연희, 김지현 역). 서울: 교문사. (원저는 2006년에 출판).

Kremenitzer, J. P., & Miller, R. (2008). Are you a highly qualified, emotionally intelligent early childhood educator? *Young Children*, 106-112.

Kuczynski, L., & Kochanska, G. (1995). Function and content of maternal demands: Developmental significance of early demands for competent action. *Child Development, 66*(3), 616-628. https://doi.org/10.2307/1131938

Ladd, B. K., & Ladd, G. W. (2001). Variations in peer victimization: Relations to children's maladjustment. In J. Juvonen & S. Graham (Eds.), *Peer harassment in school: The plight of the vulnerable and victimized* (pp. 25-48). New York: Guilford.

Lalli, J. S., Browder, D. M., Mace, F. C., & Brown, D. K. (1993). Teacher use of descriptive analysis data to implement interventions to decrease students' problem behaviors. *Journal of Applied Behavior Analysis, 26*, 227-238.

Leand, C., & Horste, J. (1994). Multiple ways of knowing: curriculum in new key. *Language Arts, 71*, 337-344.

Lee, S. H., Smith, P. K., & Monks, C. P. (2016). Participant roles in peer-victimization among young children in South Korea: Peer-, self-, and teacher-nominations. *Aggressive behavior, 42*(3), 287-298.

Lennox, D. B., & Miltenberger, R. G. (1989). Conducting a functional assessment of problem behavior in applied settings. *Journal for the Association for Persons with Severe Handicaps, 14*, 304-311.

Lerman, D. C., & Iwata, B. A. (1996). Developing a technology for the use of operant extinction in clinical settings: An examination of basic and applied research. *Journal of Applied Behavior Analysis, 29*, 345-382.

Levin, D. E. (1994). *Teaching young children in violence times.* Cambridge, MA: Educators for Social Responsibility.

Levin, D. E. (1998). *Remote control childhood? Combating the hazards of media culture*. Washington, DC: National Association for the Education of Young Children.

Lewis, M. (1995). Embarrassment: the emotion of self-exposure and evaluation. In J. P. Tangney & K. X. Fischer (Eds.), *Self-conscious emotion* (pp.198-218). New York : Guilford Press.

Lilley, I. M. (1967). *Friedrich Froebel: A selection from hid writings*. London: Cambridge University Press.

Lutz, M. N., Fantusso, J., & McDermott, P. (2002). Multidimensional assessment of emotional and behavioral adjustment problems of low-income preschool children: Development and initial validation. *Early Childhood Research Quarterly, 17*, 338-355.

Lynch, M. (2003). Consequences of children's exposure to community violence. *Clinical Child and Family Psychology Review, 6*, 265-274.

Lzzarus, R. S. (1993). Coping theory and research: Past, present, and future. *Psychosomatic Medicine 55,* 234-247.

Maccoby, E. E. (2000). Parenting and its effect on children: On reading and misreading behavior genetics. *Annual Review of Psychology, 51*(1), 1-27.

Maccoby, E. E., & Jacklin, C. N. (1974). *The psychology of sex differences*. Stanford, CA: Stanford Univeristy Press.

Mace, F. C. (1994). The significance and future of functional analysis methodologies. *Journal of Applied Behavior Analysis, 27*, 385-392.

MacKenzie, R. J. (1998). *Setting limits in the classroom: Moving beyond the classroom dance of discipline*. Rocklin, Ca: Prima Publishing.

Marion, M. C. (1991). 유아생활지도 (조희숙 역). 서울: 창지사. (원저는 1981년에 출판).

Marion, M. C. (1999). *Guidance of young children* (5th ed.). New York: Macmillan.

Markell, M., & Asher, S. R. (1984). Children's interactions in dyads: Interpersonal influences and sociometric status. *Child Development, 55*, 1412-1424.

Martens, B. K., & Meller, P. J. (1990). The application of behavioral principles to educational settings. In T. B. Gutkin & C. R. Reynolds (Eds.), *Handbook of School Psychology* (pp. 612-634). New York: Wiley.

Martin, S. (1999). *Take a look: Observation and portfolio assessment in early childhood* (2nd ed.). Canada: Addison-Wesley.

Maslow, A. H. (1954). *Motivation and Personality*. New York: Harper & Row.

Maxwell, L. E. (2007). Competency in child care settings: The role of the physical environment. *Environment and Behavior, 39*(2), 229-245.

Mayesky, M. (1995). *Creative activities for young children*. NY: Delmar Publishing Inc.

McCaslin, N. (1990). *Creative drama in the classroom* (5th ed.). NY: Longman.

McDowell, D. J., O'Neil, R., & Parke, R. D. (2000). Display rule application in a disappointing situation and children's emotional reactivity: Relations with social competence. *Merrill-Palmer Quarterly, 46*, 306-324.

McLoyd, V. C. (1998). Socioeconomic disadvantage and child development. *American Psychologist, 53*(2), 185-204.

Miller, D. F. (2002). *Positive Child Guidance* (3rd ed.). Clifton Park, NY: Delmar.

Miltenberger, R. G. (2009). 행동수정 (안병환, 윤치연, 이영순, 이효신, 천성문 역). 서울: 시네마프레스. (원저는 2008년에 출판).

Minnesota Association for the Education of Young Children (MnAEYC). (1991). *Developmentally appropriate guidance of children birth to eight*. (Rev. ed.). St. Paul: Author.

Minnesota Association for the Education of Young Children (MnAEYC). (2002). *Developmentally appropriate guidance of children birth to eight* (3rd. ed.). St. Paul: Author.

Moffitt, T. E. (1997). Neuropsychology, antisocial behavior, and neighborhood context. In J. McCord (Ed.), *Violence and childhood in the inner city* (pp. 116-170). New York: Cambridge University Press.

Montessori, M. (1964). *The Montessori method*. New York: Schocken.

Morgan, D. P., & Jenson, W. R. (1988). *Teaching behaviorally disordered students: preferred practices*. New York: Macmillan.

Morrison, G. S. (1991). *Early childhood education today* (8th ed.). New Jersey: Merrill Prentice Hall.

Murray, C., Murray, K. M., & Waas, G. A. (2008). Child and teacher reports od teacher-student relationships: Concordance of perspectives and associations with school adjustment in urban kindergarten classrooms. *Journal of Applied Developmental Psychology, 29*(1), 49-61.

Myers, S. S., & Pianta, R. C. (2008). Developmental commentary: Individual and contextual influences on student-teacher relationships and children's early problem beaviors. *Journal of Clinical Child & Adolescent Psychology, 37*(3), 600-608.

Nansel, T. R., Overpeck, M., Pilla, R. S., Ruan, W. J., Simons-Morton, B., & Scheidt, P. (2001). Bullying Behaviors Among US Youth Prevalence and Association With Psychosocial Adjustment. *Journal of the American Medical Association, 285,* 2094-2100.

National Institute of Child Health and Human Development Early Child Care Research Network (2008, July). Mothers' fathers' support for child autonomy and early school achievement. *Developmental Psychology, 44*(4), 895-907.

Neilsen, S. L., Olive, M. L., Donovan, A., & McEvoy, M. (1999). Challenging behaviors in your classroom? Don't react-teach instaed! In S. Sandall & M. Ostrosky (Eds.), *Practical ideas for addressing challenging behaviors* (pp. 5-15). Young Exceptional Children Monograph series No. 1.

Nelsen, J. (1987). *Positive discipline.* New York: Ballantine Books.

Nelsen, J. (2006). *Positive discipline.* New York: Ballantine Books.

Nelsen, J., & Erwin, C. (2002). *Positive Discipline: The First Three Years: From infant to Toddler-Laying the Foundation for Raising a Capable*, Confident Child. Harmony: MA.

Nelsen, J., Erwin, C., & Duffy, R. A. (2007). *Positive Discipline for Preschoolers.* New York: Random House, Inc.

Norris, C., McCahill, M., & Wood, D. (2004). The growth of CCTV: a global perspective on the international diffusion of video surveillance in publicly accessible space. *Surveillance & Society, 2*(2/3), 110-135.

Offord, D. R., & Lopman, E. L. (1996). Emotional and behavioral problems. In *Growing up in Canada: National Longitudinal survey of children and youth* (pp. 119-126). Ottawa, ON: Human Resources Development Canada and Statistics Canada.

Olweus, D. (1991). Bully/victim problems among school children: Basic facts and effects of a school-based intervention program. In D. J. Pepler & K. H. Rubin (Eds.), *The development and treatment of childhood aggression* (pp. 411-448). Hillsdale, NJ: Erlbaum.

Olweus, D. (1993). *Bullying at school: What we know and what we can do.* Malden, MA:

Blackwell.

Osborn, D. K. (1980). *Early childhood education in historical perspective.* Athens, GA: Educaiton Associates.

Oshikanlu, S. (2006). Teaching Healthy Habits to Young Children: Handwashing, Toileting and Toothbrushing. *The Early Childhood Leader's Magazine, 169,* 28-30.

Ostrov, J. M., Woods, K. E., Jansen, E. A., Casas, J. F., & Crick, N. R. (2004). An observational study of delivered and received aggression, gender, and social-psychological adjustment in preschool: "This White Crayon Doesn't Work …". *Early Childhood Research Quarterly, 19*(2), 355-371.

Owens, E. B., & Shaw, D. S. (2003). Predicting growth curves of externalizing behavior across the preschool years. *Journal of Abnormal Child Psychology, 31,* 575-590.

O'Leary, S. (1995). Parental discipline mistakes. *Psychological Science, 4,* 11-13.

O'Neill, R. E., Horner, R. H., Albin, R. W., Storey, K., & Sprague, J. R. (1990). *Functional analysis of problem behavior: A practical guide.* Sycamore, IL: Sycamore.

O'Neill, R. E., Horner, R. H., Albin, R. W., Storey, K., Sprague, J. R., & Newton, J. S. (1997). *Functional assessment and program development for problem behavior: A practical handbook.* Pacific Grove, CA: Brooks/Cole.

Parker, J. G., & Asher, S. R. (1987). Peer relations and later personal adjustment: Are low-accepted children "at risk?". *Psychological Bulletin, 102,* 357-389.

Parnes, S. J. (1999). Programs and courses in Creativity. In Mark A. Runco & Steven R. Pritzker (Eds.), *Encyclopedia of Creativity.* Vol. 2., (pp. 465-477). CA: Academic press.

Pennington, B. F. & Ozonoff, S. (1996). Executive functions and developmental psychopathology. *Journal of Child Psychology and Psychiatry, 37*(1), 51-87.

Pepler, D. J., & Slaby, R. G. (1994). Theoretical and developmental perspectives on youth and violence. In L. D. Eron, J. H. Gentry, & P. Schlegel (Eds.), *Reason to hope: A psychological perspective on violence & youth* (pp. 27-58). Washington, DC: American Psychological Association.

Pepler, D., Smith, P. K., & Rigby, K. (2004). Looking back and looking forward: Implications for making interventions work effectively. In P. K. Smith, D. Pepler, & K. Rigby (Eds.), *Bullying schools: How successful can interventions be?* (pp. 307-324)

Cambridge, England: Cambridge University Press.

Piaget, J. (1965). *The moral judgment of the child.* New York: Free Press. (Original American ed, 1932)

Piaget, J., & Inhelder, B. (1956). *The child's conception of space.* London: Routledge & Kegan Paul.

Plomin R., Emde, R. N., Graungart, J. M., Campos, J., Corley, R., Fulker, D. W., Kagan, J., Reznick, J. S., Robinson J., Zahn-Waxler, C., & DeFries, J. C. (1993). Genetic change and continuity from fourteen to twenty months: The MacArthur longitudinal twin study. *Child Development, 64,* 1354-1376.

Putallaz, M., & Sheppard, B. H. (1992). Conflict management and social competence. In C. Shartz & W. W. Hartup (Eds.), *Conflict in child and adolescent development.* New York: Cambridge University Press.

Read, K. H. [1950] (1993). *Early childhood programs: Human relations and learning* (9th ed.). Forth Worth, TX: Harcourt Brace.

Reichle, J., & Wacker, D. P. (Eds.). (1993). *Communicative alternatives to challenging behavior: Integrating functional assessment and intervention strategies.* Baltimore: Paul Brookes.

Reiss, A. J., Jr., & Roth, J. A. (Eds.). (1993). *Understanding and preventing violence.* Washington, DC: National Academy Press.

Reynolds, E. (1996). *Guiding young children: A child-centered approach* (2nd ed.). Mountain View, CA: Mayfield.

Rigby, K. (2002). *New perspectives on bullying.* London, UK: Jessica Kingsley.

Risley, T. (1996). Get a life! Positive behavioral intervention for challenging behavior through life arrangement and life coaching. In L. K. Koegel, R. L. Koegel, & G. Dunlap (Eds.), *Positive behavioral support: Including people with difficult behavior in the community* (pp. 425-437). Baltimore: Paul H. Brookes.

Rogers, B. (2012). 훌륭한 선생님은 스트레스를 날린다(*The essential guide to managing teacher stress*). 안찬성 역(2012). 밥북. (원저는 1992년에 출판).

Rogers, C., & Freiberg, J. (1994). *Freedom to learn* (3rd ed.). New York: Merrill.

Rubin K. H. (1982). Nonsocial play in preschoolers: necessarily evil? *Child Devlopment, 533,* 651-657.

Rubin, K. H., & Asendorpf, J. B. (1993). *Social withdrawal, inhibition, and shyness in childhood.* Hillsdale, NJ: Erlbaum.

Rubin, K. H., Bukowski, W., & Parker, J. G. (2006). Peer interactions, relationships, and groups. In Eisenberg, N. (Ed.), *Handbook of Child Psychology: Vol 3, Social, Emotional, and Personality Development.* New York: Wiley.

Rubin, K. H., Coplan, R. J., & Bowker, J. (2009). Social Withdrawal in Childhood. *Annual Review of Psychology. 60,* 141-171.

Russell, D. L. (1991). *Literature for children.* NY: Longman Publishing Co.

Sameroff, A., Gutman, L. M., & Peck, S. C. (2003). Adaptation among youth facing multiple risks: Prospective research findings. In S. S. Luthar (Ed.), *Resilience and vulnerability: Adaptation in the context of childhood adversities* (pp. 364-391). New York: Cambridge University Press.

Sasso, G. M., Reimers, T. M., Cooper, L. J., Wacker, D., Berge, W., Steege, M., Kelly, L., & Allaire, A. (1992). Use of descriptive and experimental analyses to identify the functional properties of aberrant behavior in school settings. *Journal of Applied Behavior Analysis, 25,* 809-821.

Schoön, D. A. (1983). *The reflective practitioner: How professionals think in action.* New York: Basic Books.

Scotti, J., Ujcjch, J., Weigle, K., Holland, C., & Kirk, K. (1996). Interventions with challenging behavior of persons with developmental disabilities: A review of current research practices. *Journal for the Association for Persons with Severe Handicaps, 21*(3), 123-134.

Sengupta, S. M., Grizenko, N., Thakur, G. A., Bellingham, J., DeGuzman, R., Robinson, S., TerStepanian, M., Poloskia, A., Shaheen, S. M., Fortier, M., Choudhry, Z., & Loober, R. (2012). Differential association between the norepinephrine transporter gene and ADHD: role of sex and subtype. *Journal of psychiatry & Neuroscience, 37*(2), 129-137.

Shaffer, D. R. (1993). *Developmental psychology: Childhood and adolescence.* CA: Brooks/Cole.

Shaw, D. S., Winslow, E. B., & Flanagan, C. (1999). A prospective study of the effects of marital status and family relations on young children's adjustment among African American and European American families. *Child Development, 70,* 742-755.

Shoffner, M. (2008). Informal reflection in pre-service teacher reflection. *Reflective Practice, 9*(2), 123-134.

Slaby, R. G. (1997). Psychological mediators of violence in urban youth. In J. McCord (Ed.), *Violence and childhood in the inner city* (pp. 171-206). New York: Cambridge University Press.

Steege, M. W., & Brown-Chidsey, R. (2005). Functional behavioral assessment: The cornerstone of effective problem solving. In R. Brown-Chidsey (Ed.), *Assessment for intervention: A problem-solving approach* (pp. 131-154). New York: Guilford Press.

Stein, N. L., & Glenn, C. G. (1982). Children's concept of time: The development of a story schema. *The developmental psychology of time, 81*, 255-282.

Strain, P. S., & Hemmeter, M. L. (1997). keys to being to successful when confronted with challenging behaviors. *Young Exceptional Children, 1*(1), 2-8.

Strickland, R. G. (1951). *The language arts in the elementary school*. DC: Heath and Company.

Sulzer-Azaroff, B., & Mayer, G. R. (1991). *Behavior modification in the human services* (3rd ed.). Newbury Park, CA: Sage.

Sutton, J., Smith, P. K., & Sweetenham, J. (1999). Bullying and "theory of mind": A critique of the "social skills deficit" view of anti-social behaviour. *Social Development, 8*, 117-127.

Taylor, R. D., & Robert, D. (1995). Kinship support and maternal and adolescent well-being in economically disadvantaged African-American families. *Child Development, 66*, 1585-1597.

Thomas, A., & Chess, S. (1980). *The dynamics of psychological development*. New York: Brunner/Mazel.

Thomas, A., & Chess, S. (1984). Genesis and evaluation of behavioral disorder: From infancy to early adult life. *American Journal of Psychiatry, 141*, 1-9.

Thomas, A., & Chess, S. (1980). *The dynamics of psychological development*. New York: Brunner/Mazel.

Thomas, A., Chess, S., & Birch, H. G. (1968). *Temperament and behavior disorders in children*. New York: New York University Press.

Thomas, M. H., & Drabman, R. S. (1975). Toleration of real-life aggression as a function of exposure to television violence. *Merrill-Palmer Quarterly, 21*, 227-232.

Thomas, R. M. (1985). *Comparing theories of child development* (2nd ed.). Belmont, CA: Wadsworth Publishing Co.

Thompson, R. (1994). Emotion Regulation: A Theme in Search of Definition. *Monographs of the Society for Research in Child Development, 59*(2/3), 25-52.

Tobin, J. J., Wu, D. Y., & Davidson, D. (1989). *Preschool in three cultures: Japan, China, and the United States.* New Haven: Yale University Press.

Toblin, R. L., Schwartz, D., Hopmeyer Gorman, A., & Abou-ezzeddine, T. (2005). Social-cognitive and behavioral attributes of aggressive victims of bullying. *Journal of Applied Development, 26*(3), 329-346.

Trawick-Smith, J. (1994). *Ineractions in the classroom: Facilitating play in the early years.* Toronto, Canada: Maxwell Macmillian Inernational.

Tremblay, R. E. (2000). The development of aggressive behavior during childhood: What have we learned in the past century? *International Journal of Behavioral Development, 24*, 129-141.

Troop-Gordan, W., & Ladd, G. W. (2005). Trajectories of peer victimization and perceptions of self and school mates: Precursors to internalizing and externalizing problems. *Child Development, 76*, 1072-1091.

Turiel, E. (1998). The development of morality. In N. Eisenberg (Ed.), *Handbook of Child Psychology, Vol. 3: Social, Emotional, and Personality Development* (pp. 863-932). New York: John Wiley and Sons.

Tye, B. B., & O'Brien, L. (2002). Why are experienced teachers leaving the profession? *Phi Delta Kappa, 84*(1), 24-32.

Umbreit, J., & Blair, K. (1997). Using structural analysis to facilitate treatment of aggression and noncompliance in a young child at risk for behavioral disorders. *Behavioral Disorders, 22*(2), 75-86.

Vasta, R., Haith, M. M., & Miller, S. A. (1995). *Child psychology: The modern science.* John Wiley & Sons.

Walsh, H. M. (1980). *Introducing the young child to the social world.* NY: Macmillan Publishing Company.

Warren, R. M. (1977). *Caring: Supporting children's growth.* Washington, DC: NAEYC.

Watson, T. S., & Steege, M. W. (2003). *Conducting school-based functional behavioral assessments: A practitioners guide.* New York: Guildford Press.

Weber, N. (1987). Patience or understanding. *Young Children, 42*(3), 52–54.

White, C. S., & Coleman, M. (2000). *Early Childhood Education: Building a philosophy for teaching.* Upper Saddle River, NJ: Prentice-Hall.

Wilson, K. H., Pianta, R. C., & Stuhlman, M. (2007). Typical classroom experience in first grade: The role of classroom climate and functional risk in the development of social competences. *The Elementary School Journal, 108*(5), 461–465.

Winett, R., & Winkler, R. (1972). Current behavior modification in the classroom: Be still, be quiet, be docile. *Journal of Applied Behavior Analysis, 5,* 499–504.

Wittmer, D. S., & Honig, A. S. (1994). Encouraging positive social development in young children. *Young Children, 49*(5), 61–75.

Worobey, J., & Lewis, M. (1989). Individual differences in the reactivity of young infants. *Developmental Psychology, 25,* 663–667.

Zembylas, M. (2004). The emotional characteristics of teaching: an ethnographic study of one teacher. *Teaching and Teacher Education, 20*(4), 185–201.

http://dongascience.donga.com/news.php?idx=-44998

http://pbskids.org

찾아보기

저자 소개

권정윤(Kwon, Jeong Yoon)
성신여자대학교 유아교육과 학사
미국 New York University 석사
미국 Pennsylvania State University Ph.D. (유아교육 전공)
현 성신여자대학교 유아교육과 교수

안혜준(Ahn, Hey Jun)
중앙대학교 유아교육과 학사
중앙대학교 유아교육학과 석사
미국 Pennsylvania State University Ph.D. (유아교육 전공)
현 한양여자대학교 유아교육과 교수

송승민(Song, Seung-Min)
이화여자대학교 가정관리학과 학사
미국 Pennsylvania State University 석사
미국 Pennsylvania State University Ph.D. (유아교육 전공)
현 수원대학교 아동가족복지학과 교수

권희경(Kwon, Heekyoung)
연세대학교 아동학과 학사
경희대학교 아동가족학과 석사
미국 Pennsylvania State University Ph.D. (유아교육 전공)
현 건국대학교 유아교육과 교수

효과적인 문제행동 지도를 위한

유아생활지도
Effective Guidance for Behavior Problems of Young Children

2021년 3월 30일 1판 1쇄 발행
2022년 1월 20일 1판 2쇄 발행

지은이 • 권정윤 · 안혜준 · 송승민 · 권희경
펴낸이 • 김진환
펴낸곳 • ㈜**학지사**

        04031 서울특별시 마포구 양화로 15길 20 마인드월드빌딩
대표전화 • 02-330-5114   팩스 • 02-324-2345
등록번호 • 제313-2006-000265호

홈페이지 • http://www.hakjisa.co.kr
페이스북 • https://www.facebook.com/hakjisabook

ISBN 978-89-997-2385-8 93370

정가 24,000원

출판 · 교육 · 미디어기업 **학지사**

간호보건의학출판 **학지사메디컬** www.hakjisamd.co.kr
심리검사연구소 **인싸이트** www.inpsyt.co.kr
학술논문서비스 **뉴논문** www.newnonmun.com
교육연수원 **카운피아** www.counpia.com